本书在研究过程中受到教育部人文社科基金项目（16YJC710047）和山西省人文社科重点基地项目（20190109）等科研经费的资助

元理论视域下
马克思主义在中国传播发展的
基本问题研究

尹占文 著

人民出版社

责任编辑：夏　青
封面设计：汪　阳

图书在版编目(CIP)数据

元理论视域下马克思主义在中国传播发展的基本问题研究/尹占文 著. —
北京:人民出版社,2024.5
ISBN 978-7-01-025941-3

Ⅰ.①元…　Ⅱ.①尹…　Ⅲ.①马克思主义-发展-研究-中国　Ⅳ.①D61

中国国家版本馆 CIP 数据核字(2023)第 180034 号

元理论视域下马克思主义在中国传播发展的基本问题研究
YUANLILUN SHIYU XIA MAKESIZHUYI ZAI ZHONGGUO
CHUANBO FAZHAN DE JIBEN WENTI YANJIU

尹占文　著

人民出版社 出版发行
(100706　北京市东城区隆福寺街 99 号)

北京九州迅驰传媒文化有限公司印刷　新华书店经销

2024 年 5 月第 1 版　2024 年 5 月北京第 1 次印刷
开本:710 毫米×1000 毫米 1/16　印张:21.25
字数:300 千字

ISBN 978-7-01-025941-3　定价:80.00 元

邮购地址 100706　北京市东城区隆福寺街 99 号
人民东方图书销售中心　电话 (010)65250042　65289539

序　言

问题意识是马克思主义中国化研究的一个重要思维方式。问题是具体的,故由关注具体问题引致的研究属于细化研究,但过度追求细化就会导致马克思主义中国化整体性的相对缺失,甚至不可避免地导致研究的碎片化倾向。元问题反思属于整合研究,从元问题的视角切入研究马克思主义中国化的整体性,不仅可以突破当前研究的碎片化困境,而且还高度契合了马克思主义中国化研究亟待从学术层面进行反思性建构的内在诉求。

从元问题的视角切入进行研究,属于元理论方法层面的反思性研究。元理论研究以现有研究为基础,通过考察理论生成的背景知识和论证结构来揭示全面的理论特性,元理论分析特别注重逻辑论证研究,以对元问题进行逻辑确证为起点。作为一般方法论,元理论研究以一种全新的更高一级的逻辑形式,反思理论的基本前提、构成要素和论证结构,并需要对对象进行重新表述,通过把外部论证反映到理论内部来体现理论的理论性,这就包括从外部证实到内在完备的整个分析过程。特别强调研究的科学性、超越性和整体性,始终贯穿"反思"意识、"元问题"意识和建立"反思的问题域",是元理论研究在思维方法层面必须具备的基本要求。元理论研究是基于自我认识的更高一级的逻辑形式和分析方法,元理论的研究程度预示理论的科学化和学科化发展水平与成熟程度。因此,在元理论的视域下研究马克思主义在中国传播发展的基本问题,是马克思主义中国化科学化和学科化的发展要求所决定的。

元理论视域下马克思主义中国化的基本问题,是对马克思主义中国化的自我认识进行反思性追问而确立的"问题",是马克思主义中国化生成发展过程中起根本决定作用和生成其他问题的基础性和根源性问题。本书紧扣元理论研究的逻辑形式，在元理论的视域下对马克思主义中国化进行前提性反诘和反思性论证，通过从整体上科学论证马克思主义中国化的合理性、正当性和有效性来提升理论本性、坚定理论自信。

以上内容是占文博士《元理论视域下马克思主义在中国传播发展的基本问题研究》一书所要表达的主体内容和主旨思想。统观该书内容，具有以下特点：

第一，研究视角有新意。作者从“元理论”的视角切入研究马克思主义在中国传播发展的基本问题，以马克思主义中国化的理论、历史、经验、规律等方面的研究为基础，但又超越性地跳出现有研究思维模式，可谓视角新颖。元理论研究的基本任务就是对元问题进行科学论证和学术确证。作为马克思主义在中国传播发展研究的元问题，“马克思主义究竟何以在中国传播发展”是对马克思主义中国化本身的“前提或根据”进行反思性发问而确立的本源性问题，是派生和生成其他问题的基础性和根源性问题，是马克思主义中国化本身得以确证或反驳的首要问题和最高问题。这是因为所有学科的元理论都是对学科本身的前提性考察和自我认识。元理论研究可以通过审视、反思、批判和革命等具有“元”性质的研究方法，使“马克思主义中国化研究”学科跳出既定的问题域，实现波普式的跨越，同时使整个学科摆脱旧范式束缚，实现库恩式的飞跃，从而为学科的合法性赢得新的更为坚实的基础。作者紧扣元理论研究的逻辑形式，从马克思主义在中国传播发展的理论必然性、实践必然性、实现路径和表达方式等方面展开分析论证，体现了理论深度、历史厚度和哲学高度的统一。

第二，研究方法有创新。从作者对“元理论”的理解和运用来看，“元理论”既是一种独特的研究视角，亦是一种全新的研究方法。作为一种研究方法，元理论研究是反思性检讨现有研究和建设性创新未来研究的有机统一，运用元理论方法在超越性层面反思和在现实性层面建构，是推进马克思主义中国化创新研究的方法论原则。元理论的研究程度预示理论的科学化发展水平和学科化成熟程度，在元理论的视域下研究马克思主义中国化基本问题是“马克思主义中国化研究”科学化发展要求和学科化发展趋势决定的。一般意义上，学术研究中的理论问题源于对现实的“理论化处理”。就马克思主义中国化而言，就是要加强对“马克思主义中国化”的事实和现实进行超越性的学术论证和规范性的学理阐释。所以，从严格的学术意义上来讲，“马克思主义中国化”在任何时候都应是一个不断确证的命题。

第三，学术思想有深度。该书研究对象是“元理论视域下马克思主义在中国传播发展的基本问题”。就研究对象所涉及的内容言之，从时间跨度上囊括了自马克思主义传入中国以来，甚至在很大程度上还须追溯到马克思主义本身的理论特性和基本立场等基础性问题，从具体内容上涵盖了马克思主义中国化的理论和实践的诸多问题。但更重要的是，研究中还须对这些问题进行学术提炼和学理提升，不是对事实本身进行的一般性罗列和材料的堆砌，而是要按照元理论的逻辑形式进行学术提炼和理论提升，使其“合理合法”地进入到本研究的学术框架，并在此基础上进行“元”性质层面的体系构架，只有这样才能向读者提供一个相对简明扼要且易感可知的理论框架，这样的元体系框架需同时符合内容表达层面的高度统合、事实化以及逻辑构造层面的高度抽象、合法化的双重标准，是对近代以来马克思主义中国化的历史发展和未来指向实体性内容在学术思想上的集中反映。由此可见，本书涉及内容多、范围广、跨度大，实属不易。在一些具体研究方法的运用上，足可以体现作者对研究内容本身所做的一种深层次的理论思考和可操作的学术处理。比如学术史考察评述法可以全面把握马克思主义中国化研究的历史和现状，历史和文献研究法便于在精准分析历史事件和历史现象的同时总结历史规律，多学科综合反思法可避免从单一学科进行研究的局限，同时还推动学科思维互借和跨学科研究的发展，极大地提升了论证程序和研究结论的科学化程度。

本书体现了一个青年学者对学术探索的感知和责任。学无止境，求真务实，能有这样一种情怀和勇气，其本身就值得鼓励。对于研究过程中客观存在的一些问题，可以留待以后继续深化。

占文是我的第一个博士后，他之所以选择我作为合作导师开展博士后研究工作，基于以下原因：

首先，博士后培养单位的工作要求。按照山西大学当时关于博士后培养要求，以博士期间所学专业为基本参照，在职教师进入博士后流动站须跨一级学科，以便形成学科交叉、思维交融的学术视野。占文博士期间所学专业是马克思主义基本原理，而我的学科领域和学术专长是中国近现代史，这符合博士后进站申请的基本要求。

其次，个人学术发展对学科的需求。当时占文跟我介绍自己的研究方向及学术规划，思路清晰、方向明确，在元理论视角下探讨马克思主义中国化究竟何以发生，这与中国近现代史专业涉及的基本问题，无论从时间跨度还是内容构成上，存在某种程度上的事实共享和学科互构关系。就学术研究而言，亦跳出了单一学科的思维范式，青年学者选择去做一些基础性研究工作，精神可嘉。

当然，我非常欣赏占文博士对学术研究的执着追求。同是“学”道中人，我深知青年学者成长须遵循“板凳要坐十年冷、文章不写半句空”的古训。作为师者和长者，能够培养青年学人快速成长，我知之，乐之。

书稿即将付梓之际，占文博士邀我为之作序，尽管对其所讨论的问题一知半解，但作为对年轻学人学术情怀、学术志趣的一种积极鼓励，还是斗胆写了几句很不成熟的谬见，希冀他沿着既定的学术道路走得更高更远。

是以为序。

岳谦厚

2023 年元月于南京大学大美楼

目　录

导　论

一、研究现状和意义

（一）研究现状

第一，国内研究现状。

随着“马克思主义理论”被正式确立为一级学科，国内学界的马克思主义中国化研究呈现出一派热闹非凡的景象。2005年，高校思想政治理论课“05方案”（即中宣部、教育部于2005年下发的《关于进一步加强和改进高等学校思想政治理论课的意见》）实施以来，在学术层面不断推进马克思主义中国化研究成为创新性研究的一个重要突破口。党的十八大报告提出的“坚定理论自信”和党的二十大报告提出的“开辟马克思主义中国化时代化新境界”，是实现中华民族伟大复兴的根本理论指导和强大精神力量。鉴于此，以高度的理论自觉加强对马克思主义中国化基本问题的研究，坚定马克思主义中国化时代化的理论自信，这是民族复兴大业赋予中国马克思主义者的光荣使命。

2016年5月17日，习近平总书记主持召开哲学社会科学工作座谈会并发表重要讲话（简称“5·17”重要讲话），讲话指出：当代中国哲学社会科学是以马克思主义进入我国为起点的，是在马克思主义指导下逐步发展起来的。显然，从马克思主义进入中国以来，许多进步学者就开始运用马克思主义开展哲学社会科学研究。中国特色社会主义进入新时代，党领导人民在新时代的伟大实践中不断开辟马克思主义中国化时代化新境界，这就要求我们必须对党中央治国理政新理念新思想新战略进行研究阐释，提炼出有学理性的新理论，概括出有规律性的新实践，这既是对马克思主义中国化进行反思性研究的着力点，也是对马克思主义中国化进行时代性建构的着重点。

随着改革开放在学术领域向纵深层次发展，2005 年马克思主义理论增设为一级学科。“05 方案”的实施促使学科性发展倒逼学理性要求，马克思主义中国化研究日趋深入和细化。近年来国内研究主要集中在对马克思主义中国化核心概念和重要命题的学术讨论，主要有：(1)关于马克思主义中国化的科学内涵，主要观点有“结合论”“过程论”“实质论”“内涵论”“文本论”等。(2)探讨马克思主义中国化的历史起点。主要观点有“马克思主义传入说”“李大钊说”“中共成立说”“中共二大说”“共产主义知识分子群体形成说”“无产阶级共同体形成说”“八七会议说”“1928—1930 年理论和实践互构说”“遵义会议说”等。(3)研究马克思主义中国化的历史进程。主要观点有以“中国化的马克思主义理论成果”为标准的三阶段、以“历史性飞跃”为标准的三阶段、以“时代课题演进与创新理论应对”为基本标准的四阶段等。(4)剖析马克思主义中国化的主体。主要观点有“知识分子主体说”“共产党(人)主体说”“人民群众主体说”“中国共产党和人民群众主体说”“领袖群体、知识分子、人民群众主体说”等。(5)梳理马克思主义中国化的理论成果和总结研究范式。关于毛泽东思想、邓小平理论、“三个代表”重要思想、科学发展观和习近平新时代中国特色社会主义思想有大量研究成果，党的十七大以来关于中国特色社会主义理论体系以及两大理论成果之间的关系、党的二十大以来关于“两个结合”“中国式现代化”“人类文明新形态”“马克思主义中国化时代化”“马克思主义行、中国化时代化的马克思主义行”成为研究重心。此外，还有对马克思主义中国化的历史经验、基本原理、基本规律、方法论、学科建设、研究范式等方面的研究。

第二，国外相关研究主要集中体现在以下几个方面：

(1)人物思想研究。根据马克思主义中国化的历史进程和不同时期政治经济形势重心的转移，依次重点研究毛泽东、邓小平、江泽民、胡锦涛和习近平的思想以及他们对于马克思主义中国化理论成果的重要贡献。

(2)理论模式研究。这方面的研究主要以费正清等的“冲击—回应”理论模式、韦伯等的“现代化叙事的西方中心”理论模式以及佩克、萨义德、科恩、黄宗智等的“殖民化叙事的中国中心”理论模式为代表。此外，国外学界还从不同学科维度、不同关系角度展开研究。总体来看，研究趋向日渐从“意识形态辩论”向“学术理路分析”、从“国家政策研究”向“理论体系评价”、从“单一政治分析”向“多元辩证研究”转变。

综上所述，现有研究取得的丰硕成果为今后的研究奠定了坚实的基础，但就研究的整体态势而言，有必要进一步从碎片化研究向整体性研究、从政治性阐释向学理性研究、从直面研究对象向反思理论前提、从解释描述内容向科学论证问题、从单一学科研究向多学科研究，以全方位综合推进创新研究。

创新研究的关键是如何实现创新。以往马克思主义中国化研究的一个较大问题是众多研究者缺乏方法论意识。① 本书引入元理论方法以期实现创新研究。实际上，任何理论的确证和反驳总是在元理论的层次上才能得以完成。作为研究方法，“元理论”以一种全新的更高一级的逻辑形式，反思理论的学科前提、基本要素和论证结构，特别强调研究的科学性、超越性、整体性以及理论体系内部的逻辑自洽性。本书在元理论的视域下对中国马克思主义进行前提性反诘和反思性论证，通过从整体上科学论证马克思主义在中国传播发展的基本问题来提升理论本性、坚定理论自信。本书研究问题导向明确、创新意向鲜明，研究是有意义的。

（二）研究意义

本书的主要目标不是旨在创造另外的新理论去取代现有理论，而是以现有研究为基础，通过发挥元理论研究的科学功能，按照其逻辑形式以更加精细化、科学化的方式，尝试着重新表述马克思主义中国化的言说方式和论证结构，挖掘其中内在前提，昭示元理论创新研究的发展趋势，推进马克思主义中国化理论自身的精细化、科学化以及逻辑自洽的论证结构进一步明朗化，把马克思主义中国化理论和现实之间的外部相互作用关系，通过元理论研究反映到理论内部，阐明马克思主义中国化与基本问题和其所反映的现实之间的真实关系，推动理论自我完善，进一步夯实马克思主义中国化研究的理论基础和学科基础。

① 周全华、姚鸿雁：《马克思主义中国化研究的方法论综述》，《中共天津市委党校学报》2011 年第 3 期。

第一,本书的学术价值:

(1)“正本清源”地研究马克思主义在中国传播发展的基本问题,有助于澄清某些似是而非的观点,进一步深化对马克思主义中国化的科学认识。

(2)“推本溯源”地贯穿“反思”意识、“元理论”问题意识和建立“反思的问题域”,有助于培育研究的主体自觉和理论自觉,进一步培育学科自觉。

(3)“返本开新”地对现有研究的“前提设定”和“逻辑论证”进行再研究,有助于规范学术研究程序和形成创新性研究成果,进一步坚定中国马克思主义的学术自信。

第二,本书的应用价值:从元理论的视角对马克思主义中国化最基础和最根源的问题进行论证研究,推动理论主题向学术化转变,进一步坚定马克思主义中国化研究的学术自信、理论自信和学科自信。

二、研究思路、方法与全书结构

本书以深刻反思“如何创新马克思主义中国化研究”为问题情境,紧紧围绕“马克思主义中国化”的核心内容,始终贯穿“问题意识”的思维主线,严格遵循“元理论研究”的逻辑形式,把马克思主义在中国传播发展的基本问题作为直接研究对象,从历史、现实和未来三个时段,从理论和实践两个层面、从马克思主义和中国两个视角,进行系统研究和科学论证,全面论证马克思主义中国化的合理性、正当性和有效性,并在此基础上尝试构筑新的学术框架和表达方式。

本书在“元理论”总的研究视角和研究方法的统领下,拟采用以下具体的研究方法:

学术史考察评述法:元理论研究是对“现有研究”进行的再研究,研究者要想突破现有研究的局限、进行更进一步的创新性研究,必然要运用学术史考察评述法全面考察和系统梳理马克思主义中国化研究的学术史,全面评估先行研究者取得的贡献和存在的不足,为进行元理论研究提供现实依据。

多学科综合反思法:反思法是元理论研究的重要方式,特点是反向思考和反复思考。运用多学科综合反思法意在:哲学反思法阐明存在前提和理论本性,逻辑反思法精细化言说方式,心理反思法揭示发生的心理机制,政治学、社会学、经济学、文化学等学科的综合反思整体渗透马克思主义的普遍真理和中国的文化元素。

历史和文献研究法:准确理解与全面阐释马克思主义中国化的内涵,科学论证马克思主义中国化的合理性、正当性和有效性,必须以客观的历史事实、具体的历史现象和成果文献为依据,这些依据都依赖于对马克思主义中国化历史进程和经验的分析总结,依赖于对相关文献和理论成果的收集、整理、甄别和分析、阐述、理解,故历史和文献研究法必不可少。

此外,课题还运用比较研究法、理论定性法、问题研究法等方法。

本书的研究对象是元理论视域下马克思主义在中国传播发展的基本问题。元理论视域下马克思主义在中国传播发展的基本问题是对马克思主义中国化的自我认识进行反思性追问而确立的"问题",是马克思主义中国化生发过程中起根本决定作用和生成其他问题的基础性和根源性问题,是马克思主义中国化本身得以确证的首要问题和最高问题。本书紧扣元理论研究的逻辑形式,把对马克思主义中国化的反思性、整体性、超越性研究归约为几个基本问题的论证研究:马克思主义中国化究竟何以可能、马克思主义中国化究竟何以需要、马克思主义中国化究竟何以实现、马克思主义中国化究竟何以表达、马克思主义中国化究竟是个什么样的命题。相应地,本书的篇章结构按照"元理论"的逻辑展开为五章:第一章主要论证马克思主义在中国传播发展的理论必然性,第二章主要论证马克思主义在中国传播发展的实践必然性,第三章主要论证马克思主义在中国传播发展的实现路径,第四章主要论证马克思主义在中国传播发展的表达方式,第五章主要论证马克思主义中国化究竟是什么的问题。

三、元理论研究:马克思主义中国化研究的新思路

当前关于马克思主义中国化研究从总体上来看"对理论的热点问题关注较多,而对基础理论研究关注较少",这导致了涉及学科发展的内涵等问题很少有人关注,从根本上来说不利于学科的长久发展。① 就涉及学科发展的内

① 北京大学马克思主义学院组编:《马克思主义理论学科学术发展报告(2015)》,中国人民大学出版社 2016 年版,第 172 页。

涵等基础理论问题而言,本书甚至更进一步认为,当前研究“经验性”有余而“理论性”不足,尤其缺乏关于“理论的理论性”研究。关于“理论的理论性”研究就是元理论研究或元理论分析。

元理论研究以现有研究为基础,通过考察理论生成的背景知识和论证结构来揭示全面的理论特性,元理论分析特别注重逻辑论证研究,以对元问题进行逻辑确证为逻辑起点。元理论研究是源于人类对思维对象进行刨根问底不断追求根性理解的认知本性而必然产生出来的一种具有普遍意义的知识现象和知识形式。因此,从考察知识如何发生的思维形式这个层面来说,元理论研究具有一般方法论意义。作为一般方法论,元理论研究以一种全新的更高一级的逻辑形式,反思理论的基本前提、构成要素和论证结构,需要对对象理论进行重新表述,通过把事实和理论之间外部相互作用反映到理论内部来体现理论的理论性,这就包括从外部证实到内在完备的整个分析过程,特别强调研究的科学性、超越性和整体性。始终贯穿“反思”意识、“元问题”意识和建立“反思的问题域”,是元理论研究在思维方法层面必须具备的基本要求。元理论研究是基于自我认识的更高一级的逻辑形式和分析方法,元理论的研究程度预示理论的科学化和学科化发展水平与成熟程度,因此,在元理论的视域下研究马克思主义在中国传播发展的基本问题,是马克思主义中国化研究科学化和学科化的发展要求所决定的。

在我国,将“元理论”引入学术研究,最初是在哲学领域,后来逐步拓展到社会学、教育学、逻辑学和科学学等相关学科领域。运用元理论方法推动中国哲学社会科学的创新性研究,既是学术研究的发展趋势,也是创新研究的必然要求。创新研究的关键是如何实现创新。我国著名学者邓正来①主张增强中国社会科学研究的学术自主性,马克思主义理论研究领域的著名学者俞吾金②主张强化人文社会科学研究的“反思意识”。同时,有的中青年学术骨干,

---

① 邓正来:《学术自主性问题:反思和推进——〈学术与自主:中国社会科学研究〉自序》,《社会科学论坛(学术评论卷)》2007 年第 11 期;邓正来:《全球化背景下社会科学研究的自主性问题——以澳门社会科学发展为视角》,《厦门大学学报》(哲学社会科学版)2007 年第 2 期。

② 俞吾金:《对马克思主义中国化主体的反思》,《探索与争鸣》2009 年第 1 期;俞吾金:《走向自觉反思阶段的人文社会科学》,《浙江社会科学》2007 年第 4 期。

如张青松[①]、胡潇[②]、王聚芹[③]、李俊奎[④]、陈曙光[⑤]、陆树程和崔昆[⑥]、赵凯荣[⑦]、刘潞[⑧]等从元理论角度研究马克思主义问题；还有马克思主义理论研究领域的专家学者，如孙正聿[⑨]、王锐生[⑩]、缪方明[⑪]从哲学角度论述马克思主义及其中国化元理论问题；陶德麟[⑫]、谭培文[⑬]、陆昱[⑭]、王尔章[⑮]、李小平[⑯]、王刚[⑰]探讨马克思主义中国化的可能性和前提性。这些研究充分表明：在元理论的视域下创新马克思主义中国化研究已经成为必然趋势。

本书的研究对象是元理论视域下马克思主义在中国传播发展的基本问题。元理论视域下马克思主义在中国传播发展的基本问题是对马克思主义中

---

① 张青松：《理论创新与科学规律——兼谈马克思主义元理论研究与建构》，《理论探讨》2003年第3期；张青松：《广义"元理论"研究》系列文章共计十二篇，《理论探讨》2005年第3期至2011年第5期。

② 胡潇：《生产方式辩证法元理论的审视——恩格斯反思的科学昭告》，《教学与研究》2004年第11期。

③ 王聚芹：《马克思和谐跨越元理论及其当代诠释》，《理论探讨》2008年第2期。

④ 李俊奎：《基于元理论的社会主义意识形态分析》，《思想政治教育研究》2009年第2期。

⑤ 陈曙光：《以人为本"元"论》，武汉大学博士学位论文2010年；陈曙光：《社会主义核心价值观的几个元理论问题》，《学习与实践》2013年第8期；陈曙光：《"21世纪马克思主义"的几个元理论问题》，《江海学刊》2022年第2期。

⑥ 陆树程、崔昆：《论社会主义核心价值体系认同的元问题——基于对马克思主义意识形态观的一种理解》，《马克思主义研究》2011年第8期。

⑦ 赵凯荣：《论马克思主义哲学的三个元问题》，《马克思主义哲学研究》2014年第10期。

⑧ 刘潞：《马克思主义元理论初探》，《安徽省委党校学报》1993年第1期。

⑨ 孙正聿：《思想的前提批判与哲学的活动方式》，《哲学分析》2016年第1期。

⑩ 王锐生：《马克思主义中国化的两个哲学追问——"何以需要"与"何以可能"》，《新视野》2005年第5期。

⑪ 缪方明：《马克思主义中国化如何可能——基于本体论视角的研究》，《中国特色社会主义研究》2010年第2期。

⑫ 陶德麟：《马克思主义中国化的两个前提性问题》，《武汉大学学报》2005年第2期。

⑬ 谭培文：《马克思主义中国化究竟是何以可能的》，《马克思主义研究》2006年第2期。

⑭ 陆昱：《"马克思主义中国化何以可能"的何以可能——马克思主义中国化研究范式辨析》，《学术论坛》2009年第1期。

⑮ 王尔章：《马克思主义中国化的文化前提分析》，《实事求是》2010年第6期。

⑯ 李小平：《马克思主义中国化可能性的文化分析》，《华南理工大学学报（社会科学版）》2014年第2期。

⑰ 王刚：《毛泽东对马克思主义中国化"元"问题的诠释和论证》，《理论视野》2014年第4期。

国化的自我认识进行反思性追问而确立的“问题”，是马克思主义中国化生发过程中起根本决定作用和生成其他问题的基础性和根源性问题，是马克思主义中国化本身得以确证的首要问题和最高问题。本书紧扣元理论研究的逻辑形式，把对马克思主义中国化的反思性、整体性、超越性研究归约为几个基本问题的论证研究。本书在元理论的视域下对马克思主义中国化进行前提性反诘和反思性论证，通过从整体上科学论证马克思主义中国化的合理性、正当性和有效性来提升理论本性、坚定理论自信。

第一章　马克思主义在中国传播发展的理论必然性

唯物史观是马克思主义区别于其他“主义”的显著标志。正如恩格斯所言，马克思除发现了“现代资本主义生产方式和它所产生的资产阶级社会的特殊的运动规律”外，还发现了“人类历史发展的普遍规律”。与剩余价值学说相比而言，唯物史观所折射的人类社会发展规律更具普遍性，又且无产阶级是“现代大工业”的产物，所以，就人类历史发展的普遍规律而言，马克思主义是为被剥削的劳动者阶级代言的，这是我们深入探讨马克思主义在中国传播发展以及中国化问题必须要阐明的理论前提。

第一节　马克思主义究竟是在为谁代言：一个学术性的反思

林剑教授在《学术月刊》发表的文章“马克思主义究竟是在为谁代言”①（下称《代言》）一文认为“马克思主义是为无产阶级代言的”。《代言》论证了马克思主义为无产阶级代言实质上也是在为社会发展的历史必然性代言、在为社会历史进步代言；也论证了现实中有人认为马克思主义为被压迫或被剥削阶级代言、为穷人代言的立场是误读与误释。《代言》对马克思主义立场的讨论无疑是非常深刻的，而且也是非常必要的，因为对马克思主义基本立场的

① 林剑：《马克思主义究竟是在为谁代言》，《学术月刊》2013年第1期。

判定在深层含义上关系到对马克思主义本质的理解、阐释与运用。文章读后倍受启发：我们不能仅停留在“熟知”的层面，更重要的是必须要深入到“真知”的层面去理解马克思主义。

一、究竟应该如何理解能完全涵盖其基本立场的“马克思主义”

我们在理解和阐释马克思主义理论问题时，《资本论》无疑是首屈一指的参考依据。马克思主义作为“一整块钢”，《资本论》是处于核心地位的。[①] 就是马克思在19世纪40年代提出的唯物史观也不过是“一个第一次使人们有可能以严格的科学态度对待历史问题和社会问题的假设”，尽管“这种唯物主义思想本身已经是天才的思想”，但是毕竟没有得到科学论证，因而“这在那时**暂且**还只是一个假设”[②]，是《资本论》的问世使得“唯物主义历史观已经不是假设，而是科学地证明了的原理”[③]，《资本论》揭示剩余价值真正来源的同时也就成为科学社会主义的起点，“科学社会主义就是以这个问题的解决为起点，以此为中心”发展起来的[④]。在更加严格的意义上，“假设”是待证明之说，而“原理”是已证明之论。当然，二者都是科学理论在不同发展阶段必不可少的组成部分。

恩格斯在《反杜林论》中特别强调“现代唯物主义……应当在各种现实的科学中得到证实和表现出来”[⑤]。恩格斯还说过：“我们的理论不是教条，而是对包含着一连串互相衔接的阶段的发展过程的阐明”[⑥]。就马克思恩格斯著作及其发表的时间关系来看，恩格斯特别是恩格斯晚年的著作对我们准确理解、完整阐述马克思主义起着重要作用，对此，列宁曾经郑重地强调：“不研读恩格斯的**全部**著作，就不可能理解马克思主义，也不可能完整地阐述马克思主

① 胡钧：《〈资本论〉在马克思主义理论体系中的核心地位》，《政治经济学评论》2011年第3期。

② 《列宁专题文集　论辩证唯物主义和历史唯物主义》，人民出版社2009年版，第160页。

③ 《列宁专题文集　论辩证唯物主义和历史唯物主义》，人民出版社2009年版，第163页。

④ 《马克思恩格斯选集》第3卷，人民出版社2012年版，第584页。

⑤ 《马克思恩格斯文集》第9卷，人民出版社2009年版，第146页。

⑥ 《马克思恩格斯选集》第4卷，人民出版社2012年版，第586页。

义”①。可见，马克思主义的经典文本应该是阐明“相互衔接的阶段的发展过程”和“在各种现实的科学中得到证实和表现出来”的经典著作，而不能仅仅局限于理论创立时期的经典著作。

那么，究竟应该如何理解能完全涵盖其基本立场的“马克思主义”？本书认为确立“对待马克思主义的正确态度”是首要前提。早在19世纪70年代马克思针对马克思主义被歪曲的事实，就曾义正言辞地指出“我只知道我自己不是马克思主义者”②。恩格斯、列宁为了澄清马克思主义的立场和观点以划清与各种机会主义和修正主义的界限，十分重视这个问题。毛泽东也把“对待马克思列宁主义的态度问题”当作是“第一个重要的问题”③。因此，在“如何对待马克思主义”这一问题上我们应该做到遵循以下几点：

一是从理论的“硬核”处去理解马克思主义。《共产党宣言》是马克思主义诞生的标志性论著，最能代表马克思主义理论“硬核”的内容是马克思恩格斯在《共产党宣言》发表之后四十多年的思想历程和一系列论著④中得到充分阐释和系统论证的、并先后在《共产党宣言》1883年德文版序言和1888年英文版序言中做过表述和重申的思想，即：“每一个历史时代主要的经济生产方式和交换方式以及必然由此产生的社会结构，是该时代政治的和精神的历史所赖以确立的基础，并且只有从这一基础出发，这一历史才能得到说明；因此人类的全部历史（从土地公有的原始氏族社会解体以来）都是阶级斗争的历史，即剥削阶级和被剥削阶级之间、统治阶级和被统治阶级之间斗争的历史；这个阶级斗争的历史包括有一系列发展阶段，现在已经达到这样一个阶段，即被剥削被压迫的阶级（无产阶级），如果不同时使整个社会一劳永逸地摆脱一切剥削、压迫以及阶级差别和阶级斗争，就不能使自己从进行剥削和统治的那个阶级（资产阶级）的奴役下解放出来”⑤。这一核心思想包含：（1）唯物史观

① 《列宁专题文集　论马克思主义》，人民出版社2009年版，第50页。

② 《马克思恩格斯选集》第4卷，人民出版社2012年版，第599页。

③ 《毛泽东选集》第三卷，人民出版社1991年版，第813页。

④ 这些重要论著包括：《共产党宣言》（1848年）、经济学手稿（1857—1858年、1861—1863年、1863—1867年）、《资本论》第1卷（1867年）、《反杜林论》（1876年）、《社会主义从空想到科学的发展》（1880年）、《在马克思墓前的讲话》（1883年）等。

⑤ 《马克思恩格斯选集》第1卷，人民出版社2012年版，第385页。

的基本原理;(2)以唯物史观为基础的阶级斗争的普遍性规律;(3)资本主义阶段阶级斗争的特殊性规律。如果有人认为阶级斗争是马克思主义的"硬核",这是对马克思主义的误解,因为马克思在1852年给约瑟夫·魏德迈的信中就曾明确指出:"发现现代社会中有阶级存在或发现各阶级间的斗争,都不是我的功劳……我所加上的新内容就是证明了下列几点:(1)**阶级的存在**仅仅同**生产发展的一定历史阶段**相联系;(2)阶级斗争必然导致**无产阶级专政**;(3)这个专政不过是达到**消灭一切阶级**和进入**无阶级社会**的过渡……"①在这里,我们从上述第一点就可以真切地领悟到马克思对于阶级斗争思想的特殊贡献了。可见,只能是唯物史观而不是一般意义上的阶级斗争,才是理解马克思主义的根本基点与理论坐标。显然,包括阶级斗争在内的马克思主义理论只有以唯物史观为存在根基和立论基础,只有从理论"硬核"去理解和发展马克思主义,才是"本真"的马克思主义,否则就是对马克思主义的背离。

二是从世界观和方法论角度去理解马克思主义。究竟是照搬照抄马克思主义的"现成答案",还是从世界观和方法论角度去理解和运用马克思主义,这是对待马克思主义的两种截然相反的态度。马克思恩格斯一贯坚持并一再强调自己的理论是方法和行动指南而不是教条,对此他们多次发表过权威论述。早在1843年马克思就说:"我不主张我们树起任何教条主义的旗帜"②。恩格斯也曾反复强调:"我们的理论是发展着的理论,而不是必须背得烂熟并机械地加以重复的教条"③,"马克思的整个世界观不是教义,而是方法。它提供的不是现成的教条,而是进一步研究的出发点和**供**这种研究**使用**的方法"④。在实际工作中"如果不把唯物主义方法当作研究历史的指南,而把它当做现成的公式,按照它来剪裁各种历史事实,那它就会转变为自己的对立物"⑤,所以,"不要生搬硬套马克思和恩格斯的话,而要根据自己的情况像马克思那样去思考问题,只有在这个意义上,'马克思主义者'这个词才有存在

① 《马克思恩格斯选集》第4卷,人民出版社2012年版,第425—426页。

② 《马克思恩格斯全集》第47卷,人民出版社2004年版,第64页。

③ 《马克思恩格斯选集》第4卷,人民出版社2012年版,第588页。

④ 《马克思恩格斯选集》第4卷,人民出版社2012年版,第664页。

⑤ 《马克思恩格斯选集》第4卷,人民出版社2012年版,第595页。

的理由”①。据此，列宁、卢卡奇、毛泽东和邓小平诠释了“马克思主义者”存在的理由。列宁反复强调：“马克思和恩格斯的学说不是我们死背硬记的教条……我以前说过，现在还要再三地说，这个学说不是教条，而是行动的指南”②。卢卡奇也是在这个意义上来阐述“正统马克思主义”的，他认为：“正统马克思主义并不意味着无批判地接受马克思研究的结果。它不是对这个或那个论点的‘信仰’，也不是对基本‘圣’书的注解。恰恰相反，马克思主义问题中的正统仅仅是指方法。它是这样一种科学的信念，即辩证的马克思主义是正确的研究方法，这种方法只能按其创始人奠定的方向发展、扩大和深化”③。毛泽东强调马克思主义辩证唯物主义的世界观是“共产党的理论基础”④，马克思主义的方法是我们政治上军事上的望远镜和显微镜⑤，坚决反对“本本”态度和“本本主义”。邓小平也多次强调：“马克思主义理论从来不是教条，而是行动的指南”⑥，在实际工作中“主要的是要用马克思主义的立场、观点、方法来分析问题，解决问题”⑦。

三是从社会现实和时代发展的角度去理解马克思主义。马克思恩格斯曾指出：对马克思主义的理解与实际运用应“随时随地都要以当时的历史条件为转移”⑧。马克思恩格斯不仅是理论的创立者，更是理论的发展者。他们晚年在总结 1848 年欧洲革命和 1871 年巴黎公社经验的基础上，纠正了对资本主义寿命过短的乐观估计。还有，他们晚年研究东方落后国家和地区发展道路问题取得的研究成果，为全面阐述整个人类历史发展的客观规律和唯物史观的发展作出了新的贡献。列宁在帝国主义和无产阶级革命的时代条件下坚持和发展了“随时随地以当时的历史条件为转移”这一基本原则，他曾指出：“我们完全以马克思的理论为依据”，但“对于俄国社会党人来说，尤其需要**独立地**

---

① 《智慧的明灯：回忆马克思恩格斯》，人民出版社 1983 年版，第 91 页。
② 《列宁专题文集　论马克思主义》，人民出版社 2009 年版，第 300 页。
③ 卢卡奇：《历史与阶级意识》，杜章智等译，商务印书馆 1996 年版，第 47—48 页。
④ 《毛泽东文集》第八卷，人民出版社 1999 年版，第 5 页。
⑤ 《毛泽东选集》第一卷，人民出版社 1991 年版，第 212 页。
⑥ 《邓小平文选》第三卷，人民出版社 1993 年版，第 146 页。
⑦ 《邓小平文选》第二卷，人民出版社 1994 年版，第 118 页。
⑧ 《马克思恩格斯选集》第 1 卷，人民出版社 2012 年版，第 376 页。

探讨马克思的理论,因为它所提供的只是总的**指导**原理,而这些原理的应用**具体地说**,在英国不同于法国,在法国不同于德国,在德国又不同于俄国”①。列宁根据马克思恩格斯关于欧美工人运动的论述,结合俄国工人运动的实际情况,分析阶级力量对比和客观存在事实,制定有针对性的政策和策略,指导俄国革命、不断总结革命经验并提升为科学理论,继续为落后国家的革命和社会建设提供科学指导。中国共产党人把马克思列宁主义基本原理同中国不同时期的具体实际相结合,探索出了极具中国特色的革命、建设、改革和发展的新路子,丰富和发展了马克思主义。

四是从整体性角度去理解马克思主义。整体性是马克思主义的根本属性②,我们应当把上述讨论框架和运用整体性的方法从整体性的历史发展中把握整体性的内涵结合起来理解“马克思主义”。所谓整体性的方法,在思维方法层面是指世界观和方法论的统一,在具体方法层面是指系统方法的运用,总之是将马克思主义当作一个整体而不是割裂各部分之间的有机联系。所谓整体性的历史发展是指把马克思恩格斯重点关注的欧美资本主义社会放在人类社会发展的大历史背景下进行考察,而不是通过剪裁各种多样性事实存在去“避”人类社会的普遍性规律而“就”资本主义社会的特殊性规律。所谓整体性的内涵是指在内容结构上把哲学、政治经济学和科学社会主义统一起来,在层次结构上把“核心层次的理论、核心层次理论与人类社会发展普遍实践结合层次的理论、这两个层次理论与人类社会发展不同阶段实践结合层次的理论”③统一起来,在逻辑结构上把人与自然、人与社会以及人与自我的关系统一起来。

但是,如果我们把对马克思主义的理解仍然停留在发表《共产党宣言》的那个历史时代、把对马克思主义的阐释定格于马克思恩格斯创立的经典马克思主义形态的话,那么我们今天来谈论马克思主义的基本立场问题,就不得不追问:马克思主义的生命力何在? 经典马克思主义为其代言的社会主体在后

---

① 《列宁专题文集　论马克思主义》,人民出版社 2009 年版,第 94、96 页。

② 韩庆祥、邱耕田、王虎学:《论马克思主义的整体性》(上),《哲学研究》2012 年第 8 期;梁树发、黄刚:《马克思主义整体性研究综述》,《重庆社会科学》2008 年第 9 期;曾长秋、李邦铭:《近五年关于马克思主义整体性研究述评》,《当代世界与社会主义》2010 年第 4 期;孟庆艳:《整体性是马克思主义的内在属性和重要特征》,《中国特色社会主义研究》2013 年第 2 期。

③ 张雷声:《从整体性角度把握马克思主义》,《甘肃社会科学》2010 年第 6 期。

马克思主义时代存不存在？如果不存在，那么当今时代马克思主义秉承的基本立场究竟是在为谁代言？今天我们的选择是坚定信念继续按照马克思恩格斯奠定的方向发展、扩大和深化呢，还是创造条件尽量满足那个“标准”时代的要求然后再在马克思主义的指导下继续前行？答案不言自明，马克思1881年在《给维·伊·查苏利奇的复信》中为我们提供了明确的思路。①

二、究竟应该如何理解马克思主义为之代言的“无产阶级”

究竟应该如何理解马克思主义为之代言的“无产阶级”呢？恩格斯曾在1847年所写的《共产主义原理》中对“无产阶级”作过界定：“无产阶级是完全靠出卖自己的劳动而不是靠某一种资本的利润来获得生活资料的社会阶级”②。1888年在《共产党宣言》的注解里再次明确地强调：“无产阶级是指没有自己的生产资料、因而不得不靠出卖劳动力来维持生活的现代雇佣工人阶级”③。相比而言，1888年的概括更准确地反映出了无产阶级的基本特征：第一，没有自己的生产资料，这是无产阶级生成的直接原因；第二，不得不出卖劳动力，这是无产阶级生成的基本条件；第三，雇佣劳动制度，这是无产阶级生成的制度基础；第四，现代大工业的生产力基础，这是无产阶级生成的社会动因。概言之，没有生产资料、劳动力成为商品，雇佣制度和大工业基础构成了现代无产阶级的基本要件。

如果我们只是笼统地去理解的话，“无产阶级”在马克思主义的话语体系和思想体系中是一个约定俗成的概念，其含义和用法与“工人阶级”“无产者”是一样的，恩格斯也承认自己“总是把工人（working men）和无产者，把工人阶级、没有财产的阶级和无产阶级当做同义语来使用”④。但恩格斯在1887年《英国工人阶级状况》“美国版附录”中强调：不应当把《英国工人阶级状况》这本书当作一本成熟的马克思主义的著作⑤。由此可以说明，不成熟的著作中

① 《马克思恩格斯全集》第25卷，人民出版社2001年版，第453—483页。

② 《马克思恩格斯选集》第1卷，人民出版社2012年版，第295页。

③ 《马克思恩格斯选集》第1卷，人民出版社2012年版，第400页。

④ 《马克思恩格斯选集》第1卷，人民出版社2012年版，第86页。

⑤ 参见《马克思恩格斯全集》第2卷，人民出版社1957年版，第693—694页。

这些概念的表述和使用没有进行严格区分。实际上，马克思恩格斯的经典文本中仅“无产阶级”就有“工业无产阶级”“农业无产阶级”“现代无产阶级”“城市无产阶级”“农村无产阶级”“矿业无产阶级”“流氓无产阶级”等不同表述，“无产者”也有“工业无产者”“农业无产者”“矿业无产者”“现代无产者”“自由无产者”“劳动无产者”“流氓无产者”等不同表述。除此之外，列宁、毛泽东的著作中还有“农民无产阶级”“游民无产者”“城市无产者”“农村无产者”等表述，至于“半无产阶级”“半无产者”的表述就更多了。这里问题的关键是，“无产阶级”与“无产者”究竟是不是一回事呢？常识性的回答：是；而学理性的回答：否。

历史的本质恰恰在于那些结构形式的变化，马克思主义理论视域内的“无产阶级”和“无产者”，其结构形式体现为既是一种事实性社会存在，又具备心理意识，二者的共同点在于“无产”，关键区别在于“阶级”，无产阶级一定是无产者，但无产者不一定是无产阶级。就无产者来说，这既是一种作为“部分的”个体或“部分之和”的社会存在，又具备一种个体的或群体的心理意识；就无产阶级来说，这既是一种作为“整体”的社会存在，又具备一种超越个体的群体的“共同”的心理意识，即无产阶级是一种承载着“阶级意识”的“整体性”社会存在，沟通无产者和无产阶级之间的桥梁和中介，就是如何把无产者个体的或者群体的心理意识变成为意识的对阶级历史地位的共同感觉，即阶级意识。所以，“无产阶级”的本质特征是无产阶级“意识”，而严格的意义上来说“无产者”并不具备这一本质特征。即是说，存在和意识在无产阶级这里达到统一：客观存在着并同时意识到客观存在对于自身的社会地位和历史使命的根本作用和特殊意义。所以，“无产者”从本质上来说，其存在状态是“部分之和”，而“无产阶级”则是“整体”，是能——尽管需要理论引导或先锋队的实践推动——“意识到自身的地位和需要，意识到自身解放的条件”①并能够“了解无产阶级运动的条件、进程和一般结果”②的“整体无产者”③。或许正

① 《马克思恩格斯选集》第3卷，人民出版社2012年版，第1003页。

② 《马克思恩格斯选集》第1卷，人民出版社2012年版，第413页。

③ 《共产党宣言》德文版中分别用“die Proletarier”和“das Proletariat”、英文版分别用“the Proletarians”和“the Proletariat”来表述翻译为中文“无产者”和“无产阶级”的概念，在中文里没有单复数的变化，但是在德文和英文中前者都是复数形式而后者都是单数形式。参见《共产党宣言》德文版和英文版。另外，马克思在伦敦海格特公墓的墓碑上用英文镌刻着“Workers of all lands, unite”，此处“Workers”也是复数形式，这些规范用词可以帮助我们理解二者的关系。

是在这个意义上,《共产党宣言》尽管通篇贯穿阶级斗争学说,但前两章分别以"资产者和无产者""无产者和共产党人"为题,而篇末的革命口号是"全世界无产者,联合起来"而不是用"无产阶级",其用意非常明显,这不仅仅是向全世界表明自己的观点、目的和意图,更重要的是通过把"无产者组织成为阶级,从而组织成为政党"①来实现人类解放事业。这样,马克思主义理论、共产党对组织无产者成为无产阶级的必要性和重要性得到了非常重要的诠释。

综上所述,我们在剖析马克思主义的基本立场时理应最大程度地贯彻马克思的唯物史观。马克思的唯物史观既是以"历史"为研究对象的唯物"史观",又是以"历史"为解释原则的"唯物"史观,作为研究对象的"历史",其要件一是真实、二是发展;作为解释原则的"历史",其要件一是现实的人、二是现实的关系。马克思的历史观在不断反思上述两个层次、四个要件的过程中发现了"人类历史的发展规律"和"现代资本主义生产方式和它所产生的资产阶级社会的特殊的运动规律"②。按照唯物史观的基本原理,生产力是推动社会历史进步的根本动力,而人是生产力结构中的主导因素,马克思主义为社会发展的历史必然性代言、为社会历史进步代言最终必然会落脚到唤醒现实的社会结构中大多数"人"迫切解放自身的诉求得到最大程度的释放和满足,当然在阶级社会中,主要就是被压迫、被剥削的广大劳动者阶级。所以,马克思主义的历史观必然地要贯彻到人类历史的各个发展阶段,它虽不是静止的、但是统一的,同理,建立在现实生产方式基础之上的马克思主义基本立场不是固定的、但是一致的。

综合以上讨论,我们得出的结论是:唯物史观普遍意义上的马克思主义是为被剥削的劳动者阶级代言。这是因为,在人类思想史上,只有马克思是终生地研究劳动。马克思在研究劳动的过程中,发现了人类社会历史中劳动的基础和核心地位,马克思的其他发现都基于劳动的发现而来,是劳动发现之后的结果③。谁都不可否认,进入马克思理论视野的"被剥削的劳动者"首先是农民,然后才是无产者。马克思主义创立伊始之所以特别关注大工业条件下的

---

①《马克思恩格斯选集》第1卷,人民出版社2012年版,第409页。

②《马克思恩格斯选集》第3卷,人民出版社2012年版,第1002页。

③ 宫敬才:《"两大发现"还是"七大发现"——马克思使社会主义由空想变为科学的思想史考察(上)》,《学术月刊》2011年第10期。

无产阶级并为之代言，主要是因为无产阶级是大工业本身的产物，是与当时社会现实的生产方式紧密相联系着的，在本质上是劳动者、同时又是被剥削者，而不是相反，更不是“只是被剥削者，而不是劳动者”。一句话，马克思之所以特别关注大工业条件下的无产阶级并为之代言，主要是因为无产阶级是与现实的生产方式紧密联系着的被剥削的劳动者。这一思想也可以从《资本论》中得到确证。马克思《资本论》的逻辑是“论资本”，《资本论》的实质是“论资本的剥削本性”，因为“劳动和资本……前者是直接的劳动……后者是积累的劳动”①，马克思发现的剩余价值深刻揭露了资本剥削劳动的巨大玄机。马克思天才的思维活动和缜密的学理论证以及外化为制度设计和实践运作的良苦用心，都是旨在实现“让劳动者成为所有者”②的根本目标。

总归以上逻辑，《资本论》既是“论资本”，更是“论劳动”。《资本论》的真正价值在于在人类思想史上第一次科学地阐释和论证了“资本”是如何剥削“劳动”的，而马克思主义的特殊价值就在于第一次真正从“资本统治社会、占有劳动”的静态的经济结构中找到了人格化的动态的物质力量——资产阶级和无产阶级，并且阐明了阶级斗争的基本原理。另外，农民作为被剥削的劳动者一直是马克思主义关注的现实主体力量，这也是马克思晚年提出东方社会发展理论、恩格斯晚年发展历史唯物主义以及在俄国、中国等落后条件下马克思主义理论和实践得以创新发展的逻辑使然。因此，马克思主义学说的全部使命，就是让劳动者过上好日子。③ 如果我们只是笼统地谈论“马克思主义为无产阶级代言”，这既缺乏整体性马克思主义经典文本的论据支撑，也没有最大程度地贯彻马克思主义历史观的思想逻辑。

第二节　马克思主义为无产阶级代言的逻辑与限度：发生学的视角

发生学是研究人类知识如何发生以及为何发生的一个逻辑推理方法和理

① 《马克思恩格斯文集》第8卷，人民出版社2009年版，第490页。

② 马立诚：《交锋三十年》，江苏人民出版社2008年版，第194页。

③ 孙熙国：《马克思主义究竟能够带给我们什么？》，《红旗文稿》2016年第4期。

论研究范式，主要通过探究人类认识的结构生成进而以更加客观、动态和整体的方式来把握主客体相互作用的过程及其内含的本质与规律，是元理论方法在阐释知识结构的生成机理的重要研究方法。发生学的主要功能在于运用主客体相互作用的发生认识论原理来解释知识结构的生成机理，在本质上兼具溯源方法和溯因推理。所谓溯源就是追本溯源、追根溯源地探究“如何发生”，溯因就是刨根问底、盘根究底地说明“为何发生”。发生学不同于起源研究，后者强调历史时间维度静态结构中的客观事物或事件本身，在方法论上具有实证主义倾向，在认识论上具有经验主义倾向，而发生学强调主观认识和人类知识结构生成机理的逻辑推理过程，因此，在研究方法上发生学可以弥补因起源研究无法解释知识结构的生成机理而造成的解释不足①，避免研究中陷入唯经验主义和实证主义倾向，可以有效地克服理论知识传承的先验与盲从，从而提升理论知识结构的科学性。

一、发生学视角下的“马克思主义”和“无产阶级”

就马克思主义而言，“马克思和恩格斯在创立唯物史观的过程中具体地、成功地运用了历史发生学的方法”②，马克思晚年采取的研究方法即用“猴体解剖”的方法追溯人类社会发展的来龙去脉和历史进程。因此，历史唯物主义对于人类认识论和方法论的重要贡献就是特别注重“按照事物的真实面目及其产生情况来理解事物”③。马克思恩格斯一再强调他们的理论是“进一步研究的出发点和**供**这种研究**使用**的方法”④，当然也包括发生学的研究方法。我们在运用马克思主义理论本身分析现实问题的同时，还应该用发生学的方法来研究马克思主义自身的一些基本理论问题。然而，前者成果丰硕而鲜有后者。比如：马克思主义为无产阶级代言，这是马克思主义的基本立场问题，用发生学的方法从马克思主义和无产阶级的本质属性及其相互关系出发来剖析“代言”的深层逻辑，马克思主义和无产阶级之间的有机联系是如何建立

① 汪晓云：《人文科学发生学：意义、方法与问题》，《光明日报》2005 年 1 月 11 日。

② 张书琛：《马克思主义哲学与价值发生论》，《内蒙古社会科学》1996 年第 2 期。

③ 《马克思恩格斯选集》第 1 卷，人民出版社 2012 年版，第 156 页。

④ 《马克思恩格斯选集》第 4 卷，人民出版社 2012 年版，第 664 页。

的,为什么要建立这样的必然联系。这应该从知识结构的生成机理上给予理论回答和逻辑论证,这样做的主要目的在于能进一步夯实马克思主义知识结构的科学性基础,以及进一步提升对待马克思主义的科学态度。因此,从发生学的角度来研究这一问题便成为当前以及今后马克思主义研究中亟待解决的一个基础性理论和方法问题。

发生学意义上,马克思主义是19世纪上半叶时代的急剧变化、人类思想的革命性变革以及在二者相互作用的过程中发生的,在理论形态上具体体现为经典形态的马克思主义,即"狭义马克思主义"。同理,发生学意义上马克思主义视域下的无产阶级是随着资本主义生产方式的确立而产生的,为了突出强调这个阶级本身是"伟大工业革命的产物"①,马克思恩格斯有时用"现代工人阶级"②、"现代无产阶级"或"现代工业无产阶级"③来称谓,也就是说,工人阶级和无产阶级只有在现代大工业的生产方式和社会条件下才是等同的概念,其中工业无产阶级是主体力量。总之,为了明确本书的研究对象和问题指向,发生学意义上"马克思主义为无产阶级代言"的含义具体指的是"经典形态马克思主义为工业无产阶级代言"。

二、马克思主义为无产阶级代言的逻辑

根据发生学的基本原理及其方法论意义,马克思主义为无产阶级代言的逻辑分析可以化约处理为对以下三个问题的分析论证:马克思主义为什么要为无产阶级代言、无产阶级为什么需要马克思主义代言和马克思主义怎样为无产阶级代言。

(一)马克思主义为什么要为无产阶级代言

作为"时代的理论思维"的马克思主义是"历史的产物"④。19世纪上半叶,资本主义正处于变革的转折关头,经济、社会和阶级关系面临的历史性变化需要人们在理论上必须予以回答。究竟是站在什么立场上对时代现实生活

① 《马克思恩格斯全集》第21卷,人民出版社2003年版,第102页。
② 《马克思恩格斯选集》第1卷,人民出版社2012年版,第407页。
③ 《马克思恩格斯选集》第4卷,人民出版社2012年版,第321页。
④ 《马克思恩格斯选集》第3卷,人民出版社2012年版,第873页。

进行理论表达,这是不同思想体系形成的根本立足点。马克思秉承“为人类工作”的理想深嵌在马克思主义的基本立场之中,这一理想看似抽象实则具体,是一个逐步定格社会实践主体和确立阶级立场的过程。《莱茵报》时期,马克思站在劳动人民,准确地说是贫苦农民的立场上来捍卫他们的物质利益,但期间马克思“要对所谓物质利益发表意见的难事”①以及以往的研究还不容许他“对法兰西思潮的内容本身妄加评判”②,这直接促动他开始系统研究法国大革命史、批判黑格尔法哲学中的国家观念以及到巴黎创办《德法年鉴》。在完成“两个转变”的同时,“无产阶级”已经进入了马克思的研究范畴。为了解决无产阶级的历史使命问题,马克思转向政治经济学研究,从针对“副本”的批判转向针对“原本”③的批判,以“异化劳动”为核心范畴,通过揭示资本和劳动的关系,进一步揭露无产阶级否定私有财产的逻辑,这就为制定唯物史观和定格阶级立场迈出了具有决定意义的一步。因为在当时,人类思想领域面临巨大挑战和严重困惑:德国古典哲学“追求体系的完满,不切实际”④,根本不可能关心劳苦大众的生存境遇;英国古典政治经济学只是“对现成的经验材料感兴趣”⑤,忽视资本的社会属性;空想社会主义由于历史局限性在无产阶级的政治斗争开始时“便逐渐失去了群众,而成为阻碍历史前进的反动思想了”。⑥ 总之,由于它们共同缺乏唯物史观作支撑,在人类历史发展的普遍规律、资本主义的特殊规律和人类前途命运等重大问题上都没有提供科学的理论解释。时代变革呼唤理论创新。

与德国古典哲学、英国古典政治经济学和法国空想社会主义所不同的是,马克思则把对无产阶级性质和历史使命的科学论证与唯物史观紧密联系在一起,恩格斯也“从另一条道路”⑦即从实际接触工人和政治经济学研究中认识到无产阶级的历史使命。尤其是《共产党宣言》发表后马克思在 1849 年 8 月

① 《马克思恩格斯文集》第 2 卷,人民出版社 2009 年版,第 588 页。
② 《马克思恩格斯文集》第 2 卷,人民出版社 2009 年版,第 591 页。
③ 《马克思恩格斯选集》第 1 卷,人民出版社 2012 年版,第 2 页。
④ 《马克思恩格斯全集》第 1 卷,人民出版社 1995 年版,第 219 页。
⑤ 《马克思恩格斯全集》第 33 卷,人民出版社 2004 年版,第 70 页。
⑥ 庄福龄主编:《马克思主义史》第 1 卷,人民出版社 1996 年版,第 65 页。
⑦ 《马克思恩格斯文集》第 2 卷,人民出版社 2009 年版,第 592 页。

被迫前往伦敦——真正意义上的"新世界的新首府"①,当时的伦敦是反映"资本主义生产方式以及和它相适应的生产关系和交换关系"②以及《资本论》的理论创作和思想阐述主要用以作为例证的典型地点,发现英国、"从后思索",马克思恩格斯对资本主义时代主要的经济生产方式和交换方式以及必然由此产生的社会结构进行了解剖,从中找到了人格化的物质力量——资产阶级和无产阶级,直到发现剩余价值理论。这样,以唯物史观为理论内核的马克思主义将阶级立场最终定格于无产阶级,形成了科学的无产阶级观,完成了阶级立场的最终定位。

正是因为马克思恩格斯秉承一种真正有别于同时代其他思想家的问题意识和阶级立场,把对资本主义社会的批判和为劳苦大众服务的立场紧密地结合起来,为经济上被剥削、政治上被奴役和社会上备受压迫的劳苦大众进行辩护,极力抨击资本主义制度下"劳动生产了宫殿,但是给工人生产了棚舍。劳动生产了美,但是使工人变成畸形。劳动用机器代替了手工劳动,但是使一部分工人回到野蛮的劳动,并使另一部分工人变成机器。劳动生产了智慧,但是给工人生产了愚钝和痴呆"③的社会现实,揭露资本主义劳动的"异化"本质,明确指出劳动所创造的"物的世界的增值同人的世界的贬值成正比"④。与同时代的其他思想体系相比,马克思主义是无产阶级的世界观和方法论,是无产阶级争取解放的"头脑"和"精神武器"。然而,纵观马克思的一生,不论是欧美的工人阶级还是全世界的无产者乃至所有的被压迫民族,他们有一个"被压迫者"的共同身份,有一个"在于把连同资本家阶级在内的整个社会从现存关系的狭小范围中解放出来"⑤的共同目标。因此,马克思主义理论创设的立足点,在其现实性上是为"被剥削和被压迫者"、在其理想性上是为"全人类的解放事业"提供科学的世界观和行动的方法论指南,以唯物史观和剩余价值作为理论支点对科学社会主义的基本原理作了系统的论证,进而实现了人类

① 《马克思恩格斯文集》第10卷,人民出版社2009年版,第6页。
② 《资本论》第1卷,人民出版社2018年版,第8页。
③ 《马克思恩格斯选集》第1卷,人民出版社2012年版,第53页。
④ 《马克思恩格斯选集》第1卷,人民出版社2012年版,第51页。
⑤ 《马克思恩格斯全集》第21卷,人民出版社1965年版,第297页。

思想史上的伟大变革,充分发挥了理论不仅“解释世界”、更重要的是“改变世界”的功能。马克思主义秉承“弱者的武器”、把无产阶级“隐藏的文本”转变为“公开的文本”,公开承认自己的理论属性和阶级立场,“深入考察无产阶级乃至全人类解放事业的历史条件以及这一事业的性质本身,从而使负有使命完成这一事业的今天受压迫的阶级认识到自己的行动的条件和性质”①,这是对“马克思主义为什么要为无产阶级代言”的回答。

(二) 无产阶级为什么需要马克思主义为其代言

无产阶级“是19世纪的劳动阶级”②。但在“资本统治劳动”的逻辑占绝对性支配地位的时代,无产阶级特别是现代工业无产阶级要想充分“意识到自身的地位和需要,意识到自身解放的条件”③,那么就迫切需要一种科学理论作为“头脑”和“思想武器”来提升理论水平、启发阶级觉悟,强化并纯化对阶级本质、社会地位和历史使命的认知。马克思早在1844年就撰文指出德国西里西亚纺织工人起义所具有的“理论性和自觉性……那就是意识到无产阶级的本质”,起义的优点在于“一开始就恰好做到了法国和英国工人在起义结束时才做到的事”,而且就“德国工人总的文化知识的水平或者他们接受文化、知识的能力”来说,“德国无产阶级是欧洲无产阶级的理论家”④。马克思为什么从这时起就如此重视无产阶级的“理论性”呢?主要原因在于:马克思已经认识到19世纪三四十年代欧洲“三大运动”虽然揭开了工人运动的序幕,但是无产阶级——作为一种事实性社会存在,由于缺乏系统的理论水平和认知能力并没有充分认识到这一存在的本质,即是说,要正确认识和理解事物本身,就必须真正把握事物的存在形式和内在本质之间的区别和联系,“如果事物的表现形式和事物的本质会直接合而为一,一切科学就都成为多余的了”⑤。所以,马克思主义就成为沟通无产阶级作为“直接性”社会存在和“超越性”阶级意识合而为一的“中介性”理论形态和思维方法。“直接性”和“中

---

① 《马克思恩格斯选集》第3卷,人民出版社2012年版,第671页。
② 《马克思恩格斯选集》第1卷,人民出版社2012年版,第295页。
③ 《马克思恩格斯选集》第3卷,人民出版社2012年版,第1003页。
④ 《马克思恩格斯全集》第3卷,人民出版社2002年版,第390页。
⑤ 《马克思恩格斯文集》第7卷,人民出版社2009年版,第925页。

介性”的思维方法是马克思恩格斯在理论创作的过程中汲取了黑格尔的合理成分,黑格尔在人类的思维领域作出的重大贡献之一就是从“直接性”和“中介性”相区别和统一的角度去认识和把握现存事物。直接性就是事物客观存在的直接事实,中介性就是在考察这一直接事实时需引入的特定概念和理论结构。①

关于无产阶级的直接性。无产阶级的直接性是一种可感知的经验性事实存在。1844 年恩格斯根据亲身观察和可靠材料向我们展现了英国工人阶级是如何随着机器的发明以及产业革命的发生成为直接性的社会存在的:珍妮纺纱机的发明把织工阶级变成无产者、引起工业无产阶级的发展、促进了农业无产阶级的产生,接着蒸汽动力和棉纺织厂的结合又造就了新的工人阶级。也就是说,随着工业革命的不断发展,工业无产阶级、矿业无产阶级、农业无产阶级相继形成。② 汤普森的研究也证明:在 1790 年至 1830 年之间这段时期内最明显的事实仍然是“工人阶级”(单数)的形成,而且这是经济史、政治史和文化史上的共同事实。③ 在 19 世纪的这段时期,法国和德国也正处于产业革命阶段,随着 1848 年以后的经济革命(即工业革命)席卷整个欧洲大陆,现代社会普遍意义上的大工业无产阶级队伍形成了,美国稍晚也形成了“一个新的、独特的阶级,一个实际上多少是世代相传的雇佣工人即无产者的阶级”④,到 80 年代,各工业区已有“人数众多的无产阶级”⑤。总之,“大工业创造了工人阶级”⑥为包括英、法、德、美在内的无产阶级成为直接性现实存在提供了合理解释和充足证据。

关于马克思主义的中介性。我们认为,无产阶级作为社会存在和社会意识在理论上应该、但现实中不是直接合二为一的,需要一种理论中介来唤醒无产阶级的阶级意识,实现存在和本质的统一。对无产阶级来说,马克思主义的根本要义在于使无产阶级意识到自身的本质,而马克思主义所规定的无产阶

① 黑格尔:《小逻辑》,上海人民出版社 2009 年版,第 154—155 页。

② 《马克思恩格斯文集》第 1 卷,人民出版社 2009 年版,第 388—404 页。

③ [英]E.P.汤普森:《英国工人阶级的形成》,译林出版社 2001 年版,第 211 页。

④ 《马克思恩格斯选集》第 4 卷,人民出版社 2012 年版,第 270 页。

⑤ 《马克思恩格斯选集》第 1 卷,人民出版社 2012 年版,第 389 页。

⑥ 《马克思恩格斯文集》第 1 卷,人民出版社 2009 年版,第 406 页。

级本质是一种超越无产阶级直接性存在的“阶级意识”。“阶级意识”①这一术语被马克思用来强调无产阶级具备理论自觉的重要性、被恩格斯赋予“使无产阶级认识到自己行动的条件和性质”②的社会功能，同时马克思主义把是否形成明确的阶级意识作为判别“自在阶级”和“自为阶级”以及作为部分之和的“无产者”向作为整体存在的“无产阶级”转变的根本标准。

一句话，形成明确的阶级意识使得现代意义上的无产阶级真正出现并成为资本主义社会最具革命性、进步性和远大发展前途的阶级，这就是马克思主义对于无产阶级的根本作用和特殊意义。那么，我们进一步追问，马克思主义是如何发挥“中介性”和“代言”功能使“无产者”具备“阶级意识”转变成为无产阶级的呢？

（三）马克思主义怎样为无产阶级代言

马克思主义使无产者具备阶级意识，也就是马克思主义发挥“中介性”和“代言”功能。那么，马克思主义是如何发挥“中介性”和“代言”功能的呢？我们的回答是：发展工人运动，“组织成为阶级”；提升理论水平，必要时“从外面灌输”；“组织成为政党”，发挥先锋队作用。

一是发展工人运动，“组织成为阶级”。

马克思恩格斯历来非常重视发展工人运动和加强国际联合。他们不仅从分析现实的生产关系和生活方式，还从揭示阶级观念与思想意识条件来发展工人运动。加强国际联合是发展工人运动的重要前提和必要途径，“联合的行动，至少是各文明国家的联合的行动，是无产阶级获得解放的首要条件之一”③，因为“现代的工业劳动，现代的资本压迫……都使无产阶级失去了任何民族特性”④，所以，工人运动的真正成果是“越来越扩大的联合”⑤，而工人联合的实质性突破在于感到“共同存在”、产生“集体觉悟”进而“组织成为阶级”。马克思恩格斯对工人阶级的功绩在于，“他们教会了工人阶级自我认识

① 《资本论》第1卷，人民出版社2018年版，第18页。
② 《马克思恩格斯选集》第3卷，人民出版社2012年版，第671页。
③ 《马克思恩格斯选集》第1卷，人民出版社2012年版，第419页。
④ 《马克思恩格斯选集》第1卷，人民出版社2012年版，第411页。
⑤ 《马克思恩格斯选集》第1卷，人民出版社2012年版，第409页。

和自我意识"[①]。《共产党宣言》的发表标志着马克思主义与工人运动第一次结合取得了伟大的理论成果,"第一国际"的成立标志着工人运动在实践上和理论上的团结与合作步入了一个新的阶段,马克思起草完成的《国际工人协会成立宣言》和《国际工人协会共同章程》为启发国际工人的阶级觉悟、维护第一国际的无产阶级性质以及确立正确的政治路线和组织原则作出了极为重要的贡献。"第二国际"成立以后,恩格斯根据工人运动的新发展不断总结新经验,系统阐述了唯物史观的基本原理,捍卫了马克思主义理论的本质特性,对国际工人运动起到了长久的指导作用。

二是提升理论水平,必要时"从外面灌输"。

马克思恩格斯也非常重视"革命理论"对于"革命行动"的指导作用。马克思主义的诞生促进了社会主义与工人运动由此前相互分离的状态走向结合,不仅使社会主义运动找到了现实的物质载体,而且还使工人运动找到了科学的理论武器。马克思主义对于工人运动的特殊意义和方法论贡献,就在于通过思想运动和理论抽象将那些"有可能超越既定客体存在的直接性的中介形式描述为客体本身的结构构造原则和真正的运动倾向"[②],从而把自身塑造成为一种能沟通革命力量和革命行动的理论中介,一种能引导整个无产阶级对整个资产阶级自觉地采取革命行动的理论工具。正是在这个意义上,列宁说:马克思主义"把伟大的认识工具给了人类,特别是给了工人阶级"[③]。但"光是思想力求成为现实是不够的,现实本身应当力求趋向思想"[④]。也就是说,无产阶级在实际斗争中需要"被赋予的阶级意识"(卢卡奇语)、"从外面灌输的阶级政治意识"(列宁语)作为理论工具和认识工具,否则就只能停留在直接事实层面、产生类似工联主义的实践结果。列宁更是直截了当:"没有革命的理论,就不会有革命的运动"[⑤]。显然,作为马克思主义的实践主体,无产阶级既是一个客观的直接性描述,又是一个超越的理论性建构;

---

① 《列宁选集》第1卷,人民出版社2012年版,第89页。

② 卢卡奇:《历史与阶级意识》,商务印书馆1996年版,第236页。

③ 《列宁选集》第2卷,人民出版社2012年版,第311页。

④ 《马克思恩格斯选集》第1卷,人民出版社2012年版,第11页。

⑤ 《列宁选集》第1卷,人民出版社2012年版,第153页。

既是一个具体的实践载体，又是一个抽象的理论表征；既是一个把握理论的主体，又是一个理论灌输的客体。总之，马克思主义的无产阶级是一个理论范畴，同时也是一个实践范畴。

三是“组织成为政党”，发挥先锋队作用。

那么，理论上的无产阶级又是如何与实践上的无产阶级相统一的呢？马克思主义的回答是：“组织成为政党”，发挥无产阶级政党特别是共产党作为无产阶级先锋队和战斗司令部的作用。马克思主义认为，政党是阶级中最积极、最先进、最有觉悟的组成部分，马克思恩格斯1847年就主张建立自觉的无产阶级政党，共产主义者同盟是世界上第一个成熟的无产阶级政党，此后1848年《共产党宣言》、1887年《〈英国工人阶级状况〉美国版序言》、1889年恩格斯给格·特里尔的信中对无产阶级政党的必要性和重要性又作了强调，重点揭示了无产阶级要实现自己的历史使命，就必须有无产阶级政党的领导，因为“他们胜过其余无产阶级群众的地方在于他们了解无产阶级运动的条件、进程和一般结果”①；同时还深刻阐述了无产阶级政党的纲领和策略：无产阶级只有在阶级意识的引导下把自己组织成为特殊的、独立的阶级政党才能确定作为一个阶级来行动的发展方向②，共产党的特殊之处就在于它始终代表无产阶级的整体利益和未来目标。这些内容汇集到一点就是：共产党要充当现实中的无产阶级成功获得马克思主义为其规定的阶级意识，并在理论的指导下推动实践向前发展的先锋队和战斗司令部。卢卡奇认为“组织是沟通理论和实践的中介形式”，独立的共产党是无产阶级意识在组织上具体化了的最高的意识和行动阶段，“是无产阶级阶级意识的组织形式和行动的最高客观可能性”③。列宁也强调：“无产阶级在争取政权的斗争中，除了组织，没有别的武器”④，他把共产党所具有的“先进性”和工人运动的“阶级性”进行相互规定：无产阶级斗争必须由“先进”的共产党来领导，因为它是在“坚如磐

① 《马克思恩格斯选集》第1卷，人民出版社2012年版，第413页。

② 《马克思恩格斯选集》第4卷，人民出版社2012年版，第271页。

③ 卢卡奇：《历史与阶级意识》，商务印书馆1996年版，第389—420页。

④ 《列宁选集》第1卷，人民出版社2012年版，第526页。

石的理论基础上产生的"①阶级代表和组织形式，而现实中的工人阶级达不到这样的高度；同时，共产党在理论和实践中保持"整个运动的阶级性质"正是党的先进性的集中体现。可见，马克思和恩格斯、列宁和卢卡奇在现实逻辑上特别强调共产党发挥强烈的意识表征和积极的实践介入功能，以共产党为核心实现了马克思主义和无产阶级、理论和实践的双重统一。

概言之，对无产阶级解放条件的认知和伟大历史使命的揭示，这是理论层面的马克思主义的中介性；对无产阶级斗争策略的实践和无产阶级政党功能的实现，这是实践层面的马克思主义的中介性。马克思主义从理论的阶级化程度和阶级的组织化程度发挥了为无产阶级"代言"的功能，从历史和逻辑相统一的角度诠释了为无产阶级代言的逻辑。

三、马克思主义为无产阶级代言的限度

作为认识论与方法论的一种途径，发生学能有效地克服人们先验地盲从地以及不证自明地接受马克思主义的态度，从而提升对待马克思主义的科学态度。如上所述，资本主义大工业时代条件是阐释"经典马克思主义为工业无产阶级代言"最基本的前提条件，如果无视这一逻辑，在脱离大工业时代条件笼统地谈论"马克思主义为无产阶级代言"，在方法论上就会陷入绝对主义的泥潭，在历史观上也没有最大程度地贯彻马克思主义历史观的思想逻辑，这是"马克思主义为无产阶级代言"的限度。究其原因，主要在于：一方面，就马克思主义而言，作为科学的理论发现，它既揭示了现代资本主义生产方式和它所产生的资产阶级社会的特殊运动规律，还揭示了人类历史发展的普遍规律；作为科学的世界观和方法论，它既关注发达生产力及其决定的现实生活状况，还关注落后生产力及其决定的现实生活状况；作为科学的理论形态，它既表现为经典形态的马克思主义，还表现为发展形态的马克思主义。另一方面，就资本主义社会的无产阶级而言，其现实源流至少与封建社会的"无产阶级"存有历史勾连，"资产阶级从一开始就有一个本身是封建时期无产阶级残存物的无产阶级相伴随。资产阶级在其历史发展过程中不可避免地要发展它的对抗

---

① 《列宁选集》第4卷，人民出版社2012年版，第137页。

性质,起初这种性质或多或少是掩饰起来的,仅仅处于隐蔽状态。随着资产阶级的发展,在它的内部发展着一个新的无产阶级,即现代无产阶级”①;如果究其思想渊源则更为久远,则可追溯到古罗马时期,无产阶级的德文和英文 Proletariat 一词源自拉丁文 Proletarius,②拉丁文 Proletarius 意指除了生育后代以外对社会没有其他贡献且社会地位最低下的贫困群体,可见,拉丁文 Proletarius 显然是一个消极和贬义的用词。现代工业无产阶级则不然,革命性、进步性和对社会的进步意义凸显。因此,我们必须承认,作为现实生产力所决定的社会结构中的无产阶级,只有在大工业时代条件下才是与工人阶级等同的概念。然则在后工业化时代,“主要的经济生产方式和交换方式以及必然由此产生的社会结构”发生了根本性变化,工人阶级已经超越了大工业时代无产阶级曾经有的基本特征,产业结构的调整和新时代的科学技术革命使得传统意义上的产业工人在经济、政治和社会地位上严重分化,无产阶级作为整体身份被撕裂,独立的政治身份碎片化、复杂化和被经济同化的趋势日益明显,1999 年世界贸易组织(WTO)第三届部长会议在美国西雅图召开,发达国家的资产阶级和无产阶级联合起来依据“国际劳工标准”共同对付发展中国家的无产阶级,这便是明证。尤其是作为与资产阶级对抗性的、富有革命性的阶级意识严重衰退,现实中工人阶级更多地指代工人群体存在这一基本事实,即便他们就是意识到自己的存在,而“马克思主义意义上的革命意愿”也在逐步弱化甚至严重消解,虽然是马克思恩格斯在真正意义上赋予无产阶级尤其是现代无产阶级或工业无产阶级以肯定、进步和革命的现代含义,但就现阶段及其整体发展态势而言,“随着生产力的发展,工人越来越不革命”。③ 尤其在社会主义国家里,工人阶级不仅“有产”、而且还是领导阶级和社会主义建设的主力军,显然,无产阶级和工人阶级二者不完全是一回事。

从科学要求的客观性而言,发生学所反映的现实情况必须有一定的“阈

① 《马克思恩格斯选集》第 1 卷,人民出版社 2012 年版,第 233 页。

② 金海民:《〈共产党宣言〉中的三个外来语词》,《德语学习》2011 年第 3 期。

③ [法]雷蒙·阿隆:《阶级斗争:工业社会新讲》,周以光译,译林出版社 2003 年版,第 238 页。

限”，必须是指处于有区别有限定的时空发生学场域，只有这样才能达到对事物的真实面目及其产生情况的准确把握，即按照马克思主义和无产阶级处于唯物史观意义上不同阶段的真实面目及其产生情况来理解马克思主义为无产阶级代言的深层逻辑。这里的“有区别”和“有限定”主要指的是唯物史观意义上多个不同阶段之间的“时空界限”以及研究中必须要树立的一种“边界意识”，不能超越特定的时空条件下二者本来的真实面目来阐述马克思主义为无产阶级代言的逻辑。比如，阐述经典形态马克思主义为大工业时代条件下的无产阶级代言就是限定在特定发生学场域的逻辑，而阐述发展形态马克思主义为落后条件下或后工业时代条件下的无产阶级或工人阶级代言的逻辑那就必须限定在另一个不同的发生学场域，然而如果在缺失“边界意识”的情况下阐释经典形态马克思主义为落后时代条件下或后工业时代条件下的工人阶级代言的逻辑，就必定会割裂不同发生学场域之间相互衔接的有机联系，在方法论上“无区别”和“无限定”的绝对逻辑也有悖于历史唯物主义的发展逻辑，否则，马克思主义为无产阶级代言的逻辑就有可能被误读甚至误释。在这方面有代表性的理论挑战有：阿隆认为阶级是未得到历史事实证实的马克思的政治想象；贝利认为福利社会中社会身份的亚文化阶级认同被瓦解，个体化取代阶级纽带；高兹认为马克思的无产阶级历史使命观是一个没有事实经验支撑的目的论假设；拉克劳和墨菲则认为马克思关于阶级的政治想象是一个虚构，被后来的历史发展完全证伪①；马尔库塞认为苏联的马克思主义离开了马克思原来的学说，列宁主义是对马克思的理论与实践的一种特殊的解释。②这些致命的反驳和挑战直接指向马克思主义的基本立场问题，这就更进一步说明：“马克思主义为无产阶级代言”这一逻辑的阐释必须是“有限定地”和“有边界地”在特定的发生学场域中进行，否则就是误读与误释。随着时代的变化和思想的发展，马克思主义的基本立场问题需要在另外的发生学场域中“有限定地”和“有边界地”进行理解和阐释，否则，不是造成“没有现实的经验事实为之提供有效验证”的理论乌托邦，就是造成“马克思主义理论体系内部

① 张盾：《马克思的政治理论及其路径》，《中国社会科学》2006年第5期。

② ［美］赫伯特·马尔库塞：《苏联的马克思主义》，中国人民大学出版社2012年版，“译者前言”第2—4页。

的对立和割裂”，久而久之必定会窒息马克思主义的生命力，最终会使马克思主义本来具有的科学性和实践性大打折扣。

马克思主义为无产阶级代言是有限度的，唯物史观是确立限度和贯彻边界意识的最终根据。马克思的历史观既是以“历史”为研究对象的唯物“史观”，又是以“历史”为解释原则的“唯物”史观，前者是在超越黑格尔以“理念”为研究对象的“欧洲中心观”的基础上实现突破的，后者是在超越费尔巴哈以“半截”的唯物主义①为解释原则的“唯心历史观”的基础上实现突破的，前者的本质在于世界历史的“唯物性”，后者的本质在于唯物世界的“历史性”，二者在马克思的历史观中实现了真正统一，这个统一的基础就是生产方式的历史。按照唯物史观的基本原理，生产力是推动社会历史进步的根本动力，而人是生产力结构中的主导因素，马克思主义为社会发展的历史必然性代言、为社会历史进步代言最终必然会落脚到唤醒现实的社会结构中大多数“人”迫切解放自身的诉求得到最大程度的释放和满足，当然在阶级社会中，主要就是被压迫、被剥削的广大劳动者阶级。所以，马克思主义的历史观必然要贯彻到整个人类历史发展的各个阶段，这样的话，建立在生产方式基础之上的马克思主义基本立场就不会是固定的、但在本质上是一致的。在不同的历史发展阶段马克思主义究竟为谁代言，这是由每一个历史时代主要的经济生产方式和交换方式以及必然由此产生的社会结构决定的。因而，在先进的大工业条件下，马克思主义就是为无产阶级更确切地说工业无产阶级代言的，马克思主义主要的社会功能就是让无产阶级意识到自身的地位、需要以及解放的条件并付诸革命的行动；但是在落后的生产方式和交换方式以及必然由此产生的社会结构中，比如当时的苏俄和中国，工农联盟就是马克思主义历史唯物主义基本原理的真实写照。因而，在落后条件下，经典马克思主义的阶级立场必然要被超越，只有在剖析深层次的现实社会生产根源的基础上把一切有革命诉求的被剥削的劳动者阶级和穷人统统纳入理论视野、从而确立符合唯物史观原则的阶级立场才是马克思主义真正意义上的阶级立场，也才是符合马克思主义原意的阶级立场。这样，马克思主义作为中介虽在表层逻辑上超

---

① 《马克思恩格斯选集》第 4 卷，人民出版社 2012 年版，第 248 页。

越、但在深层逻辑上却始终坚守“马克思主义为被压迫或被剥削阶级代言、为穷人代言”的基本立场。

所以,如果不顾历史条件和现实情况的变化,仅仅停留在探讨创立时期的马克思主义为大工业时代条件下的无产阶级代言来澄清马克思主义的基本立场,仅仅拘泥于经典作家特定历史条件下的研究结论,这在一定程度上是不够的,在内涵上是不完整的。因为马克思恩格斯的理论视野除了关注成熟的资本主义生产方式运行的客观规律之外,他们晚年还研究落后国家和地区的社会发展规律。也就是说,不同程度的生产方式发展状况以及其中所蕴含的客观规律都对马克思主义基本原理以及理论体系的形成,都起着不可或缺的作用,比如他们对史前社会的发展研究、关于“东方社会在一定历史条件下跨越资本主义‘卡夫丁峡谷’从而走出一条不同于西方社会发展道路”的可能性探讨以及恩格斯晚年重点论述历史唯物主义的5封书信都对唯物史观的深化发展、系统阐释和全面论证都作出了重要贡献。而且截止到目前,就科学社会主义对世界变革的影响力来说,恰恰在落后国家而不是资本主义社会得到了实践上的验证,就马克思主义所产生的直接性影响和进步性作用来说,一直以来对落后国家远比对资本主义社会要大得多。如果当今仍然用那样的标准模式和思维结构来分析包括无产阶级在内的社会结构和阶级斗争理论的话,历史上“不太成熟”的生产方式在马克思主义的指导下所产生的理论创新和实践成就恰恰被排除在马克思主义的基本立场之外,即使就是“成熟”的生产方式时至今日也只能接受事实的嘲弄和理论的挑战。当今资本主义社会不争的事实,一个方面是资本主义并没有灭亡,而且按现有的发展趋势看不出在不久的将来会有灭亡的可能;另一个方面是资本主义社会的无产阶级并没有表现出充分的革命性。这说明只是笼统地讨论“马克思主义为无产阶级代言”缺乏严格的“边界意识”,时而穿梭于不同的时代场域,时而穿梭于不同的理论场域,致使马克思主义本来具有的科学性和实践性大打折扣。还有,如果用马克思主义创立时期的特殊性规律来指代整体马克思主义所揭示的普遍性规律,如果以剪裁各种多样性事实存在去“避”人类社会的普遍性规律而“就”资本主义社会的特殊性规律,那么就会不自觉地又回到马克思曾极力批判的“西方中心论”的错误立场上去。况且,马克思本人曾坚决反对把“关于西欧资本主义起源的历史概述彻底变成一般发展道路的历史哲学理论"[①]，明确指出"东方社会"选择有别于西方发展道路的可能性，这是马克思创立唯物史观研究人类社会发展规律所具备的科学的"场域思维"和严格的"边界意识"。另外，如果无区别地运用无产者和无产阶级甚至相互指代，就会无意识地把马克思主义作为必要的中介在理论上具有的无产阶级的先进意识和实践上赋予无产阶级政党的先锋队作用掩盖、抽掉或曲解为是一种"强制逻辑"[②]，甚至会造成对马克思主义的过度诠释或歪曲理解。所以，列宁所强调的"要真正地认识事物，就必须把握住、研究清楚它的一切方面、一切联系和'中介'"[③]，这是我们对待这一问题的正确立场。

通过上述分析，我们可以得出如下基本结论：发生学意义上"经典形态马克思主义为工业无产阶级代言"是整体性马克思主义基本立场的普遍性规律作为在大工业时代条件下理论创立时期的特殊性规律的集中反映，并非是唯物史观普遍意义上马克思主义基本立场的理论表达，唯物史观普遍意义上马克思主义究竟是在为谁代言，这不是哪一个阶级或政党的主观臆断和政治发挥，而是对处于不同历史发展阶段的现实生产状况必然会产生的社会意识的集中反映，是多个不同的历史发生学场域相互衔接和综合作用的结果。因而，在落后条件下的具体政治实践中，经典形态马克思主义的阶级立场必然要被超越，只有在超越阶级本身、在剖析深层次社会生产根源的基础上确立阶级立场才是马克思主义历史观的真实意蕴，比如说中间等级中的农民、更确切地说是贫困破产的农民，在大工业条件下就不是马克思主义直接为之代言的对象，但在落后条件下就是直接代言的对象；还比如在大工业条件下，马克思主义的社会功能就是让无产阶级更确切地说是工业无产阶级意识到自身的地位和需要、意识到自身解放的条件并付诸革命行动，但在落后条件下，让工人阶级具有无产阶级意识是远远不够的，更重要的是还要让农民阶级和其他革命阶级同样具有无产阶级意识，"工农联盟"就是最好的例证。因此，脱离资本主义

---

① 《马克思恩格斯文集》第3卷，人民出版社2009年版，第466页。

② [美]赫伯特·马尔库塞：《苏联的马克思主义》译者前言，中国人民大学出版社2012年版，第3页。

③ 《列宁选集》第4卷，人民出版社2012年版，第419页。

大工业时代条件笼统地谈论“马克思主义为无产阶级代言”在方法论上就会陷入绝对主义的泥潭，在历史观上也没有最大程度地贯彻马克思主义历史观的思想逻辑。

第三节　为被剥削的劳动者阶级代言：基于整体性的学术考量

马克思主义是为被剥削的劳动者阶级代言，这是一个基于整体性的学术考量所得出的基本结论。当前有学者认为：马克思主义是为无产阶级代言的，①上文指出：“马克思主义为无产阶级代言”这一命题在思想表达上太过笼统、不够准确，在逻辑论证上太过粗糙、不够缜密。马克思主义为工业无产阶级或现代无产阶级代言，这仅仅是针对成熟的资本主义生产方式而言，是马克思主义基本立场的一般性规律作为理论创立时期的特殊性规律的集中反映，如果无视这一基本前提而笼统地谈论马克思主义为无产阶级代言，这既缺乏整体性马克思主义经典文本的论据支撑，也没有最大程度地贯彻马克思主义历史观的思想逻辑。实际上，马克思主义与无产阶级的关系，更确切地说，在马克思主义思想体系中的逻辑关系，正如我国著名学者魏小萍所指出的那样，它应该是这样的一种逻辑关系定位，即：“无产阶级”这个范畴仅仅同一定的历史阶段相联系而不具有普遍一般性，“马克思只是在与资产阶级相对应的时候，使用无产阶级一词，在政治经济学研究中，通常使用的是劳动者一词……马克思的批判指向的是一种社会关系，一种必然形成对立关系的市民社会经济关系，而不是某一个特定的阶级”②。

可见，上述讨论一致的地方在于“马克思主义的基本立场首先就是指阶级立场”，而争论的焦点在于“马克思主义究竟秉承什么样的阶级立场”。如果采取“内在反思”的方法，马克思主义是贯彻唯物史观的、内在统一的马克

① 林剑：《马克思主义究竟是在为谁代言》，《学术月刊》2013 年第 1 期。

② 魏小萍：《通向〈资本论〉之路：前〈资本论〉时期马克思劳动价值论的探索轨迹及分析：以 $MEGA^2$ 为基础的解读》，中国社会科学出版社 2013 年版，第 98 页。

思主义,“马克思主义究竟秉承什么样的阶级立场”这一问题就可以表达为“马克思主义究竟为哪个阶级代言才能最大限度地贯彻唯物史观的思想逻辑”;如果采取“外在反思”的方法,马克思主义有创立时期的马克思主义和发展时期的马克思主义,“马克思主义究竟秉承什么样的阶级立场”这一问题就可以表达为“马克思主义究竟是在为谁代言”。

一、“内在反思”与符合唯物史观解释原则的历史主体

“内在反思”是指在马克思主义理论的内部,从理论前提和社会结构出发分析马克思主义的阶级立场,同时依据研究结果返回来重新考察其前提。

马克思发现的唯物史观和剩余价值理论,为社会主义由空想到科学发展奠定了坚实的理论基础。或许正是恩格斯如此耳熟能详的评价使得人们在实际中往往对“马克思的两大发现”重视有余而对“两大发现的理论前提”关注不够。殊不知,在人类思想史上,只有马克思是终生地研究劳动。在这一过程中,发现了人类社会历史中劳动的基础和核心地位,马克思的其他发现都基于劳动,是劳动发现之后的结果。①

(一)劳动的发现是马克思发现唯物史观和剩余价值理论的前提和基础

马克思以关注现实的人的劳动为出发点创立了唯物史观。这体现在以下几个方面:

第一,劳动创造了人本身。“劳动创造了人本身”这一命题是马克思主义对人的起源和本质问题作出的双重回答。就人的起源问题而言,恩格斯依据历史事实撰文指出“劳动在从猿到人转化过程中起着决定性的作用”,当然我们在理解“劳动创造人本身”时,不能把劳动理解为是时间上或逻辑上先于人类而出现的独立存在,而应该理解为劳动使人获得了存在的历史根据,而“人们的存在就是他们的实际生活过程”②,以及劳动使人获得了人类历史的真正起点,“劳动是整个人类生活的第一个基本条件,而且达到这样的程度,以致

① 宫敬才:《“两大发现”还是“七大发现”(上)》,《学术月刊》2011年第10期。

② 《马克思恩格斯全集》第3卷,人民出版社1960年版,第29页。

我们在某种意义上不得不说:劳动创造了人本身"①。所以,劳动是渗透着人的全部存在的规定性和构成人之为人的特征的基本前提。就人的本质问题而言,马克思认为:在其现实性上,"人的本质是一切社会关系的总和"②;在其对象性上,"全部人的活动迄今为止都是劳动",因而劳动的历史和劳动的"已经生成的对象性的存在,是一本打开了的关于人的本质力量的书,是感性地摆在我们面前的人的心理学"③。这里不论是通过强调"现实性"、还是通过强调"对象性"来揭示人的本质,都包含着对劳动的两个本质理解,那就是"专属于人的劳动"和"感性的现实的劳动"。如果我们宽泛地理解,动物和人都有劳动——生命体的活动,但是二者的本质区别在于有无目的性,这也是马克思把人从动物中区别开来的重要尺度。就人而言,"劳动过程结束时得到的结果,在这个过程开始时就已经在劳动者的表象中存在着,即已经观念地存在着",而且劳动所要实现的目的"是作为规律决定着他的活动的方式和方法的"④,一句话,人的劳动是有意识、能动和目的设定性的劳动,而动物充其量也只是本能的生命体征活动;同时,马克思批判从"有意识的类存在物"⑤的角度或"只是从客体的或者直观的形式去理解"⑥劳动,主张应该从"尘世的粗糙的物质生产中"⑦把人的劳动理解为现实的、感性的、对象性的活动。

第二,劳动创造了人赖以生活的自然界。劳动对于人的重要意义还在于劳动是人生活于其中的整个现存的感性世界的基础。相比"动物仅仅利用外部自然界,简单地通过自身的存在在自然界中引起变化"而言,"人则通过他所作出的改变来使自然界为自己的目的服务来支配自然界。这便是人同其他动物的最终的本质的差别,而造成这一差别的又是劳动。"⑧劳动是人"在人类历史中即在人类社会的形成过程中生成的自然界"的活动方式:是劳动使人

① 《马克思恩格斯选集》第3卷,人民出版社2012年版,第988页。
② 《马克思恩格斯选集》第1卷,人民出版社2012年版,第139页。
③ 《马克思恩格斯全集》第3卷,人民出版社2002年版,第306页。
④ 《马克思恩格斯全集》第23卷,人民出版社1972年版,第202页。
⑤ 《马克思恩格斯全集》第3卷,人民出版社2002年版,第273页。
⑥ 《马克思恩格斯选集》第1卷,人民出版社2012年版,第133页。
⑦ 《马克思恩格斯全集》第2卷,人民出版社1957年版,第191页。
⑧ 《马克思恩格斯选集》第3卷,人民出版社2012年版,第997—998页。

和自然界之间发生物质变换，形成“人的现实的自然界，真正的、人本学的自然界”①；是劳动使人在创造人化自然的过程中比其他物种优先性地拥有支配和享有人化自然的天然权利；是劳动使人不断地“再生产整个自然界”②，从而不断地创造和生产整个人类世界③，使劳动所企及的世界被表征为劳动者的对象性存在，进而使得既往的劳动及其结果的不断积累为劳动者的劳动及其与人类社会历史的关系提供了本体论的证明；也是劳动使人的分工超越了生物学基础的自然分工而具有社会性，“分工只是从物质劳动和精神劳动分离的时候起才真正成为分工”④，从而使人在“靠自然界生活”⑤的同时又超越自然界形成人类社会。

第三，劳动创造了整个人类社会的历史。劳动对于人类社会的历史的重要意义在于：（一）劳动是历史的基本条件，“人们为了能够‘创造历史’，必须能够生活。但是为了生活，首先就需要吃喝住穿以及其他一些东西。因此第一个历史活动就是生产满足这些需要的资料，即生产物质生活本身，而且，这是人们从几千年前直到今天单是为了维持生活就必须每日每时从事的历史活动，是一切历史的基本条件”⑥；（二）劳动是历史的客观基础，“任何一个民族，如果停止劳动，不用说一年，就是几个星期，也要灭亡”⑦；（三）劳动是历史的生成动力，“整个所谓世界历史不外是人通过人的劳动而诞生的过程，是自然界对人来说的生成过程”⑧；（四）劳动是历史的主体规定，“历史不过是追求着自己目的的人的活动而已”⑨。

很显然，劳动是马克思创立唯物史观的思维方式和理论前提。不仅如此，马克思还把劳动的思维方式和理论框架以及唯物史观的方法论基础运用于经

① 《马克思恩格斯文集》第1卷，人民出版社2009年版，第193页。
② 《马克思恩格斯文集》第1卷，人民出版社2009年版，第162页。
③ 《马克思恩格斯文集》第1卷，人民出版社2009年版，第529页。
④ 《马克思恩格斯选集》第1卷，人民出版社2012年版，第162页。
⑤ 《马克思恩格斯文集》第1卷，人民出版社2009年版，第161页。
⑥ 《马克思恩格斯文集》第1卷，人民出版社2009年版，第531页。
⑦ 《马克思恩格斯选集》第4卷，人民出版社2012年版，第473页。
⑧ 《马克思恩格斯文集》第1卷，人民出版社2009年版，第196页。
⑨ 《马克思恩格斯全集》第2卷，人民出版社1957年版，第118—119页。

济学领域的研究，发现了剩余价值理论，这个发现包含以劳动为核心的两个基本命题：劳动创造价值和剩余劳动创造剩余价值。

以唯物史观为方法论基础，马克思一开始就认为：人的活劳动的消耗是决定商品价格和货币价值的生产成本。顺着这一思路，把商品这一用来交换的劳动产品作为研究起点，马克思对生产商品的活劳动及其根本属性进行了深入研究，从而创立了劳动二重学说：抽象的同质性劳动创造价值而具体的异质性劳动创造使用价值。但是在资本逻辑并外化为物化逻辑的作用下，生产商品的雇佣劳动具有异化属性，因而商品拜物教以货币拜物教为中介获得了资本拜物教的最高形式，从而导致“在工人方面表现为超过他维持生命力的直接需要的剩余劳动”不断地创造“在资本方面表现为剩余价值”①的现实逻辑运动。劳动力成为商品是揭示剩余价值源泉的理论基点。商品二因素（价值和使用价值）分析劳动力商品被资本青睐是因为劳动力的“使用价值本身具有成为价值源泉的独特属性”②。在劳动力的买卖过程中，“由于劳动被占有、被并入资本……资本开始发酵并且成为过程，成为**生产过程**”③，劳动二重性理论分析资本主义生产过程实质上是价值转移过程（具体劳动转移生产资料的价值）和价值增值过程（抽象劳动创造劳动力自身价值和剩余价值）的统一；劳动二重性理论分析资本区分为不变资本（由具体劳动转移的生产资料的价值的资本）和可变资本（转化为劳动力并在具体生产过程中通过抽象劳动使价值增值的资本）。剩余价值就是产品价值超过消耗掉的产品形成要素即生产资料和劳动力的价值而形成的余额，即由劳动者创造被资本家无偿占有的那部分价值。资本家剥削的秘密在于总是通过延长剩余劳动时间来加强剩余价值的生产，因为资本的历史使命就是不断创造剩余劳动，不断榨取剩余价值，所以“生产剩余价值或赚钱是资本主义生产方式的绝对规律”④。一句话，劳动范畴是现代社会和政治经济学的基础，马克思主义是“在劳动发展史

① 《马克思恩格斯全集》第 30 卷，人民出版社 1995 年版，第 286 页。
② 《资本论》第 1 卷，人民出版社 2018 年版，第 195 页。
③ 《马克思恩格斯全集》第 30 卷，人民出版社 1995 年版，第 259 页。
④ 《资本论》第 1 卷，人民出版社 2018 年版，第 714 页。

中找到了理解全部社会史的锁钥的新派别”①。

（二）劳动还是马克思用来解剖社会结构的锁匙

马克思超越传统唯物主义从而创立了基于劳动的主、客体研究社会的唯物史观解释模式。从《1844年经济学哲学手稿》时期对劳动概念进行批判和改造开始起，马克思以后的研究就是在劳动的思维方式、确立劳动概念的本体地位中沿着探求现代社会发展的道路前行的。② 马克思社会结构理论的创建，在其现实性上是从关注资本主义社会形态，在其理论性上是以批判资产阶级政治经济学为切入点的，其核心思想集中体现在《资本论》中。恩格斯在为《资本论》第1卷写书评时总结道：“资本和劳动的关系，是我们全部现代社会体系所围绕旋转的轴心，这种关系在这里第一次得到了科学的说明”③。任何时候，我们只有“在生产条件的所有者同直接生产者的直接关系——这种关系的任何当时的形式必然总是同劳动方式和劳动社会生产力的一定的发展阶段相适应——当中，为整个社会结构……发现最隐蔽的秘密，发现隐藏着的基础”④，才能揭示出社会结构体系赖以旋转的轴心。很明显，劳动是存在的深层根据，因为如上所述，劳动创造了包括资本主义社会在内的人类一切存在，即使是表面上看起来支配社会的资本，实际上只不过是既往的剩余劳动不断累积的物化形式，所以使资本真正起作用的是劳动、更准确地说是剩余劳动。马克思关于“剩余劳动如何产生剩余价值”的这一伟大发现“揭露了现代资本主义生产方式以及以它为基础的占有方式的结构，揭示了整个现代社会制度在其周围凝结起来的核心”⑤。同样，马克思用两种生产理论剖析包括东方社会结构在内的一切不发达的社会结构也是基于这一思维框架，“人体解剖对于猴体解剖是一把钥匙”⑥，只不过对“生产条件的所有者同直接生产者”的理解与表述经过了“同劳动方式和劳动社会生产力的一定的发展阶段相适

① 《马克思恩格斯选集》第4卷，人民出版社2012年版，第265页。
② 高文新：《马克思理论基本范畴研究》，吉林大学出版社2007年版，第228页。
③ 《马克思恩格斯选集》第2卷，人民出版社2012年版，第70页。
④ 《马克思恩格斯全集》第46卷，人民出版社2003年版，第894页。
⑤ 《马克思恩格斯全集》第20卷，人民出版社1971年版，第223页。
⑥ 《马克思恩格斯选集》第2卷，人民出版社2012年版，第705页。

应”的合理化处理。正是在这个意义上我们可以说，现代社会结构中起决定性作用的是劳动，劳动是马克思用来解剖社会结构的锁匙。卢卡奇的总结恰如其分：“在马克思那里，劳动到处都处于中心范畴，在劳动中所有其它规定都已经概括地表现出来”①。

（三）“内在反思”的马克思主义是贯彻唯物史观的、内在统一的马克思主义

唯物史观的根本立足点在于现实的人和现实的劳动，现实的人是从主体性来说的，“现实的个人，是他们的活动和他们的物质生活条件”②，于是“物质生活的生产方式制约着整个社会生活、政治生活和精神生活的过程”成为唯物史观的一个基本命题；现实的劳动是从本质性来说的，劳动是人的本质性存在，“劳动过程……是为了人类的需要而对自然物的占有，是人和自然之间的物质变换的一般条件，是人类生活的永恒的自然条件”，于是以“人与自然的物质变换”为主干的生产力对“人类生活的一切社会形式”的决定作用就成为唯物史观的另一个基本命题；从主体性和本质性相统一的角度来看，“社会的物质生产力……同它们一直在其中运动的现存生产关系或财产关系（这只是生产关系的法律用语）发生矛盾，那时社会革命的时代就到来了”③，于是“在一切生产工具中，最强大的一种生产力是革命阶级本身”④成为唯物史观的又一个基本命题。

更重要的是，唯物史观就是马克思主义解释世界的理论基础和方法论原则。何谓理论，就是逻辑一致的命题组合，方法则体现为结构分析和过程解析。“劳资关系”是唯物史观对资本主义社会的结构分析：在主体性角度，“劳资关系”现实化为“资产阶级和无产阶级”直接对立的关系，在本质性角度，“劳资关系”是工业生产力的决定性作用所导致的资本占有和统治劳动的关系，在二者相统一的角度，社会矛盾的根本解决有赖于私有制的扬弃和无产阶级专政的建立；“世界历史”则是唯物史观对于资本主义时代的过程解析，在

① 卢卡奇：《关于社会存在的本体论》上卷，重庆出版社 1993 年版，第 642 页。

② 《马克思恩格斯选集》第 1 卷，人民出版社 2012 年版，第 67 页。

③ 《马克思恩格斯选集》第 2 卷，人民出版社 2012 年版，第 2—8 页。

④ 《马克思恩格斯选集》第 1 卷，人民出版社 2012 年版，第 274 页。

"历史向世界历史转变"的过程中，资本主导了转变的内在逻辑，劳动奠定了转变的深层基础，资产阶级按"资本逻辑"对世界进行了同质化的改造，这个改造过程包括同质化资本的世界化和同质化劳动的世界化的双重改造，使不同区域、不同民族、不同形式的劳动统统变成雇佣劳动，并且不断强化对剩余劳动的统治和剩余价值的掠夺。

到了帝国主义时期，资本超越国界形成垄断性逐利和殖民性扩张的交融复杂局面，"资本"社会不再是简单的劳资结构，而是复杂的二元结构："垄断"奠定了帝国主义最深厚的经济基础、"殖民"导致"民族分为压迫民族和被压迫民族"①；"劳动"社会内部经济上的小农结构和政治上的专制主义同时存在。当时的俄国"一方面是最落后的土地占有制和最野蛮的乡村，另一方面又是最先进的工业资本主义和金融资本主义"②，当时的中国是"半殖民地半封建社会"，所有这些都是帝国主义本质和封建主义本质共同作用的结果，因而阶级关系也不再是简单化而是复杂化：在国际层面共产国际号召"全世界无产者和被压迫民族联合起来"③，在俄国内部列宁认为："农村劳动群众只有同共产主义无产阶级结成联盟，奋勇地援助无产阶级为推翻地主（大土地占有者）和资产阶级的压迫而进行革命斗争，此外别无出路"④。在剥削阶级居于统治地位的情况下，阶级斗争"就是一部分人反对另一部分人的斗争，就是广大无权者、被压迫者和劳动者反对特权者、压迫者和寄生虫的斗争，雇佣工人或无产者反对私有主或资产阶级的斗争"⑤。在中国，毛泽东对马克思列宁主义的精髓则取了"阶级斗争"四个字，并结合中国革命的实际情况"老老实实地来开始研究实际的阶级斗争"⑥。在具体的革命语境中，对马克思主义的理论把握和实践运用最终现实化和具体化为共产党领导下广泛的"革命者"联盟推翻"压迫者"的统治进而实现无产阶级专政的政治运作和革命运动。可见，列宁、毛泽东等马克思主义者关注时代发展和社会实践，既贯彻唯物史

① 《列宁全集》第27卷，人民出版社2017年版，第259页。
② 《列宁全集》第16卷，人民出版社2017年版，第400页。
③ 《列宁全集》第40卷，人民出版社2017年版，第73页。
④ 《列宁全集》第39卷，人民出版社2017年版，第170页。
⑤ 《列宁全集》第7卷，人民出版社2013年版，第169页。
⑥ 《毛泽东文集》第二卷，人民出版社1993年版，第379页。

观解释世界的基本理论,又运用唯物史观分析世界的“结构”和“过程”方法,发展了马克思主义。

（四）不仅是无产阶级植入马克思主义必须符合唯物史观的解释原则,而且是马克思主义的任何历史主体都必须符合唯物史观的解释原则

作为解释原则的唯物史观包含三个逻辑一致的基本命题:生产力决定生产关系、社会存在决定社会意识(突出体现为经济基础决定上层建筑)、阶级斗争是阶级社会发展的直接动力。关于阶级关系,在马克思之前就形成“等级关系说”“财产关系说”“制度因素说”①等,但这些研究的共同缺陷就是没有从阶级产生的经济社会根源来阐述无产阶级的本质,也没有从社会生产方式基础出发来阐述无产阶级的社会地位和历史使命。唯物史观的历史主体就是处于现实的社会结构关系中的主体力量和阶级关系,具体到资本主义社会,作为其掘墓人的无产阶级是推动历史进步和实现人类解放的伟大历史主体,因而要承担双重使命:阶级社会的终结者和无阶级社会的创造者。对此,马克思曾作过经典总结:“无论是发现现代社会中有阶级存在或发现各阶级间的斗争,都不是我的功劳。在我以前很久,资产阶级历史编纂学家就已经叙述过阶级斗争的历史发展,资产阶级的经济学家也已经对各个阶级作过经济上的分析。我所加上的新内容就是证明了下列几点:(1)**阶级的存在**仅仅同**生产发展的一定历史阶段**相联系;(2)阶级斗争必然导致**无产阶级专政**;(3)这个专政不过是达到**消灭一切阶级**和进入**无阶级社会**的过渡”②。联系实际,我们认为马克思的论述旨在阐明:社会生产决定阶级的产生和发展;在生产发展的不同历史阶段就会有不同的阶级存在形式与之相适应;资本主义阶段的阶级斗争必然导致无产阶级专政;无产阶级专政是进入无阶级社会的必要中介和过渡形式。

唯物史观是揭示人类社会发展的普遍性和整体性规律。但问题的关键是

① 在古罗马,社会上最低等、最贫困的自由民称为无产阶级;英国的亚当·斯密和大卫·李嘉图认为阶级是由社会财富分配不当而导致的财产占有不平等形成的,而法国的基佐和德国的杜林认为阶级是由暴力征服而导致的财产占有不平等形成的;空想社会主义者圣西门和傅立叶认为无产阶级是由资本主义制度对劳动人民的残酷掠夺形成的,而欧文第一次从政治经济学原理出发认为资本主义私有制是导致无产阶级贫困化和现代社会一切罪恶的根源。

② 《马克思恩格斯选集》第4卷,人民出版社2012年版,第425—426页。

我们应该如何把握唯物史观的科学内涵并在实践中加以运用。这还是用马克思恩格斯他们自己的话来说吧，那就是：每一历史时代主要的经济生产方式和交换方式以及必然由此产生的社会结构，是该时代政治的和精神的历史所赖以确立的基础，并且只有从这一基础出发，这一历史才能得到说明；因此人类的全部历史（从土地公有的原始氏族社会解体以来）都是阶级斗争的历史，即剥削阶级和被剥削阶级之间、统治阶级和被压迫阶级之间斗争的历史；这个阶级斗争的历史包括有一系列发展阶段，现在已经达到这样一个阶段，即被剥削被压迫的阶级（无产阶级），如果不同时使整个社会一劳永逸地摆脱一切剥削、压迫以及阶级差别和阶级斗争，就不能使自己从进行剥削和统治的那个阶级（资产阶级）的奴役下解放出来。①

如上所述，马克思主义的阶级斗争思想是建立在唯物史观的基础之上的，在唯物史观的理论基底上把握阶级斗争思想及其斗争策略，必须与现实的生产方式紧密结合起来，只有这样才能从根本上理解和领会马克思主义阶级斗争的本质内涵，也才能在实践的斗争过程中找到现实的革命力量。因此，列宁和毛泽东最为成功的地方就是认识到了他们所处的时代“主要的经济生产方式和交换方式以及必然由此产生的社会结构”中的农民在本国革命中的重要作用，第一次从处于现实社会生产方式中劳动者的角度把革命者和革命对象做了马克思主义最接地气的区分。列宁曾经讲道：

> 居然在一个农民国家里激起了农民起义!! 最主要的是使被压迫的劳动者相信自己的力量，通过实践让他们看到，他们能够而且应该亲自动手来**合理地**最有秩序最有组织地分配面包、各种食品、牛奶、衣服、住宅等等，使这种分配**符合贫民的利益**。不这样，就**不能**把俄国从崩溃和灭亡中拯救出来，而认真地、勇敢地、普遍地开始把管理工作交给无产者和半无产者，就会激发群众史无前例的革命热情，就会使人民同灾难斗争的力量增加无数倍，以致许多在我们那些眼界狭窄的旧官僚分子看来似乎是办不到的事情，对千百万**开始为自己**而不是在棍棒威逼下为资本家，为贵族

① 《马克思恩格斯选集》第1卷，人民出版社2012年版，第385页。

公子,为官吏**工作**的群众的力量来讲,却成为可以实现的了。①

对于中国发动的民主革命运动,列宁认为要摧毁以各种剥削形式表现出来的封建主义,那么究竟“是什么经济上的必要性使得最先进的资产阶级民主主义土地纲领能够在亚洲一个最落后的农民国家中得到推行呢?是把各种形式各种表现的封建主义摧毁的必要性。”②涉及俄国革命的具体问题,列宁指出:在我们这个农民国家里,目前还存在着两个主要的阶级——工人阶级和农民,此外还存在着许多资本主义的残余……因此,先要有无产阶级专政③。在一个农民国家里,从无产阶级专政方面首先获得利益、获得利益最多和马上获得利益的是农民。在无产阶级专政下,农民才第一次为自己劳动。④ 在当时中国的现实环境下,1927 年 3 月,中国国民党第二届中央执行委员会第三次全体会议作出的对农民宣言中指出:“农民的最后要求在于土地,不使农民得到土地,农民将不能拥护革命至于最后之成功……总之国民革命的完成,有赖于全国农民之兴起,使每个受压迫的农民都得到切实的解放”⑤。同年 5 月,中国共产党第五次全国代表大会关于“土地问题决议案”进一步明确指出:“中国农村的经济生活,大半尚建筑在封建的关系之上……中国农民运动,依粤、湘、鄂等省的经验,大半都是以贫农(佃农、半佃农、雇农及地少的自耕农)为中枢。农民运动的这种社会基础,很明显的指示农民运动的前途,必然是土地革命”⑥。中国革命的事实证明,以毛泽东同志为主要代表的中国共产党人,领导以农民为主的军队积极开展土地革命,“打土豪,分田地”,开辟了农村包围城市的革命道路,最终取得了中国革命的伟大胜利。

因此,无论是俄国的革命还是中国的革命,只有把无产阶级和所有的革命群众从劳动者阶级的同一性角度、从被剥削的劳动者阶级处于同一身份的角

① 《列宁全集》第 32 卷,人民出版社 2017 年版,第 308 页。

② 《列宁全集》第 21 卷,人民出版社 2017 年版,第 431 页。

③ 《列宁全集》第 41 卷,人民出版社 2017 年版,第 89—90 页。

④ 《列宁全集》第 37 卷,人民出版社 2017 年版,第 274 页。

⑤ 《第一次国内革命战争时期的农民运动资料》,人民出版社 1983 年版,第 48 页。

⑥ 《第一次国内革命战争时期的农民运动资料》,人民出版社 1983 年版,第 49—55 页。

度出发,把他们转变成为真正的革命力量和积极的革命主体,成为推动历史发展进步的真正主体力量。

二、"外在反思"与表征马克思主义主体本质的劳动者阶级

"外在反思"是指在马克思主义理论的外部,从主体本质和社会功能出发分析马克思主义的阶级立场,同时依据研究结果返回来重新考察其价值。

马克思发现了劳动对于人类社会形成和发展的意义,同时进一步把劳动规定为阐释唯物史观的前提和剖析社会结构的锁匙,完成了理论马克思主义的"内核构造",但"思想根本不能实现什么东西。为了实现思想,就要有使用实践力量的人"①,即是说,理论马克思主义必须通过历史主体的外在表征才能最终转换为实践马克思主义,才能充分发挥马克思主义不仅"解释世界"、更重要的是"改造世界"的社会功能。从发生学和本体论的意义上,一部马克思的思想史,是从不同角度和层面探讨劳动的历史,是同情、关注、教育和帮助劳动者的历史。② 但从政治学和方法论的意义上,以现实的人的具体劳动为深层根据的马克思主义,其历史主体的外在表征不是一般意义上的劳动者,而是劳动者阶级。

首先,无产阶级成为马克思主义历史主体的深层逻辑根本在于无产阶级是劳动阶级。无产阶级并不是从一开始就进入马克思的理论视野的。从关注农民转向关注工人,从而找到无产阶级作为现实的主体力量。恩格斯在 1847 年所写的《共产主义原理》中说:"无产阶级或无产者阶级是 19 世纪的劳动阶级。无产者不是一向就有的。穷人和劳动阶级一向就有;并且劳动阶级通常都是贫穷的。但是,生活在上述条件下的这种穷人、这种工人,即无产者,并不是一向就有的,正如竞争并不一向是自由和没有节制的一样。大资本家阶级,他们在所有文明国家里现在已经几乎独占了一切生活资料和生产这些生活资料所必须的原料和工具(机器、工厂)。这就是资产者阶级或资产阶级。完全没有财产的阶级,他们为了换得维持生存所必须的生活资料,不得不把自己的

---

① 《马克思恩格斯全集》第 2 卷,人民出版社 1957 年版,第 152 页。

② 宫敬才:《"两大发现"还是"七大发现"(上)》,《学术月刊》2011 年第 10 期。

劳动出卖给资产者。这个阶级叫作无产者阶级或无产阶级。……无产阶级是由于工业革命而产生的,这一革命在上个世纪下半叶发生于英国,后来,相继发生于世界各文明国家"①。可见,在马克思主义的理论视域下,劳动是分析阶级和阶级构成的内在根据,相比较而言,劳动是阶级的本质规定,劳动对于阶级而言具有本位意义,阶级是对劳动现象及其关系的表达和描述。列宁的阶级概念清晰地表达了上述含义,即"所谓阶级,就是这样一些大的集团,这些集团在历史上一定的社会生产体系中所处的地位不同,同生产资料的关系(这种关系大部分是在法律上明文规定了的)不同,在社会劳动组织中所起的作用不同,因而取得归自己支配的那份社会财富的方式和多寡也不同。所谓阶级,就是这样一些集团,由于它们在一定社会经济结构中所处的地位不同,其中一个集团能够占有另一个集团的劳动"②。

其次,无产阶级成为马克思主义的历史主体的现实逻辑主要在于无产阶级是被剥削阶级。被剥削是无产的根本缘由,而无产是被剥削的最终结果。在一切阶级社会,"劳动者在经济上受劳动资料即生活源泉的垄断者的支配,是一切形式的奴役即一切社会贫困、精神屈辱和政治依附的基础",尤其在资本主义社会,无产阶级被剥削的意义更为基础和重要,"工人阶级的解放斗争不是要争取阶级特权和垄断权,而是要争取平等的权利和义务,并消灭一切阶级统治"③。马克思正是通过对劳动力这一独特的商品的全面考察与分析,也就是对活劳动付出与死劳动(资本)积累的全面考察与分析,揭示了资本运动的现实基础——剩余价值的生产。这一现实基础表明:资本主义的生产方式和积累方式,从而资本主义的私有制,是以劳动者的社会性和制度化被剥夺为前提的。只要社会分工存在,只要劳动还占去社会大多数成员的全部或几乎全部时间,这个社会就必然划分为阶级。进一步说,只要社会上存在剥削阶级和被剥削阶级的分殊,那么剥削的内容指向的一定是劳动,剥削内容指向的主体实现必须是劳动阶级。在资本主义生产方式下,无产阶级成为推动社会发展进步的历史主体,主要是因为无产阶级是与生产方式紧密结合的被剥削的

① 《马克思恩格斯选集》第1卷,人民出版社2012年版,第295、296、297页。

② 《列宁全集》第37卷,人民出版社2017年版,第13页。

③ 《马克思恩格斯全集》第25卷,人民出版社2001年版,第641—642页。

劳动阶级，但是在马克思主义的东方视野中，列宁和毛泽东对劳动阶级尤其是农民阶级的重视和眷顾，无疑深刻地反映出了马克思主义阶级斗争理论的精髓以及他们把握马克思主义与本国实际结合过程中的劳动阶级立场。由此可见，在资本主义社会中一切的社会关系及其深层次的社会根源最终统一到了资本与劳动的关系上面，资本是对他人劳动及其产品的支配权力，而资本和劳动的关系最终又落脚到了劳动上面，私有制就是积累起来的劳动、积累起来的制度化的劳动产品。马克思在《资本论》中深刻揭示了资本奴役劳动的本性："资本是死劳动，它像吸血鬼一样，只有吮吸活劳动才有生命，吮吸的活劳动越多，它的生命就越旺盛。"①所以，无产阶级革命的现实逻辑归根到底是因为"私有制是积累起来的劳动"。劳动阶级要想翻身做主人，只有联合起来，消灭私有制，做自己的劳动和劳动产品的主人。

再次，不仅无产阶级是表征马克思主义主体本质的劳动者阶级，而且在经济文化比较落后的条件下其他被剥削的劳动者阶级也同样表征为是马克思主义的主体本质。被剥削的劳动者阶级在不同历史发展时期的主体表征集中体现在与当时的生产方式紧密结合程度，对此恩格斯则明确指出："自从阶级产生以来，从来没有过一个时期社会可以没有劳动阶级。这个阶级的名称、社会地位有过变化，农奴代替了奴隶，后来本身又被自由工人所代替，所谓自由，是摆脱了奴隶地位的自由，但也是除自己的劳动力一无所有的自由。然而有一点是很清楚的，无论不从事生产的社会上层发生什么变化，没有一个生产者阶级，社会就不能生存。可见，这个阶级在任何情况下都是必要的，虽然定会有一天它将不再是一个阶级，而是包括整个社会"②。所以，奴隶社会的奴隶、封建社会的农民和资本主义社会的无产阶级都是与生活发展水平紧密相连的被剥削的劳动者阶级。历史事实表明：苏俄时期接受马克思主义的基本立足点是"被压迫和被剥削"，而传播马克思主义的基本着力点是"劳动者阶级"，中国共产党早期宣传马克思主义及其革命思想的进步刊物《劳动界》《劳动者》《劳动音》也足以体现致力于唤醒"劳动者阶级"的革命志趣。后来，随着大革

① 《资本论》第1卷，人民出版社2018年版，第269页。

② 《马克思恩格斯全集》第25卷，人民出版社2001年版，第534页。

命的失败，中国共产党也由重点接触和发动工人到重点接触和发动农民的转变，由在国民革命的框架内开展农民运动到中国共产党自身独立领导开展土地革命，实现了中国革命战略的伟大转变。从理论上来看，在落后的东方国家和民族爆发革命的根据最后也统一到了剥削、统治力量与处于被剥削被压迫的劳动阶级的关系上面。

综上所述，探讨马克思主义的基本立场既是一种外在反思，更是一种内在反思。上文综合运用“外在反思”法和“内在反思”法深入探讨马克思主义为谁代言的立场问题，得出基本结论：马克思主义一以贯之的基本立场是“为被剥削的劳动者阶级代言”，这既是马克思主义始终贯彻唯物史观基本原理的内在规定和外在反映，同时也是我们把握马克思主义理论体系的根本基点和理论坐标。离开这一点，马克思主义就有可能被过度诠释或歪曲理解。当前，深入研究并澄清马克思主义的基本立场具有十分重要的意义。

三、回到经典：《资本论》的逻辑倒推与马克思主义的立场正论

《资本论》是马克思毕生研究创作的鸿篇巨著，凝聚了马克思主义的思想精华，是马克思主义“一块整钢”①的集中体现，在马克思主义理论体系中处于核心地位。近年来虽有学者从不同角度对《资本论》展开研究，如仰海峰从哲学主体问题的角度认为《资本论》中的主导逻辑是统摄生产逻辑的资本逻辑②，许恒兵从生命政治学的角度认为《资本论》是生命政治学的系统展开，马克思对生产关系的批判是生命政治学的根本批判所在③，洪银兴从马克思主义的三个组成部分出发认为《资本论》首先是一部政治经济学著作④，白刚从文本分析出发认为《资本论》是集经济学和哲学于一体、实现了“科学中的哲学”与“哲学中的科学”完美统一的划时代著作⑤，欧阳英从政治哲学史的角度认为《资本论》提纲挈领地成就了马克思政治思想发展的总体性和完整性，

① 胡钧：《〈资本论〉在马克思主义理论体系中的核心地位》，《政治经济学评论》2011 年第 3 期。

② 仰海峰：《马克思资本逻辑场域中的主体问题》，《中国社会科学》2016 年第 3 期。

③ 许恒兵：《马克思与生命政治学的奠基》，《天津社会科学》2019 年第 3 期。

④ 洪银兴：《论〈资本论〉的生命力》，《江苏行政学院学报》2004 年第 1 期。

⑤ 白刚：《〈资本论〉：“科学”还是“哲学”？》，《社会科学》2019 年第 2 期。

是马克思政治哲学思想史中的重要收尾之作①。当前研究深刻表明,从不同学科角度和研究视角出发,《资本论》拥有不同的“外衣”,这些多维阐释路径和研究成果在彰显了《资本论》本身的丰富性和深刻性的同时,也造成了对《资本论》的刻板印象和分裂式理解。

而实际上,《资本论》被马克思誉为“一个艺术的整体”②,这种整体性不仅表现在文本的逻辑结构上,更表现在各种思想的内在关联上。一般来说,马克思创作《资本论》从1843年开始研究政治经济学算起到1883年谢世止,整整花了40年的时间。可以说,马克思主义初创时期的思想最终也在《资本论》中得到充分阐释和系统论证,其中包括通过《资本论》的主题所反映出来的基本立场问题。马克思曾明确地表示过:1847年的《哲学的贫困》以及1848年的《共产党宣言》可以作为研究《资本论》和现代其他社会主义者的著作的入门,那时处于萌芽状态的东西,经过二十年的研究变成了理论在《资本论》中得到了发挥。③ 因此,《资本论》作为文本集中呈现了马克思整个思想历程的全部精华。那么,《资本论》所蕴含的马克思的精要之处究竟体现在什么地方呢?恩格斯在《资本论》第1卷出版后为《民主周报》所写的书评中作出过精彩的评价:“自从世界上有资本家和工人以来,没有一本书像我们面前这本书那样,对于工人具有如此重要的意义。资本和劳动的关系,是我们全部现代社会体系所围绕旋转的轴心,这种关系在这里第一次得到了科学的说明”④。即是说,《资本论》的核心要义就在于通过阐释资本与劳动的异流同源关系,从而为劳动者重新夺取劳动所有权提供科学的思想武器,马克思主义的根本主题就在于“破解资本占有劳动的秘密与实现无产阶级解放和人的自由全面发展”⑤。

今天,我们以《资本论》为路标阐释马克思主义的本真精神,必须要站在

① 欧阳英:《〈资本论〉在马克思政治哲学思想发展史中的重要地位》,《国外理论动态》2019年第4期。

② 《马克思恩格斯全集》第31卷,人民出版社1972年版,第125页。

③ 《马克思恩格斯全集》第25卷,人民出版社2001年版,第425页。

④ 《马克思恩格斯文集》第3卷,人民出版社2009年版,第79页。

⑤ 韩庆祥、邱耕田、王虎学:《论马克思主义的整体性(上)》,《哲学研究》2012年第8期。

整体性高度进行全局性反思，特别是要运用构成历史唯物主义重要方法之一的“从后思索法”去探求马克思创作《资本论》进而进行深度理论思考的原初动机。“从后思索法”是“对人类生活形式的思索，从而对这些形式的科学分析，总是采取同实际发展相反的道路。这种思索是从事后开始的，就是说，是从发展过程的完成的结果开始的”①。运用马克思本人创立的“从发展过程的完成的结果开始”的“从后思索法”，对探源马克思孜孜以求毕生进行理论创作的原初动机，具有非常重要的方法论意义。本书且用“逻辑倒推”来表述。这样的话，由《资本论》所追溯马克思主义的基本立场倒推逻辑就体现为由《资本论》到“论资本”的书写逻辑、由“论资本”到“论劳动”的思想逻辑、由“论劳动”到“论劳动者”的主体逻辑和由“论劳动者”到“为劳动者代言”的政治逻辑等几个环环相扣且层层推进的逻辑环节。因此，以《资本论》为文本载体将“论资本”与“论劳动”的思想高度融合，进而探讨“人的解放”何以可能和何以实现的问题，是马克思创作《资本论》的初心和创立马克思主义的价值意蕴。

（一） 书写的逻辑：由《资本论》到“论资本”

《资本论》是马克思主义最厚重、最丰富的著作②，实现了理论和实践上的双重革命。《资本论》的创作在于通过“揭示现代社会的经济运动规律”，从而“缩短和减轻”历史进程中的“痛苦”③。或者说是通过探析资本运动及其逻辑的生成、演化及扩张的特殊规律，揭示资本主义社会的时代局限性和未来社会发展的历史必然性。因此，“马克思主义的争取人类解放的价值理想和价值诉求，马克思主义所揭示的人类解放的现实道路，集中地体现在《资本论》中”④。作为研究结果和文本载体的《资本论》，其著作编排与文本表达是对资本运动及其逻辑的整体呈现，正是在这个意义上，《资本论》的书写逻辑就是“论资本”的逻辑。

资本逻辑的发现和阐明是两种层面意义上的科学成果，前者表现为一种

① 《马克思恩格斯文集》第5卷，人民出版社2009年版，第93页。

② 习近平：《在纪念马克思诞辰200周年大会上的讲话》，《北京日报》2018年5月5日。

③ 《马克思恩格斯选集》第2卷，人民出版社2012年版，第83页。

④ 孙正聿：《〈资本论〉与马克思主义哲学》，《学习与探索》2014年第1期。

研究结果，是“完整的表象蒸发为抽象的规定”①，后者则更多体现为一种叙述结果，是“抽象的规定在思维行程中导致具体的再现”②。二者相辅相成、互为体用，一定的叙述方法总是一定的研究方法的自然结果，当然没有科学的研究就没有正确的叙述，这两种方法在科学研究中具有时间继起性和空间并存性的显著特点。研究方法和叙述方法的思考和运用是文本思想的内在体现和外在表达，正如马克思在《资本论》第1卷第二版跋中说的那样："在形式上，叙述方法必须与研究方法不同。研究必须充分地占有材料，分析它的各种发展形式，探寻这些形式的内在联系。只有这项工作完成以后，现实的运动才能适当地叙述出来。这点一旦做到，材料的生命一旦在观念上反映出来，呈现在我们面前的就好像是一个先验的结构了"③。因此，探求这两种方法的逻辑联系是挖掘《资本论》背后价值的必由之路。

马克思研究《资本论》的根本方法是唯物辩证法，在唯物辩证法的科学指导下，《资本论》遵循了具体——抽象——具体的研究方法，这种思考路径的起始都为“具体”，但这两个“具体”的含义却并不相同：第一个具体是感性具体即表象具体，是现实直观的客观表征；而后一个具体是思维具体，这种具体是多样性的统一，连接“具体”两端的则是思维对材料的掌握和分析，也即思维对材料的“蒸发过程”（完整的表象蒸发为抽象的规定④）。《资本论》的研究首先面对的是各种资本形态浑然无序的状态，为了对这“混沌的整体”（整体的一个混沌的表象⑤）有更加精细准确的科学认识，必须在“充分地占有材料”的基础上对这些材料进行拆解分析，将客观认识进行主观加工，在提取其差异性的基础上抽象出最简单一般的规定（“一些最简单的规定”⑥）乃至达到“最稀薄的抽象”（从表象中的具体达到越来越稀薄的抽象⑦），进而将感性认识推进到理性认识，将量的差异性转换为质的差异性。这样呈现出来的就

---

① 《马克思恩格斯选集》第2卷，人民出版社2012年版，第701页。
② 《马克思恩格斯选集》第2卷，人民出版社2012年版，第701页。
③ 《马克思恩格斯选集》第2卷，人民出版社2012年版，第93页。
④ 《马克思恩格斯选集》第2卷，人民出版社2012年版，第701页。
⑤ 《马克思恩格斯选集》第2卷，人民出版社2012年版，第700页。
⑥ 《马克思恩格斯选集》第2卷，人民出版社2012年版，第700页。
⑦ 《马克思恩格斯选集》第2卷，人民出版社2012年版，第700页。

是经过了初始分类的一个个零散范畴的简单集合，接下来要做的就是对这些零散的简单规定进行归纳综合，提取其合理因素并分析其范畴内部的归属排列关系和各种发展形式，从而将一系列的范畴从时间上的序列安排生成为空间上的经济结构表征，此时的具体生成为一种规定的综合（“一个具有许多规定和关系的丰富的总体”），这种综合不是各经济因素的简单综合而是具有多层关联的结构综合。

如果说研究方法解决的是“如何认识”的问题，那么叙述方法则解决的是“如何呈现”的问题。研究是要将一系列的经济范畴进行归纳升华，叙述则是要将这些范畴再进行平铺展开，或者更进一步说，研究解决的是思维问题，叙述解决的是理解问题。《资本论》的叙述方法遵循了“抽象—具体”的科学思路，是研究结果“如何呈现”的具体展开。这里所展开的具体是思维本质的再现而不是混沌整体的再现，是整体性具体规律的逻辑书面表达，是科学理论在逻辑体系层面的文本生成。叙述的书写形式主要地表现为著作的编排，这种编排要符合人们的思维习惯和认知规律，简单范畴早于复杂范畴出场，综合性范畴的发生必然迟于单一性范畴的出现，这也正是马克思在六册结构中将开篇的“资本”改为“商品”的主要原因。《资本论》的结构编排正是历史逻辑和理论逻辑相统一的文本呈现，各种范畴合理有序排列并按照彼此的内在联系构成了整体性结构，这一结构的运动就表现为资本逻辑，这种逻辑是一种主导性的支配逻辑。因此，《资本论》的内容编排就是资本逻辑具体展开的结果呈现，阐述了资本运动变化的全过程。马克思本人十分注重这种“结构”在其著作中的地位，他曾说过：“在像我这样的著作中细节上的缺点是难免的，但是结构、整个内部联系是德国科学的辉煌成就”①。

《资本论》共分为三卷，这三卷的编排既是依循著作叙述思维的具体展开，又是符合资本逻辑内在生成演变的文本呈现，围绕资本的生产、流通和分配展开论述。第一卷从商品出发着重考察和分析了资本及剩余价值的生产过程，揭示了资本主义经济制度的本质和劳动价值论的中心作用，“属于最本质

---

① 《马克思恩格斯〈资本论〉书信集》，人民出版社 1976 年版，第 202 页。

和最抽象的层次”①，是资本基础生成的初始表达，也是《资本论》全卷的理论基石。第二卷主要研究了资本的流通过程和剩余价值的实现，讲述了资本的循环和周转以及社会总资本的再生产和流通，构成了资本的再生产理论，是资本的进阶表达，既是第一卷理论逻辑的继续，也是第三卷内容的引言。第三卷是《资本论》理论部分的终结卷，主要揭示了资本主义生产总过程的各种具体形式。在这里，资本由前两卷分析中呈现的一般形式，转化为产业资本、商业资本和借贷资本；价值转化为生产价格；剩余价值转化为利润、平均利润，并进一步转化为产业利润、商业利润、利息和地租。② 这一卷是对资本运动总过程的分析，深刻揭示了资本主义生产方式产生的历史必然性、局限性以及发展趋势，是对前两卷内容的统一。③《资本论》编排的内容序列是由资本主义社会的内部结构和资本运动客观规律所决定的（“它们的次序倒是由它们在现代资产阶级社会中的相互关系决定的”④），是资本内在生成逻辑和运动规律的集中体现。

商品在《资本论》中之所以被排到了首位且独立成章，主要是因为商品是资本逻辑的现实前提和逻辑起点。一方面，马克思“不是从‘概念’出发”，而是从“劳动产品在现代社会所表现的最简单的社会形式”⑤出发，那么作为开端和起始范畴的“商品”是现实商品的反映，而现实的商品则是“历史上和实际上摆在我们面前的、最初的和最简单的关系”⑥，即一般价值关系使用价值和价值的实际承担者。商品的产生是资本产生的基础和前提，蕴含着向资本演化的内在可能性。另一方面，“资本主义生产方式占统治地位的社会的财富，表现为‘庞大的商品堆积’，单个的商品表现为这种财富的元素形式”⑦，商品世界的整个运行又是资本逻辑的推展⑧，商品自身的矛盾是资本内在矛

① 肖殿荒：《〈资本论〉导读》，人民出版社 2009 年版，第 33 页。

② 《资本论》第 1 卷，人民出版社 2018 年版，第 1 页。

③ 胡钧：《〈资本论〉在马克思主义理论体系中的核心地位——兼论从〈1844 年经济学哲学手稿〉到〈资本论〉》，《政治经济学评论》2011 年第 3 期。

④ 《马克思恩格斯选集》第 2 卷，人民出版社 2012 年版，第 708 页。

⑤ 《马克思恩格斯全集》第 19 卷，人民出版社 1963 年版，第 412 页。

⑥ 《马克思恩格斯全集》第 13 卷，人民出版社 1962 年版，第 533 页。

⑦ 《资本论》第 1 卷，人民出版社 2018 年版，第 47 页。

⑧ 张迪：《从现实的人到人的解放：马克思资本批判理论研究》，东北师范大学博士学位论文，2017 年。

盾的具体表现和集中表达。因此,作为资本主义经济细胞的“商品”背后所折射的则是资本主义生产方式,它是资本主义社会最基本的经济单位,商品范畴是其他一切经济范畴的初裂点,是全部范畴演绎的始端,其他经济范畴的产生及运动都依赖于商品的出现并被赋予更多的规定性,并通过商品的枢纽作用将彼此联系起来,贯穿成为资本。

资本是经济发展到一定历史阶段的产物,在表现形式上具有自然和社会双重属性。就自然属性来说,资本是人类具体劳动的产物,是劳动财富的积累以及人类剩余劳动和剩余产品的一种特殊表现形式,也就是人类社会的物质基础和人类劳动的直接目的,我们说人类社会的进步,在很大程度上就表现为是具有自然属性的“资本”不断积累的自然过程,因而,具有普遍性;就社会属性来说,资本是由劳动创造且能够实现价值增值的生产要素,尤其在资本主义社会,资本则是由雇佣劳动创造的剩余价值不断积累而成,是能够“带来剩余价值的价值”①,主要表现为一种支配性的社会关系,是资本主义生产的直接目的,因而,具有特殊性。正如马克思在《雇佣劳动与资本》中所说的那样:“黑人就是黑人。只有在一定的关系下,他才成为奴隶。纺纱机是纺棉花的机器。只有在一定的关系下,它才成为资本。脱离了这种关系,它也就不是资本了,就象黄金本身并不是货币,砂糖就不是砂糖的价格一样……资本是一种社会生产关系。它是一种历史的生产关系”②。一句话,资本不是一种物,而是一种以物为中介的人和人之间的社会关系。③ 因此,资本主义生产关系与其他社会生产关系的重大区别就在于:以资本雇佣劳动为轴心、以资本逻辑为主导的经济运行规律并不断制度化。马克思曾经在《资本论》第1卷序言中讲道:“我要在本书研究的,是资本主义生产方式以及和它相适应的生产关系和交换关系”④。综上所述,以资本主义生产关系为研究对象,《资本论》的书写逻辑在于“论资本”,更确切地说本质上在于“论资本的社会属性”。

---

① 《马克思恩格斯文集》第5卷,人民出版社2009年版,第2页。

② 《马克思恩格斯文集》第5卷,人民出版社2009年版,第878页。

③ 《马克思恩格斯文集》第5卷,人民出版社2009年版,第877—878页。

④ 《马克思恩格斯全集》第23卷:人民出版社1972年版,第8页。

（二）思想的逻辑：由“论资本”到“论劳动”

劳动价值论是《资本论》进行立论推理的第一块理论基石，清晰地阐释了劳动与资本的矛盾根源与和解路径，使二者的关系“在这里第一次得到了科学的说明”①。当然，这一理论并非马克思的首创，真正将劳动与价值联系起来的是古典政治经济学家的理论贡献，但由于古典政治经济学家的阶级立场局限和缺乏历史维度的思考，忽视了使资本成为资本的“形式规定”②，终将使其学说沦为了资本主义生产方式的实证性研究。在此意义上，马克思的政治经济学是对“政治经济学”批判的学说，他将“实际的经济关系”“以一种完全新的方式，即用唯物主义方法进行考察”③，从而揭开了古典政治经济学研究范畴遮蔽下的现实社会关系，使“这门科学发生了真正的革命”④。

马克思曾公开承认自己是黑格尔这位伟大思想家的学生，自己在关于价值理论这一章中曾“卖弄起黑格尔特有的表达方式”，即从“范畴”出发。但不同于黑格尔的“绝对精神”，马克思这里所说的“范畴”“不是从‘概念’出发，因而也不是从‘价值概念’出发”，而是以“劳动产品在现代社会所表现的最简单的社会形式”即商品为逻辑起点，克服了“古典政治经济学的根本缺点”，“从商品的分析中，特别是商品价值的分析中，发现了正是使价值成为交换价值的价值形式”⑤。

古典政治经济学家已经认识到了商品的二重性即使用价值和价值，认为劳动是创造商品的唯一因素并提出了“劳动一般”的概念，但没有解答是什么劳动创造了价值。马克思在“劳动一般”的基础上继续进行了分解，分化出了具体劳动和抽象劳动这两个子单位，在“商品二重性”的基础上提出了“劳动二重性”，第一次“确定了什么样的劳动形成价值，为什么形成价值以及怎样形成价值，并确定了价值不外就是这种劳动的凝固”⑥。马克思还认为劳动二重性是商品二重性的根源，其中一方面“人类劳动力在特殊的有一定目的的

① 《马克思恩格斯文集》第3卷，人民出版社2009年版，第79页。

② 《马克思恩格斯全集》第46卷上册，人民出版社1979年版，第211页。

③ 《马克思恩格斯〈资本论〉书信集》，人民出版社1976年版，第244页。

④ 《列宁全集》第2卷，人民出版社1984年版，第8页。

⑤ 《资本论》第1卷，人民出版社2018年版，第98页。

⑥ 《马克思恩格斯全集》第24卷，人民出版社1972年版，第22页。

形式上消耗"[①]的具体劳动创造了商品的有用性即使用价值，这种"人与自然之间的物质变换"具有"永恒的自然必然性"，贯穿人类社会发展始终，不以任何社会形式为转移。但是，另一方面，"相同的或抽象的人类劳动"[②]即抽象劳动创造了商品的社会性质即价值，不同的社会形式下劳动有着不同的表现形态，具有人类历史性的显著特征。其中决定商品成为"商品"的关键是商品的价值，而非使用价值。

商品只是劳动产品在特定历史阶段的表现形式，"发生在于交换已经十分广泛和十分重要的时候"[③]。由于私有制的出现，自然分工被社会分工所取代，人们被分离在互相依赖的社会分工体系中，个人的劳动同时具有了私人劳动和社会劳动的双重性质。一方面，人们必须生产出商品（的使用价值）来"满足一定的社会需要，从而证明它们是总劳动的一部分"[④]，另一方面人们"只有在每一种特殊的有用的私人劳动可以同任何另一种有用的私人劳动相交换从而相等时，生产者的私人劳动才能满足生产者本人的多种需要"[⑤]，即商品生产者的私人劳动必须还原为"等同的人类劳动"[⑥]与他人的劳动相交换，才能转化为社会劳动从而获得生产意义和生存保障。因此，商品交换的过程就是私人劳动的社会性质显现的过程，从而也是人类社会发生关系联结的过程。也就是说，交换过程中商品"本身物的性质"反映了"人们本身劳动的社会性质"[⑦]，商品世界"充满形而上学的微妙和神学的怪诞"[⑧]的这种拜物教性质源自于商品形式本身即"生产商品的劳动所特有的社会性质"[⑨]。交换只是价值流通的一个介质，价值才是真正使商品成为"超感觉的物"的根本因素，交换价值只是这种价值的表现形式，价值则是交换价值的实质内容。正是

① 《资本论》第1卷，人民出版社2018年版，第60页。
② 《资本论》第1卷，人民出版社2018年版，第60页。
③ 《资本论》第1卷，人民出版社2018年版，第90页。
④ 《资本论》第1卷，人民出版社2018年版，第90页。
⑤ 《资本论》第1卷，人民出版社2018年版，第90—91页。
⑥ 《资本论》第1卷，人民出版社2018年版，第97页。
⑦ 《资本论》第1卷，人民出版社2018年版，第89页。
⑧ 《资本论》第1卷，人民出版社2018年版，第88页。
⑨ 《资本论》第1卷，人民出版社2018年版，第90页。

因为对价值形式与内容的区分，使得马克思完成了对古典政治经济学“两个教条”的超越，成为《资本论》一书中“最好的地方”①。

马克思的劳动二重性是“理解政治经济学的枢纽”②，是“批判地理解问题的全部秘密”③的关键所在。通过剖析商品这个“资本财富元素形式”可以顺理成章地挖出资本的奥秘。资本是商品的进化完全体和集中表达形态，同商品是由劳动所创造的一样，资本也是由劳动所创造的，具有自然和社会双重属性，是自然形态和社会形态的统一体。同样地，其中决定资本成为“资本”的关键在于资本的社会性质，而非自然属性。

在资本主义社会中，资本在本质上是一种社会关系。资本关系是资本价值的产生前提，价值生产是资本主义社会特有的生产形式。资本主义社会语境下的价值是能够使价值增值的价值即剩余价值，这是人类活劳动的实体表现。在以商品生产为主要生产方式的资本主义商品经济社会，劳动越来越趋向于抽象化，以消费为目的的使用价值生产逐渐让位于以交换为目的的价值生产，从“质”的生产偏向于了“量”的生产，重要的不是生产什么，而是生产多少。在资本主义生产关系下单向度的商品使用价值生产活动已经瓦解，抽象劳动逐渐取代了具体劳动的优先性，成为了在资本主义社会中占统治地位的、普遍存在的社会劳动形式。

不同于古典政治经济学家认为价值来源于“地租、劳动和资本”三要素的看法，马克思认为人类的活劳动才是创造价值的唯一实体，具体劳动只能转移价值，抽象劳动才能使价值增值。它自身不表现为一种劳动对象，而表现为一种劳动活动，它不是价值，却是价值的活的源泉。以物化状态为存在形态的生产资料同样也是构成资本价值的要素之一，但这种生产要素只是作为一种被动的物质性生产要素存在。即是说，“对象化劳动只有在生产过程本身中通过吸收活劳动才能转化为资本，从而劳动才转化为资本”④。因此，物化生产资料的价值只能被转移，不能被改变，变换的只是自己的物质形态，不能进行

① 《马克思恩格斯〈资本论〉书信集》，人民出版社1976年版，第225页。

② 《资本论》第1卷，人民出版社2018年版，第55页。

③ 《马克思恩格斯〈资本论〉书信集》，人民出版社1976年版，第250页。

④ 《马克思恩格斯全集》第38卷，人民出版社2019年版，第78页。

价值量的增值，只有同劳动者的活劳动相结合才能运行起来，进而将自身潜在的、可能的使用价值转化为现实的使用价值。主观因素与客观因素的双重运转使得资本主义时代的财富被源源不断地创造出来。创造出资本主义社会财富奇迹的并非资本的自然积累，而是雇佣劳动制度下的工人活劳动。

客观来看，资本是一个同时具有自然属性和社会属性的复杂经济体。一方面，“资本来到世间，从头到脚，每个毛孔都滴着血和肮脏的东西”①。在资本逻辑的统摄下越多越好的价值生产导向必然意味着对工人越来越重的压迫与剥削。资本所蕴含的巨大生产力没有成为服务人们生活的条件，反而成为了压榨人们的动力与工具，劳动成为了痛苦的根源。另一方面，资本对生产力的提升达到了前所未有的高度，“资产阶级在它的不到一百年的阶级统治中所创造的生产力，比过去一切世代创造的全部生产力还要多，还要大”②。生产力的发展和生产率的提高越来越使得人们享受到了物质财富的需要不断被满足。人类对财富的追求就是对美好生活向往的一个重要组成部分。马克思主义的劳动价值论是关于劳动正确的世界观和方法论的科学，我们应对其精神实质不断予以发扬与超越，发扬的是马克思学说普遍意义上的劳动价值论，主张物质性财富的不断累加，为人类的发展奠定物质基础；超越的是资本主义生产关系下的剩余价值论，将剩余价值的生产真正地从资本主义生产关系中解放出来，实现生产与享受的主体同一性，重要的不是剩余价值的生产，而是剩余价值的占有与分配。“让劳动者成为所有者”，这也正是马克思基于一般意义上的劳动价值论、批判资本主义社会“劳动创造价值”的资本逻辑，进而重建个人所有制的根本宗旨。

（三）主体的逻辑：由“论劳动”到“论劳动者”

剩余价值论是劳动价值论的内在规定性在资本主义生产关系逻辑发展过程中的必然延展结果，是劳动生产由理论跨越为实践、由现象深入到本质的自然过渡。如果说劳动价值论是剖析资本主义生产关系的前奏，那么剩余价值论则是这种分析的高潮。作为剩余价值论的重要前提性概念——“劳动力”

① 《马克思恩格斯选集》第2卷，人民出版社2012年版，第297页。

② 《马克思恩格斯选集》第1卷，人民出版社2012年版，第405页。

就是从劳动价值论中推理得来的。虽然"劳动力的使用就是劳动本身"①,但二者在概念的表述和使用上并非完全等同,所有权的主体也并非完全重合。劳动力是劳动被量化了的本质同一性劳动,不同于劳动的创造性特质,劳动力有着严格的时间衡量单位,是一种可以以货币为评价尺度的普通商品。劳动与劳动力的范畴分化使得劳动力成为商品得以可能,劳动力商品化这一既定事实意味着资本主义社会"最终实现了商品形式的普遍化及其完成"②,同时标志着作为"商品"主体性付出的"劳动者"也被纳入到了资本逻辑的结构运转中,在劳动被资本宰治的社会结构下接受着惩戒肉体和调节生命的双重规训,这种规训的实质背后则是劳动者生命基质的被剥夺。③ 马克思正是在这种社会极差的巨大张力中发现了其"潜在的对抗性"④以及这种对抗性的社会关系表现——阶级冲突。马克思对古典政治经济学的超越就在于,发现了基于价值规律作用下价值所具有的市场波动性和潜在对抗性,亦即发现了对抗性的社会关系——阶级冲突。可以说,马克思研究资本主义社会作出的重要贡献之一就是"从'资本统治社会、占有劳动'的静态的经济结构中找到了人格化的动态的物质力量——资产级和无产阶级",克服了古典政治经济学家的主体空场缺陷,并"阐明了无产阶级及其政党的根本任务——消灭私有制"⑤,进而实现了"世界何以可能"向"解放何以可能"的历史性转变。

综上所述,由于私有制的出现,劳动的主体与客观条件被迫发生了分离,劳动者不得不出卖自己的劳动来获得生活资料,资本也需要大量的活劳动来为自己生产价值,二者在彼此互构需要的层面上达到了统一,劳动与资本开始了历史性的共谋。但在资本逻辑的统摄下,劳动只有抽象为劳动力才能进入资本生产过程被资本所同构,被资本世界所接纳。在资本主义历史范畴下,不

① 《资本论》第1卷,人民出版社2018年版,第207页。

② 林青:《马克思的劳动价值论与自由的实现途径》,《现代哲学》2017年第4期。

③ 王庆丰:《〈资本论〉中的生命政治》,《哲学研究》2018年第8期。

④ [意]奈格里:《〈大纲〉:超越马克思的马克思》,北京师范大学出版社2011年版,第64页。

⑤ 尹占文、张倩:《同质性理论思维:马克思主义创立和发展的思维基础》,《观察与思考》2018年第8期。

是从劳动来说明劳动力，而是从劳动力来说明劳动[①]。资本需要的不是提供劳动的躯壳，否则资本主义制度将与奴隶制度并无二异，资本需要的是不断提供这种可供资本“吸血”的活劳动，得到之后便以“雇佣劳动”的名义将其圈养起来并制度化。雇佣劳动制度是资本主义制度区别于其他社会制度的重要因素，资本就是在工人与资本家的雇佣劳动关系中形成的。

剩余价值的生产由资本主义社会的现象世界进入到本质层面的重要界限在于劳动力的商品化。劳动力成为商品的经济事实从另一方面印证了作为劳动力主体的劳动者也被商品化了的社会事实。一方面，随着商品经济的发展，人从封建时代的人身依附关系中解脱出来，劳动者拥有了自己劳动的处决权，成为了独立自由的个体劳动者，这是一种历史进步；但另一方面，劳动者拥有出卖劳动力的自由，这是一种单向度的消极自由，他可以选择出卖给哪个资本家但不能选择是否出卖。自由解放的同时又是自由丧失的开始。作为与劳动力商品相交换的货币——工资，则用合法的形式掩盖了资本剥削的本质，用有酬劳动的工资冒充了有酬劳动和无酬劳动所创造的利润总和。这个充斥着虚假自由平等意志的交换场所被资本的卫道夫们津津乐道，但是“一旦离开这个简单流通领域或商品交换领域，——庸俗的自由贸易论者用来判断资本和雇佣劳动的社会的那些观点、概念和标准就是从这个领域得来的，——就会看到，我们的剧中人的面貌已经起了某些变化。原来的货币在占有者作为资本家，昂首前行；劳动力占有者作为他的工人，尾随于后。一个笑容满面，雄心勃勃；一个战战兢兢，畏缩不前，像在市场上出卖了自己的皮一样，只有一个前途——让人家来鞣。”[②]原本在市场中作为货币占有者的买者和作为劳动力占有者的卖者一旦离开这个领域之后，“剧中人的面貌就已经起来某些变化”——货币占有者成为了“资本家”，而劳动力占有者则成为了“工人”，成为隶属于资本家的工人。二者从流通领域平等、自由的商品拥有者的身份变成了生产领域中一个被另一个所支配的阶级对抗身份，从而拥有了不同的面

① 仰海峰：《劳动力成为商品意味着什么——关于〈资本论〉的经济学—哲学研究》，《中国高校社会科学》2015 年第 2 期。

② 《马克思恩格斯选集》第 2 卷，人民出版社 2012 年版，第 168 页。

貌——一个笑容满面,雄心勃勃,另一个则战战兢兢,萎缩不前。劳动力一旦作为商品被出卖,劳动者就要接受被买者所支配的命运。这一刻,劳动者丧失了自己的劳动所有权,属于他的只是劳动力所有权,劳动所有权的归属已经属于资本家了,劳动所有权是由生产资料所有权所决定的。凭借着这种对劳动力商品的经济购买力,资本家将这种绝对的经济权力转移到了政治生活中,不遗余力地把工人抛进资本的结构漩涡中,作为与资本同构化的增值工具所存在,将人降格为经济关系中的物。在这种经济关系中,劳动者遭受着肉体和精神的双重磨炼。这是因为,“资本由于无限度地盲目追逐剩余劳动,像狼一般地贪求剩余劳动,不仅突破了工作日的道德极限,而且突破了工作日的纯粹身体的极限。”①工人不得不在恶劣甚至危险的工作环境中进行劳动,新鲜的空气和阳光甚至成为了一种奢侈品。机器的发明和大规模的使用,更使得工人打乱自己的生活作息来适应机器的工作节奏,身体机能难以得到正常恢复,生理极限被不断突破,工人的健康得到极大的摧残。它(资本主义)靠缩短工人的寿命,在一定期限内延长工人的生产时间。② 在资本主义最发达的时期,劳动者的寿命却是呈现反向的下跌趋势。死劳动牢牢掌控着活劳动,他只要还有一块肉、一根筋、一滴血可供榨取,吸血鬼就决不罢休。③

但是,劳动者为了生存,“甘愿被雇佣”。资本与劳动结合得越紧密,资本家与劳动者的关系就越紧张,二者的社会关系是生产关系的现实转化。资本的概念和运作逻辑中包含着资本家要素,“资本,实质上就是资本家”④,同样地,劳动的概念和运作逻辑中也必然包含着劳动者要素,劳动实质上就是劳动者。只不过一方是商品的生产者,而另一方则是商品的占有者,他们扮演的角色“不过是经济关系的人格化”⑤。如同“资本显然是关系,而且只能是生产关系”⑥一样,劳动也必然处于一定的社会关系之中,本质上也必然体现着一种生产关系。在资本主义生产方式下,劳资双方的矛盾映射到实体上来就是

---

① 《马克思恩格斯文集》第 5 卷,人民出版社 2009 年版,第 306 页。
② 《资本论》第 1 卷,人民出版社 2018 年版,第 307 页。
③ 《资本论》第 1 卷,人民出版社 2018 年版,第 349 页。
④ 《马克思恩格斯全集》第 46 卷上册,人民出版社 1979 年版,第 518 页。
⑤ 《资本论》第 1 卷,人民出版社 2018 年版,第 104 页。
⑥ 《马克思恩格斯全集》第 46 卷上册,人民出版社 1979 年版,第 518 页。

资本家和劳动者的对立和冲突，这种对立和冲突在以资本和劳动为轴心的资本主义社会日益分裂为“两大敌对的阵营”“两大相互直接对立的阶级”[①]——资产阶级和无产阶级。资本主义社会财富生产和占有的极端化直接导致阶级的冲突和斗争的简单化，甚至斗争场域也逐步从经济领域转移到了政治领域。

斗争的前提是压迫与反抗的两极对立与冲突，反抗的前提则是被压迫主体的意识觉醒。在资本的物质生产中，工人们的身体极限被不断打破，被物化和被边缘化的感受越来越强烈，劳动者清楚地洞见了自身的生存基础，并逐渐认识到这种剥夺与消融对于自己来说无异于一种灭顶之灾，意识到“自己是这一过程的真正的——尽管是被束缚的和暂且是不自觉的——主体”[②]。起初这只是一种简单的意识，但这种意识的开端就是工人不断审视自己的生存现状、意识到自身主体存在的开始，进而为将这种反思意识深化为阶级意识作了积极准备，“遭受普遍苦难”的现状使得广大劳动者获得了“普遍性质”[③]，工人们渐渐认识到自己同属同一阶级正如资本家同属同一阶级一样。正是这种“共同”的心理意识和历史命运使得他们由分散走向了联合开始共同反抗资本家强加于自身的种种不平等对待，走上了革命斗争的道路，能够对抗资本社会力量的也必然是形成社会力量的阶级群体。而“阶级意识不是个别无产者的心理意识，或他们全体的群体心理意识，而是变成为意识的对阶级历史地位的感觉”[④]。事实证明，仅仅满足于将阶级意识灌输进工人们的脑海中是远远不够的，更要使劳动者群体意识到自己所肩负的解放使命，从而为彻底改变这种劳资关系主动地进行阶级斗争，成为真正自为的阶级，从而成为真正的历史主体、社会主体和人类解放主体。

（四）政治的逻辑：由“论劳动者”到“为劳动者代言”

近年来关于马克思主义理论研究的成果不胜枚举，在对马克思思想宣传作出贡献的同时也造成了大众对马克思身份认知的单一化，伴随着马克思学

① 《马克思恩格斯选集》第 1 卷，人民出版社 2012 年版，第 401 页。

② 卢卡奇：《历史与阶级意识》，杜章智等译，商务印书馆 1996 年版，第 268 页。

③ 《马克思恩格斯选集》第 1 卷，人民出版社 2012 年版，第 15 页。

④ 卢卡奇：《历史与阶级意识》，杜章智等译，商务印书馆 1996 年版，第 133 页。

者形象不断凸显的背后却是马克思革命家身份的被淡忘。“告别革命”和“去政治化”浪潮的日益涌进更是使不少学者或无意或有意地在研究中消解着马克思主义革命实践的生命活力，马克思主义的研究越来越呈现出“纯思辨化”的趋势。马克思激情澎湃的革命家身份日益被温文尔雅的学者形象所无情吞没了。①

马克思主义是面向现实世界的学说，不同于当时“追求体系的完满”②的德国哲学，马克思致力于“确立此岸世界的真理”③。针对当时大部分人受资本辖制的普遍异化情景，马克思提出了属于自己时代的根本问题：资本占有劳动与无产阶级的解放④。在这个问题域中马克思主义呈现出了三重维度的表现形式——大众性、学术性和政治性。其中，大众性是马克思主义的首要特性，是马克思主义的生命力所在。马克思主义之所以被世界上广大劳苦大众所接受就在于他的大众性，在于他是为普通民众立言的学说。马克思摒弃了德国思辨哲学的纯粹理性，将注意力转移到现实世界最普通人的生存境遇中，从广大劳苦大众的视角出发建构了自己的学说体系，并从静态的社会结构中找到了解决现存状态的物质力量——“全世界的无产者”，从而使马克思主义学说成为立足于民众的、穷人的真理⑤。学术性是马克思主义的理论支撑。剩余价值和唯物史观的发现和阐明为广大无产者通过革命夺取政权提供了科学性和必然性，为无产阶级的政治运动提供了科学的世界观和方法论的指导，《资本论》的问世足以承载马克思主义的理论内涵⑥。政治性是马克思主义的价值取向。马克思主义是无产阶级的世界观和方法论，是属于无产阶级政党的话语体系，历史上，没有哪一个理论家像马克思那样敢于公开承认自己理论的阶级属性和阶级立场。无产阶级政党作为改造社会的现实物质主体，马克

---

① 王广：《马克思身份的危机：学者形象对革命家身份的遮蔽》，《马克思主义研究》2015 年第 11 期。

② 《马克思恩格斯全集》第 1 卷，人民出版社 1995 年版，第 219 页。

③ 《马克思恩格斯全集》第 3 卷，人民出版社 2002 年版，第 200 页。

④ 韩庆祥、张艳涛：《马克思哲学的三种形态及其历史命运》，《中国社会科学》2010 年第 4 期。

⑤ 黄苇町：《马克思主义是穷人的真理》，人民网—理论频道，2011 年 6 月 3 日。

⑥ 张雷声：《〈资本论〉与马克思主义理论的整体性》，《马克思主义研究》2010 年第 2 期。

思主义必须对其进行先进性思想的理论灌输以保障革命行动的顺利实现。马克思主义是无产阶级的指导思想，无产阶级同时也是马克思主义的现实力量，二者互为彼此的物质武器和精神武器。这三重维度从不同的角度和立场对马克思主义思想进行了阐发与论述，相互独立又彼此协调，通过“理论武装政党——政党为民众服务——最终实现人类普遍解放”（通过马克思主义学说武装无产阶级政党，使其在革命实践的基础上夺取政权并建立属于人民自身的统治机构，从而在生产资料公有制的基础上重新获得劳动所有权进而实现最普遍人民的解放。）的历史与现实逻辑共同作用于马克思主义体系的主旨内容，使马克思主义学说成为了一门科学。马克思主义的这三重维度在本质上具有高度的一致性，是一个统一整体，但在具体的现实实践中又各有侧重，在当时人类普遍异化的现实情景中，革命成为了首要实现的迫切问题。一切理论为实践服务，政治性作为具有能够改变真实世界的现实力量成为了首要的服务因素。马克思主义是面向现实世界的科学理论，同时也更是无产阶级的革命学说。①

列宁曾经指出，马克思主义“这一理论对世界各国社会主义者所具有的不可遏止的吸引力，就在于它把严格的和高度的科学性同革命性结合起来，并且不仅仅是因为学说的创始人兼有学者和革命家的品质而偶然地结合起来，而是把二者内在地和不可分割地结合在这个理论本身中”②。马克思学说的革命性不同于其他学说的口号性质，是内化于自身理论体系的精神沉淀。革命性是马克思主义不同于以往学说的重要标识。马克思作为无产阶级的革命领袖，从来都不是一个纯粹的思想家，他的思想研究都是对资本主义时代人类解放主题的深切回应，正是由于马克思主义的诞生使得大众对资本主义由道德批判转为了革命实践，因而，“马克思学术思想活动的归宿是为了实现其革命目的，‘推翻资产阶级剥削统治、实现无产阶级解放和人类解放才是马克思学术研究的本质、核心和归宿’”③。恩格斯曾这样评价他的好友马克思：“马

---

① 尹占文、荀国旗、邓淑华：《马克思主义关联中国问题的三重维度》，《社会科学研究》2011 年第 5 期。

② 《列宁专题文集　论马克思主义》，人民出版社 2009 年版，第 297 页。

③ 王广：《马克思身份的危机：学者形象对革命家身份的遮蔽》，《马克思主义研究》2015 年第 11 期。

克思首先是一个革命家。他毕生的真正使命，就是以这种或那种方式参加推翻资本主义社会及其所建立的国家设施的事业，参加现代无产阶级的解放事业，正是他第一次使现代无产阶级意识到自身的地位和需要，意识到自身解放的条件。斗争是他的生命要素。很少有人像他那样满腔热情坚韧不拔和卓有成效地进行斗争"①。马克思不仅为无产阶级亲手打造了思想的武器，他自己也亲身投入到了人类解放的革命浪潮中，但就此得出"马克思主义是为无产阶级代言的"言论有待商榷，这是因为，"无产阶级"这个范畴仅仅同一定的历史阶段相联系而不具有普遍一般性，"马克思只是在与资产阶级相对应的时候，使用无产阶级一词，在政治经济学研究中，通常使用的是劳动者一词……马克思的批判指向的是一种社会关系，一种必然形成对立关系的市民社会经济关系，而不是某一个特定的阶级"②。马克思为无产阶级代言仅仅是因为在资本主义大工业生产时代语境下的劳动解放首先是无产阶级的劳动解放，"它是人类奴役的最集中的表现"③。在唯物史观普遍意义上马克思主义是为被剥削的劳动者阶级代言的④，并以实现劳动者的解放作为自己的全部价值旨归。

劳动者的解放在于劳动的解放，在于劳动天然性的回归。即是说，"整个所谓世界历史不外是人通过人的劳动而诞生的过程"⑤。劳动作为财富的源泉为人类社会的进步发展奠定了夯实的物质基础，剩余劳动的不断累积更是为人类的全面自由发展提供了现实可能。在大历史观的视域下，人类社会的文明演进就是劳动经济的多维发展呈现。在"天然采猎经济"的蒙昧时代，"自然界起初是作为一种完全异己的、有无限威力的和不可制服的力量与人们对立的，人们同自然界的关系完全像动物同自然界的关系一样，人们就像牲

① 《马克思恩格斯选集》第3卷，人民出版社2012年版，第1003页。

② 魏小萍：《通向〈资本论〉之路：前〈资本论〉时期马克思劳动价值论的探索轨迹及分析：以 $MEGA^2$ 为基础的解读》，中国社会科学出版社2013年版，第98页。

③ 张盾：《马克思的政治理论及其路径》，《中国社会科学》2006年第5期。

④ 尹占文、刘岚清：《马克思主义究竟是在为谁代言——与林剑教授商榷》，《信阳师范学院学报》（哲学社会科学版）2019年第1期。

⑤ 《马克思恩格斯文集》第1卷，人民出版社2009年版，第196页。

畜慑服于自然界"①。人类全面依靠自然生存并没有对其进行改造的能力,天然经济是人们主要的生存背景和方式。由于生产力的低下,人们的劳动成果仅能满足社会成员的基本需要,几乎没有多余的剩余产品用于储藏发展,原始共产主义根本上在于无"产"可共。集体形式的谋生更是将个体消融在了整体中,淡漠了个体自我意识的觉醒和培养,人们思考更多的是自然关系的问题,社会关系的发展则被延缓了。人类在此阶段的发展体现为单向度的"一维"自然发展,人的"类"本质特征被动物性本能所掩盖了。随着人类生存能力和社会生存等级的进化,人类迎来了"土地农业经济"的野蛮时代,人类在认识自然的同时又对自然进行了初步干预和改造,呈现出了"二维"经济发展空间的规模。人类的劳动产品有了初步剩余,私有开始产生并作为制度确立下来,国家开始出现,社会关系逐渐丰富。人们在解决自然关系的同时开始思考人类社会秩序的管理问题,人类政治文明开始萌芽。工业文明的出现,使人类摆脱了土地平面经济的发展模式,不受自然生产周期的约束开始造就无限的人类社会生存发展空间。这种"三维"经济空间的发展使社会财富的生产源泉从有限的农业劳作扩展为无限的工业生产,资本将劳动剩余拉到了极高的水平。与此同时,社会权力平等问题被越来越多的人关注到,暴力色彩逐渐淡化。资本的产生及发展标志着人类文明真正意义上的出现,开创了人类"资本工业经济"的文明时代,创造着巨大的社会财富。资本对剩余价值的追求使得科学技术在客观上得到了极大的发展,知识成为新的发展源泉和动力,在劳动分权的主流社会,人们的劳动能力更多地体现为知识能力,知识劳动成为了新的社会劳动的主体。换句话说,"人类劳动的发展主要体现为脑力劳动的发展"②。知识信息的出现使人们在摆脱了空间限制的基础上跨越了时间发展的阻碍,从狭小的个人生活空间扩展到了世界全球。从"三维"立体的人类生存空间进入到了"四维"弯曲的"知识信息经济"高尚时代,开启了智力统治的时代。人类从"一维"直线到"二维"平面再到"三维"立体最后乃

① 《马克思恩格斯选集》第1卷,人民出版社2012年版,第161页。

② 余金成:《社会主义改革的实质是重建劳动与资本的关系——写在中国改革40周年》,《中国浦东干部学院学报》2018年第5期。

至“四维”弯曲的生存发展空间的进化演变体现了人类劳动形式的多样化发展过程①。剩余劳动是人类社会生产力发展客观规律的具体体现，财富积累越是丰富，劳动剩余越是充足，人类的劳动越能从物质生产中解放出来，将剩余劳动时间转化为自由支配时间，从而为人类的全面发展提供境域支持，成为社会真正的财富尺度。

劳动在为人类生产出物质财富的同时也为人类生产出了社会关系，以劳动生产所衍生出来的劳动关系构成了社会关系的全部基底。在资本主义时代，资本作为财富积累的强大助推器将劳动生产注入到了顶峰的另一面却是进行这种劳动生产的劳动者的被奴役和被压迫，劳动生产者和成果享受者的严重错位。在资本主义私有制条件下劳动者的剩余劳动表现为过度劳动，真正的剩余劳动（成果）则被从未进行过劳动生产的资本家以社会的名义无偿占有了，资本主义时代下的自由时间表现为“少数人的非劳动时间”②，全面占领了整个人类社会的自由发展权利，吞没了社会上其他大部分人获得自由解放的可能性空间。破解资本主义制度的财富占有方式，建立与生产力发展相一致的财富保障制度、将发展空间的权利重新归还给大众，成为人类文明进步的必然价值取向，作为超越资本主义剥削关系的、以劳动解放为根本旨归的共产主义已成为了人类解放的必然图景和历史坐标。

马克思主义所畅想的共产主义社会是自然主义和人道主义高度重合的共享社会，符合人类普遍解放的历史逻辑，是针对资本主义制度根本性缺陷的结构和秩序的全新重建，是符合科学事实和人本价值的历史必然性结果。资本成为交换普遍中产生的“人的创造天赋的绝对发挥”③的同时受到了社会的制约和调节，劳动在此得到了消解与复归，消解的是资本钳制下的剥削属性，复归的是劳动自我确证的天然需要，这种复归是“人向自身、向社会的即合乎人性的人的复归，这种复归是完全的，自觉的和在以往发展的全部财富的范围内

---

① 李玉山：《人类社会演化发展运动论——人类社会四维空间生命系统》，中国致公出版社2002年版。

② 《马克思恩格斯全集》第31卷，人民出版社1998年版，第103页。

③ 《马克思恩格斯全集》第46卷上，人民出版社1979年版，第486页。

生成的”①。劳动重新成为了人的普遍需要，劳动者重新成为了社会关系的首要标识。自由成为了人类真正的存在方式，自由的劳动和劳动的自由得以实现。劳动自由的实现，使人类从“必然王国”向“自由王国”的飞跃得以可能，到达的那个王国，必将是自由人的联合体。因此，正是在唯物史观普遍意义上，我们说，马克思主义是在为被剥削的劳动者阶级代言的，马克思主义学说的全部使命，就是让劳动者过上好日子。②

① 《马克思恩格斯全集》第3卷，人民出版社2002年版，第297页。

② 孙熙国：《马克思主义究竟能够带给我们什么？》，《红旗文稿》2016年第4期。

第二章　马克思主义在中国传播发展的实践必然性

问题和问题意识是马克思主义产生和发展的总根据，同样，观照问题也是马克思主义中国化发生发展的现实需要。近代以来，中国被迫沦为半殖民地半封建社会，实现中华民族伟大复兴就是中国总问题，“救亡图存”和“富强图存”分别是20世纪上半叶、下半叶中华民族特定历史时空内的“目标问题”。中国人民秉承实践的思维方式，紧扣实现中华民族伟大复兴的中国总问题，从根本上实现了马克思主义与中国传统思想中“求变”思维的契合。

第一节　实践思维方式与马克思主义中国化的思维品格

科学和哲学是人类理论思维的两种基本方式。[①] 从历史发展的角度来看，正是哲学的提问方式——“这是什么”或“那是什么”促进了科学的产生和发展。[②] 所以，海德格尔说：“哲学的全部任务，就是启人思。”黑格尔也曾说：“哲学乃是一种特殊的思维方式。”[③]马克思主义是关于无产阶级和全人类解

---

① 孙正聿：《哲学通论》，复旦大学出版社2008年版，第60页。

② 胡军：《哲学是什么》，北京大学出版社2008年版，第10—16页。

③ 黑格尔：《小逻辑》，商务印书馆1980年版，第38页。

放的科学①,其产生和发展必然也要受到哲学思维方式的影响。哲学观念的变革、理论的发展与形态的转换,从本质上来说都是思维方式的变革。马克思主义哲学之所以引起了哲学史上的伟大变革,从根本上说就是因为思维方式发生了变革,即由原来主客二元对立、旨在解释世界的知性思维方式转变为实现主客统一、旨在改变世界的实践思维方式。建构并确立实践的思维方式、立足于实践去观察和认识一切问题、以实践为核心范畴构筑马克思主义科学体系,是马克思主义哲学变革的实质。

哲学思维方式,即哲学家观察、认识和把握世界及其发展规律的基本模式,是哲学家思考和解决问题一贯遵循的根本方法。哲学思维方式源于对认识经验的总结,归根到底是人的实践活动方式的反映。实践作为一种崭新的思维方式,是马克思主义哲学对待一切问题的基本思维逻辑,是人们研究和解决人类社会发展、资本主义命运、无产阶级历史使命以及人类解放等各种重大问题的根本思维方式,是马克思主义科学体系不断发展的根本方法。因而,实践是整个马克思主义科学体系一脉相承的哲学思维方式和内在统一的理论核心,它奠定了马克思主义在其发展的不同历史时期、形成的不同理论形态之间一脉相承的哲学基础。换句话说,马克思主义各个组成部分之所以是一脉相承的内在统一的科学体系,归根结底是因为建立在实践思维方式的基础之上。

马克思主义是实践和发展的理论,在不同国家、不同时代、不同实践中有着不同的表现形式,因而呈现出深厚的民族特色、鲜明的时代特征和坚实的群众基础。在中国,马克思主义作为建党立国的根本指导思想,牢牢扎根中国实际、紧紧把握时代脉搏、积极依靠广大群众,中国共产党人把马克思主义基本原理同中国革命、建设、改革、发展的伟大实践结合起来,成功地实现了一次次的理论创新和实践突破,不断推进马克思主义中国化时代化的历史进程。

一、马克思主义只有与各国国情相结合,才能焕发出强大的生命力

实践的思维方式决定:马克思主义只有与各国国情相结合,一切从实际出

① 高放:《马克思主义与社会主义新论》,黑龙江人民出版社 2007 年版,第 55 页;《马克思主义基本原理概论》,高等教育出版社 2007 年版,第 1 页。

发，实事求是，才能焕发出强大的生命力。实践的思维方式总是要求从现实出发，在现实中发现矛盾，提出解决思路，解决现实问题，不断化解理论和现实之间的矛盾。马克思主义中国化，就是把马克思主义基本原理同中国具体实际相结合，运用马克思主义的立场、观点、方法研究和解决中国革命、建设、改革、发展不同历史时期的实际问题，总结经验，揭示规律，把马克思主义“和民族的特点相结合，经过一定的民族形式”①表现出来，使马克思主义在中国实现具体化。

中国的国情，就是最基本的现实和最大的实际。毛泽东曾经指出：“认清中国的国情，乃是认清一切革命问题的基本的根据”②。认识国情，最重要的就是搞清楚现实社会的性质和发展阶段，认识社会的主要矛盾和变化趋势。在民主革命时期，以毛泽东同志为主要代表的中国共产党人全面、准确地分析并把握了中国处于半殖民地半封建社会这一基本国情，在总结中国革命正反两方面实践经验的基础上，创造性地把马克思主义的革命学说应用于中国的实际，正确解决了新民主主义革命的对象、任务、性质、动力和前途等一系列根本问题，领导中国人民走出了一条农村包围城市、武装夺取政权的革命道路，取得革命胜利，建立了中华人民共和国，确立了社会主义制度，实现了马克思主义同中国实际相结合的第一次历史性飞跃，创立了毛泽东思想，坚持了马克思主义。

党的十一届三中全会以来，在总结新中国成立以来历史经验和改革开放以来实践经验的基础上，党对国情有了新的认识。直到今天，我们讲一切从实际出发，结合中国的基本国情，就是指中国目前正处于并将长期处于社会主义初级阶段，我们想问题、办事情、做决策都必须从这个实际出发，而不能脱离这个实际。基于对国情认识的逐步深化，中国共产党人提出社会主义初级阶段理论，制定改革开放发展战略，建立健全社会主义市场经济体制，倡导科学发展，构建和谐社会，促进共同富裕，成功地走出了一条中国特色社会主义建设的新道路，实现了马克思主义同中国实际相结合的第二次历史性飞跃，创立了

① 《毛泽东选集》第二卷，人民出版社 1991 年版，第 707 页。

② 《毛泽东选集》第二卷，人民出版社 1991 年版，第 633 页。

中国特色社会主义理论体系，丰富和发展了马克思主义。党的十八大以来，以习近平同志为主要代表的中国共产党人，坚持把马克思主义基本原理同中国具体实际相结合、同中华优秀传统文化相结合，创立了习近平新时代中国特色社会主义思想，实现了马克思主义中国化新的飞跃。

实践的发展需要科学理论的指导。马克思主义是科学真理，但只有把马克思主义基本原理同中国的具体国情相结合，才能转变为推动中国革命和建设事业不断发展的巨大力量。恩格斯曾明确指出："马克思的整个世界观不是教义，而是方法。它提供的不是现成的教条，而是进一步研究的出发点和**供**这种研究**使用**的方法"①。这里所讲的方法，就是辩证唯物主义和历史唯物主义的方法，即实践的思维方式，因为"实践观点是马克思主义哲学首要的和基本的观点"②。中国共产党坚持马克思主义辩证唯物主义和历史唯物主义的认识路线，并且贯穿于革命和建设事业的始终，确立和发展了实事求是的思想路线。邓小平强调，"马克思、恩格斯创立了辩证唯物主义和历史唯物主义的思想路线，毛泽东同志用中国语言概括为'实事求是'四个大字"③。"实事求是，是无产阶级世界观的基础，是马克思主义的思想基础"④。"实事求是是马克思主义的精髓"⑤。"解放思想……就是实事求是"⑥。实事求是也内在地包含了解放思想、与时俱进和求真务实等内容。中国的革命和建设的实践已经证明并将继续证明：要贯彻实事求是的思想路线，就必须始终坚持实践原则，时刻倾听实践呼声，理论联系实际，不断地在实践中检验、修正和发展自己的理论、方针、政策。

实践是检验真理的唯一标准。马克思主义之所以具有如此强大的生命力，就在于它总是和人类不断发展着的实践紧密地结合起来。可见，实践观点不仅是辩证唯物主义和历史唯物主义首要的基本的观点，同时也是实事求是

---

① 《马克思恩格斯选集》第4卷，人民出版社2012年版，第664页。

② 肖前：《论实践观点是马克思主义哲学首要的和基本的观点》，《教学与研究》1996年第3期。

③ 《邓小平文选》第二卷，人民出版社1994年版，第278页。

④ 《邓小平文选》第二卷，人民出版社1994年版，第143页。

⑤ 《邓小平文选》第三卷，人民出版社1993年版，第382页。

⑥ 《邓小平文选》第二卷，人民出版社1994年版，第364页。

思想路线的基本观点。从本质上说，实践思维方式与实事求是是内在统一的：实事求是将实践思维方式展开、外化为人的实践本性在实践活动中的思想原则和行动指南，是实践思维方式在中国的具体应用，是马克思主义中国化理论成果的精髓；实践思维方式则是党的实事求是思想路线的哲学根据和思维方式基础，是坚持马克思主义的集中体现，是实现马克思主义中国化的哲学灵魂。

二、马克思主义只有与时代发展同进步，才能焕发出强大的创造力

实践的思维方式决定：马克思主义只有与时代发展同进步，一切从解决时代问题出发，与时俱进，不断实现时代化，才能焕发出强大的创造力。实践思维方式要求马克思主义与现实相结合，凸显了马克思主义与时俱进的理论品质。不同时代条件下的社会实践是不同的，正如恩格斯所说："每一个时代的理论思维，包括我们这个时代的理论思维，都是一种历史的产物，它在不同的时代具有完全不同的形式，同时具有完全不同的内容"①。这就要求把马克思主义基本原理同时代特征结合起来，不断实现时代化以紧跟社会实践的前进步伐。马克思主义时代化，就是把马克思主义同当前时代的发展结合起来，与时俱进地回答实践提出的新问题并不断赋予新的时代内涵，使之能够适应时代需要、把握时代脉搏、回答时代问题、破解发展难题。从实践思维方式来理解马克思主义，把理论性与时代性结合起来，才能真正把握规律性，也才能使理论富于创造性。

马克思主义时代化的动力源于马克思主义的实践本性。所以，我们不能把它当作书斋里的理论、生活中的教条，必须使它与时代实践相结合。马克思曾说："任何真正的哲学都是自己时代的精神上的精华，因此，必然会出现这样的时代：那时哲学不仅在内部通过自己的内容，而且在外部通过自己的表现，同自己时代的现实世界接触并相互作用"②。以实践为核心的马克思主义，本身作为一门"真正的哲学"，之所以是时代精神的精华，关键在于其不断和自

① 《马克思恩格斯选集》第3卷，人民出版社2012年版，第873页。

② 《马克思恩格斯全集》第1卷，人民出版社1995年版，第220页。

己时代的现实世界接触并相互作用,而且始终随着时代实践的发展而发展。

马克思主义与时代相结合的过程也就是发现时代问题、正视时代问题和解决时代问题的实践过程。人类思想史和活动史是一部问题史。① 问题表征时代,时代揭示问题。马克思曾说:“一个时代的迫切问题,有着和任何在内容上有根据的因而也是合理的问题共同的命运:主要的困难不是答案,而是问题。因此,真正的批判要分析的不是答案,而是问题。……问题却是公开的、无所顾忌的、支配一切个人的时代之声。问题是时代的格言,是表现时代自己内心状态的最实际的呼声”②。站在不同的立场来把握时代问题就会形成不同的哲学派别,表达不同的价值追求。马克思和恩格斯站在全世界无产阶级和广大被压迫劳动人民的立场,他们所面对的时代问题是:人类社会发展的一般规律是什么?造成无产阶级和被压迫人民灾难深重的根源在哪里?资本主义社会的历史命运是什么?无产阶级肩负的历史使命是什么?实现无产阶级和全人类解放的条件和途径又是什么?对这些问题的深入研究和科学回答,产生了马克思主义。马克思主义发展史表明:马克思主义在世界各国的发展过程也就是实现与各国所面临的时代问题不断结合的过程,无论什么时候,马克思主义与各国的时代问题结合得好,发展就顺利,否则,就可能遭遇挫折甚至失败。

在中国,能不能够实现马克思主义与时代问题的紧密结合成为检验中国革命、建设、改革和发展事业成功与否的试金石。所谓中国化的马克思主义,从根本上来说也就是解决中国不同时代问题的马克思主义。早在新民主主义革命时期,毛泽东就强调:“应确立以研究中国革命实际问题为中心,以马克思列宁主义基本原则为指导的方针,废除静止地孤立地研究马克思列宁主义的方法”③。这样,以毛泽东同志为主要代表的中国共产党人紧紧抓住“如何实现民族独立和人民解放”这两大根本性问题,把马克思主义基本原理同中国革命的具体实际结合起来,创立了毛泽东思想,为争取新民主主义革命胜利指明了正确方向,成功地解决了中国革命的时代问题。党的十一届三中全会

① 张掌然:《问题的哲学研究》,人民出版社 2005 年版,第 2 页。

② 《马克思恩格斯全集》第 1 卷,人民出版社 1995 年版,第 203 页。

③ 《毛泽东选集》第三卷,人民出版社 1991 年版,第 802 页。

以来，党正确总结历史经验，深刻分析世界局势以及中国现实和时代变化，在实践中不断探索并科学回答了“什么是社会主义、怎样建设社会主义、建设什么样的党、怎样建设党、实现什么样的发展、怎样发展”等一系列重大问题，不断取得新的理论成果和实践成果，创立了中国特色社会主义理论体系，彰显了马克思主义经久不衰的生命力和与时俱进的创造力。邓小平也曾经说：“解放思想，开动脑筋，实事求是，团结一致向前看，首先是解放思想。只有思想解放了，我们才能正确地以马列主义、毛泽东思想为指导，解决过去遗留的问题，解决新出现的一系列问题”①。

进入新世纪，科学发展观和习近平新时代中国特色社会主义思想都是马克思主义同中国实际和时代特征相结合的产物，是马克思主义关于时代发展的世界观和方法论的集中体现。因此，后人在正确理解和科学把握马克思主义基本原理的同时，应结合自身所处的时代，赋予马克思主义以崭新的时代内容，大力推进马克思主义时代化以焕发强大的创造力。

三、马克思主义只有与人民群众同命运，才能焕发出强大的感召力

实践的思维方式认为：马克思主义只有与人民群众同命运，一切从服务群众出发，以人为本，不断实现大众化，才能焕发出强大的感召力。马克思主义实践观点的思维方式，本质上是一种以人为主体和中心，以人类解放为出发点和目的，“通过人并且为了人”的主体性思维方式②。实践是人的存在方式。人民群众始终是推动社会发展进步的实践主体，是创造历史的根本动力。马克思主义大众化是要实现马克思主义主体大众化和大众主体化，就是把马克思主义同人民群众的实践活动结合起来，实现由抽象到具体、由深奥到通俗、由精英到大众、由理论到实践的转化，从而成为人们认识世界和改造世界的思想武器。马克思说：“理论一经掌握群众，也会变成物质力量。理论只要说服人，就能掌握群众；而理论只要彻底，就能说服人。所谓彻底，就是抓住事物的根本。而人的根本就是人本身”③。实现大众化

① 《邓小平文选》第二卷，人民出版社 1994 年版，第 141 页。

② 崔秋锁：《一脉相承的实践思维方式》，《人大复印资料・哲学原理》2000 年第 12 期。

③ 《马克思恩格斯选集》第 1 卷，人民出版社 2012 年版，第 9—10 页。

的理论转换，被广大人民群众所理解、所掌握，并且转化为强大的物质力量，在实践中发挥应有的作用，就抓住了“马克思主义的根本”，马克思主义就能“说服”群众和“掌握”群众。

“大众化”，是指“群众化”①，“变得跟广大群众一致，适合广大群众需要”②。任何理论都需要大众化。但是，这种需要能不能够最终实现、特定历史时期的大众化能不能够持续不断地进行，这就要看理论是怎样实现大众化以及实现的深度和广度。历史上，在阶级社会，代表先进生产力发展要求的新兴力量，如奴隶社会末期的新兴地主阶级、封建社会末期的新兴资产阶级，反对统治阶级的斗争都是建立在进步思想大众化的基础之上。但是，当这些阶级取得统治地位以后，那些代表本阶级立场的思想观念摇身一变就成了维护本阶级统治地位的辩护词，只能以强迫的方式向群众灌输“愚民思想”，逐渐地与人民大众对立甚至彻底决裂，更谈不上群众接受的深度和广度了。所以，在阶级社会，为统治阶级服务的思想观念和意识形态是不可能实现彻底的大众化，从而也就不可能最终说服群众、掌握群众。

是不是彻底的理论、能不能最终说服群众和掌握群众、能不能“抓住事物的根本”，关键是看理论能不能最终实现为人民大众服务这个根本宗旨。为谁服务、以什么为本，是理论创设的预定前提和价值归宿。马克思主义与其他一切剥削阶级理论的根本区别就在于马克思主义为人民大众服务，以人民大众为本。

马克思主义是指导无产阶级进行革命、消灭私有制和阶级社会、最终实现人类解放的科学理论。马克思主义始终把服务无产阶级和广大被压迫人民作为自己的价值标准。一切为了人民、一切服务人民，致力于实现以劳动人民为主体的最广大人民的根本利益，是马克思主义政党最鲜明的政治立场。共产党人“没有任何同整个无产阶级的利益不同的利益”③。以马克思主义理论武装的中国共产党，始终坚持立党为公、执政为民，把全心全意为人民服务作为自己的根本宗旨，把实现好、维护好、发展好最广大人民的根本利益作为党和

① 《辞海》，上海辞书出版社 1999 年版，第 1793 页。

② 《现代汉语词典》（修订本），商务印书馆 1996 年版，第 239 页。

③ 《马克思恩格斯选集》第 1 卷，人民出版社 2012 年版，第 413 页。

国家一切工作的出发点和落脚点，尊重群众意愿，倾听群众呼声，反映群众需求。即“共产党人的一切言论行动，必须以合乎最广大人民群众的最大利益，为最广大人民群众所拥护为最高标准”①。改革开放以来，党的各代领导集体始终把人民答应不答应、满意不满意、拥护不拥护作为衡量党的路线、方针、政策是否正确的根本标准。邓小平曾语重心长地说：“我们要想一想，我们给人民究竟做了多少事情呢？我们一定要根据现在的有利条件加速发展生产力，使人民的物质生活好一些，使人民的文化生活、精神面貌好一些”②。江泽民告诫全党：“任何时候我们都必须坚持尊重社会发展规律与尊重人民历史主体地位的一致性，坚持为崇高理想奋斗与为最广大人民谋利益的一致性，坚持完成党的各项工作与实现人民利益的一致性”③。始终做到“三个代表”是我们党的立党之本、执政之基、力量之源。这“‘本’、‘基’、‘源’，说到底就是人民群众的支持和拥护”④。胡锦涛也反复强调：我们的一切工作，要坚持以人为本，真正做到权为民所用、情为民所系、利为民所谋，“从人民群众的根本利益出发谋发展、促发展，不断满足人民群众日益增长的物质文化需要，切实保障人民群众的经济、政治和文化权益，让发展的成果惠及全体人民”⑤。习近平指出：发展21世纪马克思主义、当代中国马克思主义，必须深刻认识马克思主义的时代意义和现实意义，锲而不舍推进马克思主义中国化、时代化、大众化⑥。大众化在本质上是一个实践范畴，坚持“以人民为中心”就是最直接、最现实的大众化。马克思主义大众化的实现程度，是通过理论应用于实践的广度和深度加以展现的，灌输的马克思主义值得反思⑦。理论要被群众应用于实践，就必须把马克思主义与大众生活实践联系起来，因为“全部社会生活在本质上是实践的”。

不难看到，在实现马克思主义大众化的过程中，人民群众利益紧密而又普遍地渗透其中。人们对理论的认可度，取决于自身利益的实现度。只有认识

---

① 《毛泽东选集》第三卷，人民出版社1991年版，第1096页。

② 《邓小平文选》第二卷，人民出版社1994年版，第128页。

③ 《江泽民文选》第三卷，人民出版社2006年版，第279页。

④ 胡锦涛：《在“三个代表”重要思想理论研讨会上的讲话》，《人民日报》2003年7月2日。

⑤ 胡锦涛：《在中央人口资源环境工作座谈会上的讲话》，《人民日报》2004年4月5日。

⑥ 《习近平谈治国理政》第二卷，外文出版社2017年版，第65页。

⑦ 杨旭：《灌输的马克思主义值得反思》，《社会科学报·理论前沿》2009年5月14日。

到这一点，党的工作才能抓住“根本”，也才能让群众切实感受到我们的理论是为大众服务的理论，从而自觉地相信之、拥护之、捍卫之、践行之，不断推进马克思主义大众化以焕发强大的感召力。

综上所述，马克思主义是我们立党立国、兴党兴国的根本指导思想。拥有马克思主义科学理论指导是我们党坚定理想信念、把握历史主动的根本所在。为此，我们要不断开辟马克思主义中国化时代化新境界，着实推动马克思主义与中国国情相结合，焕发强大生命力，与时代发展同进步，焕发强大创造力，与人民群众同命运，焕发强大感召力。恩格斯曾说：“一个民族要想站在科学的最高峰，就一刻也不能没有理论思维”①。尊重群众的首创精神，首先即是要尊重群众探求世界、改造世界的科学精神。中国要实现社会主义现代化，为人类的进步事业作出贡献，终究是离不开实践思维方式的，实践提供了理解马克思主义、实现马克思主义的钥匙，因而也是大力推进马克思主义中国化时代化的哲学思维方式。

第二节　中国人接受马克思主义的思想实践根源：发生学的再思考

马克思主义中国化除了需要把马克思的实践思维方式在中国落地之外，实际上还必须就中国人接受马克思主义的思想实践根源进行发生学的再思考和深入剖析，或者说从发生学的角度去阐述中国人为什么接受马克思主义，这是深入论证马克思主义中国化的前提，况且从人类大的文化系统交流的层面来看，马克思主义中国化实际上就是中西两个大的文化系统进一步接触、交流甚至深度交融的问题，我们不能无视这个大的文化背景。因此，从跨文化交流的角度来看，一个民族多数情况下是依赖文化“铺垫”、思想“契合点”或理论“可通约性”有选择性地接受外来文化，否则就会“水土不服”。马克思主义对于中国的特殊意义就在于，这是一种经过人民的实践选择和广泛接受而形成

① 《马克思恩格斯选集》第3卷，人民出版社2012年版，第875页。

的外生契合型理论，而发生学意义上“中国人为什么接受马克思主义”是解释这一理论形成的关键。如前所述，发生学的主要功能在于运用主客体相互作用的发生认识论原理来解释知识结构的生成机理，在本质上兼具溯源方法和溯因推理。所谓溯源就是追本溯源、追根溯源地探究“如何发生”，溯因就是刨根问底、盘根究底地说明“为何发生”。发生学不同于起源研究，后者强调历史时间维度静态结构中的客观事物或事件本身，在方法论上具有实证主义倾向，在认识论上具有经验主义倾向，而发生学强调主观认识和人类知识结构生成机理的逻辑推理过程，因此，在研究方法上发生学可以弥补因起源研究无法解释知识结构的生成机理而造成的解释不足，可以有效地克服理论知识传承的先验与盲从，从而提升理论知识结构的科学性。为明确问题指向，这里“中国人接受马克思主义”的含义是指：早期的先进分子和后来的广大群众能够普遍认同中国革命语境下的马克思主义并积极参与中国共产党所期望的革命运动和斗争实践。

一、一个常识性推断的逻辑漏洞与一个创新性观点的提出

马克思主义传入中国以后，既引发了中华文明深刻变革，也使得中国传统意识形态发生了根本改变。但是，为什么马克思主义首先被中国的先进知识分子而后为广大人民所接受所信仰呢？这是一个很值得思考的学术话题。从马克思主义与传统文化关系的角度来谈论这个问题，当前有学者认为马克思主义理论中的共产主义社会理想与中国传统儒家思想的大同社会理想存在价值追求上的契合或融通，这种相通性、相容性或相融性①使得中国人在接受马克思主义的过程中产生了强烈的心理上的共鸣，很大程度上消解了外来文化的隔阂与抵触。事实上，这个常识性推断存在理论和实践上的双重漏洞。

首先是理论上的逻辑漏洞。历史上儒学被定于一尊后，就成为中国封建

---

① 参见郭齐勇：《儒学与马克思主义中国化及中国现代化》，《马克思主义与现实》2009 年第 6 期；李朝阳：《对马克思主义与中国传统文化相结合的思考》，《天津师范大学学报》（社会科学版）2006 年第 6 期；方克立：《中国哲学与辩证唯物主义》，高等教育出版社 1998 年版，第 159 页；唐昌黎：《论马克思主义与中国儒学》，《人文杂志》1995 年第 2 期；蔡方鹿：《儒学与马克思主义的契合处及其在当代新文化中的位置》，《江西社会科学》1993 年第 1 期。

王朝实行专制统治的文化资源与理论支柱，长期以来被尊为“官学”和“显学”就意味着儒学在性质上是一种执政文化，特别是袁世凯篡夺革命成果后，颁布政令“尊孔崇儒”为“复辟帝制”鸣锣开道，更是凸显了儒家学说被专制统治所利用的政治本色。而马克思主义就本质而言是“真正批判的”世界观。批判性是马克思主义理论的本质属性，马克思主义从产生、发展到创新，始终贯穿的一个基本信条就是“通过批判旧世界发现新世界”①。近代中国，这个“旧世界”在文化形态上就表现为以儒家学说为主的封建传统文化。新文化运动的旗手陈独秀批判中国传统思想“老尚雌退，儒崇礼让，佛说空无……惟抵抗之力，从根断矣”②；科学、民主思想与“孔教”“不可相容……不可不有彻底之觉悟”③。一代文学巨匠鲁迅更是以“吃人礼教”来揭示封建传统文化的本质。五四运动以后，新文化运动成为宣传马克思主义的主阵地，马克思主义把对传统思想的批判和对现实世界的批判结合起来，为中国共产党的成立作了思想上的准备。所以，正如张曙光教授所指出的那样，在这个特定的历史阶段，孔孟儒学被视为落后甚至反动的“封建”意识形态而受到越来越严厉的批判，而马克思主义则充当了与中国传统文化决裂、打倒孔孟之道的武器④。显然，在理论本性和社会功能上，二者不可相容，也无法相容。

其次是实践上的逻辑漏洞。儒家学说的核心思想是以“仁”为根据的“内圣之学”和以“礼”为基础的“外王之术”，内化伦理和外化实践相互映衬，旨在构建“上下有等、高低有差、贵贱有别”的社会秩序和维护“纲常伦理”的行为规范。因此，崇尚儒家学说和维护等级秩序互为表里、相互渗透，儒家学说有利于从伦理的角度来维护统治阶级的现存秩序。按此逻辑，以儒家学说为思想底色的中国人应该更倾向于维护现存等级秩序和接受一些儒化的言论，对反传统的革命思想和行动抱以冷漠、排斥甚至敌视、打压的态度。但事实上，中国人民既没有认可袁世凯的“尊孔崇儒”行径，保守派“企图将孔教作为国

---

① 《马克思恩格斯文集》第10卷，人民出版社2009年版，第7页。

② 《陈独秀文集》第一卷，人民出版社2013年版，第117页。

③ 《陈独秀文集》第一卷，人民出版社2013年版，第183页。

④ 张曙光：《现代中国语境中的“马克思”与“孔夫子”——兼论传统的人文维度及其意义》，《哲学研究》2010年第2期。

教而载入宪法”的图谋最终也没有实现。孙中山逝世后，蒋介石极力儒化“三民主义”，发动“新生活运动”，以“礼义廉耻”和“力行哲学”强化党治文化，独断意识形态的解释权，在全国范围内掀起思想文化上的尊孔复古，围剿国统区的共产主义革命文化，其真实目的就是要国民服从和维护国民党统治下的现存秩序。但最终事与愿违，中国人民不但没有“被儒化”，反而是坚持了一种强烈的反传统态度，最终依然选择了马克思主义作为自己的行动指南。显然，深受传统文化影响的中国人民在实践中还是没有沿袭“传统的反革命路径”，而是选择了“反传统的革命路径”去实现自己的社会理想。

另外，有研究表明：中国传统文化中的“大同说”不是源自儒家思想而是墨家思想。在字面上，“大同”虽出自儒家经典文本《礼运》，但是一些正统儒家大都否认大同学说是儒家思想。相反，治墨学者大多认为，在义理上，“大同”与儒家思想的“差爱”“礼让”相差甚远，倒是与墨家思想中的“兼爱”“尚贤”“尚同”“三相”（有力相劳、有财相分、有道相教）等如出一辙①。张荫麟先生甚至明确指出：所谓“大同”的观念及儒家讲政治所达到的最高境界，见于战国末年作的“礼运篇”中者，实以墨家言为蓝本②。蔡尚思、吕振羽、张岱年等诸多大师也都认为“大同说”源于墨家。

由此得出一个基本结论：发生学意义上“中国人接受马克思主义”并不在于马克思主义和儒家传统思想在价值追求上的契合。那么究竟是什么力量促使中国人广泛接受了马克思主义，从而很好地化解了马克思主义在传播过程中的“水土不服”呢？在这里，我们提出的一个创新性观点是：中国人接受马克思主义根本上在于马克思主义与中国传统思想中“求变”思维的契合。

从思想资源来看，《易经》是中国传统文化的宝库和土壤，《易经》中的阴阳思维对塑造中国人的思维模式和思维习惯起到了关键作用。田辰山先生认为，《易经》里就已建立起来的一种“通变”思维，是影响中国文化和历史发展的强大思维倾向③。纪晓岚在《四库全书总目纲要》中说“易道广大，无所不

① 参见郑林华：《马克思主义与中国传统文化相融合新论》，《党的文献》2010年第2期。

② 张荫麟：《中国史纲》，上海世纪出版集团2006年版，第105页。

③ 田辰山：《中国辩证法：从〈易经〉到马克思主义》，中国人民大学出版社2008年版，第22页。

包……皆可援易以为说”。引“易道”“以为说”，中国传统文化形成不同的思想派别，早在先秦时就成型并定格了以“仕者儒、隐者道、劳者墨”为主的民族文化格局。

从历史发展来看，春秋战国时的“儒墨显学”①主要是由于儒、墨直接代表封建社会的二元主体结构。儒家发挥“通变”思维并进一步伦理化和秩序化为“乾贵坤贱、男尊女卑、君统臣顺”的纲常伦理，成为统治阶级的文化形式；而墨家乃“劳工学派”②的代表，把“通变”思维应用于“均贫富”等改变劳动者生存境遇的斗争实践中，成为劳农阶级的文化形式。儒家思想的文化导向为执政和保守，墨家思想的文化导向为反抗和革命。尽管墨家在秦汉后“销声匿迹”，但是劳动群众的“集体无意识”中深深地埋藏着一份难以化解的“平民主义”情结，当统治阶级严重危及生存问题时，类似“均贫富、等贵贱”等潜伏在民间的墨家思想就会唤起底层农民的反抗意识。从这一点来说，《易经》中的“通变”思维经墨家发挥就成为一定历史阶段和社会现实中的“求变”思维（“求变”思维意在对“通变”思维的积极发挥）。因此，历史上反映农民利益的思想学派莫过于墨家，墨家所代表的底层民众的“求变”思维最直接的表现形式就是反复出现的农民起义。

近代以来，清末政象外患纷乘、内政腐败，“追求变革”是势之所趋、民之所向。梁启超曾这样写道：“鸦片战役后，志士……对外求索之欲日炽，对内厌弃之情日烈”③。从“经世致用”的更法主张到“变法自强”的洋务运动、从“百日维新”的戊戌变法到“救亡图存”的政治革命、从“自强保种”的进化主义到“劳农专政”的社会主义、从“革陈启新”的文化革命到“破旧立新”的社会革命，都是近代以来为中华民族谋求出路的先进分子以自己阶级所能达到的高度提出的社会改革方案，其间贯穿的一个共同信念就是以“求变”迫切改变生存境况、以“求变”推动中国社会进步。尽管“如何变”的主张“殊途”，但解决民族危机、实现救亡图存的目标“同归”。

正因为近代以来寻求变革的迫切需要，在启蒙思想家谭嗣同、梁启超、胡

---

① 钱穆：《国史大纲》，商务印书馆1996年版，第103页。

② 钱穆：《国史大纲》，商务印书馆1996年版，第101页。

③ 梁启超：《清代学术概论》，复旦大学出版社1985年版，第59页。

适、鲁迅等人的努力下，墨家学派又忽然火爆起来，成为热门①。也正是因为“求变”思维的契合，中国思想界在五四时期将社会主义与墨家思想等同起来，而把“孔孟儒学”作为首当其冲的批判对象。因此，若从思想渊源上说，一切有关社会主义与中国传统思想有关的问题又回到墨家学说身上②。所以，“求变”思维是近代中国进步人士心照不宣的共识，顺应以变治变的时代需要，符合思变求变的民族愿望。

因此，马克思主义是在“求变”的思维框架下才与中国传统思想和中国革命实践相结合、创新生成中国化马克思主义的。这个创新生成过程同时也就是中国人理解、认同和接受马克思主义的过程。

二、中国共产党整合“求变”思维并实现了与下层民众的思维同构

中国共产党整合马克思主义与中国传统思想中的“求变”思维并在实践中成功地实现了与下层民众的思维同构。综上所述，中国人接受马克思主义根本上在于马克思主义与中国传统思想中“求变”思维的契合而不是其他。如果进一步追问：“求变”是近代以来中华民族为实现自强图存从一开始就秉承的基本思维模式，中国语境下与马克思主义同时代、同场域的其他“主义”或“思潮”为什么就不能与中国传统思想中的“求变”思维耦合创新呢？我们的回答是：在马克思主义的指导下，中国共产党整合马克思主义与中国传统思想中的“求变”思维并在实践中成功地实现了与下层民众的思维同构，而其他“主义”或“思潮”虽也“求变”，但未曾“说服”群众和“掌握”群众。

五四时期，各色各样的“主义”蜂拥而入中国③，堪称“主义时代”。从总体上说，该时期“主义”的演变和发展可以用自由主义、激进主义、保守主义三分模式来解释。自由主义以早期的严复和后期的胡适为代表，激进主义以孙中山的“三民主义”和马克思主义为代表，保守主义以新儒家的文化保守主义和康梁等的政治保守主义为代表。自由主义者主要从启蒙的角度思考近代中

---

① 祝和军：《读国学　用国学》，新世界出版社 2009 年版，第 364 页。

② 刘桂生：《晚清“墨学复兴”与社会主义学说传入中国》，《教学与研究》1986 年第 4 期。

③ 陈旭麓：《近代中国社会的新陈代谢》，上海人民出版社 1992 年版，第 399 页。

国问题,但在"救亡压倒启蒙"的迫切问题面前,他们的思想虽成体系且极大地影响了上层知识分子,但是严重脱离群众和群众运动,鲜有的政治主张也不符合中国国情,因为那时候"中国人的生活是淹没在暴力和革命之中的,而自由主义不能为暴力与革命的重大问题提供什么答案"①。保守主义者主要是借助传统文化和权威政治整合社会秩序来克服由于文化断裂、政治断层而出现"新者未立、旧者已亡"的社会脱序与政治危机。但在现实中,由于"害怕群众运动比害怕反动势力还要厉害",改良派思想家们便完全投入了反动派的阵营②,"托古"被政治利用,强人政治成为复辟闹剧。孙中山的"三民主义"是比较完整的资产阶级民主革命纲领,但由于"平均地权"与农民群众是脱离和隔绝的,加之革命主体是留学生、新学知识分子、城市会党和新军等,所以,理想中的主义最终没能在广大农民群众中找到实践它的物质力量,总之,"三民主义"由于本身的局限性以及被政治遗老歪曲改造利用和孙中山过早离世等原因,也没有和底层群众发生实质性的联系。

马克思主义在中国则是另一番情景。中国早期先进分子主要是通过十月革命和列宁主义来接受、理解和运用马克思主义的,"劳农专政""阶级斗争""革命的社会主义""劳农主义"等是对马克思主义的原初表达。中国"求变"语境下对马克思主义的选择性解读和改造性宣传③在于服务社会需要使然,中国共产党的成立就是中国传统文化心理的实用理性和迫切改变现实的集体意识综合作用的结果。中国共产党成立后,在参与革命的过程中不仅认识到城市武装暴动不能解决中国的革命问题,而且还逐渐摸索出了马克思主义理论要点的实践支撑点,那就是:"到农村去,到农民群众中去"。

阶级斗争是马克思主义指导无产阶级进行革命的"基本逻辑"。在中国,

---

① [美]杰罗姆·格里德尔:《胡适与中国的文艺复兴》,江苏人民出版社 1989 年版,第 368 页。

② 胡绳武、金冲及:《关于梁启超的评价问题》,《学术月刊》1960 年第 2 期。

③ 参见黎康:《马克思主义中国化的多维审思》,江西人民出版社 2011 年版,第 58—60 页;王刚:《论中国早期知识精英对马克思主义的选择性传播》,《中共党史研究》2009 年第 8 期;林霞:《论马克思主义在中国早期的选择性传播》,《学术论坛》2010 年第 10 期;王海军:《试论中国历史语境下早期知识分子对马克思主义的选择性传播——以〈共产党宣言〉为个案分析》,《教学与研究》2013 年第 6 期。

这主要体现在农民问题与中国革命之间的必然联系，因为农民占全国人口的80%以上，而且经受“帝国主义军阀地主阶级三种剥削，其困苦达于极点，自求解放之心，十分迫切”①。李大钊是号召知识青年“到农村去”的早期马克思主义者，他站在下层劳动人民的立场接受和宣传马克思主义。继李大钊之后，毛泽东比较早地用马克思主义的阶级斗争理论和方法分析中国的农村社会，同时用中国农村和农民的阶级状况诠释中国革命的基本问题。

从思维方式来说，西方的传统思维模式是“线性因果思维”，中国的传统思维模式是“阴阳关联思维”②，也有的学者称之为以空间为本位的因果思维和以时间为本位的关系思维③。中国历史上的地主和农民在封建社会结构中虽有阶级分殊，但却以相同的模式在推动中国封建社会“改朝换代”式的发展：以暴易暴，以一个封建专制制度代替另一个封建专制制度。中国绵延两千多年的封建社会就是中国传统思维模式作用的结果，即历时性阴阳关系思维。马克思主义的辩证思维在实现对西方传统思维超越的同时还很大程度上保留和利用“线性因果思维”来分析阶级斗争及其相关问题。探究东西方思维差异的经典之作《思维的版图》中提出一个很重要的观点：传统的农民具有更强的场依存性，比较倾向于进行情境归因分析④。田辰山认为，早期的中国共产党人瞿秋白、艾思奇、毛泽东等从中国传统思维的角度对马克思的辩证法作了解读，使得马克思主义辩证法被中国人所接受而一举成为风靡社会的思维模式⑤。所谓“中国化”的思维模式，我们可以理解为是一种吸收和综合了马克思主义和中国传统思维习惯而形成的“共时性的因果关系思维”。中国共产党在革命语境下特别注重分析农民生活的现实环境，同时发挥马克思主义理论中隐含的西方因果思维，对中国的农村社会进行了因果归因的分析，这一思维过程中经历了“中国化”的模式转换。

在中国革命的话语体系中，阶级斗争不是资产阶级和无产阶级的对立，而

① 《第一次国内革命战争时期农民运动资料》，人民出版社1983年版，第45页。

② 祝和军：《读国学 用国学》，新世界出版社2010年版，第16页。

③ 王南湜：《中西思维方式的差异及其意蕴析论》，《新华文摘》2012年第3期。

④ ［美］理查德·尼斯贝特：《思维的版图》，中信出版社2006年版，第27、71页。

⑤ 田辰山：《中国辩证法：从〈易经〉到马克思主义》，中国人民大学出版社2008年版，第2页。

是革命阶级、朋友阶级和敌人阶级①的分殊。在农村,革命阶级就是广大的贫民阶级,“乡村中一向苦战奋斗的主要力量是贫农。没有贫农阶级(照绅士的话说,没有“痞子”),决不能造成现时乡村的革命状态,决不能打倒土豪劣绅,完成民主革命。没有贫农,便没有革命。”②有道是“越穷越革命”。中国革命的任务不是消灭资本主义私有制而是反帝反封建,在农村,“农民打倒土豪劣绅这件事完全是革命行为”③,因为“在经济落后的半殖民地的中国,地主阶级和买办阶级……代表中国最落后的和最反动的生产关系”④。马克思恩格斯号召革命同志到工人群众中去,毛泽东则号召革命同志到乡村去,“穿起粗布衣……了解农民的要求”⑤,革命同志要“和他们变成一体”⑥,帮助农民提高觉悟,让农民认清他们是封建社会结构中的“被剥削者”和“受苦人”。逻辑归罪就是这种思维的运作模式。在土地改革运动中,中国共产党通过重新定义和逻辑归罪等策略,成功地将乡村社会纳入以阶级身份(敌/我)为核心的阶级话语的轨道⑦,逐步引导农民用阶级斗争的方式来彻底改变当前的生存境遇。事实上,新民主主义革命中以“土地”为中心内容的“农村大变动”一直贯穿始终。正如毛泽东所说:“谁赢得了农民,谁就会赢得中国”“谁能解决土地问题,谁就会赢得农民”⑧,自然地,解决农民最关心的土地问题和调动农民的革命积极性,就成为中国人接受马克思主义的突破口和动力源。

《大公报》也曾这样描述陕北民情:“由于交通之阻塞,政治之黑暗,教育之落后,人民生计之困难,陕北甘东接境地区之农民,已养成一种反对政府的心理。”⑨这就是中国革命之所以会走出一条延安道路的现实逻辑。在传统社会结构中,没有哪一个社会集团会比田地甚少或者交纳过高田租的农民更为

---

① 《毛泽东选集》第一卷,人民出版社 1991 年版,第 9 页。

② 《毛泽东选集》第一卷,人民出版社 1991 年版,第 20、21 页。

③ 《毛泽东选集》第一卷,人民出版社 1991 年版,第 22 页。

④ 《毛泽东选集》第一卷,人民出版社 1991 年版,第 3、4 页。

⑤ 《毛泽东选集》第三卷,人民出版社 1991 年版,第 1079 页。

⑥ 《毛泽东选集》第二卷,人民出版社 1991 年版,第 566 页。

⑦ 李里峰:《土地改革与村社话语空间的重塑》,《长白学刊》2007 年第 4 期。

⑧ [美]斯诺:《斯诺眼中的中国》,王恩光等译,中国学术出版社 1982 年版,第 47 页。

⑨ 范长江:《中国的西北角》,转自张孝芳:《革命与动员》,社会科学文献出版社 2011 年版,第 32 页。

革命。但是,区别中国革命与以前那些革命的并不是农民的行为而是知识分子的行为①。中国共产党人的成功之处就在于“每句话,每个行动,每项政策,都要适合人民的利益”②。在中国的革命叙事中,中国共产党用“受苦人”作为历史主体实现了马克思主义阶级斗争的话语转换,唤起了广大农民阶级的革命斗志并产生了“迫切改变现实”的思想共鸣,在实践中代表底层民众并不断取得他们对党的政治活动的信任,同时把农民造反、打击地主与民主革命紧密地联系起来,在政治宣传和革命动员中塑造“受苦的阶级”的形象并使革命日常化、生活化,从根本上来说构筑起了革命意志与下层人民的“求变”思维同构,所以,“求变”思维不仅发生而且还发展为迫切改变生存现状的强烈冲动和革命行动。

三、发生学意义上“中国人接受马克思主义”首先是思想变革

美国著名的马克思主义学者莫里斯·迈斯纳认为,中国人选择共产主义首先是在政治上致力于马列主义革命运动,过了很久以后,才在思想上接受了马克思主义理论③。显然,这样的认识有悖于中国的实际。事实上,中国农民没有“思想转变”绝不会参与“实际运动”。列宁就认为辛亥革命后的中国农村和农民是“非常闭塞,消极被动,没有知识,对政治漠不关心”④。然而,那时中国的知识分子热衷于学习西方思潮,为中国的社会变革寻求出路。五四运动前后中国先进知识分子形成学习和宣传马克思主义的高潮,先是经由日本、法国途径的学术形态的马克思主义,共产党成立前后主要是经由俄国途径的政治形态的马克思列宁主义。传播中阶级斗争作为唯物史观的现实描述成为马克思主义在中国最根本的学说和基本概念,阶级斗争学说在中国得到大批知识青年的接受和信仰后,便逐步与中国社会尤其是农村社会紧密地联系在一起,成为推动中国社会变革的思想武器。

---

① ［美］亨廷顿:《变化社会中的政治秩序》,王冠华等译,三联书店 1989 年版,第 277、345 页。

② 《毛泽东选集》第四卷,人民出版社 1991 年版,第 1128 页。

③ ［美］莫里斯·迈斯纳:《马克思主义、毛泽东主义与乌托邦主义》,张宁、陈铭泰等译,中国人民大学出版社 2005 年版,第 44 页。

④ 列宁:《中国各党派的斗争》,中共中央马恩列斯著作编译局译,《历史研究》1978 年第 2 期。

中国共产党是知识分子建立的政党,中国的马克思主义者特别注重分析知识分子和农民之间的有机联系。毛泽东曾指出:“在中国,只要一提到武装斗争,实质上即是农民战争,党同农民战争的密切关系即是党同农民的关系。”①这个传统成为中国共产党连接马克思主义和中国农民的一条红线,是解释“中国广大民众接受马克思主义”的发生学基础。新民主主义革命过程中,普通民众接受的马克思主义是经过中国共产党在革命语境下的选择性解读和“再传播”的“并非系统、全面和科学的”②马克思主义的某些结论。所以,革命语境中的马克思主义必定是由中国革命者所理解和选择的马克思主义,是中国话语中的中国化马克思主义。这里,我们重点分析的是:中国人接受马克思主义为什么不是莫里斯·迈斯纳所认为的路径。

发生学意义上“中国人接受马克思主义”首先是思想变革,长时段内则表现为思想上接受马克思主义寓于实践的革命运动之中。中国马克思主义者通过十月革命和列宁主义理解和运用马克思主义的同时,逐步从理论上和实践上理解了“没有革命的理论,就不会有革命的运动”③这句话对于中国革命的真实含义,其落实到具体行动中就是要用理论武装群众、掌握群众。

首先,用阶级理论分析群众的社会构成,激发阶级意识。中国传统社会构架下的农民,宗法观念和血族意识根深蒂固,再加上没有无产阶级的领导,大革命时期农民参与革命运动并不是出于“阶级”的身份和目的使然。鉴于此,毛泽东在1925年写的《中国社会各阶级的分析》中开宗明义强调:“谁是我们的敌人?谁是我们的朋友?这个问题是革命的首要问题。”④土地革命开始后更加注重用阶级方法分析农村的社会构成。1933年,毛泽东在《怎样分析农村阶级》中依据土地和劳动两大标准将农村阶级划分为地主、富农、中农、贫农和工人。在中国共产党后来的实际工作中,“划成分”成为塑造农民“阶级身份”的主要手段。农民获得阶级身份的实质就是把农民的个体化存在转变为群体化存在。“划成分”既是政治意识的外部嵌入,同时也是阶级身份的自

① 《毛泽东选集》第二卷,人民出版社1991年版,第605页。

② 黎康:《马克思主义中国化的多维审思》,江西人民出版社2011年版,第59页。

③ 《列宁全集》第2卷,人民出版社1984年版,第443页。

④ 《毛泽东选集》第一卷,人民出版社1991年版,第3页。

我认同;既构筑了同类阶级,又区别了异类阶级,即所谓的“天下地主一个妈,天下穷人是一家”。现代社会心理学的研究表明:“自觉的个性的消失,以及感情和思想转向一个不同的方向,是就要变成组织化群体的人所表现出的首要特征”①。因此,阶级身份确立和自我认同的根本标志就是阶级意识的激发和确立。中国共产党用无产阶级革命意识教育农民和以农民为主的革命军队,促使农民群众的阶级意识实现由自发到自觉的转变。1929 年的古田会议决定红军必须担负起打仗、筹粮和做群众工作这三位一体的任务。1937 年毛泽东在《实践论》中强调,革命群众要通过“改造自己的认识能力”,甚至必要时采取“强迫”②教育来提高和纯化无产阶级意识。

其次,用革命策略强化群众的革命意识,激发革命行动。中国共产党深入农村,不仅认识到农民深受剥削却鲜有反抗,更重要的是认识到要将农村“阶级化”的社会力量变成现实的革命力量还必须用革命策略强化群众的革命意识,激发革命行动。从土地革命到土地改革,中国共产党立足农村现实,采取诸如创办学校和报刊、张贴红色标语口号、组织群众大会、举办干部培训班、成立宣传队、创办根据地文化社团、开展立功会和诉苦会等策略启发和强化农民的阶级革命意识。

哈佛大学历史学教授费正清提出“刺激—反应”模式来研究中国问题。如果不就中国的宏大叙事而就中国人接受马克思主义的心理机制而言,这个模式具有很强的解释力。思维意识层面中国人选择和接受马克思主义在于中国革命话语中的马克思主义结合现实运动刺激甚至是反复刺激革命群众的心理和情感,逐步消除几千年来形成的奴化和宿命心理,激发起他们的思想骚动与利益期许,造成了广大劳动人民的积极反应;而其他主义的现实载体不是占社会绝大多数的底层民众,鲜有刺激自然就无反应。这一作用模式可用土改时期的“诉苦运动”作为例证。“诉说自己被阶级敌人迫害、剥削的历史,因而激起别人的阶级仇恨,同时也坚定了自己的阶级立场,就叫做‘诉苦’”③。“诉

① 周晓虹:《现代社会心理学——多维视野中的社会行为研究》,上海人民出版社 1997 年版,第 327—328 页。

② 《毛泽东选集》第一卷,人民出版社 1991 年版,第 296 页。

③ 陈北鸥:《人民学习辞典》,广益书局 1952 年版,第 331 页。

苦运动"在本质上就是"受苦人"的"翻心"实践①,整个过程以"苦"为中心话语,贯穿问苦、引苦、访苦等"知苦环节",吐苦水、倒怨恨等"诉苦环节"以及挖苦根、算总账等"解苦环节"。"有苦就是理"在实际运作中环环紧扣,层层剥离传统观念中的"命",对底层民众的传统观念和现实生活不断产生冲击。现实生活中农民一旦意识到自己正在受苦,而且还认识到能够通过想办法来改变自己的处境,革命就会一触即发。从革命心理学的角度来看,一旦受到某种持续的刺激,大众的情感强度就会像不受控制的惯性运动一样,不断攀升②。在情感惯性的作用下,农民作为阶级的集体身份不断得到强化,革命意识不断得到激发,思想革命催动下的物质革命就会以巨大的社会能量迸发出来,所谓"苦根不挖,诉苦白搭""挖的不深不净,哭瞎眼睛无用"。一句话,中国革命既是"发生"的,更是"发动"的③,"发动"就是要将"翻心"实践和"翻身"实践贯通于中国革命的现实逻辑之中。

发生学意义上"中国人接受马克思主义"首先是思想变革,主要指的是中国底层民众在接受无产阶级革命理论教育的过程中能够普遍认同中国革命语境下的马克思主义,不断转变思想并积极参与中国共产党所期望的革命运动和斗争实践。这与中国共产党人特别是毛泽东注重思想政治教育工作的思维传统是分不开的。毛泽东早在1917年就写道:"欲动天下者,当动天下之心,而不徒在显见之迹。动其心者,当具有大本大源"④。新中国成立后他在读苏联《政治经济学教科书》后的谈话中说:列宁说过,唯物主义最"唯心"。这就是说,战斗的唯物主义者比唯心主义者更重视精神的力量和作用。所以,革命时期苏维埃文化教育的总方针"在于以共产主义精神来教育广大的劳苦民众,在于使文化教育为革命战争与阶级斗争服务,在于使教育与劳动联系起来……"⑤可见,中国革命始终贯穿的思维逻辑在底层民众接受马克思主义这

① 李放春:《苦、革命教化与思想权力——北方土改期间的"翻心"实践》,《开放时代》2010年第10期。

② [法]古斯塔夫·勒庞:《革命心理学》,吉林人民出版社2004年版,"译序"第4页。

③ 王奇生:《革命与反革命:社会文化视野下的民国政治》,社会科学文献出版社2010年版,"前言"第4页。

④ 《毛泽东早期文稿》,湖南出版社1990年版,第85页。

⑤ 《毛泽东同志论教育工作》,人民教育出版社1958年版,第15页。

个层面清晰地反映出来,这正是毛泽东后来所讲的这个思路:凡是要推翻一个政权,总要先造成舆论,总要先做意识形态方面的工作。革命的阶级是这样,反革命的阶级也是这样。

四、“中国革命实质上是农民革命”所提供的逻辑验证

中国革命实质上就是中国共产党领导下的农民革命,为上述观点提供了逻辑验证。从文化导向来看,中国共产党融合中华传统思想与马克思主义的精髓,创造了一种兼具中国民族特色的革命文化形式。在中国,马克思主义是“劳农专政”的学说,本质上“是批判的和革命的”①,中国早期知识分子学习的目的在于“为国人开一条新路”。而中国的传统文化资源中,儒长“学而优则仕”,墨则“均贫富等贵贱”,儒守“礼乐”,墨反“贫民”,儒喜“执中”,墨好“变革”,儒崇“差等爱”,墨尚“兼相爱”。总之,对于儒、墨与马克思主义的关联,在理论本性上,儒家是执政文化,墨家乃革命文化,墨家与马克思主义类同;在出身和社会立场上,孔子是“圣人之后”,墨子似乎是一劳工②,墨子与马克思类同;在社会功能上,孔子是传统制度的维护者,墨子是新社会秩序的追求者,墨家与马克思主义类同;在反权势的倾向上,儒家较温和,是右派,墨家较激烈,是左派③,墨家与马克思主义类同;在对社会秩序的态度上,儒家维护等级秩序,墨家反对等级秩序,墨家与马克思主义类同。在中国的革命实践中,以毛泽东同志为主要代表的中国共产党人,包括陈独秀、蔡和森、邓中夏等党的早期领导人,是非常重视借鉴墨家思想的④。毛泽东认为:“在中国封建社会里,只有这种农民的阶级斗争、农民起义和农民的战争,才是历史发展的真正动力”⑤。墨家思想是中国传统文化中农民阶级的政治学说与革命导向的文化形式,毛泽东从历史的高度把握农民革命对于社会进步的重要意义,与他从理论的高度把握墨家思想对于中国革命的进步意义是一个问题的两个方

① 《马克思恩格斯选集》第2卷,人民出版社2012年版,第94页。
② 钱穆:《国史大纲》,商务印书馆1996年版,第101页。
③ 钱穆:《国史大纲》,商务印书馆1996年版,第103页。
④ 郑林华:《毛泽东和党的其他早期领导人与墨家思想略论》,《党的文献》2009年第3期。
⑤ 《毛泽东选集》第二卷,人民出版社1991年版,第625页。

面,直到延安时期毛泽东仍然坚持认为墨子是比孔子高明的圣人,认为抗日的革命文化就是农民的革命主义。在革命语境中,中国共产党以农民革命为主轴把墨家思想和马克思主义有机地糅合在一起,创造出了一种既能"教育、武装和掌握农民"、又能引导农民革命取得胜利的革命文化形式。另外,从中国共产党人"自力更生、艰苦奋斗"的革命精神中也可以反映出墨家的"苦行教"①与马克思主义的融合对于中国革命文化的影响作用。郑林华也曾撰文指出:"当我党处于不同的历史阶段不同的历史方位、面临不同的历史任务时,马克思主义与中国传统文化中不同的文化导向相融合,革命时期,主要与中国传统文化中的革命文化导向,即墨家思想融合,当革命胜利后,我党进入长期执政的历史阶段,就逐步转向主要与中国传统文化中的执政文化导向即儒家思想相融合"②。可见,不论是思想融合还是实践借鉴,中国革命文化形成的深层原因在于马克思主义与墨家思想的融合而不是其他。

从现实运动来看,中国共产党用"求变"思维解决农村问题,领导了一场极具中国民族特色的民主革命运动。中国共产党的理论家艾思奇曾经说过,党在革命时期的政治任务,一种是宣传和教育任务,一种是组织任务。近代以来,中国社会的农民内有封建剥削、外有殖民掠夺,有着强烈的反抗意识,但是由于自身的阶级局限性,农民只有在先进阶级的领导下才会焕发出作为群体的政治意识与革命意识。毛泽东在《论人民民主专政》中作过经典论述:中国革命"严重的问题是教育农民"。革命中大量的农村调查显示,农民深知"苦感"但不知"苦源"。因而,农民阶级觉悟产生的根源并不只是剥削,它还来自广泛的相互作用和相互依赖而生成的集体自我意识与情绪爆发。新民主主义革命时期,中国共产党针对不同时期的中心任务,采取了灵活多样的形式教育农民,其目的就在于用无产阶级革命理论武装农民,启发阶级觉悟、激发阶级意识、强化革命意识。从社会心理学的角度看,"由相同的社会地位、相似的态度和价值观的个人组成的群体,在相似的情景中很容易发生相互的情绪感染,一个人的情绪可以引起他人相对应的情绪的发生,而他人的情绪又反过来

① 钱穆:《国史大纲》,商务印书馆1996年版,第103页。

② 郑林华:《马克思主义与中国传统文化相融合新论》,《党的文献》2010年第2期。

加剧了这个人原有的情绪，反复震荡，循环反应，甚至激起强烈的情绪爆发”①。中国共产党通过扎实有效的教育和宣传工作把类似“一家富贵百家怨”这种潜藏在农民心底的、极具爆发力的社会矛盾和革命潜力充分挖掘了出来，把解决农民的土地要求作为民主革命的核心问题，用革命的办法领导农民运动，造成空前的农村大变革。

但是，鉴于中国传统农民和农村社会的“一盘散沙”状态，中国革命必须把党的宣传教育任务和组织任务紧密结合起来。1927 年召开的党的八七会议确定的土地革命和武装斗争的方针为落实党的组织任务提供了正确的指导。此后十多年时间里，中国共产党的组织工作基本上都是围绕土地革命和武装斗争展开的。抗日战争时期，毛泽东坚持认为民族的抗日战争实质上是农民的革命战争②，建立敌后抗日根据地进一步发展了“工农武装割据”的战略思想。解放战争时期，中共中央为配合人民解放军的战略行动，先后于 1946 年发出“五四指示”、于 1947 年颁布《中国土地法大纲》，进一步调动广大农民的积极性以支援解放战争。可见，中国共产党组织和领导农民为主的革命军队，深入到广大农村地区，广泛开展以土地为中心的群众运动，走出了一条“农村包围城市、武装夺取政权”的革命道路。

中国革命实质上是农民革命，这是由我国当时的历史条件与现实矛盾决定的。但中国革命是一组反差强烈的因素的产物：一方面是几乎不识字或很少识字、许多人甚至连县城也没有去过的农民大众，另一方面则是由共产主义精英所倡导的宏大意识形态和改造社会的巨大工程③。简言之，是革命意志和革命力量共同作用的结果。就革命意志而言，无产阶级的领导权是中国革命的中心问题。就革命力量而言，农民问题，就成了中国革命的基本问题④，二者统摄于中国革命“彻底变革社会秩序”的基本要求。革命中这一基本要

① 周晓虹：《现代社会心理学——多维视野中的社会行为研究》，上海人民出版社 1997 年版，第 327 页。

② 参见《毛泽东选集》第二卷，人民出版社 1991 年版，第 692 页。

③ 郭于华、孙立平：《诉苦：一种农民国家观念的形成机制》，《中国学术》2002 年第 4 期。

④ 《毛泽东选集》第二卷，人民出版社 1991 年版，第 692 页；《毛泽东思想和中国特色社会主义理论体系概论》，高等教育出版社 2010 年版，第 72 页。

求在中国共产党和农民的思维层面上内化为“求变”思维，在现实层面上外化为土地所有权的变更。土地对于农民来说既是资源、更是权力，农民获得土地就意味着地主失去土地，通过土地所有权的变更，农民不仅获得了经济收益和物质回报，而且还获得了新社会结构所赋予的权力和社会地位；土地对于共产党来说既是权力、更是资源，农民获得土地意味着共产党的政治权力成功地嵌入了农村社会，同时共产党也获得了来自广大农民参与和支持革命政权、巩固和捍卫革命成果的巨大社会资源。植根土地，中国共产党顺应广大农民“穷则思变”的心理，思变求变、以变治变，领导人民用马克思主义理论指导下的革命实践诠释了“农民是最大的革命民主派”，正是在这个意义上，我们可以说近代中国革命“成也土地、败也土地”，因此，范文澜先生曾把争夺土地的斗争看作是“研究中国三千年历史的钥匙”。

以上论述从驳——立——论——证四个步骤对“中国人为什么接受马克思主义”作了发生学的考察，得出基本结论：“求变”是中国人接受马克思主义的思维契合点，比较而言，中国共产党能与人民群众产生思想共鸣，关键在于党悉心倾听了旧中国底层人民发出的“求变”声音，把解决人民群众最直接、最迫切的现实问题作为根本出发点，实现了深刻的社会变革。当前这个结论具有重要的启示意义：首先，“中国人接受马克思主义”夯实了中国社会主义事业的理论基础，马克思主义在中国的生命力在于始终坚持马克思主义基本原理与推进马克思主义中国化相结合，当代中国马克思主义是指导党和人民沿着中国特色社会主义道路实现中华民族伟大复兴的正确理论。其次，“中国人接受马克思主义”诠释了“群众路线是党的生命线”的真正内涵，当前建设党群关系的核心问题就是要保持党和人民群众的血肉联系，推进马克思主义现代执政党建设的伟大工程，确保党始终成为中国特色社会主义事业的坚强领导核心。再次，“中国人接受马克思主义”昭示了“求变”思维贯彻到21世纪的战略实践中就是全面深化改革，以完善和发展中国特色社会主义制度，为全面建成社会主义现代化国家和实现中华民族伟大复兴提供制度保证。最后，“中国人接受马克思主义”明确了文化复兴和理论创新的努力方向，理论上的成熟是政治上坚定的基础，理论上的与时俱进是行动上锐意进取的前提，21世纪中华民族要站在实现民族伟大复兴这一高度理解和对待马克思主义与优秀传统文化的关系，正本清源把握中华优秀传统文化和马克思主义理论的精髓，深刻理解和不断推进“第二个结合”，应对“世界不确定性”发展走向的挑战，反思现实境遇增强理论自觉和文化自觉；返本开新推动文明转型和提升中华民族具有全球视野的文化形式，坚定理论自信和文化自信，努力建设中华民族现代文明，为民族复兴大业提供理论指引、为世界转型发展提供公共产品。

第三节　直面中国问题：马克思主义中国化的总根据

马克思主义从产生到发展呈现出以不同的形态表达主旨内容的态势。以马克思主义理论的社会身份、社会功能和对社会起作用方式上的不同，马克思主义存在的基本形态表现为政治形态的马克思主义、学术形态的马克思主义和大众形态的马克思主义①。有时，以不同形态呈现的马克思主义是统一的，但绝大多数时间里，尤其是在发展过程中，以不同形态呈现出来的马克思主义处于不同步发展的状态。只注重某一方面而忽视其他方面不仅造成了马克思主义的不同表现形态之间不平衡的局面，而且往往会导致对马克思主义的片面甚至错误理解。我们认为，弥合三种形态之间的分裂状态不仅可以完整地理解马克思主义的本真，而且还是解决中国问题的根本出路。

一、问题、问题意识与马克思主义关联现实问题的三重维度

任何理论和主义都与“问题”有关，都是从问题意识中派生出来的。从人类思想史和活动史就是一部问题史②的角度来看，理论和主义原初状态的思维原点总是来自于特定的问题意识，特定的问题意识都与特定的视角相关联，

① 高清海教授早在20世纪末就提出马克思主义哲学“三足鼎立”的格局：讲坛哲学、实践哲学和论坛哲学，三类哲学、三种话语方式由于多种原因很难进入他方领域。参见高清海、胡海波、贺来：《人的类生命与类哲学》，吉林人民出版社1998年版，“序”第5页。

② 张掌然：《问题的哲学研究》，人民出版社2006年版，第2页。

特定的视角都是源于特定的时空定位。马克思恩格斯生活在自由资本主义时代的西欧,与同时代的其他理论流派不同,他们从劳苦大众的独特视角出发研究资本主义社会的现实,从而发现:资本主义社会的“根本问题”是资本统治社会、占有劳动,工人阶级只有从资本的统治和奴役中解放出来才能解放自己和全人类。通过对这一“根本问题”的关注、分析进而创造解决的条件,马克思恩格斯创立了“三形态统一”的马克思主义理论。

马克思主义首先是以大众形态进入人们视野的。在中学时代,马克思就立志选择“最能为人类的幸福而工作的职业”①,大学毕业后在《莱茵报》工作期间,他逐步认识到以思辨为特征的德国哲学“追求体系的完满,不切实际”②,因而是不可能关心劳苦大众的生存境遇的。本着关注现实、研究现实的态度,马克思曾多次撰文为政治上和社会上备受压迫和奴役的贫苦大众进行辩护。当实现了由激进的民主主义者向共产主义者的思想转变后,就对“劳动生产了宫殿,但是给工人生产了棚舍。劳动生产了美,但是使工人变成畸形。劳动用机器代替了手工劳动,但是使一部分工人回到野蛮的劳动,并使另一部分工人变成机器。劳动生产了智慧,但是给工人生产了愚钝和痴呆”③的现状进行了无情的揭露和有力的批判。站在不同的立场来把握问题就会形成不同的理论派别,表达不同的价值追求。马克思站在无产阶级和广大被压迫劳动人民的立场,把自己的理论和价值诉求紧紧地和无产阶级的生存世界联系起来,“人的解放的头脑是哲学,它的心脏是无产阶级”,因而马克思主义哲学“把无产阶级当做自己的物质武器,同样,无产阶级也把哲学当作自己的精神武器”④,显然,马克思是人民大众本位的,为人民大众立言。能把这两种力量结合起来使之发挥作用,在马克思看来,基于以下事实:在资本主义社会,“物的世界的增值同人的世界的贬值成正比”⑤,工人不仅同自己的劳动产品相异化,而且还同劳动过程相异化。异化劳动根源于资本占有劳动,同时又直

① 《马克思恩格斯全集》第1卷,人民出版社1995年版,第459页。

② 《马克思恩格斯全集》第1卷,人民出版社1995年版,第219页。

③ 《马克思恩格斯选集》第1卷,人民出版社2012年版,第53页。

④ 《马克思恩格斯选集》第1卷,人民出版社2012年版,第16页。

⑤ 《马克思恩格斯选集》第1卷,人民出版社2012年版,第51页。

接导致私有财产的发生。马克思主张通过共产主义扬弃异化劳动和私有财产,“共产主义是私有财产即人的自我异化的积极的扬弃”,是资本主义制度下存在各种异化现象这种“历史之谜的解答”①;同时他还指出无产阶级采用革命的形式来消灭私有财产、消灭奴役制,解放自身和解放全人类,“社会从私有财产等等解放出来、从奴役制解放出来,是通过工人解放这种政治形式表现出来的,工人的解放还包含普遍的人的解放”②。实现共产主义“是群众的事业,随着历史活动的深入,必将是群众队伍的扩大”③,马克思号召“全世界无产者,联合起来”并积极参与世界工人运动。从此,马克思主义就通过“人民大众”这根主线将理论和实践贯穿起来:深入大众、关注他们的生活,了解大众、维护他们的利益,武装大众、实现他们的目标。

其次,马克思主义又是以学术形态呈现出来的。马克思主义是关于人类解放条件的系统学说。要探求人类解放的道路并为之创造条件,就必须研究人类社会发展的一般规律和资本主义社会发展的特殊规律。《莱茵报》之后,马克思退回书房,决心用“理论之书”言说、论证“社会之书”。通过大量的科学研究和缜密的理论思考,马克思发现了人类历史的发展规律,创立了唯物史观学说;发现了资本主义社会的特殊运动规律,创立了剩余价值学说。唯物史观的创立源于马克思对“历史之谜”的探索和研究。从“历史主体是理解真正历史的钥匙”到“市民社会的物质利益是理解人类社会发展过程的锁匙”④,从“对市民社会的解剖应该到政治经济学中去寻找”⑤到“异化劳动和私有财产的关系”,再从“实践是新唯物主义理解历史的钥匙”⑥到“批判李斯特的唯心主义生产力”,一直到“生产力与生存关系”的唯物主义经典表述,马克思始终是用批判代替褒颂,用理论言说现实,学习前人又超越前人,以严谨的学者风范、厚实的学术积淀,环环紧扣、层层推进,终于找到了人类历史发展的规律。剩余价值学说的创立源于马克思对异化和异化劳动的探索和研究。资本

① 《马克思恩格斯全集》第3卷,人民出版社2002年版,第297页。
② 《马克思恩格斯全集》第3卷,人民出版社2002年版,第278页。
③ 《马克思恩格斯全集》第2卷,人民出版社1957年版,第104页。
④ 庄福玲主编:《马克思主义史》,人民出版社1996年版,第92页。
⑤ 《马克思恩格斯选集》第2卷,人民出版社2012年版,第2页。
⑥ 庄福玲主编:《马克思主义史》,人民出版社1996年版,第114页。

主义社会一切问题的根源在于资本对社会的统治、对劳动的占有，马克思对此问题取得突破性进展的关键在于运用唯物史观这一科学的理论和方法，深入研究资本和劳动之间统治与被统治、占有与被占有、剥削与被剥削甚至解放与被解放的关系、途径、手段和条件，于是坚持40年笔耕不辍，完成了剖析“资本积累秘密”的鸿篇巨著——《资本论》，从理论上论证、再现了“资本”的运作过程，揭露了资本家剥削工人的秘密。《资本论》的问世足以承载马克思主义的理论内涵①，不论过去、现在还是将来都为人们提供了认识、解剖资本主义社会的一把钥匙。以唯物史观和剩余价值为基础，马克思恩格斯创立了科学社会主义学说，三者从整体上构成了系统的马克思主义理论体系。不仅如此，马克思晚年为研究东方落后国家和地区社会发展道路的问题，着重阐述“每个时代都有自己的历史之谜”，撰写了“人类学笔记”和“历史学笔记”，反对把唯物史观当作公式到处套用。理论研究相当严谨，仅《资本论》的创作，马克思阅读并且做过笔记或摘录的书就有1500多种，写的手稿、摘录、提纲和札记至少有100多本②。可见，马克思的任何观点、结论以及理论本身都是建立在大量的研究基础之上，通过规范的叙述方法以系统的理论形态呈现出来。

再次，马克思主义有其鲜明的政治立场，并通过政治形态体现出来。“理论总是为某些人和某些目的服务”在马克思这里表现得最为真切。马克思主义就其本质特性来说，是无产阶级的世界观和方法论，是无产阶级争取解放的“头脑”和“精神武器”，是无产阶级政党的指导思想和理论基础，列宁曾指出：“马克思的哲学是完备的哲学唯物主义，它把伟大的认识工具给了人类，特别是给了工人阶级”③。马克思主义政党的一切理论都应致力于实现劳苦大众的根本利益，这是马克思主义最鲜明的政治立场。历史上，没有哪一个理论家像马克思那样敢于公开承认自己理论的阶级属性和阶级立场，是马克思主义第一次阐明了现代无产阶级是资本主义制度的“掘墓人”，建设社会主义的领导力量，是革命最彻底最有前途的阶级。对无产阶级立场的理论表现，对无产阶级解放条件的理论概括，就是政治形态的马克思主义。从马克思主义诞生

① 张雷声：《〈资本论〉与马克思主义理论的整体性》，《马克思主义研究》2010年第2期。

② 李玉姣、苏优良：《马克思的理论观》，《云南社会科学》2004年第2期。

③ 《列宁专题文集　论辩证唯物主义和历史唯物主义》，人民出版社2009年版，第335页。

以来所引起的社会变革来看，主要在于其政治形态所承载的内涵，因而马克思主义在中国的成功，直接是马克思主义阶级斗争理论与国家学说的成功①。阶级是马克思主义理论的核心概念，阶级斗争是马克思主义对社会历史现象，特别是资本主义社会进行政治解释的基本叙事框架。马克思超越前人的地方就在于赋予"经济的政治性质"，在他那里，经济不仅仅是基础，而更多是发挥实现政治功能的作用，马克思的天才就在于从"资本统治社会、占有劳动"的静态的经济结构中找到了人格化的动态的物质力量——资产阶级和无产阶级，并且阐明了无产阶级及其政党的根本任务——消灭私有制。紧紧围绕阶级和阶级斗争，马克思在《共产党宣言》中提出了诸如"两个绝不会"、消灭私有制、无产阶级政党和无产阶级专政、无产阶级革命、社会主义制度等言说政治实现的核心范畴和命题，而《共产党宣言》是马克思主义诞生的标志，它不是一般的理论著作，而是无产阶级运动的实践纲领，更是催人奋进的战斗檄文和无产阶级革命的宣言书。所以，以政治形态反映出来的马克思主义主要就是从政治需要出发重新阐释经济现象背后所蕴含的政治特性，用科学的理论武装无产阶级及其政党，带领人民大众投入到实际的斗争中去。

综上所述，三形态具有相对独立性，各有侧重，但不可否认的是三形态构成了内在统一的有机整体：直接针对资本主义的总问题，大众形态表达"为谁立言"的问题，是"本位"，政治形态表达"为何立言"的问题，是"价值"，学术形态表达"怎样立言"的问题，是"认知"，即要解决"为谁立言"的根本问题，必须通过"怎样立言"的认知途径，最终实现"为何立言"的价值目标。

二、马克思主义关联中国问题的三重维度及其历史发展

马克思主义之所以在中国"安家落户"并"生根发芽"，关键在于关联中国问题的使然。中国问题是指中华民族在当代与未来面临着的、与整个民族的前途命运休戚相关的根本问题。近代以来，中华民族生存与发展的问题是中国问题的主要方面，在这一主要问题的统领下，位于不同的历史坐标系中就会生成不同的"目标问题"，特定时期需着重关注和解决的且服务于"目标问题"

① 王晓华：《关于意识形态问题的历史反思》，《浙江学刊》1995 年第 1 期。

的具体问题形成问题域,明确问题的层次和层递关系是合理和有效解决各类问题的前提和关键。“中国总问题”既是影响中国社会历史发展的根本性问题,也是从不同视角思考、综合社会各方力量加以解决的、旨在实现根本性转变的宏大叙事。近代以来,中华民族被迫卷入世界历史发展的漩涡,逐步沦为半殖民地半封建社会,实现中华民族伟大复兴就是中国总问题,“救亡图存”和“富强图存”分别是20世纪上、下半叶中华民族特定历史时空内的“目标问题”。任何特定历史方位的“目标问题”都与总问题有关,任何“目标问题”的解决都有助于总问题总目标的实现,从政策实施的角度来看所有问题又离不开各种具体问题的解决。

如何解决“救亡图存”,一批批仁人志士或从器物、或从政制、或从思想提供各种救国方案,马克思主义也是以一种救国方案存在于当时的各种社会思潮当中。在“主义兴起”和“问题丛生”的时代,“问题与主义”之争成为历史的必然,“问题与主义”之争的初始阶段可谓学理型政治①,在不自觉的政治哲学意识中探讨学理,即学理为政治提供解决方案,主要在于中国问题采取何种解决方案,整体解决还是点滴改造;“问题与主义”之争的发展阶段可谓政治型学理,借着谈学理而发挥自己的政治哲学理念并使之走向实践,即政治为学理规定发展方向,主要在于以何种主义为旗帜来解决中国问题。初始阶段二者的关系是特定“问题”面对多种“主义”,但“问题的解决离不开主义的指导”,“从需要出发”,马克思主义成为改造中国的方策。当马克思主义成为主流的社会思潮直至建党立国的指导思想,“主义”与“问题”的关系就成为一种“主义”面对多层“问题”。随着历史的发展,此“主义”认为的“问题”可能会遭彼“主义”遮蔽,“问题”的选择和解决与“主义”密切相关。可见,马克思主义关联中国问题是有着强烈的时代意识和问题针对性。

马克思主义最初进入中国人的视野是其学术形态。十月革命前马克思主义的早期译介主要着眼于学理的介绍②,1898年夏上海出版的《泰西民法志》

① 张宝明:《从学理型政治到政治型学理:“问题与主义”两种思想路径的后续言说》,《武汉大学学报》(人文科学版)2004年第6期。

② 奚洁人、俞源培主编:《二十世纪中国社会科学 马克思主义卷》,上海人民出版社2005年版,第15页。

中介绍马克思及其学说，资产阶级改良派梁启超对马克思主义的介绍，留学日本的中国青年对马克思主义的初步了解以及辛亥革命前后资产阶级革命派关于马克思主义和社会主义的介绍，一定程度上包括孙中山“蒙难伦敦”时对《共产党宣言》等书籍的研究，大多是单纯从学术的角度和理论的视角把马克思主义作为西方最流行的学派之一、作为“革命的”社会主义学派的代表来对待。

十月革命的胜利促进了马克思主义在中国存在形态的转化，即由原来的学术形态主导转而为政治形态主导。那时中国早期的先进分子学习和传播马克思主义带有鲜明的政治倾向性，即向俄国人学习，把马克思主义作为改造中国和世界的思想武器。李大钊认为马克思主义是一种革命的、“世界改造原动”①的学说，陈独秀把马克思学说当作社会革命的原动力，鼓励青年们发挥马克思的实际活动精神去干社会革命②，李达认为马克思“既是理论家又是实行家”，俄国实行的“劳工专政”恢复了马克思的真面目，瞿秋白论述和宣传辩证唯物主义和列宁主义。他们把劳农专政（无产阶级专政）、剩余价值、唯物史观、阶级斗争一起视为马克思学说的主要内容，都着眼于阶级斗争和社会主义对于社会制度变革的意义，凸显政治性又兼顾理论的系统性。在他们的影响下，一批早期优秀知识分子转而信仰马克思主义。也正是他们的努力使得新文化运动从五四以后成为宣传马克思主义的主阵地，并促使马克思主义与中国工人运动相结合，为中国共产党的成立作了思想上和干部上的准备。可见，建党前夕马克思主义在中国是政治形态主导且学术形态渗透其中，二者构成了统一的整体。

中国共产党的成立为强化政治形态、注重学术形态、推动大众形态注入了活力。中国共产党是马列主义和中国工人运动相结合的产物，从其成立的那一刻起就旗帜鲜明地指出马克思主义是中国共产党的指导思想和理论基础。中国共产党把马克思主义基本原理同中国革命的实践结合起来，确立了彻底的明确的反帝反封建的革命纲领，形成新民主主义革命理论，实现了马克思主

---

① 《李大钊全集》第3卷，人民出版社2013年版，第2页。

② 《陈独秀著作选编》第二卷，上海人民出版社2014年版，第454页。

义中国化的第一次历史性飞跃，创立了毛泽东思想。党的七大把毛泽东思想写入党章，作为党的指导思想，新中国成立以后，从制度上确立了马克思主义在国家意识形态领域的指导地位，政治形态得到不断强化。

中国共产党成立后把研究马克思主义作为一项重要的任务，并注重学术形态的发展。建党不久便专门在上海成立人民出版社主要负责出版和发行马克思主义的理论著作，注重翻译原著和经典文本。据统计，抗日战争时期延安翻译出版的马、恩著作共有32种，1938年至1942年间，延安解放社出版了“马克思恩格斯丛书”，都是根据原著翻译出版，同时期国统区马克思主义的著作出版发行也取得了较大的成绩①；建党以后，随着革命形势的发展，不断拓宽研究领域，而且列宁和斯大林的一些重要著作也逐步译介。马克思主义经典原著的出版发行为系统完整地学习和研究马克思主义提供了保证，为整合一般理论进而提升到世界观和方法论高度创造了条件。革命时期，理论研究的目的是为了更好地指导革命实践，毛泽东、李达、杨献珍、艾思奇、侯外庐、郭沫若、王亚南、郭大力等关于马克思主义理论的研究为推进学术形态的发展作出了重大贡献。

中国共产党成立后有力地推动了大众形态的发展。建党后，中国共产党把对马克思主义的理论研究和宣传教育紧密地结合起来，一方面通过到工人群众中以演讲、报告、讲座、创办党校等不同的形式开展马克思主义的大众化宣传和教育；另一方面通过通俗的、人民大众喜闻乐见的语言来阐述马克思主义理论的基本内涵，就此而言，艾思奇编写的《大众哲学》为实现马克思主义的大众化作出了重要的贡献。革命实践中党深刻把握“农民问题乃国民革命的中心问题”②，农民问题的核心又是土地问题，因而土地革命中马克思主义始终站在人民大众的立场上，发扬了马克思主义“为人民大众服务”的革命本性。在整个新民主主义革命过程中，共产党和共产党领导的军队完全地是为着解放人民的、是彻底地为人民的利益工作的③，确立并不断推进马克思主义

① 奚洁人、俞源培主编：《二十世纪中国社会科学　马克思主义卷》，上海人民出版社2005年版，第25页。

② 《毛泽东文集》第一卷，人民出版社1993年版，第37页。

③ 《毛泽东选集》第三卷，人民出版社1991年版，第1004页。

大众形态的发展。

改革开放以来，中国的"目标问题"转向"富强图存"，于是，关联中国问题的革命的马克思主义只有转换为发展的马克思主义，才能有助于"中华民族伟大复兴"总问题的解决，于是，发展问题进入马克思主义的视野，马克思主义的存在形态在内容上也要发生相应的变化。

政治形态的马克思主义不断得到强化。1979 年邓小平重申和强调坚持四项基本原则，随后四项基本原则被载入党章宪法，并确立为我们的立国之本。党的十五大又明确规定把邓小平理论作为我们各项工作的指导思想和理论基础，党的十七大又把中国特色社会主义理论体系作为我们新时期党和国家各项工作的指导思想和理论基础，不断强调坚持和巩固马克思主义在意识形态领域的指导地位。党的十八大以来，以习近平同志为主要代表的中国共产党人，坚持把马克思主义基本原理同中国具体实际相结合、同中华优秀传统文化相结合，从新的实际出发，创立了习近平新时代中国特色社会主义思想，习近平新时代中国特色社会主义思想为新时代党和国家事业发展提供了根本遵循。

学术形态的马克思主义日趋重视。伴随着改革开放以来的"西学东渐"浪潮，中国的学术研究也存在着西化倾向。有研究显示，中国人文社会科学领域发表的数以百万计的研究作品，尤以继受西方现代社会科学作品影响最为显著，塑造中国心智的人文社会科学成就也主要表现为对西方学术名著经久不息的翻译、学习、研究和传授。这样的话，不可避免地造成的结果就是，中国学术研究对于西方学术而言处于"学徒状态"。再加上"中国之学术思想，常随政治为转移"，马克思主义研究及其表现形态也就不可避免地带有论断性政治话语的烙印。因此，当前我们必须遵循"学理的逻辑"去阐释当代中国的运行逻辑，才能增强话语的传播力和影响力。否则造成的结果便是：我国的经济实力强了，国际影响大了，但话语权却下降了①。因此，当前关于马克思主义的研究既要"解构"、更要"建构"，整体性创新性研究亟待加强。改革开放尤其是进入新时代以来，面对我国综合国力的不断增强和国际地位的稳步提

① 秦宣：《中国特色学术话语体系构建思路》，《学术前沿》2012 年第 11 期。

升，这就要求我国在学术命题、学术思想、学术观点、学术标准、学术话语方面的能力与水平同我国的实力与地位相匹配，这样的话，与“学术中国”“理论中国”甚至“文明中国”紧密联系的中国哲学社会科学的“三大体系”建设任务，就显得尤为迫切了，2016 年习近平总书记在主持召开的哲学社会科学工作座谈会上发表的重要讲话以及 2022 年在中国人民大学考察时发表的重要讲话的深远意义就在这里。

大众形态的马克思主义不断得到强调。马克思主义关联大众，其本质和核心就是关联人民大众以及他们背后的利益问题，“‘思想’一旦离开‘利益’，就一定会使自己出丑”①，人民大众及其利益实现是马克思主义的本质规定。党的十八大以来，面对一系列长期积累及新出现的突出矛盾和问题，我们党全面贯彻习近平新时代中国特色社会主义思想，全面贯彻“人民至上”的执政理念，领导人民取得了脱贫攻坚战的全面胜利，形成“以人民为中心”的发展理念和治国理政实践模式，从根本上诠释了马克思主义的价值原则、中国共产党的执政宗旨和社会主义的根本目的，揭示并凸显了共产党执政规律、社会主义建设规律和人类社会发展规律在人民大众维度的内在统一性。

综上所述，由于政治形态、学术形态和大众形态的马克思主义都有其独立的发展逻辑和表现方式，虽然在马克思那里三种形态是内在统一的，但是在以后的发展过程中，三种形态面临革命主题向改革主题的转换过程中就呈现出不同程度的分离，具体来说：政治形态的马克思主义居于支配地位，是显性的，大众形态的马克思主义是从人民大众的生活实践中自然形成的思想观念和生活样式，最具群众基础，学术形态的马克思主义是对社会实践中形成的思想观念的抽象概括和理论总结，是马克思主义之所以成为“主义”的物质承担者，系统性比较强。

三、弥合马克思主义存在形态的分离，合理解决中国问题

如何回到三形态统一的马克思主义，我们觉得，首先要理解马克思主义的本质，方能找到它们的结合点。马克思主义批判资本主义社会的基本点就在

---

① 《马克思恩格斯文集》第 1 卷，人民出版社 2009 年版，第 286 页。

于其以“物”为主导逻辑，并以制度化的方式层层加固。马克思主义致力于实现“人的全面而自由的发展”，这不仅是马克思唯物主义的核心思想，同时也是马克思主义政党实现执政宗旨的重要思想来源。当前中国共产党秉承“人民至上”的执政理念和“以人民为中心”的发展理念，不仅是对马克思唯物史观“以人为本”核心思想的揭示与发挥，也是弥合当前马克思主义存在形态分离的结合点，更是解决中国问题的突破口和主渠道。

马克思指出：“思想本身根本**不能实现什么东西**。思想要得到实现，就要有使用实践力量的人”①。从发生学和本体论的意义上，中国问题首先是“人”的问题，为每一个人的自由发展创造条件，是我们党始终如一的历史使命，“以人为本”就是指以实现最广大人民的根本利益为本，以实现中华民族伟大复兴为本，“以人为本”是中国问题域的核心。从马克思主义的三种表现形态来透视当前中国问题，我们可以进一步追问：在马克思主义关联中国的实际过程中，要贯彻“以人为本”理念，从政治形态来看，究竟是“以官为本”还是“以民为本”；从学术形态来看，究竟是“为上立言”还是“为下立言”；从大众形态来看，究竟是“以物化要素为本”还是“以劳动者为本”。

“以官为本”还是“以民为本”。政治的本质是权力问题，是谁来掌握权力和权力为谁服务的问题。历史上，不论是“以官为本”还是“以民为本”，都是统治阶级掌握权力并为其统治服务，“官”是权力的象征，“民”是权力合法性的来源，“以民为本”也是为了更好实现“以官为本”的政治口号，实质还是以权力为本。今天，我们的一切权力属于人民，一切工作努力实现“权为民所用”。但是，传统社会作为残余遗留下来的“传统社会层级结构及其权力结构和权力运作方式”是中国特有的问题，“家国同构”是传统中国政治的基本特色，这些是产生中国许多问题的一个“根”②。当年邓小平指出的“中国要出问题，还是出在共产党内部”③讲的也是这个道理。苏联解体的根本原因就在于苏共的蜕化变质，在于权力异化，在于背离“权力取之于民用之于民”。所以，“以人为本”就是要坚持全心全意为人民服务，立党为公，执政为民，始终

① 《马克思恩格斯文集》第 1 卷，人民出版社 2009 年版，第 320 页。

② 韩庆祥、张艳涛：《破解“中国问题”需要“中国理论”》，《哲学动态》2009 年第 9 期。

③ 《邓小平文选》第三卷，人民出版社 1993 年版，第 380 页。

把最广大人民群众的根本利益作为党和国家工作的根本出发点和落脚点，坚持尊重社会发展规律与尊重人民群众历史主体地位的统一性和一致性，坚持发展为了人民、发展依靠人民、发展成果由人民共享。

“为上立言”还是“为下立言”。任何真正有生命力的学术思想都来自于对现实的深刻反思和批判，要有敏锐的“问题意识”，而不是刻意将现实意识形态化。“为上立言”并不是理论研究的本质所在。如果一些知识分子的“思想”偏离“学术”且还没有获得真正的独立性的话，这样势必会造成学术界面临的信仰危机问题，这暴露出的问题就是：研究学术者疏离现实，关注现实者忽视学术。“面向问题本身”和“用事实说话”是马克思主义最具生命力之所在。中国知识分子要切实履行“守护思想、引领时代”的历史使命，就必须用学术关注现实，增强理论的说服力。“理论只要彻底，就能说服人。所谓彻底，就是抓住事物的根本。但是，人的根本就是人本身。”①所以，“以人为本”主要是指要以人民大众为本，更要以人民大众具有创造性的社会实践为本，并对现实内部的本质联系进行学术提炼和理论解答。

“以物化要素为本”还是“以劳动者为本”。社会主义建设事业固然需要坚实的物质基础和雄厚的资金储备，但是从“生产力是推动社会发展的根本动力”来看，毕竟人的因素是主要的，人民群众是历史的创造者，离开了人的活劳动，任何形式的物化要素都会成为毫无生命力的“死”的存在物，充其量只能是潜在的生产力，而决不能成为现实的生产力。所谓“以资本为本”就是以少数既得利益者为本，在现实生活生产中很容易退化为重占有的生存方式和生活样式，有学者指出“重占有的生存方式是从私有制派生出来的”②，最后的归宿必定是“死于过度”，可见，这个批判是非常深刻的，“以资本为本”是“以物为本”的具体化，马克思主义的唯物史观在批判“商品拜物教”的基础上科学地揭示了最广大人民群众在推动历史发展中的主体地位，特别注重劳动者生存境况的提升，把人与人的关系还原为物化的甚至异化的人与物的关系转变为人与人之间摆脱了基于财产关系的自由交往关系，即“每个人的自由

① 《马克思恩格斯选集》第1卷，人民出版社2012年版，第10页。

② 弗洛姆：《占有还是生存》，关山译，三联书店1989年版，第82页。

全面的发展是一切人自由全面发展的条件”。所以,“以人为本”就是要以广大劳动者为本,充分调动他们的积极性、主动性、创造性,突出广大的劳动人民群众在社会生活生产中的主体地位,尊重劳动、尊重知识、尊重人才、尊重创造,鼓励通过诚实劳动和合法经营富起来,让劳动者真正成为自己和社会的主人,成为公平正义利益实现的真正受益者,真正实现以人为本的利益和谐。

总而言之,社会各类主体只有在具体的社会实践中不折不扣地贯彻“以人为本”的理念,弥合三形态的分离状态,使马克思主义的存在状态达到真正的统一,才能使马克思主义更好地关联中国问题,才能更好地化解现今时代在某种程度上存在的政治认同危机、学术认同危机和大众认同危机,进而更合理地解决中国问题。党的十八大以来,中国共产党特别强调“人民至上”的执政理念,凸显“以人民为中心”的发展理念和治国理政实践,以更加理性的政治自觉和主体自觉,致力于“马克思主义、人民立场和时代问题”的深度融合,不断开辟马克思主义中国化时代化新境界,推进实践基础上的理论创新,提出真正解决问题的新理念新思想新办法,在新的历史起点上建设中华民族现代文明。

第三章　马克思主义在中国传播发展的实现路径

马克思主义中国化在中国的实现,实际上就是马克思主义的思想灵魂和理论精髓与中国社会现实相结合并不断进行相互作用和深度交融的过程。马克思主义的思想灵魂和理论精髓根本地说首先体现在唯物史观。可以说,马克思主义就是以唯物史观为思想精髓和理论内核的科学理论,马克思主义在中国的实现必然要贯彻唯物史观的方法论原则。以唯物史观为基本方法,在近代中国具体的社会现实中,主要的经济生产方式和交换方式以及必然由此产生的社会结构,是建立在封建所有制基础之上的。因此,农民以及农民问题就成为马克思主义在真正意义上落地中国的主要突破口。

第一节　农民问题与中国革命关系的唯物史观分析:以李大钊为例

李大钊是中国共产主义运动的伟大先驱,是"当之无愧地成为将马克思主义运用于中国实际的先驱"①。他在传播马克思主义的过程中,形成了独到的"马克思主义观",在运用马克思主义分析中国具体实际的过程中,深刻论述了农民问题与中国革命之间的必然关系。李大钊关于农民问题的思想,作

① 习近平:《在纪念李大钊同志诞辰120周年座谈会上的讲话》,《人民日报》2009年10月2日。

为毛泽东思想的萌芽之一[①]，为后来中国共产党在实践中继续探索中国革命基本问题奠定了重要的思想和方法论基础。可以说，正是由于中国共产党在马克思主义的指导下开始关注农民问题，并开展土地革命，中国革命才找到了崭新的发展方向。那么，中国革命道路的正确选择何以需要关注和重视农民问题呢？李大钊最早对此作出了马克思主义的回答。

一、中国的农民起义及其在近代的“革命”转向

中国历史上的封建社会，以自给自足的自然经济以及“地主—农民”二元主体社会结构为基本特征，土地私有和官僚体制是地主对农民进行经济盘剥和政治压迫的全部统治的基础。地主阶级的残酷统治迫使农民进行反抗，中国历史上的农民反抗，只是起义而非革命[②]。究其原因，一是没有改变传统社会的基本结构，历史上的农民起义不论成功还是失败，都依然继续封建的经济和政治关系；二是没有刷新引领社会发展的理念，农民大都是在“官逼民反”的处境下、秉承“成王败寇”的理念发动起义；三是没有提出触动社会发生根本性变革的要求，中国历史上的农民起义大都只是诉诸“改朝换代”而不是“改政换道”。当然，很大程度上，这也是中国的封建社会得以绵延两三千年的重要原因。

辛亥革命是中国近代史上一次真正意义上的“革命”：以“三民主义”的民主理念取代“奉天承运”的天命观念，以“中华民国”取代“中华帝国”，以“公天下”取代“家天下”，也提出“唤起民众”“扶助农工”“平均地权”等口号旨在推动社会结构发生改变，但是孙中山在“平均地权”的理论原则和实践纲领上差距较大，理论原则上赞赏土地公有而实践纲领上则主张以实行地价税为中心的平均地权[③]，更为重要的是，“孙中山的平均地权主要解决的是高度工业化后的城市土地问题，唤不起农民的热情”[④]，正是由于辛亥革命没有从根本

---

① 参见朱文通、李柏良：《浅谈李大钊与毛泽东思想的萌芽》，载河北省历史学会专题资料汇编：《毛泽东与中国历史文化》，河北人民出版社 1993 年版，第 392 页。

② 参见[美]巴林顿·摩尔：《专制与民主的社会起源——现代世界形成过程中的地主和农民》，王茁、顾洁译，上海译文出版社 2012 年版，第 206 页。

③ 参见《杨天石文集》，上海辞书出版社 2005 年版，第 197 页。

④ 杨天石：《加强对辛亥时期革命知识分子的研究》，《中国社会科学院研究生院学报》1991 年第 5 期。

上解决全中国农民的土地问题,因此辛亥革命并没有触动中国社会底层的权力结构①,只不过是革了"天子"的命,如毛泽东所说的,"辛亥革命以后,谁要再想做皇帝,就做不成了"②。没有解决农民的土地问题就不会造成一个空前的农村大变动,也就没能改变传统社会的基本结构,革命自然不会成功。

然而从"革命"的角度来看待近代中国的农民与土地问题,首先,李大钊更为坚定和彻底地把马克思主义作为中国革命的重要资源。尽管孙中山也曾认为"民生主义就是社会主义,又名共产主义"③,但很大程度上还是停留在不用"马克思之法"而"师马克思之意"④的层面,一生都没有超出主观社会主义的水平⑤。而李大钊认为马克思主义是普遍真理,要坚定地确立马克思主义在中国革命中的理论指导地位。其次,李大钊更为坚定和彻底地把农民作为社会革命的群众基础。虽然孙中山也曾提到"解决农民的痛苦,归结是要耕者有其田"⑥,但是孙中山问政是从《上李傅相书》开始,求学多在海外,发动革命也多在海外与闹市,革命主体是留学生、新学知识分子、城市会党和新军等⑦,没能充分发动和依靠农民群众。而李大钊认为近代中国社会问题实际上就是农民问题,要发动农民群众干革命。最后,李大钊更为坚定和彻底地把土地问题作为中国革命的基本问题。虽然孙中山也曾提到"要耕者有其田,才算是彻底的革命"⑧,但是又认为"原夫土地公有,实为精确不磨之论"⑨。而李大钊认为农民问题的关键是土地问题,要实行"耕地农有"。比较而言,李大钊从十月革命之后就研究、宣传和捍卫马克思主义,把马克思主义作为中国革命的指导思想。在马克思主义的指导下,李大钊为创建中国共产党作出

---

① 参见王鸿生:《历史的瀑布与峡谷——中华文明的文化结构和现代转型》,中国人民大学出版社 2007 年版,第 235 页。

② 《毛泽东文集》第六卷,人民出版社 1999 年版,第 346 页。

③ 《孙中山选集》下,人民出版社 2011 年版,第 832 页。

④ 《孙中山选集》下,人民出版社 2011 年版,第 873 页。

⑤ 参见《杨天石文集》,上海辞书出版社 2005 年版,第 192 页。

⑥ 《孙中山选集》下,人民出版社 2011 年版,第 974 页。

⑦ 参见王鸿生:《历史的瀑布与峡谷——中华文明的文化结构和现代转型》,中国人民大学出版社 2007 年版,第 287 页。

⑧ 《孙中山选集》下,人民出版社 2011 年版,第 972 页。

⑨ 《孙中山全集》第二卷,中华书局 2011 年版,第 515 页。

了巨大贡献，运用马克思主义的立场、观点、方法深入分析农民问题与中国革命之间的必然联系，深刻回答了中国革命何以需要关注农民、近代中国农民革命何以发生和何以实现的问题，是早期马克思主义中国化的开拓者和奠基者。

二、李大钊的马克思主义观及其初步的中国化思想

近代以来，中国革命道路的选择经过了一个从国民革命到土地革命的艰难探索历程，可以说，是由于中国共产党在马克思主义的指导下开始关注农民，并将中国革命的中心转向农村，在革命实践中开辟了农村包围城市、武装夺取政权的道路，中国革命才走上了康庄大道。那么，中国革命道路的选择何以需要关注和重视农民问题呢？李大钊最早对此作出了马克思主义的回答。

习近平在纪念马克思诞辰200周年大会上强调："马克思主义不仅深刻改变了世界，也深刻改变了中国。"①对于马克思主义深刻改变中国的发生发展来说，李大钊是较早在中国传播马克思主义并且致力于在中国具体国情下运用马克思主义理论来指导中国革命的先进知识分子。李大钊对马克思主义的接受和理解主要来源于对列宁主义和十月革命的解读，是受东方社会现实和革命实践的启示，在反观中国具体国情的基础上所作的"选择性解读"和"再传播"。如提出"劳农专政""阶级斗争""革命的社会主义"等一些关于马克思主义的原初表达，并认识到中国革命要"走俄国人的路"。马克思主义传入中国后，李大钊在《我的马克思主义观》一文中第一次较为准确、系统地介绍了马克思主义的唯物史观、政治经济学和科学社会主义，大力宣传马克思主义并致力于在具体国情环境下运用马克思主义来审视中国革命问题。李大钊强调马克思主义的运用要建立在对其将要发生作用的环境的分析上，他认为要考虑中国的革命问题不能"置吾国情于不顾"，反而应该特别注重"近今之国情较往昔之国情"的重要性。因此，在他看来，马克思主义的运用不能离开对其发生作用的具体环境的分析上，"一个社会主义者，为使他的主义在世界上发生一些影响，必须要研究怎么可以把他的理想尽量应用于环绕着他的实

① 习近平：《在纪念马克思诞辰200周年大会上的讲话》，人民出版社2018年版，第11页。

境"[①]。正是由于这一深刻的见解,他十分自觉地把马克思主义与中国具体实际结合起来,把对马克思主义的阐释建立在对中国"实境"分析的基础上,具体生动地彰显了马克思主义理论的解释力。不仅对马克思主义的具体应用要与"环绕着他的中国实境"紧密结合,李大钊对马克思主义的接受、理解和阐释也深深地扎根"环绕着他的实境",即是说,他最早是通过肯定十月革命的深远意义而逐步走向大力宣传、系统研究和坚决捍卫马克思主义的,并深刻认识到中国革命要"走俄国人的路"。正是在深刻剖析环绕着马克思主义的"俄国实境"和"中国实境"的基础上,李大钊提出了中国的知识青年"应该到农村里去",到农民群众中去,并"与劳工阶级打成一气"[②]的时代号召,实现了在中国革命语境下对马克思主义的创造性运用。在此思想的指导下,李大钊认识到俄国十月革命可以说是"以城市战胜农村",这是由于俄国有着独立完整的工业体系,工人阶级力量颇为雄厚,中心城市掌握着国家经济的命脉。而中国却是一个传统的农业大国,农业是国民经济的基础,农民在全国人口的占比达到80%,而且经受"帝国主义军阀地主阶级三种剥削,其困苦达于极点,自求解放之心,十分迫切。因此中国国民革命最大部分的目标,在于使农民得到解放,农民如不得到解放,国民革命断不能底于完成"[③]。据此看来,农民阶级是中国革命的主要依靠力量,成功发动农民群众便成为了革命成功的关键。正是在深入分析中国实际的基础上,李大钊提出了中国的知识青年到农村去,到农民群众中去[④]的号召。这就是李大钊在中国革命语境下对马克思主义的选择性解读和创造性运用的重要思想。

(一)"人民群众观"与"革命的有生力量"

群众史观是马克思主义唯物史观的重要组成部分。马克思主义分别从"质"和"量"的范畴上对人民群众给予了规定,从质上说是一切对社会历史发展起推动作用的人们,从量上说是社会人口中的绝大多数。李大钊在宣传马克思主义时重点对唯物史观进行了介绍,尤其突出地阐发了人民群众在历史

① 《李大钊全集》第三卷,人民出版社2013年版,第51页。

② 《李大钊全集》第二卷,人民出版社2013年版,第422页。

③ 《第一次国内革命战争时期农民运动资料》,人民出版社1983年版,第45页。

④ 《李大钊全集》第二卷,人民出版社2013年版,第422—426页。

发展过程中的主体地位、人民群众是社会历史的创造者、人民群众是社会变革的决定力量以及人民群众只能依靠自己解放自己的思想。李大钊在宣传介绍唯物史观的同时，也重笔着墨阐发了群众史观的核心要义。他指出："一切过去的历史，都是靠我们本身具有的人力创造出来的"，[①]所以"民众的势力，是现代社会上一切构造的惟一的基础"[②]。他还用中华传统文化中的"民彝"一词以强调人民群众才是真正创造历史的英雄："民彝者，可以创造历史，而历史者，不可以束制民彝"，人民群众是真正推动社会变革的决定性力量，"离于众庶则无英雄，离于众意总积则英雄无势力焉"[③]。他指出社会历史进步的动力"只能在人民本身的性质中去寻，决不在他们以外的什么势力"[④]，还反复强调人民群众只能自己解放自己的思想，"真正的解放，不是央求人家'网开三面'，把我们解放出来，是要靠自己的力量，抗拒冲决，使他们不得不任我们自己解放自己……是要靠自己的努力，把他打破，从那黑暗的牢狱中，打出一道光明来"[⑤]。这些论述表明：李大钊非常深刻地认识到了人民群众是推动历史发展和社会进步的伟大力量。另外，李大钊在《中国内战与中国农民》一文中指出："中国农民占全国人口的80%，他们绝大部分是半赤贫的小农"[⑥]。他还在《土地与农民》一文中强调："在经济落后沦为半殖民的中国，农民约占总人口百分之七十以上，在全国人口中占主要的位置，农业尚为其国民经济之基础。故当估量革命动力时，不能不注意到农民是其重要的成分"[⑦]。不仅如此，更重要的是他分析指出了中国农民问题的症结和出路在于解决土地问题、必须发动和组织农民参与革命的思想。他援引当时中国农民户数及其土地占有情况进行实证研究的基础上，认为全国农民的破产潮流正在"滔滔滚滚的向前涌进而未已"[⑧]。这就从"质"和"量"的范畴、把经济动因和数量比例结

---

① 《李大钊全集》第三卷，人民出版社 2013 年版，第 280 页。
② 《李大钊全集》第三卷，人民出版社 2013 年版，第 262 页。
③ 《李大钊全集》第一卷，人民出版社 2013 年版，第 277、279 页。
④ 《李大钊全集》第三卷，人民出版社 2013 年版，第 278 页。
⑤ 《李大钊全集》第二卷，人民出版社 2013 年版，第 492 页。
⑥ 《李大钊全集》第五卷，人民出版社 2013 年版，第 35 页。
⑦ 《李大钊全集》第五卷，人民出版社 2013 年版，第 78 页。
⑧ 《李大钊全集》第五卷，人民出版社 2013 年版，第 99 页。

合起来，通过考察中国农民在社会结构中的地位，认为农民是人民群众的主要组成部分，是支撑中国社会的重要支柱和中国革命的主力军。虽说农民是中国革命的主力军，但在具体的社会现实中，由于不同经济成分的农民在社会结构中所处的地位不同，因此对革命的态度也不完全一样。正确分析农村社会的阶级成分，这是中国共产党领导农民革命的首要问题。李大钊创造性地运用马克思的经济分析方法于中国农村社会，将农民进一步分为富农（多数地主包括在内）、中农、小自耕农以及佃农等不同的阶级，通过对于土地面积、人口劳力、农具、收入租额等在处于不同阶级的农户中的占有情况进行分析和比较，他得出了“农民中最多数最困苦的阶级”是自耕农和佃农，在这种情况下，“耕地农有”便成为中国广大贫困农民的迫切要求，也便成了中国革命应广大贫民急切要求而动员革命的口号。因此，“耕地农有”成为中国革命走向新生的重要突破口，于是农民也就成为中国革命的有生力量。

（二）“社会发展的根本动力”与“根本解决”方案

马克思主义认为生产力与生产关系、经济基础与上层建筑的矛盾是人类社会的基本矛盾，是推动社会发展的根本动力。李大钊在《我的马克思主义观》一文中提出：“人类社会生产关系的总和，构成社会经济的构造，这是社会的基础构造。一切社会上政治的、法制的、伦理的、哲学的，简单说，凡是精神上的构造，都是随着经济的构造变化而变化，我们可以称这些精神的构造为表面构造。表面构造常视基础构造为转移”①。当时中国的社会，外国入侵、军阀混战、政府横征暴敛、地主强取豪夺，严重地破坏了中国传统的农业生产方式和经济基础构造。李大钊认为当时中国的首要任务就是要改变原有的不合理的经济基础构造，要创造一种让每一个人都必须做工，做工的人都能够吃饭的“劳工神圣”的组织，把劳工的生活从原来那种不劳而获的官僚强盗的经济制度下解放出来。在他看来，即使就是卖淫问题，那也是因为“一个强制妇人不得不卖淫的社会组织”②存在的缘故。因此，卖淫问题的解决，根本的是“非把这个社会现象背后逼着一部分妇女不去卖淫不能生活的社会组织根本改造

---

① 《李大钊全集》第三卷，人民出版社2013年版，第14页。

② 《李大钊全集》第二卷，人民出版社2013年版，第415页。

不可”①,也就是要从根本上“打破那有产阶级专断的社会制度”②。

所以,李大钊认为要想解决社会上普遍存在的这个或那个“具体问题”,就必须有一个“根本解决”的方案。所谓“根本解决”就是社会制度的根本改造,只有打破旧的经济基础,建立全新的经济基础,具体的问题才能得到彻底的解决。他曾明确指出关于中国社会的“根本改造”方案:“经济问题的解决,是根本解决。经济问题一旦解决,什么政治问题、法律问题、家族制度问题、女子解放问题、工人解放问题,都可以解决”③。具体来说,只有从经济基础入手进行根本性变革,才能彻底解决中国社会的问题。经济组织没有改造之前,一切问题丝毫不能解决。如果只进行点点滴滴、丝丝缕缕的改良,不但在当时中国这个“没有组织”“没有生机”“机能闭止”的社会下无法实现,而且也找不到解决中国问题的真正出路。

李大钊关于中国问题的马克思主义的回答,从经济基础和上层建筑之间的辩证统一关系方面,指出了改造当时中国社会的正确出路。中国近代社会的客观事实已经证实:中国社会的改造只有通过马克思主义的“根本解决”的途径才能实现,必须抛弃“点滴改造”的改良主义或“实验主义”。中国人民没有别的任何选择,只能采取最为彻底、最为坚决的革命办法,以“根本解决”来换得中国社会的自由天地。李大钊关于中国社会变革的主张是被实践检验为正确的理论原则。

(三)“阶级竞争说”与“耕地农有”思想

马克思曾指出:“(从原始土地公有制解体以来)全部历史都是阶级斗争的历史,即社会发展各个阶段上被剥削阶级和剥削阶级之间、被统治阶级和统治阶级之间斗争的历史”④。李大钊在深刻理解和领会马克思唯物史观和阶级斗争关系的基础上,认为社会组织的变动受制于生产力的变动,社会组织的改造必须借助于社会内的大多数人群。尤其他结合当时中国的社会现实进一步指出:“改造运动的基础势力,又必发源于在现在的社会组织下立于不利地

---

① 《李大钊全集》第二卷,人民出版社 2013 年版,第 454 页。

② 《李大钊全集》第二卷,人民出版社 2013 年版,第 415 页。

③ 《李大钊全集》第三卷,人民出版社 2013 年版,第 55 页。

④ 《马克思恩格斯选集》第 1 卷,人民出版社 2012 年版,第 380 页。

位的阶级”，而且“一阶级运动改造，一阶级反对改造，遂以造成阶级竞争的形势……具体讲出来，地主、资本家是有生产手段的阶级，工人、农夫是没有生产手段的阶级”①。回顾当时中国的社会现实，处于帝国主义、地主阶级和资本家多重压迫之下的中国农民，处境日趋艰难，重则兵祸连年、流离失所，轻则苛捐杂税、朝不保夕，在传统社会结构中，没有哪一个社会集团会比田地甚少或者交纳过高田租的农民更为革命。但是鉴于孙中山“所拟的平均地权办法，未能及身而见其实行”②和当时中国畸形的社会组织结构以及必然由此产生的残酷的阶级结构，李大钊提出“耕地农有”的思想，并且主张“按耕地农有的方针，建立一种新土地政策，使耕地尽归农民”③，改善农业经营模式、不断提高耕地效率，以谋解决历史上久久待决的农民问题。

那么，如何才能实现“耕地农有”呢？李大钊明确地指出是“阶级竞争”，“就是经济上利害相反的阶级，就是有土地或资本等生产手段的有产阶级，与没有土地或资本等生产手段的无产阶级的区别；一方是压服他人，掠夺他人的，一方是受人压服，被人掠夺的”④。基于深邃的理论分析和确凿的历史事实，李大钊指出：“中国今日的土地问题，实远承累代历史上农民革命运动的轨辙，近循太平、辛亥诸革命进行未已的途程，而有待于中国现代广大的工农阶级依革命的力量以为之完成”⑤。循历史，争夺土地的斗争是透视中国三千年历史的钥匙，察现实，依托土地的层层盘剥是农民贫穷社会落后的总根源。近代以来各种史实也有力证明，试图依靠其他阶级用和平的方法是行不通的，“耕地农有”必须通过工农群众的革命运动才得以完成，于是乎，近代中国反帝反封建的历史任务就落在了中国现代广大的工农阶级身上。李大钊还强调：“阶级竞争说恰如一条金线”⑥，革命实践中如果不注意阶级斗争、不通过阶级斗争，“那经济的革命，恐怕永远不能实现”⑦。他还告诫人们，“我们的

① 《李大钊全集》第二卷，人民出版社 2013 年版，第 481 页。
② 《李大钊全集》第五卷，人民出版社 2013 年版，第 97 页。
③ 《李大钊全集》第五卷，人民出版社 2013 年版，第 106 页。
④ 《李大钊全集》第三卷，人民出版社 2013 年版，第 17 页。
⑤ 《李大钊全集》第五卷，人民出版社 2013 年版，第 97 页。
⑥ 《李大钊全集》第三卷，人民出版社 2013 年版，第 5 页。
⑦ 《李大钊全集》第三卷，人民出版社 2013 年版，第 55 页。

目的，在废除人类间的阶级”，以构成理想社会，为此应不惜牺牲地进行阶级斗争，因为“牺牲永是成功的代价”①。发动和组织农民进行阶级斗争以实现“耕地农有”，这就是中国共产党土地革命思想的初步萌芽，这为后来中国特色革命道路的开辟发挥了奠基性作用。

三、近代中国农民革命爆发的可能性与必然性

李大钊的马克思主义观及其初步的中国化思想从理论上回答了中国革命需要关注和重视农民问题的原因，此外，农民参与革命还有着极其深刻的现实可能性与历史必然性。

近代以来，中国被迫沦为半殖民地半封建性质的社会。李大钊生活在帝国主义和封建军阀压迫中国人民的苦难时代，如同许多仁人志士谋求救国救民的道路一样，李大钊也致力于探索中国革命的前途与出路。但是，与当时一些知识分子所不同的是，李大钊已经看到了国民党对农民政策的局限性，看到了资本主义的国家模式在中国行不通，并且受十月革命和马克思主义在中国广泛传播的影响，他开始运用马克思主义的“劳农专政”“阶级斗争”“革命的社会主义”等观点思考中国革命的出路，在这个过程中认识到了农民群众的巨大力量，主张开展阶级斗争，以实现“耕地农有”。通过对农民思想觉醒程度和现实生产生活危机的分析，他提出了农民运动发生的可能性与必然性，找到了中国革命的现实依靠力量。

李大钊早在1919年创作的《青年与农村》一文中，就从现代新文明输入到传统旧社会的角度，论述了农民问题与中国社会改造乃至中国革命之间的必然联系：“我们中国是一个农国，大多数的劳工阶级就是那些农民。他们若是不解放，就是我们国民全体不解放；他们的苦痛，就是我们国民全体的苦痛；他们的愚暗，就是我们国民全体的愚暗；他们生活的利病，就是我们政治全体的利病”②。作为中国共产主义运动的先驱，李大钊与同时代其他先进分子所不同的是，他已经深刻地认识到了中国农民与中国革命、知识阶级与民众运动

① 《李大钊全集》第四卷，人民出版社2013年版，第73页。

② 《李大钊全集》第二卷，人民出版社2013年版，第423页。

之间的必然联系。

（一）知识分子觉醒并唤醒农民是农民参与革命的思想动因

近代中国是一个内忧外患、多灾多难的民族，中华民族濒临着亡族灭种的危机，救亡图存是时代的主题。在这样现实的社会需求和西学东渐作用的影响下，潜藏在知识分子思想深处的诸如忧患意识、革命意识等中华元典精神逐渐苏醒，并将其创造性地表现为现代的爱国主义精神、救亡图存志向以及担当救国救民大任的民族情怀与责任感。我们知道，第一次世界大战之后中国所遭遇的外交失败以及十月革命一声惊雷所取得的胜利，直接激起了中国人民、尤其是先进知识分子的主体意识觉醒，这使得他们看到了新世纪的曙光。前者以它"不曾有"的姿态告诉人们"中国人向西方学习为什么总是行不通"，而后者也以它"不曾有"的姿态给中国人民指明了革命的正确方向。随着帝国主义和封建主义对中国的双重压迫日益深重，特别是巴黎和会中国外交的失败，中国人民自此认识到了帝国主义的侵略本质和强权本性，开始寻找新的出路。于是，受国家民族危机的召唤以及中华原典精神的驱动，先进知识分子的主体意识首先觉醒。然而最不可忽视的一点是马克思主义先进理论的输入，十月革命一声惊雷，有如"惊秋之桐叶"给中国树立了全新的典范，马克思主义由此在中国广泛传播。同样是经济政治落后的国家，俄国实现了社会主义理想，这唤起了先进知识分子对非西方式现代化的向往，于是，以李大钊为典范的中国先进知识分子把目光从西方国家转向东方社会，开始热情讴歌十月革命，他们对社会主义有了初步的认识和朦胧的向往，成为了具有初步共产主义思想的知识分子，再通过大量斗争实践的锤炼，他们完成了向早期马克思主义者的转变，比较系统地掌握了马克思主义的一般原理，提出了"劳农专政""阶级斗争""革命的社会主义"等众多关于马克思主义的原初表达。醒过来的早期知识分子又从"觉醒者"转变为"唤醒者"，充分发挥其主体召唤功能，影响、培育了一大批青年知识分子。随即这些主体地位得到提升的青年知识分子开始发挥其社会动员功能，他们不再停留于思想上的召唤，而是通过大量实践活动对其他社会群体进行社会动员，通过情感激发与行为示范的方式引导社会各界群体参与到反帝反封建的斗争中来。李大钊在1919年3月发表的《现代青年活动的方向》一文中就对先进青年的运动方向作出了指示：青年应该在存在着痛苦、黑暗的方面进行活动，把中国人民从痛苦、黑暗中拯救出来。他提到的学生应该做的两件事的其中之一便是“组织民众，以为达到大革命之工具”①，还热烈地表达了“知识阶级作民众的先驱，民众作知识阶级的后盾”②的盼望，并指出“知识阶级的意义，就是一部分忠于民众做民众运动的先驱者”③。由此，学生罢课、商人罢市、工人罢工、农民罢耕，中华民族彻底醒过来了。醒过来的农民群体逐渐意识到了自己的主体地位以及潜在力量，在先进知识分子的指导下，开始自觉自愿地加入到革命的阵营中来，以图实现自身的解放，进而实现中华民族的解放。由此可见，农民主体意识的觉醒并不是一个自觉主动的过程，农民群众等众多的、具体的、普通的小写主体是在早期知识分子等理论精英以及青年学生的召唤下觉醒的，它经历了一个自上而下的层级推动，是整个中华民族觉醒总格局中的第三层级，它有赖于早期先进知识分子的思想召唤，有赖于青年学生的社会动员。而早期知识分子又是在“国家”“民族”“真理”等大写主体的召唤下觉醒的。因此，马克思主义在中国的传播与早期知识分子的觉醒可谓农民革命的思想动因。

（二）农民的苦难生活是农民参与革命的现实原因

李大钊在总结法兰西大革命、俄罗斯大革命爆发的重要原因时指出“饥饿是变革的原动力”④。近代以来，中国农民受到来自帝国主义、封建军阀及地主阶级的深重的剥削与压迫，生活水深火热。李大钊曾尖锐地揭露“吾民”的苦难生活：“农失其田，工失其业，商失其源，父母兄弟妻子离散，茕焉不得安其居，刀兵水火，天灾乘之，人祸临之，荡析离居，转死沟洫，尸骸暴露，饿殍横野”⑤，但现实中，“军阀、财阀、政客们，还是旁观坐视、依样横行”，他清醒地预示到：“将来恐不免要造一回大变革”⑥。历史得到了应验，农民之所以要参加革命，主要是受制于濒临绝境的经济政治地位，非革命再无生路。

从农民的经济地位上看，首先，帝国入侵疯狂掠夺，农业经济备受摧残。

---

① 《李大钊全集》第四卷，人民出版社 2013 年版，第 219 页。
② 《李大钊全集》第三卷，人民出版社 2013 年版，第 221 页。
③ 《李大钊全集》第三卷，人民出版社 2013 年版，第 269 页。
④ 《李大钊全集》第三卷，人民出版社 2013 年版，第 9 页。
⑤ 《李大钊全集》第一卷，人民出版社 2013 年版，第 9 页。
⑥ 《李大钊全集》第三卷，人民出版社 2013 年版，第 269 页。

资本主义生产制度不可克服的矛盾，造成了帝国主义国家大量的过剩积压商品，为了防止由此引发的经济危机，特将其倾销到中国市场，以赚取巨额利润，由此也给中国农民的小农生产和小手工业生产带来了毁灭性的灾难。李大钊极其深刻地揭露了帝国主义垄断资产阶级的掠夺本质："资本家的政府想靠着大战，把国家界限打破，拿自己的国家作中心，建一世界的大帝国，成一个经济组织，为自己国内资本家一阶级谋利益"①。其次，军阀混战横征暴敛，农业生产日趋萎缩。在北洋军阀统治时期，各派系军阀为了互相争夺地盘，连年发动内战，兵匪扰乱，使得农民受到的剥削和掠夺日益加重，政府对于农村的职能只剩下了征税、征赋、征丁。这些原因导致耕地减少，农民生活难以为继，贫苦的农民几乎无地可种，生活失去了保障，他们只得租种地主的土地，在黑暗的、畸形的生产关系下，农民不得不向地主缴纳五成甚至以上的地租，农民因此而失了本，迫于生计又债台高筑。这就使得贫困农民失业加重，生活没有了着落，有的迁徙城市、海外做苦力，更有甚者流为兵匪。李大钊在《土地与农民》一文中，也通过大量的统计数字，分析了农民破产后的痛苦境遇和参加革命的可能性。他认为，"中国的农业经济是小农的经济，小农因受外货侵入、军阀横行的影响，生活日感苦痛。壮丁相率弃去其田里而流为兵匪，故农户日渐减少，耕田日渐荒芜"②。中国农民的破产现象，有如一股滔滔潮水，正在南北大地上奔涌前进。贫苦农民的出路何在？他们只有组织起来开展革命。最后，乡绅地主鱼肉把持，农民生活暗无天日。在农村把持地方政权的往往都是那些地主、绅董，农民深受乡绅地主层层盘剥，其中佃农和雇农所承的痛苦最深。

从农民的政治地位上看，在农村把持地方政权的往往都是那些地主、绅董，他们实以鱼肉农民、剥削农民为生，其中佃农和雇农所承的痛苦最深。地方官吏常常由于上下层级舞弊向农民预征钱粮，使得农民的地税无形增加，而大多数的自耕农在荒歉时节往往无力缴纳，在青黄不接的时候不得不进行借贷，接受高利盘剥，走上日益贫困的恶性循环道路。在严酷的政治压迫之下，

① 《李大钊全集》第二卷，人民出版社 2013 年版，第 358 页。

② 《李大钊全集》第五卷，人民出版社 2013 年版，第 98 页。

农民生活艰辛沉重，再加上那些土豪劣绅，在乡里邻间横行霸道，为非作歹，是非曲直竟都交由他们判断，哪些农民有钱，哪些农民便算是、便算直，而那些没钱的农民便只好算非算曲。“中国农村的黑暗，算是达于极点。那些赃官、污吏、恶绅、劣董，专靠差役、土棍作他们的爪牙，去鱼肉那些老百姓”①。广大农民已经形成了一种反对政府的心理，农村阶级关系尤为紧张，农民组织起来争取自己权益的时刻已经到来，农民革命已经成破竹之势。

从农民的文化地位上看，广大农民自己的子弟没有读书上学受教育的机会，却有供给地主子弟上学读书的义务，广大农村 80%以上的农民连自己的名字都不会写，长期处于没文化被愚弄的地位。究其缘由便是农村的教育资源不完备，李大钊曾指出农村的学校数量短缺，质量单薄，教师素质低下，书报资源匮乏。那些日夜劳作的农民即便是在吹风落雨、灯前月下的时候有点闲暇，也没有他们开展知识修养精神的机会。对于统治阶级对劳动人民的精神毒害，李大钊更是感到莫大的愤慨：“人但知道那些资本家夺去劳工社会物质的结果，是资本家莫大的暴虐，莫大的罪恶，那知道那些资本家夺去劳工社会精神上修养的工夫，这种暴虐，这种罪恶，却比掠夺他们的资财更是可怕，更是可恶！”②所以，占中国人口绝大多数劳动人民的文化教育问题一直是李大钊的心头之隐，他一直给予高度重视，并于 1919 年初专门写了《劳动教育问题》一文。

综上所述，经济关系上的不断赤贫化，阶级关系上的日趋对立，文化关系上的愚弄暴虐，重重压迫，万般无奈，只得革命，这是农民参与革命的现实原因。

（三）对土地的天然需求是农民参与革命的根本原因

农民与土地自古以来就天然地存在着一种联系，土地可谓农民的命根子。农民以地为生，土地是农民基本的生存保障和重要的财富来源，也是农民重要的精神寄托。农民对土地潜藏着一种深深的依附心理与眷恋之情。但是近代中国，受帝国主义工业经济的入侵以及军阀横行、兵祸连年的影响，大多数已

① 《李大钊全集》第二卷，人民出版社 2013 年版，第 423 页。

② 《李大钊全集》第二卷，人民出版社 2013 年版，第 407—408 页。

经成为无地农民。确凿的数据资料显示：第一次国内革命战争时期，全国 4.2 亿人口中，有 3.36 亿是农民，占总人口的 80%；但由于土地资源相对匮乏，全国面积内只有 50%是已耕种的土地；全国共有 1.86 亿人口属于完全没有土地的佃农、雇农和游民之列，占农民总数的 55%，还有 20%的人口属于土地占有量在一亩到十亩之间的贫农，加起来全国 75%的农民是要求得到土地的①。正如李大钊在《土地与农民》一文中提到的，中国的农业经济是小农经济，因此数量最多的便是自耕农和佃农。而这些小农在资本主义商品的挤压和军阀横行的破坏下，生活贫苦，耕地荒芜，不得不流为兵匪之徒。在农民此等苦难的境遇之下，一些新兴的官僚地主阶级还趁机作歹，加紧了对自耕农和佃农的剥削与压榨，他们凭借手中所拥有的政治强权进行土地兼并，更使得土地集中于他们之手，农民破产的趋势更甚。使得问题更为严重的是，农户和耕地还呈逐年锐减之势，失地农民"或流于都市，投身于工厂，投身于人力车夫，或流为兵匪者，更不知凡几了"②。有道是"越穷越革命"，这些失去唯一的生产资料的大量的破产农民，其生活失去了基本的保障，终年挣扎在饥饿的边缘，一但遇到天灾人祸便会轻易发展为大规模的农民动乱。李大钊把河南、山西、江苏、安徽、陕西、察哈尔六省在民国九年、民国十年两年的农家户数的变化做了比较：

	农户总数	自耕户数	佃农户数	自耕兼佃
民国九年	43,966,632	25,178,773	10,514,915	8,272,944
民国十年	16,887,751	3,050,603	4,538,798	3,298,350

根据以上数据的变化可以明显看出，从民国九年到民国十年，仅短短一年的时间，自耕农、佃农以及自耕兼佃的户数却呈直线式下降。究其原因，大量的农民由于黑暗政治环境的压迫，不得已离开了土地，农村社会失了根基变得极不安稳。

李大钊还对各省土地的人均占有量进行了深入的考察，根据当时的农业

① 参见《第一次国内革命战争时期的农民运动资料》，人民出版社 1983 年版，第 3—4 页。

② 《李大钊全集》第五卷，人民出版社 2013 年版，第 98 页。

生产力发展水平，“较沃的田地每五口之家需十五亩至二十亩始能生活，较劣者则需三十亩乃至四十亩。这样算来，平均每一人口所必需的耕地应为四亩至五亩”①，才能维持基本的生存所需。而如图所示，实际上这些省份的人均耕地面积远远不够，农民手中的土地越来越少，已经或正在逐步丧失赖以生存最基本的生活生产资料，更无力发展农业技术，农业和农民处于极度危险境地。

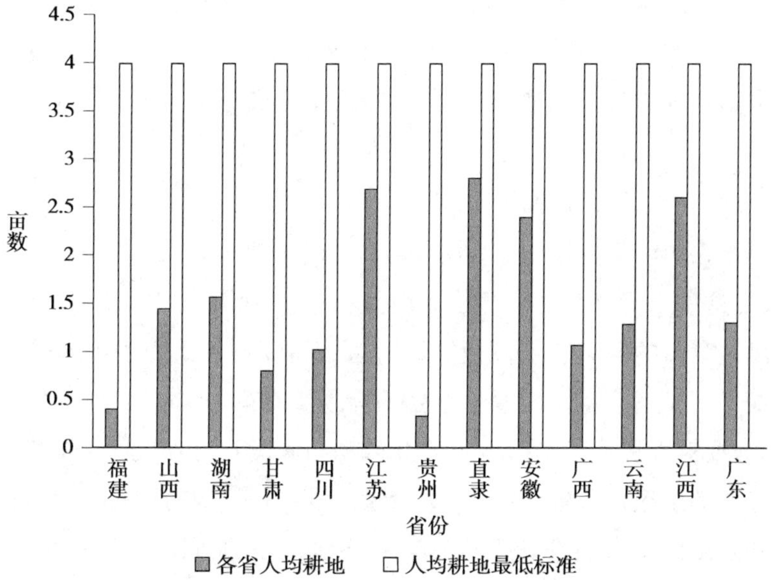

农民人均耕地低于三亩的省份统计图②

由此可见，农民在遭受重重剥削之后，正在一步步地失去土地，失去他们财富的重要来源，农民已经无法维持基本的生存需要了。据此，李大钊总结，“由此更可证明水潮似的全国农民破产的潮流，正在那里滔滔滚滚地向前涌进而未已”③。农村社会里数量最多所承痛苦最深的是自耕农和佃农，当他们失去了土地，无所依靠的时候，便如襁褓中的婴儿离开了母亲，他们基本的生

① 《李大钊全集》第五卷，人民出版社 2013 年版，第 106 页。

② 《李大钊全集》第五卷，人民出版社 2013 年版，第 109 页。

③ 《李大钊全集》第五卷，人民出版社 2013 年版，第 99 页。

存受到了威胁,农民阶级革命性便被逼迫地爆发起来了。正是由于农民对土地的这种天然需求所体现的生存本能,加上受内心小私有利益的驱使,导致了农民运动的发生。这就找到了农民革命的根本原因。

四、李大钊解决农民问题的若干主张

由上所述,李大钊在萌发了初步的马克思主义中国化思想的基础上,深刻论述了近代中国爆发农民革命的可能性与必然性,更为重要的是,李大钊在传播马克思主义的时候,曾经强调:“应该细细的研考马克思的唯物史观,怎样应用于中国今日的政治经济情形”①,创新性地提出了解决中国农民问题的若干主张。

(一)宣传、发动农民

农民是无产阶级的同盟军,是民主革命的重要力量,因此,唤醒农民的阶级意识,使这一力量变为现实的依靠就显得极为迫切。这一阶级力量的被唤醒对于民主革命的胜利有着极大的作用,要想取得农民阶级的信任,使其自觉自愿地加入国民运动就要采取一系列的措施及对策。

首先,要对农民进行口号的宣传和鼓动。农民具有强大的革命潜力,但因其自身存在的阶级局限性,他们的革命潜能没有得到应有的重视,因此要将革命思想和阶级意识灌输进农民的头脑中,以此启发他们的阶级觉悟。李大钊特别注重强调到乡村工作的共产主义知识分子,通过宣传要“让他们很明了的知道农民阶级在国民革命运动中的地位和责任”②,将农民引导到“澎澎勃勃”的国民大革命的洪流中来。这类的宣传活动使得农民意识到自身的现实处境和阶级地位,才能有起来抗争进而参加革命的可能性。

其次,口号的宣传和鼓动是首要步骤但不是唯一途径,解决农民的切身利益才是发动农民阶级进行革命的关键。这个关键就在于解决其土地,土地问题的解决在很大程度上就是农民问题的解决。面对这一社会现实,李大钊“耕地农有”的政策应运而生。李大钊曾于《土地与农民》一文中,纵论了中国

① 《李大钊全集》第四卷,人民出版社2013年版,第516页。

② 《李大钊全集》第五卷,人民出版社2013年版,第168页。

历史上的“平均地权”运动。他提到，从周秦的井田制到汉时的限田令以及晋、魏的占地制度、均田法策，从唐朝的租庸调税法到宋代的限田制度以及清代的八旗井田制，都由于其封建统治的剥削阶级本质没能解决也不可能解决中国农民的土地问题。太平天国倒是实行过“含有均分共有性质的土地政策”，可惜，“自然亦随着太平天国的灭亡归于消失了”①。即使是像孙中山提出的平均地权主张，作为民生主义中心之一，也“未能及身而见其实行”②。因此，从历史的轨迹来看，中国土地问题的解决，假手于别的任何阶级都是不能得以完成的。如今这土地问题更加突出，国民革命必须要依托广大工农阶级的革命力量将其作为一个重要的内容来解决。他响亮地提出了解决农民土地问题的“耕地农有”口号。他认为国民政府成立后应该遵循这一方针制定一种新的土地政策：“使耕地尽归农民，使小农场渐相联结而为大农场，使经营方法渐由粗放的以向集约的，则耕地自敷而效率益增，历史上久久待决的农民问题，当能谋一解决”③。这一思想显然有利于调动农民阶级的革命积极性，达到发动农民参与革命的效果，同时也是党的土地革命思想的萌芽。他还提出了修整水利等其他补充性建议，这些措施都是解决土地问题进而赢得农民信任、发动农民力量的可靠保障。

（二）组织、武装农民

解决农民的土地问题就能将其发动起来，那么，通过什么方式领导发动起来的农民呢？又通过什么手段解决农民的土地问题呢？李大钊认为，非把农民组织起来并且进行武装斗争不可。

首先，要采取农民协会的方式将农民组织起来以保护自身利益。李大钊关于实施这一措施的念头早在1919年就已萌生，他认为农民由于其自身的局限性所致，是一个极为分散的、无组织的并且缺乏先进思想指导的阶级。百姓之所以轻易地受到农村中那些恶势力的鱼肉与剥削，重要的原因就是他们没能够组织起来反抗。农民要想求得自由与解放，一盘散沙的状态是不可能实现的，组织起来是农民革命的必由之路。近代以来，由于社会矛盾逐步尖锐

① 《李大钊全集》第五卷，人民出版社2013年版，第97页。

② 《李大钊全集》第五卷，人民出版社2013年版，第97页。

③ 《李大钊全集》第五卷，人民出版社2013年版，第106页。

化,农民的反抗斗争、农民的起义也时有出现,但是这些斗争和起义都是在封建迷信旗帜的号召下发生的,缺乏战斗力和凝聚力。究其失败的根源,是由于没有真正的农民组织。虽然封建政府也曾下令允许组织农会,然而这些旧有的官办的农会完全被把持在地主富农手中,目的就是为了维护农村的反动统治秩序。正如李大钊指出,“乡村中旧有的农民团体,多为乡村资产阶级的贵族政治,全为一乡绅董所操纵,仅为乡村资产阶级所依为保障其阶级的利益的工具,不惟于贫农的疾苦漠不关心,甚且专以剥削贫农为事。在此等组织中,贫农几无容喙的余地”①。可见,组织农民绝不能只利用旧有的农民团体。这些发动起来的分散的农民需要组织,旧有的组织又不能直接利用,那么要开展农民运动,就必须建立农民自己的组织。李大钊对此论述道:“若想提高贫农的地位,非由贫农、佃农及雇工自己组织农民协会不可。只有农民自己组织的农民协会才能保障其阶级的利益。在乡村中作农民运动的人们,第一要紧的工作,是唤起贫农阶级组织农民协会”②,并对旧的农民组织进行彻底的改造。他非常强调依靠农民自己组织起来解放自己,他说:“我们应该告诉他们,只有工农民众自己团结起来,才是他们得到生活安定的惟一的出路。‘从来没有什么救世主,不是神仙亦不是皇帝,谁也解放不了我们,只靠自己救自己’这一类的歌声,应该常常吹入他们的耳鼓”③。他还强调了农民组织起来对于中国革命的重要意义,“中国的浩大的农民群众,如果能够组织起来,参加国民革命,中国国民革命的成功就不远了”④。正是基于这种认识,李大钊积极发动农民,建立农民协会,北方农民运动因此得到了很大的发展。

其次,要通过军事斗争的手段,将农民武装起来以解决土地问题。通过建立农民协会,农民争得了一定程度的经济利益与政治权利。但是随着帝国主义和封建军阀势力的步步紧逼,农民要想真正实现其求得土地、安居乐业的最终目的,仅仅依靠农民协会此类非暴力组织是远远不够的。那么,要采取什么手段解决农民的土地问题,实现“耕地农有”呢?李大钊认为“耕地农有”必须

---

① 《李大钊全集》第五卷,人民出版社 2013 年版,第 107 页。
② 《李大钊全集》第五卷,人民出版社 2013 年版,第 107 页。
③ 《李大钊全集》第五卷,人民出版社 2013 年版,第 166 页。
④ 《李大钊全集》第五卷,人民出版社 2013 年版,第 108 页。

通过工农群众的革命运动等暴力手段来实现。因此他明确地指出，农民要开展革命斗争，必须建立诸如“红枪会”等一类的代表农民利益的武装自卫团体，以此来防备兵匪，反抗苛捐杂税，直接或间接地反对帝国主义和封建军阀的压迫。因此，李大钊对“红枪会”给予了高度评价：“这个现象可以证明中国的农民已经在那里觉醒起来，知道只有靠他们自己结合的力量，才能从帝国主义和军阀所造成的兵匪扰乱之政局解放出来，这样的农民运动中[将]形成一个伟大的势力”①。而且还夸赞了农民的阶级性对于溃败军阀的强大力量，指出了武装农民自卫运动发展的意义，“农民阶级的力量可以制胜军阀，可以崩溃军阀的军队，同一农民，守着他的阶级，则可以战胜一切军阀；离开他的阶级，则将与军阀同趋于灭亡的运命”②。李大钊在注重武装农民进行农民运动的同时，也提到了要防止军阀改编红枪会，消灭武装农民组织，也要防止农民由于狭隘的村落主义、乡土主义而受军阀土豪的利用导致自相残害等危机。

（三）教育、指导农民

自给自足的农业经济环境下的中国农民，其思想具有极其落后与分散的性质，他们看不到自身革命的力量优势，缺乏革命的自觉性，更没有推动革命向良好态势发展的科学方法。为了避免革命走向歧途，这就迫切地需要知识分子的启发教育以及无产阶级的指导与引领。

首先，主张知识分子与农民阶级相结合，唤醒其阶级自觉。马克思主义传入中国之初，学习接受马克思主义的首先是中国的先进知识分子，农民则对其了解甚少。加上受到封建思想惯力的束缚，农民很难自觉接受马克思主义的教育并通过自我思想的反省从一个“良民”成为一名反抗封建社会的革命者。因此农民阶级的教育问题始终是李大钊关注的重点问题，他反复强调要重视对农民的思想教育，以唤起其阶级意识和觉悟，使其自愿自觉地加入到国民革命的阵营中去。于是，他向青年知识分子阐明“他们（指中国农民——作者注）若是不解放，就是我们国民全体不解放；他们的苦痛，就是我们国民全体的苦痛；他们的愚暗，就是我们国民全体的愚暗；他们生活的利病，就是我们政

① 《李大钊全集》第五卷，人民出版社2013年版，第163页。

② 《李大钊全集》第五卷，人民出版社2013年版，第165页。

治全体的利病”①。他号召青年知识分子“到农村去”，认为“要想把现代的新文明，从根底输入到社会里面，非把知识阶级与劳工阶级打成一气不可”②。还强调了青年知识分子对于农民革命意识的觉醒来说不可或缺的重要意义，“使他们知道要求解放、陈说苦痛、脱去愚暗，自己打算自己生活的利病的人，除去我们几个青年，举国昏昏，还有那个？”③李大钊认为中国的出路在农村，中国的出路在农民，知识青年只有同农民相结合才能解决中国革命的力量问题，知识青年要体察农民，感受农民，教育农民，引导农民，提高他们的觉悟，使他们自觉投身到革命中来，解决中国革命的现实问题。使那些不事生产、不劳而获的官僚强盗，销声匿迹。在《现代青年活动的方向》一文中，他教育青年要认清世界的发展形势，明确前行的目标和道路：“我们要打起精神来，寻着那苦痛悲惨的声音走，我们要晓得痛苦的人，是些什么人？痛苦的事，是些什么事？痛苦的原因，在什么地方？要想解脱他们的苦痛，应该用什么方法？”④然后用青年的勇气与智慧“把他们提醒，大家一齐消灭这苦痛的原因”⑤。这就在农民和先进知识分子之间结起了革命的纽带。李大钊是我国主张知识分子同农民阶级结合的第一人，也是当时这一思想最为纯熟的先进典范。这一思想的提出，使得提高农民的思想觉悟有了明确的方法渠道和帮扶群体，思想意识有了从自发到自觉转化的可能。李大钊强调在对农民进行思想教育的同时也不可偏废了其文化素质的提高。他建议在乡间开展组织工作的同志们，可以通过开展农民补习班的方式，借助图画或歌词读物等载体，对农民进行各种普通常识和国民革命教育的宣传。

其次，指导农民改善其旧式的红枪会为新式的农民武装自卫团。李大钊高度评价并且热情赞扬了红枪会，肯定了农民自发的武装运动。但同时也提出正如自发的工人运动只会导致工联主义一样，纯粹的农民自发斗争是难以有出路的，它带有浓厚的迷信色彩并且极具分散性，如果没有革命阶级的指导

① 《李大钊全集》第二卷，人民出版社 2013 年版，第 423 页。
② 《李大钊全集》第二卷，人民出版社 2013 年版，第 422 页。
③ 《李大钊全集》第二卷，人民出版社 2013 年版，第 423 页。
④ 《李大钊全集》第二卷，人民出版社 2013 年版，第 439—440 页。
⑤ 《李大钊全集》第二卷，人民出版社 2013 年版，第 440 页。

与引领,极有可能被军阀土豪利用而自相残害或者匪化。他十分痛心地呼吁道,这是存在于武装农民运动中的一个极大的危机。因此,无产阶级要十分重视对农民阶级的指导与引领,扬弃农民自发运动的优弊,在保留农民革命积极性的同时克服由落后的农业经济带来的弱点,将农民的自发运动上升到自觉运动的高度上来,使红枪会这类组织成为新式的农民武装组织。他号召革命者要到乡村去以帮助农民改善他们的组织,“赶快的加入红枪会的群众里去,开发他们,辅助他们,让他们很明了的知道农民阶级在国民革命运动中的地位和责任,很明了的认识出来谁是他们的仇敌和朋友;很明了的了解红枪会的性质及其应走的道路”①。只有这样,才能提高农民的觉悟,使他们不被军阀、土豪利用,才能“脱去那落后的迷信的蒙蔽,变旧式的红枪会而为堂堂正正的现代的武装农民的自卫团。才能真正的达到除暴安良,守望相助,阻御兵匪,抗拒苛税,抵制暴官污吏,打倒劣绅土豪的目的”②。

除此之外,红枪会还有三大明显的弱点:(一)反洋人;(二)要真主;(三)迷信。针对这三点应该给予他们正确的指导。首先,要让他们明确斗争的对象是帝国主义而不是洋人。这就要教育他们认识到帝国主义的本质是压迫和剥削,要把他们对帝国主义的仇恨转移到帝国主义的压迫和剥削属性上来,而不是仅仅局限于种群仇恨,要树立无产阶级的世界视野和世界意识,让他们知道全世界反对帝国主义的工农群众都是我们的同盟军,都是我们的战友。其次,应该帮助他们破除封建迷信,树立科学的世界观和方法论。能够拯救我们的只有自己,中华民族的解放从来都不能靠别人的施舍与恩赐。正如李大钊提到的:“从来没有什么救世主,不是神仙亦不是皇帝,谁也解放不了我们,只靠自己救自己”③。这一类的歌声应该常常吹入他们的耳膜。最后,学会采用现代新式武器。农民只有在无产阶级的指导引领下才能改善自身的武装组织情况,从而摆脱封建思想的束缚,舍弃迷信愚钝的行为,变为新式的牢固的武装农民自卫团。

李大钊关于农民问题与中国革命关系的论述,始终贯穿实现民族独立和

① 《李大钊全集》第五卷,人民出版社 2013 年版,第 168 页。
② 《李大钊全集》第五卷,人民出版社 2013 年版,第 168 页。
③ 《李大钊全集》第五卷,人民出版社 2013 年版,第 166 页。

人民幸福的根本宗旨。他的理念及对策对于当前中国的农业发展、农村建设和农民教育有着现实的启迪。

一是对农业发展的参考作用。农业在中国经济的发展中始终占据基础性地位,而解决好土地问题又是发展好农业的密钥,因此推动农业健康有序的发展就要首先解决好农民的土地问题。李大钊在民主革命时期提出的"耕地农有"思想,这在今天仍有一定的参考作用。当前,我国实行所有权、承包权和经营权三权分置的土地政策,2014 年中央 1 号文件深化农村土地制度改革的主要内容,就是稳定承包权和放活经营权。保证农民的土地承包权、稳定人地关系,强化土地合法有序流转、保障农民权益,一句话,处理好土地问题的关键是惠农政策的实施,提倡并落实"土地福利论",这才是解决土地问题的实质,这与李大钊以"耕地农有"来保障农民权益的初心如出一辙。

二是对农村建设的借鉴价值。农富则国富,农强则国强。一定程度上说,我国社会经济建设和发展的重点在农村,难点也在农村,农村社会的和谐发展是新时代下社会主义建设的重要基石,李大钊在革命时期提出党在革命时期建立的农民协会,充分发挥了夺取和保障农民权益的领导作用和服务功能。如今,农村党支部是党在基层的重要组织,发挥着村民自治的坚强堡垒作用,必须坚持中国共产党的领导,不断提高政治素质和战斗力,发挥党员的模范带头作用,发挥诸如"农民协会"保障农民权益的领导作用和承担村民自治的服务功能,在中国共产党的领导下,依法开展基层民主政治建设,把党的政策主张变为农民的自觉行动,不断夯实农民群众当家作主的制度基础、政治基础和组织基础。

三是对农民教育的指导意义。农村建设靠农民,农业发展靠科技,农民发展靠教育。李大钊主张重视农民思想文化与素质教育的思想,对于我国目前的农村农民文化建设仍具有重要的现实意义。今天,中华民族已经开启了全面建设社会主义现代化强国的新征程,农业农村现代化是其重要组成部分和衡量标准,而实现人的现代化又是实现农业农村现代化的首要前提,思想是行动的先导,只有思想意识、观念实现了现代化,社会实践才会真正步入现代化发展的正常轨道。为此,要贯彻以人为本的发展理念,坚持以人民为中心的根本立场,尊重农民的首创精神,唤醒农民的自我发展意识,以科学技术武装头脑，培养全面发展的农业现代化人才，为农业农村发展提供有力的智力支持。李大钊在革命时期对农民教育问题的重视至今都值得我们借鉴。

第二节　大革命时期毛泽东农民运动思想的唯物史观分析

由上所述，李大钊对于农民问题与中国革命关系的思考是非常深入和透彻的，但是李大钊对于中国革命的重要作用以及关于农民运动的一些重要思想，由于1927年惨遭杀害而未能付诸革命实践。在李大钊以后，实质性地思考农民问题与中国革命的关系、不断推进马克思主义中国化时代化进程的中国共产党人，毫无疑问就是毛泽东了。与李大钊相类似，毛泽东思考马克思主义与中国革命的关系问题，也是从对唯物史观的理论理解和运用开始的。

唯物史观基本原理告诉我们："每一历史时代主要的经济生产方式和交换方式以及必然由此产生的社会结构，是该时代政治的和精神的历史所赖以确立的基础，并且只有从这一基础出发，这一历史才能得到说明"①。根据这一唯物史主张我们可以知道，在近代中国的社会结构中，农民和农民问题居于非常重要的核心地位。中国民主革命的实践证明：农民不起来参加并拥护革命，中国革命不会成功。大革命时期是中国革命走向大分化和大转折的关键时期，1927年大革命失败以后，中国共产党之所以领导人民开展土地革命，这与大革命失败对于中国革命的深刻教训和毛泽东高度重视农民问题直接相关。当然，大革命时期毛泽东对农民问题和农民运动的重视，是他运用唯物史观分析中国革命基本问题的集中体现。

大革命时期毛泽东的农民运动思想，总的来说是指身处大革命时期的毛泽东在进行革命实践的过程中，对中国农民运动理论和实践作出的初步思考。大革命时期毛泽东农民运动思想的产生是他运用马克思主义的唯物史观，对

① 《马克思恩格斯选集》第1卷，人民出版社2012年版，第385页。

中国国情、革命问题、农民运动等基本问题进行的理论思考和实践考察，并围绕中国革命与农民运动的关系逐步形成的一系列观点和思想，其中贯穿了马克思主义的立场、观点和方法，是毛泽东对半殖民地半封建社会的中国农民运动的初步探索，也是他在农民运动思想方面的萌芽，这一思想不断得到完善和丰富，构成了毛泽东思想的重要组成部分。

1923 年 6 月中共三大上毛泽东提出要重视农民运动。在 1924 年之前，毛泽东虽然也重视农民运动，指出不应该放弃农民运动，但是他的主要精力是领导工人运动。直到 1925 年“五卅”运动失败后，严峻的革命形势使毛泽东意识到如果不获取农民的援助，仅仅依靠工人阶级的革命是不会成功的。于是，毛泽东的革命思想随之逐渐发生了转变。而 1925 年 2 月毛泽东回到韶山开始亲自领导和从事农民运动，再加上随后他深入中国农村进行走访、调查，深入了解中国社会实际和农村、农民现状，运用马克思主义的唯物史观分析中国国情和革命实际问题，运用马克思阶级理论分析考察中国农村阶级构成和阶级状况，先后撰写了《中国社会各阶级的分析》《国民革命与农民运动》以及《湖南农民运动考察报告》等具有代表性的关于农民运动的著作，这些有深度的理论思考和深入的实践考察使毛泽东看到了农民具有的革命性潜质、农民运动产生的积极作用和中国革命力量的主要源泉，为大革命时期毛泽东农民运动思想的初步产生提供了理论和实践依据，这是他之后集中力量从事农民运动的重要原因之一。为此，在 1926 年国民党第二次全国代表大会上毛泽东就明确指出：“只有农民的这种潜力发挥出来，革命党才能获得战胜帝国主义所必须的力量”①。从此以后，毛泽东对中国农民运动的理解和认识有了根本性的转变。

大革命时期毛泽东农民运动思想的产生有着丰富的理论渊源、深刻的社会历史条件，当然毛泽东自身具有深厚的理论素养，也是农民运动思想形成的主观条件，总之，它是在多方面原因的综合作用下产生的。

首先，就理论来源来说，大革命时期毛泽东农民运动思想产生的理论基础主要来源于马克思主义关于农民重要作用的思想、早期中国共产党人关于农

---

① 《毛泽东的思想》，中国人民大学出版社 2005 年版，第 128 页。

民作用的思想以及中国传统文化中的民本思想。马克思恩格斯和列宁都对农民及其在革命中的重要作用进行了分析。马克思在对法国革命进行总结的基础上强调了农民具有革命性的一面,指出无产阶级革命必须要得到农民的拥护和支持,否则,无产阶级"在一切农民国度中的独唱是不免要成为孤鸿哀鸣的"①。恩格斯在《法德农民问题》一文中也指出农民是"政治力量的非常重要的因素",甚至为了夺取政权,革命党"应当首先从城市走向农村,应当成为农村中的一股力量"②。列宁提出要建立工农联盟,认为农民是具有革命性的,毛泽东继承了经典作家关于工农联盟的思想,指出:中国革命"根本的革命力量是工农"③,并进一步指出农民对于中国革命的重要作用,实现了对马克思恩格斯和列宁农民观的继承和发展。还有早期中国共产党人李大钊、澎湃和瞿秋白的农民运动思想对毛泽东产生了重要影响,第一次国共合作时期开办的广州农民运动讲习所,彭湃任第一届和第五届的主持人,毛泽东担任第六届所长。毛泽东全面总结了彭湃领导广东海陆丰农民运动的经验,深刻论证了农民问题是中国革命的中心问题,其间编辑出版的《农民问题丛刊》把李大钊的《土地与农民》编入其中,作为农民运动讲习所的学习教材。李大钊在《土地与农民》一文中强调:"在经济落后沦为半殖民地的中国,农民约占总人口百分之七十以上,在全人口中占主要的位置,农业尚为其国民经济之基础。故当估量革命动力时,不能不注意到农民是其重要的成分"④。可见,这些可贵思想和实践经验对毛泽东产生了重要影响。另外,毛泽东熟读中国史书,对中国历史上的农民起义及其反抗精神赞赏有加,深刻理解"官逼民反"的道理,他曾经指出:"多数朝代的更换,都是由于农民起义的力量才能得到成功的"⑤。

其次,大革命时期毛泽东农民运动思想就是在特殊的社会历史条件和时代背景之下产生的,是毛泽东立足当时的社会背景,对中国国情、革命性质、革

① 《马克思恩格斯选集》第1卷,人民出版社2012年版,第769页。
② 《马克思恩格斯选集》第4卷,人民出版社2012年版,第356页。
③ 《毛泽东选集》第二卷,人民出版社1991年版,第1480页。
④ 《李大钊全集》第五卷,人民出版社2013年版,第98页。
⑤ 《毛泽东选集》第二卷,人民出版社1991年版,第623页。

命形势以及中国革命面临问题的准确理解和深刻把握。他指出“只有认清中国社会的性质，才能认清中国革命的对象、中国革命的任务、中国革命的动力、中国革命的性质、中国革命的前途和转变。所以，认清中国社会的性质，就是说，认清中国的国情，乃是认清一切革命问题的基本的根据”①。这就从更为现实的层面深度诠释了后来的革命实践中总结出来的颠扑不破的革命真理和基本规律，那就是半殖民地半封建社会“农民问题乃中国革命的中心问题”。

最后，毛泽东亲身经历和革命实践对自身形成农民运动思想产生了重大的影响。大革命时期毛泽东农民运动思想的产生受到了他在农村的生活生长经历以及参加革命实践的影响。毛泽东出身于农民家庭，十分了解旧中国处于社会最底层的农民的疾苦和处境，对贫苦农民的艰难生活有着深刻的体会和切身的感受，这逐步培养了毛泽东救民于水火的责任感和使命感，甚至他还经历了几次农民反抗剥削的斗争的事件，农民潜藏的反抗精神，这些都给他留下了十分深刻的印象。大革命时期毛泽东农民运动思想来自现实丰富的实践，包括进行农村调查活动、领导农民运动和参加革命斗争实践。毛泽东十分重视对农村的调查研究，体察民情，深入农村和农民群众中实地走访、考察农村、农民的实际状况，广泛接触农民，获得关于农民生活生产、农民运动方面的第一手资料。

当然，在诸多因素当中，尤为重要的是毛泽东对唯物史观的深刻理解与运用，他能够自觉运用唯物史观的世界观和方法论去深入了解、深度考察并研究中国社会实际。我们知道，毛泽东的思想历程先后经历了从唯心主义到心物二元论再到唯物主义的转变过程。毛泽东对唯物史观的认识也经历了一个逐步深入再到思想转变的过程。随着马克思主义在中国的广泛传播、俄国十月革命的胜利以及毛泽东参加的革命实践，他于 1920 年冬以后就把唯物史观作为自己的哲学世界观，指出“唯物史观是吾党哲学的根据”②。在读了陈望道译的《共产党宣言》、柯卡普著的《社会主义史》和考茨基著的《阶级斗争》这三本书后，毛泽东的思想认识发生了变化，他不仅接受了唯物史观，而且还对

① 《毛泽东选集》第二卷，人民出版社 1991 年版，第 633 页。

② 《毛泽东书信选集》，人民出版社 1983 年版，第 15 页。

阶级斗争学说有了更加深刻的理解，逐步地从根本上认识到了唯物史观的精髓。大革命时期毛泽东对唯物史观的运用主要体现在，他在唯物史观及其方法论的指导下，分析中国的国情，主要包括社会性质、社会构成、阶级构成以及革命问题，进而研究了农民、农民运动在中国革命中的力量和作用。毛泽东在革命实践的过程中，经过经验总结和理论思考，先后撰写了《中国社会各阶级的分析》《国民革命与农民运动》和《湖南农民运动考察报告》等文章，集中反映和体现了毛泽东在这一时期关于农民和农民运动的思想认识，凝结了这一时期毛泽东农民运动思想的主要内容。这三篇经典文章是毛泽东初步创造性地把马克思主义基本原理与中国具体实际相结合的理论成果。

唯物史观是马克思主义学说的核心内容之一，因而马克思主义中国化的核心要义首先在于在方法论层面对唯物史观的理解和运用。我们不难发现，贯穿《中国社会各阶级的分析》《国民革命与农民运动》和《湖南农民运动考察报告》这三篇文献的主线就是唯物史观的思想方法。其中，《中国社会各阶级的分析》运用唯物史观分析中国社会基本构成和阶级关系，是矛盾分析法和阶级分析法的集中体现；《国民革命与农民运动》运用生产力分析法和阶级分析法探索并发现了中国革命的基本规律；《湖南农民运动考察报告》运用调查研究法、理论与实践相结合的方法以及阶级分析法，同时贯穿了群众观点和群众路线思想，是从农民运动、解决中国农民问题入手探寻中国革命根本出路的具体例证。

一、理论奠基:《中国社会各阶级的分析》

毛泽东在《中国社会各阶级的分析》这篇文章中，立足中国社会实际，运用唯物史观分析了半殖民地半封建社会的中国的社会性质、社会基本构成情况和阶级关系，在此基础上运用马克思阶级斗争理论和阶级分析法考察了中国社会的阶级结构和各阶级对革命的态度，并通过对农民和其他阶级经济地位和革命性的比较分析，认识到了农民的革命性和他们在民主革命中的紧要地位，为寻找革命的同盟军以及大革命时期毛泽东农民运动思想的形成初步奠定了理论基础。

（一）对中国社会性质和社会构成的考察

弄清“中国的社会性质是什么”“阶级状况是什么样的”以及“各阶级对革命的态度是什么”，是分析和解决中国革命不可回避的首要问题。在当时中国的现实状况下共产党党内形成以陈独秀为代表的右倾机会主义和以张国焘为代表的“左”倾机会主义，表面上看是不知道到何处去寻找革命力量、取得同盟军的问题，实际上则是没有正确认识和回答以上这些关乎中国革命前途命运的根本问题。不能弄清中国的社会性质和阶级状况，就不能分清革命中的敌与友，也就不能正确解决中国革命的出路问题。对此，毛泽东运用唯物史观分析了中国的社会构成，并运用阶级分析法和矛盾分析法探索了中国社会复杂的阶级状况、阶级斗争和各阶级对革命的态度，为我党运用马克思主义理论解决中国革命的动力、对象和同盟军等一系列基本问题以及进行具有中国特色的阶级斗争奠定了方法论基础。

从中国的国情出发分析中国的社会性质是毛泽东分析和解决革命问题的基本依据。国情的构成要素主要是社会性质和社会构成，毛泽东根据唯物史观基本原理，从社会物质生产方式的角度分析了中国的社会构成。在近代中国，帝国主义的入侵使得传统的自然经济结构被打破，再加上资本主义生产关系的萌芽，因而形成的经济社会结构是：自给自足的自然经济、外国资本主义经济和本国资本主义经济以及近代工业并存，社会的经济形态、经济结构复杂化、多元化。但是传统的封建土地所有制决定了封建生产关系依旧处于基础地位，由此，近代中国社会是半殖民地半封建的社会。而经济结构的复杂性决定了社会政治结构的复杂性，当时中国既有地主阶级、农民阶级和小资产阶级，又有为帝国主义服务的买办阶级，还有资本主义生产关系之上的资产阶级和无产阶级，而中国的资产阶级受帝国主义和封建主义的排挤和压制，分化成大资产阶级和民族资产阶级两部分。地主阶级和买办阶级在经济上依附于帝国主义，地主与军阀、官僚和外国势力勾结，剥削、奴役广大人民，地主、军阀是帝国主义统治中国的工具，帝国主义控制着中国的经济和政治，广大农民深受封建主义和帝国主义的双重压迫，饥寒交迫甚至出现破产，逐步分化为自耕农、半自耕农、贫农和雇农等不同的阶层。毛泽东甚至还统计了当时社会各阶级的种类、大概人数以及对于革命的态度①。由此可知，毛泽东运用唯物史观对中国的国情进行了深入了解和准确把握，分析了中国的社会构成和阶级构成，这是在马克思主义指导下解决一切革命问题的基本依据，也是实现马克思主义中国化的基本方法。

（二）对社会各阶级经济地位和革命态度的分析

阶级分析法是运用阶级的观点分析和观察阶级社会的一切现象，矛盾分析法是在矛盾普遍性原理的指导下，分析矛盾的特殊性，并从中找到解决矛盾的正确方法。根据唯物史观，生产力与生产关系、经济基础与上层建筑之间的矛盾构成了社会的基本矛盾。在阶级社会，基本矛盾是通过阶级斗争体现出来的，阶级斗争是社会发展的直接动力。区别于马克思面对的19世纪早期欧洲资本主义社会阶级结构和阶级斗争的相对简单化，毛泽东在运用唯物史观对中国的社会性质和社会构成进行考察的基础上，运用阶级分析法和矛盾分析法，把马克思阶级理论与中国社会的阶级实际结合起来，立足于半殖民地半封建社会复杂的阶级结构，考察了中国社会阶级的复杂性以及各阶级对革命的态度。

正如在《共产党宣言》中所说，阶级斗争建立在社会压迫阶级和被压迫阶级的对立之上，可见，考察阶级社会的历史和变革离不开对这个社会阶级斗争的考察。毛泽东深受马克思阶级斗争理论的影响，他曾说：自从读了《共产党宣言》等两三本书才知道人类有史以来就有阶级斗争，阶级斗争是社会发展的原动力，初步得到认识问题的方法论。② 这个方法就是阶级斗争，要通过阶级斗争的方式进行革命，通过阶级之间的斗争与合作的方式来改造社会。毛泽东借鉴马克思研究和考察阶级斗争的方法和理论，从阶级入手，运用马克思阶级分析法分析中国社会的阶级现象和阶级结构，在此基础上，运用马克思阶级斗争理论考察中国社会的阶级斗争情况和斗争方向。毛泽东按照各阶级所处的经济地位把中国社会各阶级分为地主阶级和买办阶级、民族资产阶级、小资产阶级、半无产阶级、无产阶级和游民无产者，同时，他还根据各阶级内部的

① 参见中国国民革命军第二司令部主办的《革命》半月刊第4期刊印的《中国社会各阶级的分析》。

② 《毛泽东农村调查文集》，人民出版社1982年版，第21—22页。

社会群体占有生产资料的多少进行了进一步的阶层划分，把农民阶级分成自耕农、半自耕农、贫农和雇农。尤为重要的是，他还具体剖析了各阶级阶层的经济状况和他们对革命的态度，他分析指出：

在半殖民地半封建的中国，地主阶级和买办阶级完全是依附于国际资本主义生存，地主阶级同买办资本、官僚资本和高利贷资本结合起来剥削农民，他们是帝国主义统治和剥削人民的工具，地主阶级代表封建落后的生产关系，他们利用对土地的占有残酷压榨和压迫农民阶级，买办阶级也同地主阶级勾结，他们都代表了反动势力，反帝反封建的中国革命严重损害了他们的利益，尤其是大地主和大资产阶级的利益。因此，他们的利益和中国革命的目的相悖，是革命的反对派，属于中国革命的对象。

中产阶级即民族资产阶级，他们代表的是中国城乡资本主义，也就是民族资本主义。一方面，他们的发展受外国资本主义的限制，规模也小，当他们的利益受到封建主义和外国资本主义的威胁时，就会参加革命；但是另一方面，他们的生存还依赖于外国资本主义，他们自身有着软弱性和妥协性，因此，民族资产阶级具有动摇性，他们会在革命的不同时期发生分化，在帝国主义和革命派之间摇摆不定。所以，要区分革命不同时期民族资产阶级的态度，在不同时期他们可以成为革命的一种力量。

小资产阶级主要包括自耕农（指中农）、手工业主、小知识阶层和小商人，他们是占有部分少量的生产资料的小生产者，但主要以自己的劳动为生。毛泽东根据财产状况把小资产阶级分成三个部分，其中有剩余财产的部分，不受剥削也不剥削别人，经济地位和民族资产阶级较接近，属于小资产阶级的右派，他们对革命持有怀疑的态度。经济上基本可以自给的占小资产阶级人数的一半，他们受到地主阶级、大资产阶级和帝国主义的剥削，惧怕封建势力和帝国主义，属于小资产阶级的中间派，他们对革命持中立的态度。还有一部分数量不少的人是生活下降的，属于小资产阶级左派，在革命中十分要紧。当革命潮流高涨时，小资产阶级的左派、中派和右派会加入革命的队伍。

半无产阶级包括半自耕农、贫农、小手工业者、店员和小贩等，他们占有极少的生产资料，主要靠出卖劳动力生存，深受封建主义和帝国主义的压迫。其中绝大多数半自耕农和贫农在农村中数量极大。毛泽东按照经济状况把他们分成三个部分。半自耕农除了有极少部分自己的土地外，主要以租田出卖劳动力或者靠经营规模很小的小生产为生，革命性较自耕农强，但不及贫农。贫农没有自己的土地，属于佃农，深受地主的剥削，他们中一部分人勉强维持生活，另一部分人有相对较多农具和资金，革命性比半自耕农强，但是不及贫农中另一部分艰苦维持生活的人，这部分人无土地，无资金和充足农具的，需要出卖劳动力，生活极艰苦，很容易接受革命。小手工业者有简单的生产手段，但也经常面临压迫和失业，时常被迫需要出卖部分劳动力，经济地位稍与贫农相当。店员属于商店的雇员，主要依靠向店主出卖劳动力获得工资生存，经济地位和贫农、小手工业者差不多，也容易接受革命，小贩也和贫农的地位相当，也是需要通过革命来改变现状。

无产阶级是产业工人，他们受到外国资本主义的奴役，经济地位低下，丧失了生产资料，没有财产，受雇于工厂中，受到统治阶级的压迫，迫切需要改变生活状况，但是他们和近代工业密切相连，代表先进的生产力，在生产中集中分布，在革命中处于重要的地位，工业无产阶级是革命的领导力量。农村无产阶级指的是雇农，他们没有土地，没有资金和农具，和贫农处于同一紧要的地位。数量不小的游民无产者是最不安定的，他们有失去了土地的农民和没有工作的手工业工人，虽能勇敢奋斗，但具有破坏性，需要加以引导成为革命的力量之一。

毛泽东除了分析代表资产阶级利益的地主阶级、买办阶级和无产阶级对革命的态度外，还对民族资产阶级、小资产阶级和半无产阶级的革命态度进行了分析。马克思指出：资产阶级和无产阶级之间还存在着中间阶级，中间阶级的经济地位介于两大阶级之间，他们具有不稳定性，《共产党宣言》指出："中间等级，即小工业家、小商人、手工业者、农民，他们同资产阶级作斗争，都是为了维护他们这种中间等级的生存，以免于灭亡。所以，他们不是革命的，而是保守的。不仅如此，他们甚至是反动的，因为他们力图使历史的车轮倒转。如果说他们是革命的，那是鉴于他们行将转入无产阶级的队伍，这样，他们就不是维护他们目前的利益，而是维护他们将来的利益，他们就离开自己原来的立场，而站到无产阶级的立场上来"①。据此，《中国社会各阶级的分析》中的民

① 《马克思恩格斯选集》第1卷，人民出版社2012年版，第411页。

族资产阶级、小资产阶级、半无产阶级和游民无产者属于中间阶级，毛泽东分析指出，民族资产阶级和小资产阶级对革命的态度是不稳定的，在革命的不同形势下，他们的态度会不同，而半无产阶级和游民无产者深受封建主义和资本主义的剥削、压迫，他们是具有革命性的，只是内部不同阶层对革命的强烈程度不同。可见，毛泽东没有照搬马克思阶级斗争理论，而是把马克思阶级斗争理论与中国实际情况结合起来，初步实现了马克思阶级斗争理论的中国化。

通过分析得出结论：大资产阶级是极端反革命的；中产阶级的左翼有时可能参加革命，但易与敌人妥协，右翼接近于反革命，总体来说，中产阶级是半反革命的；小资产阶级，其右翼平时近似中产阶级的半反革命，战时可附和革命，其中间部分平时中立、战时参加革命，其左翼欢迎革命；半自耕农、贫农、手工业工人、店员和小贩属于半无产阶级，他们对革命的态度是积极的；工业无产阶级是革命的主力军，都市苦力是次于工业无产阶级的革命主力军；农业无产阶级在革命中勇敢奋斗，是积极参加革命的力量；游民无产阶级引导得法可以成为革命的力量。① 由此就初步提出：大地主、大资产阶级、买办阶级以及官僚资产阶级是中国革命的对象，农民阶级、小资产阶级和民族资产阶级是中国革命的力量，无产阶级是革命的领导者，农民是无产阶级最广大的同盟军。可见，能清晰地区分出革命要团结的朋友和革命斗争的对象，也就明确了中国革命阶级斗争的方向，解决了革命的前途、动力、对象及领导者这一系列问题，为新民主主义革命道路和革命策略的制定奠定了理论基础，为具有中国特色的阶级斗争理论的形成提供了方法论基础。

综上所述，毛泽东在《中国社会各阶级的分析》中，坚持从中国实际出发，运用唯物史观对中国社会性质和社会构成进行剖析，在此基础上，运用马克思阶级分析法和矛盾分析法考察了中国社会复杂的阶级结构和阶级斗争，为中国革命问题的解决和阶级斗争奠定了理论基础，之后一切革命问题的解决都以运用唯物史观分析中国的社会构成为前提和基础，为进一步推动马克思主义中国化奠定了方法论基础。毛泽东在对各个阶级的经济地位

① 参见中国国民革命军第二司令部主办的《革命》半月刊第 4 期刊印的《中国社会各阶级的分析》。

和革命态度进行分析的基础上，区分出了革命要团结的朋友和革命斗争的对象，分清了半殖民地半封建的中国社会的统治阶级和被统治阶级、剥削阶级和被剥削阶级，初步指出与帝国主义勾结的封建军阀、官僚资产阶级、买办阶级、大地主阶级以及附属于他们的一部分反动知识界，是革命的对象；工业无产阶级是革命的领导者；半无产阶级、小资产阶级和民族资产阶级是革命的力量；农民是中国无产阶级的最广大的同盟军，由此，初步认识到了农民对于革命的重要性，解决了工人阶级的力量不足，需要寻找革命的力量和同盟军的问题。

（三）对农民革命性及其对民主革命重要性的分析

根据唯物史观，各阶级所处的经济地位决定了他们对革命的态度以及在革命中的地位。毛泽东在《中国社会各阶级的分析》中运用马克思阶级分析法，通过对农民和其他社会阶级的经济地位和革命态度进行比较分析，凸显出了农民较强的革命性和他们在民主革命中的重要性。

半殖民地半封建社会的中国，农村中阶级结构复杂，而且农民深受地主阶级、买办阶级、大资产阶级和帝国主义的剥削。文章中，毛泽东根据经济状况把农民分成自耕农、半自耕农、贫农和雇农，并对他们的革命态度分别进行了分析。其中，自耕农指的是中农，属于小资产阶级，他们占有小块土地，占有部分少量的生产资料，有剩余财产，可以自给自足，不受剥削也不剥削别人，不受地主阶级的剥削，他们对革命的态度具有动摇性，在革命的一定时期可参加革命。绝大多数半自耕农和贫农属于半无产阶级，他们占有极少的生产资料，主要靠出卖劳动力生存，他们在农村的数量极大，深受封建主义和帝国主义的双重剥削，都具有革命性。毛泽东按照经济状况把他们分成三个部分：半自耕农除了有极少部分自己的土地外，主要靠租田出卖劳动力或者靠经营规模很小的小生产为生，革命性较自耕农强，但不及贫农。贫农没有自己的土地，属于佃农，深受地主的剥削，他们中一部分人勉强维持生活，另一部分人有相对较多农具和资金，革命性比半自耕农强，但是不及贫农中另一部分艰苦维持生活的人，这部分人无土地无资金和充足农具的，需要出卖劳动力，生活极艰苦，很容易接受革命。因此，农民中尤其是贫农的革命性最强。雇农是农村中的无产阶级，他们经济地位低下，没有土地、资金和农具，丧失了生产资料，受雇于工厂中，受到帝国主义、资产阶级的压迫，十分能战斗。

因此，农民中半自耕农、贫农和雇农所处的经济地位和落后的经济状况决定了他们具有强烈的革命愿望，他们深受封建主义和帝国主义的剥削、压榨，饥寒交迫，只有通过革命推翻几千年来的封建地主的统治，才能改变生活现状，摆脱压迫和剥削。半自耕农、贫农和雇农占农村人口的大多数，贫农的人数最多，他们在反帝反封建的中国革命中处于十分紧要的地位，发挥着重要的作用。“绝大部分半自耕农和贫农是农村中一个数量极大的群众。所谓农民问题，主要就是他们的问题。”①因此，农民是革命的朋友和革命依靠力量，他们是革命的主力军，是中国无产阶级最广大和最可靠的同盟军，在革命中处于重要的地位。

总之，《中国社会各阶级的分析》是大革命时期毛泽东农民运动思想的理论奠基之作。文中，毛泽东通过运用唯物史观进行阶级分析，初步指出了旧中国农民特别是半自耕农、贫农和雇农的革命性及其在革命中的重要地位，为大革命时期毛泽东农民运动思想以及后来工农联盟思想的形成奠定了理论基础，也为中国共产党寻找革命的依靠力量提供了理论指导。

二、规律探索：《国民革命与农民运动》

《国民革命与农民运动》是毛泽东为《农民问题丛刊》所作的序，以便为全国的农民运动提供参考和指导。在毛泽东认识到农民革命性的前提之下，这篇文章中毛泽东运用唯物史观在对中国国情、社会性质进一步分析的基础上，深入探索了中国革命的规律和革命的实质，深刻阐述了农民问题在国民革命中的地位和作用以及国民革命与农民运动之间的关系。在《国民革命与农民运动》中，毛泽东对农民运动有了进一步的认识，把农民运动看成国民革命的重要部分，并把农民运动提升到事关中国革命成败的高度来认识，认识到了农民运动在中国革命中的重要地位，对农民运动的开展起到了积极的指导和推动作用。

① 《毛泽东选集》第一卷，人民出版社1991年版，第6页。

（一）对农民问题在国民革命中的地位和作用的分析

唯物史观认为："社会的物质生产力发展到一定阶段，便同它们一直在其中运动的现存生产关系或财产关系（这只是生产关系的法律用语）发生矛盾。于是这些关系便由生产力的发展形式变成生产力的桎梏。那时**社会革命**的时代就到来了。随着经济基础的变更，全部庞大的上层建筑也或慢或快地发生变革"①。因此，生产力是人类全部历史的基础，是人类社会发展变化的最终决定力量，阶级斗争则是经济社会变革和进步的直接动力。马克思主义的生产力理论从生产力与生产关系的矛盾运动中揭示了社会发展的动力，生产力分析方法要求把生产力作为考察、分析社会矛盾的切入点，"必须从物质生活的矛盾中，从社会生产力和生产关系之间的现存冲突中去解释"②，根据生产力与生产关系的辩证关系，来把握和分析现实问题和社会主要矛盾，并从生产力状况所规定的各种现实关系中寻找解决矛盾的方法。

毛泽东从近代中国的生产力状况以及生产力与生产关系的矛盾入手，运用生产力分析法和阶级分析法，分析了当时中国存在的各种经济形式以及在此基础上产生的阶级关系，从而指出要通过革命斗争来变革生产关系，解放生产力，推动社会变革。他分析指出，在半殖民地半封建社会的中国，农业生产仍然是主要的物质生产方式，土地是农业生产中主要的生产资料和农民赖以生存的主要资料。但是，土地主要由农村的封建地主阶级占有，封建土地所有制决定了地主阶级在经济上和政治上的统治地位。同时，毛泽东还指出地主阶级与各种统治力量之间千丝万缕的联系：军阀是由地主阶级转化而来的，其财政经费主要通过地主从农民身上盘剥获得，他们直接或间接利用地主阶级对农民的压榨实现其统治；买办阶级集中分布在部分城市，依附于帝国主义，封建军阀依靠买办阶级勾结帝国主义；地主阶级遍布全国农村，他们的生存依附于帝国主义、封建军阀，帝国主义和封建主义的社会基础在农村，国内封建统治和帝国主义势力都是通过地主阶级来维护统治的。因此，一切反动势力的基础都是农村的封建地主阶级，帝国主义和封建势力

---

① 《马克思恩格斯文集》第2卷，人民出版社2009年版，第597页。

② 《马克思恩格斯选集》第2卷，人民出版社2012年版，第3页。

依靠地主阶级的支持和拥护才能实现对中国社会的侵略和统治,封建地主阶级是帝国主义统治中国的社会基础和主要依靠力量,而地主阶级的生存依附于帝国主义和封建势力,他们相互依存、密切联系,严重阻碍着社会的发展。

由上可知,当时中国农村的封建阶级,乃是一切反动统治阶级盘剥和压榨农民的坚实基础,因此,中国农村最大的问题就是农民推翻封建地主阶级、获得自身解放的问题。在半殖民地半封建社会的中国,实现社会变革必须首先通过革命斗争来变革生产关系。根据马克思主义生产力理论,物质生产资料是生产关系的基础,因此,农民必然在变革生产关系中起到关键作用,农民问题是中国革命的中心问题,而农民问题的核心则是土地问题,这就需要全国农民从根本上推翻封建土地制度。同时,毛泽东还通过对旧中国农民运动的性质、特点和规律的分析,强调了农民革命斗争的重要性,指出农民只有通过暴力斗争,彻底推翻地主阶级赖以统治农民的封建政权和封建势力,才能建立农民自己的政权,也才能摧毁帝国主义和封建军阀的基础,中国革命才能取得胜利。从革命本质和现实表现来看,农民运动又是经济斗争和政治斗争融合在一起的阶级斗争的运动,农民阶级与地主阶级之间的矛盾对立通过农民斗争集中体现出来,阶级斗争是阶级社会变革的杠杆,农民运动可以使农村生产关系发生变革,改变农民的生活状况和地位,使农民实现经济和政治上的解放。因此,农民运动的特点和性质也决定了中国革命的形势必然是革命势力的基础——农民起来首先打倒地主阶级、土豪劣绅。自然地,中国革命的重心就必须放在农村,把封建地主阶级作为革命首要的对象,要把依靠农民推翻农村封建势力的任务放在首位,变革农村的一切封建经济政治制度,最根本的是要推翻地主阶级赖以存在的封建土地私有制,才能从根本上动摇地主阶级。如果不动摇地主阶级这个基础,就不能动摇军阀和帝国主义的统治。显然,从城市开始的、以推翻封建军阀为主要目标的国民革命不符合中国革命的实际和革命要求。因此,毛泽东通过对半殖民地半封建的中国农民在社会结构中的特殊地位和农民运动在中国革命和社会变革中重要作用的分析,把反抗地主阶级的斗争与反对帝国主义和军阀的革命紧密联系起来,初步探索出了农民问题与中国革命之间的内在规律,得出了"农民问题乃国民革命的中心问题"①和"所谓国民革命运动，其大部分即是农民运动"②的规律。因此，中国革命必须深入农村，引导开展农民运动，调动农民参加革命的积极性和主动性。

综上所述，毛泽东在马克思主义生产力理论的指导下，通过对半殖民地半封建的中国社会生产力状况和生产力与生产关系之间的矛盾运动的分析，阐述了农民问题、农民运动和中国革命三者之间的关系，真正意义上抓住了中国革命的实质。因此，毛泽东在这篇文章中初步探索了中国革命的实质和规律，阐明了以城市为中心的国民革命的革命形式是不符合中国社会实际和革命实际的，为党在国民革命失败后改变革命方向，深入农村，开展土地革命，建立农村革命根据地奠定了方法论基础。

（二）对农民运动在中国革命中的重要性的分析

毛泽东在认识到农民问题是国民革命中心问题的基础上，把农民运动提到了十分重要的位置，根据当时中国的社会性质和社会构成，探索出了国民革命与农民运动的关系，指出了农民运动在国民革命中的重要性，对农民运动有了更进一步的认识。

毛泽东把农民问题、国民革命与农民运动三者联系起来进行分析，他在提出农民问题是国民革命中心问题的基础上，在开篇又明确指出：农民问题的解决离不开农民运动的迅速开展，而且中国革命必须要解决农民问题，才能调动农民起来参加和拥护革命。他把农民问题与农民运动结合起来，进而探索农民运动与国民革命的关系，着重分析了农民、农民运动在打倒地主阶级、完成国民革命任务方面起着十分重要的作用。旧中国经济落后，农民占人口的多数，饥寒交迫的农民迫切需要解决生存生活生计甚至是生命问题，他们要想摆脱压迫、剥削，获得解放，只有起来打倒地主阶级的运动才能解决问题，而中国革命如果不能解决农民问题，就不能使农民积极地参与和拥护革命。因此，完成国民革命的中心任务，必须依靠农民，利用农民与地主阶级之间的矛盾，把农民动员起来推翻地主阶级及其封建统治，才能摧毁帝国主义和封建军阀的

① 《毛泽东文集》第一卷，人民出版社 1993 年版，第 37 页。
② 《毛泽东文集》第一卷，人民出版社 1993 年版，第 38 页。

基础，国民革命才能取得胜利，“所谓国民革命运动，其大部分即是农民运动”①。开展农民运动是取得国民革命胜利的必要途径。毛泽东针对党内忽视农民运动的观点，明确指出凡是不重视农民运动、驳斥农民运动的人，实际上是同情地主阶级、土豪劣绅，是与打倒军阀和打倒帝国主义的目标相背离的。

毛泽东从中国实际状况出发，肯定了农民运动在民主革命中的重要性。同时，毛泽东通过比较分析中国城市工人运动和农村农民运动，总结了农民运动的特点、性质和规律，从推翻反动政权方面论述了农民运动对中国革命的重要性。毛泽东十分重视广东农民运动的经验，并且从这些经验中指出革命时期中国农民运动的性质，即它是将政治斗争和经济斗争结合在一起的，也是一种阶级斗争的运动，其中表现最突出、最特别的是政治斗争。农民运动的性质决定了任务，即经济斗争和政治斗争，农民运动是经济斗争和政治斗争融合在一起紧密联系的运动，经济斗争离不开政治斗争，没有政治斗争的胜利，一切的经济斗争也不会取得胜利。而且中国的农民运动表面上的直接目的是农民为了改变生活现状、解决农民问题而反对地主阶级而进行的经济斗争，但是实际上农民只有通过暴力斗争，彻底推翻地主阶级赖以统治农民的封建政权和封建势力，才能从根本上打倒地主阶级，建立农民自己的政权，使农村发生根本性变革，才能彻底改变农民的生活状况和经济社会地位，实现经济和政治上的双重解放。因此，农民运动本质上是摧毁农村封建政权、反对封建统治的政治斗争，这一点既是农民运动的特色，也是民主革命的重要内容。农民阶级与地主阶级之间的矛盾对立通过农民斗争体现出来，因此，农民运动也是一种阶级斗争的运动。阶级斗争是阶级社会发展的直接动力，是社会变革的杠杆，农民运动可以推动农村社会的变革。农民运动的特点和性质也决定了中国革命的形势必然是革命势力的基础——农民起来首先打倒地主阶级、土豪劣绅。

毛泽东通过对中国城市和农村的经济结构和社会结构的分析，指出在国民革命中，买办阶级对城市的统治和地主阶级对农村的统治不应相提并论，地

① 《毛泽东文集》第一卷，人民出版社 1993 年版，第 38 页。

主阶级的代表——封建军阀通过买办阶级与帝国主义勾结，买办阶级是联系封建势力和帝国主义势力的纽带，军阀是从地主阶级发展起来的，不是一种单独的势力，农村的地主阶级是军阀、买办阶级和帝国主义的基础，军阀和买办阶级的社会地位相比较，买办阶级处于从属地位，而以军阀为主，如果不能动摇地主阶级，就不能动摇军阀的统治。因此，国民革命应以农村为主，应该深入农村中去。毛泽东初步萌发了中国革命重心应在农村的思想，是毛泽东后来农村包围城市理论思想的萌芽，体现了毛泽东革命思想的创新之处。在对中国社会阶级分析的基础上，毛泽东还从国情出发，阐述了城市工人阶级的斗争与农村农民斗争之间的关系，指出农民的政治斗争比城市工人运动具有更加重要的意义。城市工人阶级和农民所处的经济状况、经济地位和斗争对象是不同的，工人阶级的经济地位决定了他们直接的斗争对象是资产阶级，他们不能从根本上触动资产阶级的统治，中国反动统治包括封建军阀的基础是农村的地主阶级，农民的经济地位决定了他们直接斗争的对象是几千年来的封建政权，是地主阶级的统治，农民运动是直接推翻封建政权和反动统治的基础。毛泽东从中国具体实际出发，强调了重视农村和农民运动，指出如果不能从根本上打倒封建地主阶级，那么就不能彻底推翻军阀和帝国主义。农民是革命势力的基础，中国革命如果没有农民的参加，工人、学生、中小商人的革命都是孤立的，军阀和帝国主义的势力就不会动摇，这样的革命也不会成功，这就进一步强调了中国农民反抗地主阶级的运动在国民革命中起着巨大的作用，革命党人万万不能忽视农民运动，如果忽视了农民运动，国民革命就不会取得成功。但是，农民运动要在无产阶级的领导下进行，这就蕴含了毛泽东对无产阶级地位的初步分析，指出他们是革命的领导阶级。无产阶级是随着现代产业出现的，与机器大工业生产相联系，代表先进的生产力，他们有的是从农村破产的农民中分化出来的，与农民有着天然的亲密联系，同时，他们也受到帝国主义、官僚资产阶级和封建势力的压迫，这就决定了他们比别的阶级革命斗争要更坚决，他们和农民的根本利益没有冲突，只有把农民动员起来在无产阶级的领导下参加革命，国民革命才会取得成功。无产阶级要引导农民与城市工人、学生、中小商人团结合作，联合起来建立起革命的统一战线，初步指出了革命的动力、领导者和建立工农联盟统一战线的思想，明确了中国革命是以工人阶级为领导,反对帝国主义、反对军阀、买办阶级,尤其是反对地主阶级的革命。此外,毛泽东还提出了具体引导农民的方法,除了在城市领导开展工人运动外,应该把重点放在农村,深入到农村中,和农民保持密切联系,解决农民问题,引导他们组织起来与地主阶级、土豪劣绅进行斗争。同时,要从解决农民问题入手,深入农村当中去团结农民,重视农村工作,要引导农民组织起来加入农民协会,这也是广东农民运动取得成就的重要经验,要大力开展农民工作,动员农民积极参加反帝反军阀的国民革命,"尤其是南方的湘、粤、赣,北方的直、鲁、豫,中部的鄂、皖几个政治上特别重要的省份,应该下大力从事组织。有了这几个重要省份的农民起来,其余省份的农民便都容易跟着起来"①。针对阶级矛盾突出、政治上具有重要影响力的一些省份,重点引导这些地方的农民开展革命斗争,指出了无产阶级领导农民运动的具体方法和重要性。此外,毛泽东在文章中指出要重视和借鉴俄国农民运动的经验,把俄国的情况与中国进行比较,结合中国具体实际开展农民运动。

总之,《国民革命与农民运动》是毛泽东关于中国革命和农民运动的规律探索之作,指出了农民问题是国民革命的中心问题,探索了农民运动与国民革命之间的紧密关系,深入阐述了农民运动在国民革命中的重要作用,对农民运动在国民革命中的地位和作用有了更加深刻的认识,为中国共产党开展农民运动在理论上提供了有力的支撑,对全国农民运动的开展起到了指导、推动和鼓舞作用。同时,这篇文章还回答了当时中国革命急需要解决的一些问题,为无产阶级领导权和工农联盟思想的形成奠定了理论基础,为开辟新的革命道路初步指明了方向,也为民主革命取得胜利奠定了理论基础。

三、实践考察:《湖南农民运动考察报告》

《湖南农民运动考察报告》是毛泽东深入湖南农村和农民群众中进行了实地调查,从实践层面对考察农民、农民运动现状和解决农民土地问题在中国革命中的重要作用进行的实证研究,也是从农民运动、解决中国农民问题入手探寻中国革命根本出路的具体例证。这篇文章是毛泽东在深入农村,在实地

---

① 《毛泽东文集》第一卷,人民出版社 1993 年版,第 39 页。

走访考察调研，并搜集到了大量真实的、丰富的第一手资料的基础上撰写的。毛泽东把马克思主义基本原理与中国农村的具体实际情况相结合，深入了解和掌握了中国农村的情况，肯定了农民运动在中国革命中的重要作用，认识到了农民运动的主体和农民运动的核心问题，指出从经济、政治和文化教育等方面调动农民参加革命的积极性，鼓舞了全国农民运动深入发展，并且进一步解决了无产阶级如何领导农民运动的问题，对无产阶级领导权的认识更进一步。

（一）对农民运动在革命中的重要作用的肯定性分析

针对当时国民党反动派以及共产党内以陈独秀为代表的右倾机会主义对农民斗争的批判和责难，以及由此体现出来的对革命的同盟军认识不清的问题，毛泽东运用调查研究的方法，深入到湖南农村和农民群众中，对湘潭等五县进行实地考察，广泛接触农民，搜集到了大量关于农民生存状况、农村阶级状况和农民运动的真实的、丰富的第一手资料，对中国的国情和农民运动有了进一步的认识，从实践层面对农民、农民运动和解决农民土地问题在中国革命中的重要作用进行了论证，为我党运用马克思主义革命理论分析革命基本问题奠定了重要的方法论基础。

毛泽东在运用马克思主义基本原理对中国国情、农村的社会构成进行实地考察的基础上，指出在半殖民地的中国，地主阶级、土豪劣绅等封建势力是封建专制统治的基础，他们是农村封建政权的把持者，利用根深蒂固的封建专制制度压迫农民，他们也是帝国主义、封建军阀统治中国的社会和制度基础。这就决定了民主革命首先必须在农村开展，只有动摇了地主阶级等封建势力的统治基础，才能动摇帝国主义和封建军阀的殖民和专制统治。而农民同时受到地主阶级、土豪劣绅、帝国主义和封建军阀的剥削、压榨，农民所受灾难异常深重，农民问题也就表现得异常突出，那么，农民的反抗愿望也就十分强烈。农民是最需要得到解放的，他们的革命性也是最积极的，地主阶级和土豪劣绅是农民斗争的主要对象和目标。面对严重的农民问题，农民组织起来形成巨大的力量与地主阶级进行斗争，因此，要完成反帝反封建的中国革命，推翻帝国主义和封建军阀，就必须首先在农村进行革命，必须依靠农民的力量在农村进行革命，推翻地主阶级及其封建专制统治。毛泽东指出，国民革命的真正目标是要打倒封建势力，封建统治的基础主要是在农村，变革农村的生产关系对中国革命是至关重要的，而农民既是推翻封建势力的主要动力，也是国民革命甚至是中国社会变革的主要动力，国民革命首先就要在农村开展革命，只有动摇了地主阶级等封建势力，才能动摇帝国主义和封建军阀在中国的统治，因此，对农民运动的积极作用是应该给予肯定和支持的。

毛泽东在湖南实地考察期间，广泛接触了农民，深入了解和掌握了中国农村的情况以及农民运动的开展情况，目睹了农民运动开展的壮观场面和巨大作用，记录了湖南农民运动的伟大实践，看到了农民运动取得的前所未有的成就和农民中蕴藏的巨大力量。通过对农民协会从政治、经济和文化教育等方面开展的对地主阶级的斗争以及进行的十四件大事的调查走访，毛泽东看到了农民组织起来会形成强大的革命势力。他用真实的材料，结合辛亥革命的教训以及亲自领导农民斗争的经验，驳斥了关于农民运动“糟得很”“痞子运动”的观点，驳斥了各种反对农民运动的言论，高度赞扬和肯定了农民运动取得的丰功伟绩，有力证明和肯定了农民、农民运动在革命中发挥的重要作用，肯定了组织、发动和依靠农民开展农民运动的重要性和不可替代的作用。毛泽东指出农民运动以及农民组织起来进行的各种斗争使农村的封建势力和封建特权受到了极大的动摇，也在农村形成了轰轰烈烈的革命形势和空前的革命浪潮，这种革命力量是巨大的、不可阻挡的、前所未有的，对农村封建统治造成了极大的冲击和阻碍，沉重打击了农村地主阶级等封建势力，这在一定程度上也冲击了帝国主义和封建军阀的统治。毛泽东对农民在斗争中显示出的热情和力量给予了高度评价，指出要吸取辛亥革命失败的教训，尊重和肯定农民运动在革命中的积极作用，充分肯定了农民运动的开展对于国民革命有着重要作用，为推动全国农民运动的开展提供了实践依据。

（二）对农民各阶层以及农民运动的主体——贫农的分析

毛泽东运用阶级分析法，根据对生产资料占有的多少，对湖南农民各个阶级进行大量调查研究，运用马克思阶级分析理论对农村各阶级和农民各阶层进行了进一步划分，把农村阶级分为地主、富农、中农和贫农。虽然农民在国民革命中起着重要的作用，但是并不是全体农民和不同阶层的农民都以同样的态度和力度支持、参加农民运动和革命斗争。毛泽东认识到不同阶层的农民对革命的态度是不同的，他指出“农民中有富农、中农、贫农三种。三种状况不同，对于革命的观感也各别。"①他深入分析了各阶级、阶层的经济地位和他们对革命的态度，在此基础上突出强调了贫农的作用，认识到了贫农的斗争性最强，是农民运动的主要力量，科学地指出了无产阶级应该和哪些农民结成同盟的问题。

毛泽东在文章中首次提到了富农，他分析道，富农占有土地和资本，主要通过雇佣劳动和出租土地进行剥削，他们担心革命会触及自己的利益，在不自愿、被迫的情况下才会加入农会，他们对革命的态度是消极的。中农或者占有土地，或者租入土地，主要靠自己的劳动为生，一般不剥削别人。他们在革命准备时期对革命的态度是不确定的、游移的，他们担心农会是否会成立起来；而在革命高潮时期，他们在农会的表现比富农好，他们也可能会参加革命。因此，中农对革命持怀疑的态度，需要积极引导、团结，向他们多做宣传、解释，争取他们参加革命。贫农中有些占有一部分土地和工具，有些没有土地，没有生活依据，需要出卖一部分劳动力，一般主要受地租和雇佣劳动的剥削，他们受到的压迫最深，极其贫困，他们与封建主义、帝国主义的矛盾最尖锐，因而反抗也最为强烈，也最具有革命性。而且在调查中发现，在乡村人口中，贫农占70%，因此，贫农是农村中主要的革命力量，是农会的中坚力量，是中国革命的先锋，如果没有贫农支持和参加革命，中国革命是不会取得成功的。他指出："没有贫农，便没有革命。若否认他们，便是否认革命。若打击他们，便是打击革命"②。毛泽东把贫农与革命的成败联系起来，放在了突出位置，明确指出了贫农在农民运动甚至中国革命中起着尤为突出的重要作用。

毛泽东运用阶级分析法深入分析了农民各阶层的经济地位以及他们对革命的态度，考察了农村各阶级情况，认识到了农民运动的主体，实际上提出了中国革命依靠贫农、团结中农的思想，是党在革命时期农村阶级路线的萌芽，对阶级斗争策略的制定具有十分重要的意义。

（三）对如何调动农民参加革命的积极性的分析

通过实地走访调查，毛泽东从政治、经济、文化教育等方面入手，具体指出

① 《毛泽东选集》第一卷，人民出版社1991年版，第19页。
② 《毛泽东选集》第一卷，人民出版社1991年版，第21页。

了如何维护农民的利益，调动农民参加革命的积极性以及制定农民运动的任务、主要目标。概括来说就是，提高农民权力，推翻压榨农民的地主权力，满足农民的经济要求，调动农民的积极性，提高农民的思想觉悟，使他们能够拥护并积极参加革命。

具体来说，在政治上，反对封建统治，组织起来打击地主，推翻地主统治的政权和封建势力，建立农民的政权，把一切权力归农会，建立起农民的革命武装，这是农民进行各方面斗争的前提和保障。毛泽东通过分析农村革命的特点和中国农村封建政权构成的基本情况，指出了建立农民的政权和革命武装的必要性。农村革命是农民阶级推翻封建地主阶级的权力的革命，是农民与地主阶级之间激烈的阶级斗争，是农民的民主势力推翻封建势力的斗争。几千年来中国农村的封建政权由地主阶级掌握着，农民遭受着地主阶级的专制统治和残酷的压迫，他们与地主阶级之间存在着尖锐的矛盾，这种矛盾是不可调和的，而且他们和地主阶级的斗争是十分激烈的，必须利用暴力手段夺取政权。但是，地主阶级依靠帝国主义和军阀，他们的势力是十分强大的，需要农民纷纷组织起来汇聚起强大的力量反抗和斗争，才能成效显著，而农民运动的开展必定会受到地主阶级的疯狂镇压。因此，只有农民利用极大的势力推翻几千年根深蒂固的地主权力，推翻地主阶级的政权和武装，包括县官老爷衙门政权以及族权制，推翻地主阶级在农村的政治地位和社会地位，彻底推翻束缚农民的各种封建宗法制度，打倒地主阶级赖以存在的权力机关和武装力量，建立农民的政权和武装，成立农民协会、乡村自治会等作为组织机构，提高农民自身的权力，使地主阶级受到农民的统治，改变旧的社会秩序，建立新的社会秩序，农民才能更好地维护自己的利益，农民运动才可能获得成功。此外，建立农民自己的政权和武装，这也是满足农民土地要求的根本前提和政治保证。如果不建立农民的政权，不进行推翻地主阶级专制制度和特权的政治斗争，农民要求减租减息以及解决土地问题等的经济斗争也不可能取得胜利。而要建立和巩固农民政权、摧毁地主阶级的政权、维护农民运动的成果，就必须推翻地主阶级的武装力量，建立农民自己的武装力量，建立农民自卫军，这是推翻农村封建势力的有力保障和坚强后盾，因此，毛泽东强调了建立农民政权和组织农民武装力量的重要性。

经济上反对封建剥削，满足农民的经济利益，主要是满足农民尤其是贫农的土地要求。不准抬高谷价，不准囤积，不准加租，要减租、减息，这实际体现为解决的是农民的土地问题。要组织农民合作社，维护农民的经济利益。

文化教育上，加强对农民的思想政治教育和文化教育，提高农民的思想觉悟和思想水平，宣传破除封建迷信思想，废除神权思想，整顿农村政治环境和社会环境，普及政治宣传，开展文化运动，开办农民学校，提高农民的文化程度，去除农村陋习，从思想上使农民得到解放。此外，农民组织起来清除匪患、废除苛捐杂税等。

总之，毛泽东通过考察农民所做的十四件大事，指出了从政治、经济和文化教育等方面使农民获得解放，"农民如不得到解放，国民革命断不能底于完成"①。因此，必须实现农民的解放，才能调动起农民参加和拥护革命的积极性，这也是提出了开展农民运动的主要内容。

（四）对农民运动的核心问题——土地问题的分析

值得注意的是，毛泽东在这篇文章中提出的农民经济斗争的根本目的是解决农民的土地问题，尤其是贫农的土地问题。面对复杂的革命形势，在调查研究中，毛泽东了解到农民经济斗争的要求是地主减租、减息，不准加租、加息，认识到了土地对于农民尤其是贫农的极端重要性，并对解决农民的土地问题进行了初步的研究、分析。

根据唯物史观，生产力决定生产关系，经济基础决定上层建筑。毛泽东通过对农民尤其是贫农经济状况的考察，指出农民经济斗争的目标应该是解决农民的土地问题，尤其是贫农的土地问题，这也是中国革命开展农民运动、解决农民问题的核心所在。在半殖民地半封建社会的中国农村，地主依靠对土地的占有而剥削、压榨农民，尤其是贫农中的多数人极少有甚至没有土地和资金，失去了赖以生产和生活的资料，受尽压迫和剥削，封建土地私有制是剥削制度存在的社会基础和制度根源，也是农民被剥削压迫和受苦受累的总根源。农民只有获得土地，才能解决最起码的生活问题，也才能真正实现经济上的翻身。土地问题不解决，就不能从根本上解决农民的生活贫困，这是农民经济斗

① 《中共党史参考资料(二)第一次国内革命战争时期》，人民出版社 1979 年版，第 422 页。

争的主要目标和任务。

毛泽东在分析农民经济斗争的要求的基础上，指出农民在经济上打击地主，实现经济上的解放，摆脱地主对他们的压迫、剥削，要求地主减租减息，不准他们加租加息，最根本的就是要解决土地问题。如果不能满足农民对土地的要求，就不能充分调动他们拥护、支持革命的积极性。所以，消灭封建土地所有制，使农民获得土地，解决农民的土地问题，这是他们迫切需要解决的根本问题，也是农民开展斗争的首要任务。只有引导农民解决了土地问题，才能废除地主以及其他一切剥削阶级的压迫，从而使农民获得解放，改变农民的生存现状。因此，农民的土地问题不仅是农民的根本问题，而且是农民运动的核心问题。毛泽东在之前“农民问题是中国革命的中心问题”这一正确认识的基础上，又认识到了农民问题的实质是土地问题，土地问题能否得到解决，是能否争取农民这个同盟军的关键环节。正所谓：“谁赢得了农民，谁就会赢得中国；谁能解决土地问题，谁就会赢得农民”①。解决农民的土地问题是发动农民参加革命的策略和方法，对于反帝反封建的中国革命具有至关重要的作用。毛泽东由此指出了解决农民尤其是贫农的土地问题对于农民问题和中国革命的重要性，认识到了解决农民的土地问题对于农民运动的开展以及调动农民革命积极性的重要作用，为以后解决农民土地问题提供了现实依据和基础。

此外，在这篇文章中，毛泽东明确指出了农民要接受无产阶级的领导，农民运动要在无产阶级的领导下进行，反帝反封建的革命任务、革命形势以及农民运动取得的功绩都要求无产阶级不得不去积极地领导他们，并且要团结和依靠他们，尤其是占乡村人口多数的贫农最能接受共产党的领导，这样就理清了无产阶级与农民特别是贫农之间的关系，实际上强调了无产阶级的领导权问题，明确了无产阶级的同盟军，是革命工农联盟思想的萌芽。

《湖南农民运动考察报告》是毛泽东在大革命时期关于农民运动思想理论方面的实践性考察，是他把马克思主义理论与指导革命实践相结合来把握

---

① ［美］洛易斯·惠勒·斯诺：《斯诺眼中的中国》，王恩光等译，中国学术出版社1982年版，第47页。

中国社会实际情况的具体体现。他在深入农村实地调查研究的基础上，总结出了关于农民运动方面的诸多思想，为革命时期毛泽东农民运动思想和理论提供了有力的论证和可靠支撑，为推动农民运动的开展提供了科学依据，为中国共产党组织、依靠群众进行革命提供了科学的依据和政策的指导，为以后土地革命时期农村阶级路线的形成奠定了理论和现实依据，同时对后来寻找革命道路以及新民主主义革命思想的形成产生了重要作用和积极影响。

第三节　中国共产党推动民族复兴伟大进程的历史贡献

近代以来中国历史发展的事实表明：办好中国的事情，关键在党。自中国共产党成立之日起，就赓续近代以来“救亡图存”之传统，并将民族复兴事业不断推向新的高度。2012 年 12 月，习近平总书记在参观“复兴之路”展览的讲话中指出，“实现中华民族伟大复兴，就是中华民族近代以来最伟大的梦想”。党的二十大报告的主题之一就是全面推进中华民族伟大复兴。近代以来的历史已经证明，实现中华民族伟大复兴，离不开中国共产党的领导。今天，有必要对这一历史结论进行逻辑“重申”，以使我们对于中国未来发展道路有更加清晰的确认，从而不断坚定我们的道路自信、理论自信、制度自信和文化自信。

一、“背景、问题、立场、道路”分析框架的历史效度

马克思曾经说：“人们自己创造自己的历史，但是他们并不是随心所欲地创造，并不是在他们自己选定的条件下创造，而是在直接碰到的、既定的、从过去承继下来的条件下创造”①。在唯物史观看来，任何理论学说或实际运动都有其产生和发展的历史背景，都有其重点思考和着实解决的现实问题，同时也从根本上反映着特定群体的价值立场，而且这些因素都凝结并最终体现在对

① 《马克思恩格斯选集》第 1 卷，人民出版社 2012 年版，第 669 页。

现实道路的选择上。具体地说,历史背景是既定的存在状态,不以人的意志为转移。现实问题是既定的历史状态与当下的社会实践在交互过程中凝练成的对民族发展或社会进步起到关键作用的根本问题。价值立场是指审视历史和关注现实的主体性视角,是特定群体基于对客观存在的顺从、反叛或变革所秉承的思想信仰和价值追求。历史背景的分析、现实问题的关注、价值立场的定位,这三者的"合力"最终体现为道路选择,道路选择是对历史背景、现实问题、价值立场凝练以后形成的具有明确的未来指向性的理论思考和实际行动。从"背景、问题、立场、道路"的框架观察中国近代社会的发展进程,我们会发现,近代中国从半殖民地半封建社会最终走向社会主义,是在既定历史前提下,在不断试错中反复比较、选择的结果。

自鸦片战争后,"内忧外患"接踵而至,内部统治腐败不堪、国势日衰,外部列强竞相入侵、肆意宰割,这既是近代以来中国社会存在的客观实际,也是中华民族渴望走向复兴的历史前提。正是基于这一深刻历史背景,才在现实中凸显出"救亡图存"这一时代主题,并围绕这一主题,上演了太平天国运动、洋务运动、戊戌变法、义和团运动、辛亥革命一幕幕"历史活剧"。但为什么这些抗争和运动都先后失败了? 究其原因,在中国共产党诞生之前,一是由于没有科学理论指导,各种政治力量不能够对时代问题进行精准把脉,由此导致解决问题的路径偏差;二是由于各种政治力量都具有明显的阶级局限性,没有能够站在实现民族复兴的高度,把最大多数人民群众的力量凝聚起来。以上两个方面的原因,最终导致道路选择的失误。

近代史上,以"最早睁眼看世界"的林则徐、魏源等为代表的地主阶级开明人士,初步看到了资本主义兴起后的世界历史趋势之端倪,也认识到古老中国与西方世界的差距,但这种认识仍然停留在表面,因而只是提出了"师夷长技以制夷"的解决方案,从后来的洋务派提出"中体西用"主张来看,一种盲目的文化优越感实际上蒙蔽了对西方的认知,从而以操作层面的"富国强兵"实现"救亡图存",注定是一次失败的尝试。与此同时,由于西方列强侵略导致内外的压力最终传递到社会最底层,激发了农民阶级的自发抗争,太平天国运动的风暴从内部动摇了封建统治的根基。1895 年的"甲午之耻"对于中国人自信心的打击是巨大的,由此也开启了在制度层面的反思,以康有为、梁启超为代表的维新派试图在不触动封建统治基础的前提下，效仿西方进行新的制度设计，但是把变革的动力寄托在一个没有实权的皇帝身上，因而把本来具有历史价值的改良实验演变为一场“宫廷斗争”。但“维新变法”的文化启蒙意义仍然是不可忽视的，在一定程度上完成了由改良到革命的知识准备和文化铺垫。如梁启超最早提出了“中华民族”的概念，从而突破了长期以来的“夷夏之辨”，确立了近代民族国家意识。

正是在这样的历史背景下，孙中山先生率先发出“振兴中华”的呐喊，1905 年，孙中山领导成立中国同盟会，提出“驱除鞑虏，恢复中华，创立民国，平均地权”的政治纲领，并将其阐发为“民族、民权、民生”的“三民主义”。应该说，在当时的历史条件下，他基本抓住了中国社会的根本问题：民族独立问题、人民权力问题和民众生计问题。但由于阶级局限性，其革命纲领带有显而易见的妥协性。在民族问题上，他把矛头指向清朝统治者，而回避了中华民族与帝国主义之间的矛盾，甚至孙中山“曾经无数次地向资本主义国家呼吁过援助，结果一切落空，反而遭到了无情的打击”①；在民权主义方面推翻了封建帝制，而“民主共和”并没有真正实现，“辛亥革命只是在政治上推翻了清朝皇帝……但后来封建势力代替了革命，袁世凯代替了孙中山”②；在民生方面提出“平均地权”口号，而真正的土地问题并没有得到解决，辛亥革命并没有触动半殖民地半封建社会的经济基础，革命主体是留学生、新学知识分子、城市会党和新军等，不能充分发动和依靠农民群众，革命高潮时甚至镇压农民的反封建斗争。就是“联俄、联共、扶助农工”的新政策，由于孙中山本人过早离世，也没能得到继续贯彻执行。所以说，辛亥革命没能彻底解决当时中国的现实问题，这条“虽破未立”的道路所造成的结果是：中国社会根深顽疾的传统问题与各种实力派力量结合起来形成强烈反弹，军阀混战、主权分割。之后执掌政权的蒋介石更是在平衡和整合这些资源的过程中钝化革命问题，加剧权力争夺，俨然成为“大地主大资产阶级的代表”。立场价值的转换必定会导致现实问题的改变，蒋介石时期国民党政治体系的核心问题就是“权力的攫取

① 《毛泽东选集》第四卷，人民出版社 1991 年版，第 1474 页。
② 《毛泽东文集》第二卷，人民出版社 1993 年版，第 403 页。

与护持问题”,所以,在“内忧外患”的历史背景中,国民党政权的道路选择就是不断要在“安内攘外”之间进行艰难的政治和军事抉择,却始终是安内不安、攘外不平①。而且现实中动辄就“剿匪戡乱”解决问题的方式又不断地强化“不成王则败寇”的身份塑造和政策偏好。就孙中山之后的国民党的总体评价而言,可以说欠缺“尊民情顺民心”的政治观念,总是在政治上吃辛亥革命的老本。

所以说,从“振兴中华”的理想和“武昌首义”的精神对推动民族民主革命的影响来看,辛亥革命永远是中华民族复兴征程上的一座里程碑。但辛亥革命只是“打开了中国进步潮流的闸门,为中华民族发展进步探索了道路”,而不是“从根本上推动实现民族复兴伟大梦想的历史进程”。辛亥革命虽然结束了中国绵延几千年的君主专制制度,但未能改变中国半殖民地半封建的社会性质和中国人民的悲惨命运,没有完成实现民族独立、人民解放的历史任务。② 是中国共产党从辛亥革命“未竟之事业”中接过历史的接力棒,从而真正实现了中国历史上的伟大变革,使中华民族走上了复兴之路。

二、中国共产党推动民族复兴历史实践的“四维”透视

与近代中国历史上的其他政治力量相比,中国共产党的一个显著优势是掌握了马克思主义这个理论武器。从而能够对中国所处的历史境遇、中国面临的问题进行更加深刻的分析,并站在实现人民解放的立场上探索中华民族伟大复兴之路。通过背景、问题、立场、道路的四维透视,我们能够更加清晰地获得中国共产党在推动民族复兴伟大实践的立体图景。

(一) 新民主主义革命时期党对民族复兴之路的初步探索

中国共产党正是在中华民族探索民族复兴道路的十字路口登上历史舞台的。第一次世界大战后中国外交的失败,直接引发了五四爱国运动,俄国十月革命的胜利,推动了世界民族民主革命的浪潮,也使正处于道路选择彷徨中的中国人看到了新的曙光,并直接促进了马克思主义在中国的传播。第一次世

① 参见王鸿生:《历史的瀑布与峡谷——中华文明的文化结构和现代转型》,中国人民大学出版社 2007 年版,第 275 页。

② 参见胡锦涛:《在纪念辛亥革命 100 周年大会上的讲话》,人民出版社 2011 年版,第 5 页。

界大战和俄国十月革命是同一历史进程中发展方向截然不同的历史事件，前者以它“不曾有”的姿态告诉人们“中国人向西方学习为什么总是行不通”，而后者也以它“不曾有”的姿态给中国人民指明了革命的正确方向，五四运动就是中国人民对这一历史进程的总结和对中国革命问题的回答。性质上，“五四运动是反帝国主义的运动，又是反封建的运动。五四运动的杰出的历史意义，在于它带着为辛亥革命还不曾有的姿态，这就是彻底地不妥协地反帝国主义和彻底地不妥协地反封建主义”①。五四运动的爆发不仅促进了马克思主义与中国工人运动的结合，还为中国共产党的成立做了思想上和干部上的准备，五四运动后的新文化运动成为宣传马克思主义的主阵地。中国共产党成立后始终坚持马克思主义与中国实际相结合、中国革命与无产阶级社会主义革命相结合，因而，五四运动以后马克思主义在中国的广泛传播和世界民族民主革命浪潮就成为新民主主义革命的历史背景。

中国共产党对时代问题的回答，从一开始就与世界社会主义运动相呼应，努力从人类发展进步的历史进程中寻找解决中国问题的方案，这是以往一切政治力量都不具备的政治视野。民主革命时期，中国共产党对现实问题的把握主要的就是认清了中国的国情、认清了中国革命的对象。毛泽东曾指出：“认清中国的国情，乃是认清一切革命问题的基本的根据”②。认识国情，最重要的就是搞清楚现实社会的性质和主要矛盾。以毛泽东同志为主要代表的中国共产党人全面、准确地分析并把握了中国处于半殖民地半封建社会这一基本国情，在总结中国革命正反两方面实践经验的基础上，认识到：中国革命的对象“就是帝国主义和封建主义，就是帝国主义国家的资产阶级和本国的地主阶级。二者互相勾结以压迫中国人民，而以帝国主义的民族压迫为最大的压迫，因而帝国主义是中国人民的第一个和最凶恶的敌人”③。而辛亥革命失败的主要原因之一也就是没有认清敌人。

历史已经证实：以小资产阶级和民族资产阶级“唤起民众”或“扶助农工”

① 《毛泽东选集》第二卷，人民出版社 1991 年版，第 699 页。
② 《毛泽东选集》第二卷，人民出版社 1991 年版，第 633 页。
③ 《毛泽东选集》第二卷，人民出版社 1991 年版，第 633 页。

的革命不能取得真正的胜利①。民主革命时期,中国共产党正是“站在无产阶级的和人民大众的立场”上来认识和解决中国革命的现实问题的。作为中华民族的先锋队,中国共产党带领中国人民主要地打击帝国主义的压迫,实现民族独立;作为无产阶级的先锋队,中国共产党组织革命力量主要地打击封建地主阶级的压迫,实现人民民主。而实际上,中国“半殖民地半封建社会”这两大任务是相互关联的:“帝国主义是封建地主阶级的主要支持者……封建地主阶级是帝国主义统治中国的主要社会基础”②。这也客观上决定了无产阶级和人民大众立场的内在统一性,这种合二而一和内在统一的身份定位和价值立场又不断地强化了中国共产党对于“中国新民主主义革命实质上就是无产阶级领导下的农民革命”这一基本问题的分析、认识和解决。因为中国无产阶级力量的薄弱,这就使党必须把解决农民问题作为中国革命问题的关键,因而中国共产党的阶级立场又集中体现在推动无产阶级与农民结成最广泛、最牢固的同盟军这一战略选择上。

新民主主义革命时期,以毛泽东同志为主要代表的中国共产党人,创造性地把马克思主义的革命学说应用于中国的实际,正确解决了新民主主义革命的对象、任务、性质、动力和前途等一系列根本问题,探索出了一条中国特色的民族民主革命道路,这条道路与巴黎公社的“法兰西道路”不同,是一条无产阶级领导的,以工农联盟为基础的,反对帝国主义、封建主义和官僚资本主义的革命道路;这条道路与“十月革命”的“苏俄道路”不同,是以党的领导为政治保障,以土地革命为主要内容,以武装斗争为基本形式的一条农村包围城市、武装夺取政权的革命道路。这条道路与“辛亥革命”的“旧民主主义革命道路”不同,是把民族解放和阶级革命结合起来、最终指向社会主义的革命道路。与此同时,中国共产党人根据不同历史阶段社会主要矛盾的变化,采取“集中主要的革命力量反对最主要的敌人”的战略措施,推翻了帝国主义、封建主义和官僚资本主义在中国的统治,领导中国人民走出了一条农村包围城市、武装夺取政权的革命道路,取得了民主革命的胜利,建立了中华人民共和

① 参见《毛泽东选集》第四卷,人民出版社 1991 年版,第 1479—1480 页的相关论述。

② 《毛泽东选集》第二卷,人民出版社 1991 年版,第 637 页。

国,确立了社会主义制度,实现了马克思主义同中国实际相结合的第一次历史性飞跃,推进了中华民族伟大复兴的历史进程。

(二) 新中国的成立开辟了中华民族走向伟大复兴的新起点

新中国的成立,是中华民族复兴史上具有里程碑意义的重大事件,也标志着中国共产党人领导中国人民走上复兴之路的新起点。然而,在新中国成立之初,我们面临的国内外环境是异常复杂的。从国际来看,第二次世界大战后形成了"两大阵营"对峙的"冷战格局",事实上,一国走上社会主义道路,是同当时国际政治格局、国际上社会主义与资本主义力量对比紧密联系在一起的①。新中国刚一成立,就受到西方世界的战略围堵。从国内看,国民党政府留给我们的是一个一穷二白、百废待兴的"烂摊子",各种反对势力暗流涌动,威胁着新生的人民政权。再加上此后爆发的朝鲜战争,严峻复杂的国内外形势极大考验着中国共产党的执政智慧和执政能力。

建设一个什么样的新中国,怎样建设新中国,是摆在中国共产党人面前的首要问题。马克思恩格斯在《共产党宣言》中明确地提出无产阶级取得政权以后要着力解决的现实问题,无产阶级要"利用自己的政治统治,一步一步地夺取资产阶级的全部资本,把一切生产工具集中在国家即组织成为统治阶级的无产阶级手里,并尽可能快地增加生产力的总量"②。中国共产党人认识到,新中国成立以后最大的问题莫过于医治战争创伤、集中力量恢复国民经济,巩固新民主主义革命成果。为此,在新中国成立之初,党并没有急于向社会主义过渡,而是提出并贯彻实施"一化三改"的过渡时期总路线,将社会主义建设和改造同时并举,强调调动一切积极因素,将有限的人力、物力集中用于大规模工业化建设,实现由落后农业国向现代化工业国的转变。在苏联的帮助下,"一五"期间基本建成了独立的民族工业体系和国民经济体系,为中华民族的复兴奠定了坚强的制度保障和厚实的物质基础。1956 年,党的八大明确中国已建立社会主义制度,并提出中国社会的主要矛盾已经成为"人民群众日益增长的物质文化需要同落后的社会生产之间的矛盾",由此掀起了

---

① 参见黄宗良、孔寒冰:《社会主义与资本主义的关系》,北京大学出版社 2004 年版,第 167 页。

② 《马克思恩格斯选集》第 1 卷,人民出版社 2012 年版,第 421 页。

社会主义建设的高潮。

始终坚持人民主体地位、贯彻为人民服务的宗旨，是中国共产党的一以贯之的政治立场。随着中国共产党从革命时代领导全国人民夺取政权到新中国成立以后领导全国人民巩固政权并着手进行大规模的国家和社会建设职能的历史性转变，中国共产党总结历史经验教训，把防止党员干部“蜕化”作为重要任务。早在新中国成立前的七届二中全会上，毛泽东就要求全党要牢记“两个务必”决不能做“李自成”。新中国成立后，党把“建国责任”和“建党使命”并举，在全党开展思想整风运动，净化党内思想、纯洁党员干部队伍，推动形成了新中国成立初期风清气正、人心思进的良好社会风气，使党在极端苦难的条件下，赢得了人民的真心拥护。与此同时，作为世界社会主义阵营的重要力量，中国共产党也站在推动世界民族解放运动的立场，为世界各国民族解放运动提供了无私帮助，赢得了广大第三世界国家的拥护。因此在这一阶段，中国共产党的政治立场体现了人民立场和国际主义的统一。

新中国成立以来的道路选择经历了由借鉴“苏联模式”到以苏为鉴、独立自主探索适合国情的社会主义建设道路的转变。新中国成立后，国内千疮百孔、百废待兴，国际上又遭战略围堵，中国明确提出了“一边倒”的外交战略，以中苏同盟拓展中国的国际生存空间，同时借鉴“苏联模式”建立社会主义制度。但从一开始，中国共产党人就独立思考并探索中国社会主义建设道路的问题。1949 年到 1957 年间，毛泽东先后发表《论人民民主专政》《论十大关系》《关于正确处理人民内部矛盾的问题》等一系列重要论著，对中国社会主义政治、经济、文化建设的道路进行了深入思考。事实上 1956 年八大提出的一系列重要战略，集中反映了中国共产党试图超越“苏联模式”、积极探索中国社会主义建设道路的政治智慧。但遗憾的是，这些思路和政策没能得到继续贯彻。由于国内外的各种复杂因素影响，特别是关于社会主义认识的偏差，后来政治路线出现“左”的转向，当然，这在一定程度上折射出党在新制度建立后，对存在“改旗易帜”可能性的担忧，这也是建设条件下“继续革命论”出现的重要原因。当然，我们应该历史地看待这些在探索中出现的失误和偏差，这既是“苏式基因”的“中式阵痛”，也是特殊时期的历史背景，以及对现实问题主观化认识和偏激化处理的集中反映，是民族复兴道路上艰辛探索的历史记忆。

（三）改革开放是中华民族走向伟大复兴的关键抉择

20世纪60年代，资本主义和社会主义两个阵营各自出现分化倾向，第三世界作为一支独立的政治力量登上国际舞台，再加上70年代两大阵营之间的对抗开始松动，世界力量结构重组、多层次和多元化发展成为趋势，和平与发展逐渐成为时代主题。与此同时，中国国内的社会主义建设陷入僵局，经济社会发展停滞不前，"文化大革命"结束后纠正"左"的错误的呼声日趋强烈。面对"文化大革命"造成的混乱局面，国内迫切需要实现国家工作重点的转移，以"真理标准大讨论"为主题的思想解放运动极大地推动了整个社会观念的更新，为改革开放奠定了思想基础。以十一届三中全会召开为标志，中国开启了改革开放的伟大征程。

党的十一届三中全会以来，中国共产党在深刻反思中国社会主义建设的经验教训、汲取其他社会主义国家兴衰成败的历史经验、借鉴其他国家现代化道路成功经验的基础上，对"什么是社会主义、怎样建设社会主义""建设什么样的党、怎样建设党""实现什么样的发展、怎样发展"等一系列重大问题作出了创造性的回答。面对人们对传统社会主义的认识惯性以及苏联解体、东欧剧变以后对社会主义"合法性"的怀疑，邓小平从生产力与生产关系、真理标准和价值标准相统一的角度深化了对社会主义本质的认识，特别是1992年"南方谈话"以来，逐步冲破了关于"姓社姓资""姓公姓私""'左'还是右"等重大问题的争论，强调发展社会主义市场经济。针对中国在经济快速发展中出现的环境污染、贫富差距拉大、区域发展不平衡等一系列问题，提出全面、协调、可持续的科学发展观，强调让全体人民共享改革发展的成果，构建社会主义和谐社会，建设社会主义核心价值体系，这些重大战略举措推动了中国经济社会飞速发展，综合国力显著提升、人民生活不断改善，充分彰显了中国特色社会主义制度的优越性。

回顾改革开放以来的历史进程，中国共产党始终坚持人民立场，把"三个有利于"作为评价党和国家一切工作得失成败的标准，强调党始终代表中国最广大人民的根本利益，提出要不断巩固党的阶级基础、扩大党的群众基础，始终保持党的先进性，使党成为中国特色社会主义事业的坚强领导核心，与此同时在国际社会和世界政治领域体现了鲜明的中国立场。随着20世纪六七十年代社会主义阵营的分化,特别是“苏联解体、东欧剧变”使世界社会主义运动走向低潮,以及世界范围内综合国力较量日益激烈的新态势,中国共产党保持了清醒的头脑,强调“抓住机遇,发展自己”,坚持“走自己的路,把中国的事情办好”,无论世界局势怎样风云变幻,我们都坚持“发展就是硬道理”这个关键,“千磨万击还坚劲,任尔东西南北风”,始终保持强大的前进定力。

如果以十一届三中全会为转折点的话,那么之前的社会主义建设是探索,中国共产党在探索中找到了“什么样的建设道路不适合中国”的基本规律;而之后的社会主义建设也是探索,中国共产党在探索中找到了“什么样的建设道路更适合中国”的基本规律。中国特色社会主义道路是在改革开放前后两个三十年的接力探索中走出来的,也是在科学回答中国特色社会主义建设中不断出现的新问题的过程中走出来的。这条道路不同于传统社会主义发展道路,也区别于西方现代化道路,具有鲜明的中国特色。这条道路既有不同领域发展目标的规定性,又有服务总体目标的统一性。这充分说明,中国共产党在领导人民实现中华民族伟大复兴的思路越来越清晰、路径越来越具体、目标越来越明确。多年来的实践已经表明,这条道路是进一步实现民族振兴、国家富强和人民幸福的唯一正确道路,使中华民族大踏步地赶上了时代进步的潮流,迎来了民族复兴的光明前景。

(四)党的十八大以来推动中华民族伟大复兴的崭新实践

2012年党的十八大吹响了全面实现中华民族伟大复兴的新号角,中华民族比以往任何历史时刻都呈现出伟大复兴的光明前景。正如习近平总书记所指出的那样:我们比历史上任何时期都更接近中华民族伟大复兴的目标,比历史上任何时期都更有信心、有能力实现这个目标。当前经济全球化深入发展,西方金融资本对世界的控制空前加大,互联网信息革命深刻影响着人类生产和交往方式,传统现代化发展模式为人类生存带来新的问题。中国日益发展成为对世界格局举足轻重的力量,但是西强我弱的局势尚未得到根本转变,以美国为首的西方国家把中国的发展看作是对其利益格局和制度模式的挑战,中国面临的国际环境和周边局势复杂多变。从国内看,改革进入攻坚期和深水区,各种发展问题叠加,各种社会矛盾交织,一些利益集团阻碍改革的步伐,全面深化改革需要解决的都是难啃的硬骨头。这就需要我们既要敢于涉险滩、又要步子走得稳。但总体上看,“我国发展仍处于可以大有作为的重要战略机遇期”,党的十八大报告指出:我们要准确判断重要战略机遇期内涵和条件的变化,全面把握机遇,沉着应对挑战,赢得主动,赢得优势,赢得未来,确保到 2020 年实现全面建成小康社会宏伟目标。

能不能抓住重要战略机遇期,变压力为动力、化挑战为机遇,破解发展过程中的新难题,打通改革进程中的“肠梗阻”,是对中国共产党执政能力的新挑战。习近平指出:“改革是由问题倒逼而产生,又在不断解决问题中得以深化。35 年来,我们用改革的办法解决了党和国家事业发展中的一系列问题。同时,在认识世界和改造世界的过程中,旧的问题解决了,新的问题又会产生,制度总是需要不断完善,因而改革既不可能一蹴而就,也不可能一劳永逸。”①当前中国的许多问题是社会主义初级阶段主要矛盾在新世纪、新阶段的具体化,具体表现为与发展有关的一系列重大问题,主要表现为:进一步提升发展质量与原始创新能力不足的矛盾;实现全面发展与区域、城乡、部门、行业之间发展不协调的矛盾;长期粗放型发展累积的人与自然关系紧张的矛盾;中国快速发展导致的中国与世界的矛盾;实现共同富裕的目标与不同群体现实获得感差异的矛盾。因此,党的十八大以来,党中央一再强调,改革既要注重顶层设计,也要把握问题导向,抓住关键环节,“四个全面”战略,实际上就体现了一种在统筹全局中抓住关键的辩证法。

人们对美好生活的向往是中国共产党一如既往的奋斗目标。党的十八大以来,中国共产党始终站稳人民立场、回应人民期待、把解决人民群众最关心最直接最现实的问题作为着力点,把保持党同人民群众的血肉联系作为工作重心,把提升党员干部宗旨意识和服务群众能力作为根本任务,开展党的群众路线教育实践活动、坚决反“四风”、开展“三严三实”专题教育活动,极大改善了党在群众中的形象,赢得了人民群众的真心拥护。与此同时,随着中国综合国力的不断增强和国际地位的不断提升,中国共产党强调要站在人类文明进步立场谋划发展蓝图,积极倡导树立“人类命运共同体意识”,在发展中统筹

---

① 《习近平谈治国理政》第一卷,外文出版社 2018 年版,第 74 页。

国内国际两个大局，在对外交往中展现中国负责任大国形象，在重大国际事务面前，积极发挥建设性的引领作用，同世界各国共同致力于促进世界的和平、稳定、繁荣与进步。

道路决定命运。党的十八大以来，习近平总书记提出了一系列新理念、新思想、新战略，特别是"四个全面"战略布局，体现了战略目标、战略布局、战略举措的统一，系统回答了实现中国发展的目标、动力、方式和保障问题，极大丰富深化了我们对中国特色社会主义规律的认识，使中国道路的理论逻辑更加清晰。党的十八届五中全会提出的"五大发展理念"，为中国特色社会主义道路注入新的思想内涵。"创新、协调、绿色、开放、共享"的新发展理念，"五位一体总体布局"，党的十八大以来成功推进和拓展的是对人类文明发展道路的新认识，也开辟了中国特色社会主义道路的新境界，不仅为中华民族复兴，也为探索人类文明发展道路作出了重大贡献。《中共中央关于党的百年奋斗重大成就和历史经验的决议》指出：一百年来，党既为中国人民谋幸福、为中华民族谋复兴，也为人类谋进步、为世界谋大同，以自强不息的奋斗深刻改变了世界发展的趋势和格局。党领导人民成功走出了中国式现代化道路，创造了人类文明新形态，拓展了发展中国家走向现代化的途径，给世界上那些既希望加快发展又希望保持自身独立性的国家和民族提供了全新选择。

综上所述，"实现中华民族伟大复兴"是中国近代以来引领历史发展和推动社会进步的一条主线，是全体中华儿女为之奋斗的共同愿望。由于背景、问题、立场以及三者整合后形成的道路方面的原因，辛亥革命成为民族复兴道路上"未竟的事业"，而作为"孙中山先生开创事业最坚定的支持者、最亲密的合作者、最忠实的继承者"，中国共产党之所以不断实现和发展了孙中山先生和辛亥革命先驱的伟大抱负，从根本上推动了中华民族伟大复兴的历史进程，关键在于中国共产党一贯以马克思主义的理论视野分析中国所处的时代背景，用马克思主义的思想方法剖析中国的现实问题，发扬马克思主义"植根于人民大众"的立场，选择适合于中国国情的革命、建设和发展道路，成功地实现了一次次的理论突破和实践创新。

回顾中国发展的光辉历程，展望民族复兴的希冀曙光，党的二十大报告提出的"高举中国特色社会主义伟大旗帜，全面建设社会主义现代化国家、全面推进中华民族伟大复兴”这一主旨精神在各个领域中的全面贯彻执行，必定会进一步拓展中国特色社会主义发展新局面，必定会以中国式现代化全面推进中华民族伟大复兴和创造人类文明新形态，中华民族也必定会以更加昂扬的姿态重新屹立于世界民族之林。

第四章　马克思主义在中国传播发展的表达方式

话语源于表达，表达形成话语，因此我们也可以说，话语即表达，表达即话语。话语表达既包括内容层面的语言文本，也包括方式层面的言说方式。话语研究既包括分析"说者"表达话语的"编码"，又包括分析"听者"领会话语的"解码"，二者达到双向、双重统一才能确定话语及其背后表征的意义。纵观马克思主义中国化的历史进程，马克思主义中国化叙事围绕"中国向何处去"，分别形成了革命时期的"阶级话语"叙事、建设时期的"国家话语"叙事以及新时代以来对"中国道路"承前启后伟大历史意义阐释的时代叙事。这主要回答党和国家在推进马克思主义中国化的进程中如何言说自身以增强国际话语权的问题。

第一节　中国共产党早期中国化的话语建构：以阶级叙事为例

在中国革命史上，土地革命战争时期是指1927—1937年间由中国共产党独立领导革命、革命力量集聚壮大并逐渐走向成熟的重要时期。在这一时期，中国共产党吸取大革命失败的教训，在中国社会开展土地革命运动，与此同时自上而下地进行阶级话语的建构，为土地革命创造积极的因素。阶级话语的建构，壮大了革命队伍，实现了革命动员的目的。"阶级"作为外来品，在中国能够立足，是有其基础的。中国沦为半殖民地半封建社会，在十月革命与五四运动的推动下，先进的中国人开始重新思考新的出路，这成为阶级话语在中国建立的时代背景；马克思主义的传播和中国传统思想文化为阶级话语在中国的建立创造了思想基础；中国社会的阶级现状、农村革命根据地的开辟以及中国共产党的领导为其在中国的立足提供了现实基础。

一、时代背景

阶级话语在中国建构是有其特殊的时代背景的。首先是半殖民地半封建社会的基本国情。1840 年以后，中国由独立的封建的国家沦为半殖民地半封建的国家。有学者总结了半殖民地半封建社会的六大特征，这些特征反映在经济、政治、文化等方面：(1)虽然破坏了自给自足的自然经济的基础，但是封建剥削的根基即地主阶级对农民的剥削仍然存在；(2)虽然民族资本主义有所发展，但是力量不足，与帝国主义和封建主义保持着“藕断丝连”的关系；(3)虽然封建专制统治被推翻，但是新旧军阀统治接踵而至；(4)帝国主义猖狂，不但操纵中国的经济命脉，而且控制中国的政治和军事发展；(5)整个中国处于分散不统一的状态，政治、经济、文化发展极不平衡；(6)在三座大山的压迫下，生产力发展受到严重阻碍，尤其是老百姓的日子，穷困潦倒，举步维艰。可见，半殖民地半封建的中国面临的不再是“强”与“弱”的问题，而是更为残酷的“存”与“灭”的问题。在民族危亡的紧要关头，中国人沉睡的民族意识开始普遍苏醒。许多仁人志士怀揣着挽救民族危机的理想抱负，努力探索救国的道路。

其次是俄国十月革命的胜利为中国革命指明了方向。1917 年俄国十月革命的胜利，成功地运用马克思主义指导具体的革命实践，社会主义由理想变成了现实，引发了世界社会主义大潮流。它的胜利给正在黑暗中摸索的中国人带来了希望，国人开始思考如何用马克思主义来指导中国的实践。吴玉章回忆十月革命时讲道，“感谢十月革命，它的万丈光芒照亮了殖民地人民的前途”①。之所以俄国十月革命能在中国起到如此巨大的反响，用毛泽东的话概括，是因为中俄两国“封建主义的压迫，这是相同的。经济和文化落后，这是

① 《吴玉章回忆录》，中国青年出版社 1978 年版，第 121 页。

近似的。两个国家都落后，中国则更落后。先进的人们，为了使国家复兴，不惜艰苦奋斗，寻找革命真理，这是相同的”①。十月革命帮助先进的中国人找到了“观察国家命运的工具”，为中国革命提供了“现实的样本和支撑”。毛泽东特别强调了十月革命之于中国革命的重要意义，正是在这个意义上，他在纪念中国共产党成立28周年之际发表的《论人民民主专政》文中指出：“中国人找到马克思主义，是经过俄国人介绍的”②，基于对马克思主义和十月革命的高度认同，中国共产党坚定了带领中国走社会主义道路的信念。

最后是五四运动唤起了新的民族觉醒。十月革命开阔了中国人的视野，使得先进的中国人开始将中国的问题放到世界范围内加以考量，意识到在经济文化相对落后的中国实现社会主义也“有可能不通过资本主义的卡夫丁峡谷”。五四运动是一场疾风暴雨式的群众性运动，在一定意义上，这场以反帝爱国为目标的伟大斗争，引发了千百万中国人思想的大解放，唤起了中国人民对国家命运的关心，标志着民族意识的新觉醒。据不完全统计，五四运动后，全国新增了400多种出版刊物，进步社团300余个③，对封建主义思想和宗教迷信进行了扫荡式的批判，为广大人民接受马克思主义作了必要的准备。而且先进知识分子开始注重与民众的结合，表现在马克思主义与中国工人运动相结合，由此显示出巨大的革命力量，为之后中国共产党成立作了思想上和干部上的准备。不仅如此，五四运动的爆发让国人进一步深刻认识到帝国主义列强的丑陋面孔和侵略本质。回顾历史上的反帝反封建动态，不难发现，中国人尤其是当时的民族资产阶级对帝国主义认识模糊，在很多时候对帝国主义列强抱有幻想，他们与帝国主义和封建势力有着千丝万缕的联系，所以他们没有彻底反帝反封建的勇气。以辛亥革命为例，当时孙中山为了获得帝国主义的支持，没有提出彻底的反帝反封建的革命纲领。三民主义的革命纲领，其中民族主义的斗争矛头主要指向了清政府，而忽视了真正的民族敌人——帝国主义。五四运动之后，中国人民开始逐渐看清帝国主义的真面目，认识到帝国主义列强压榨中国人民的实质。毛泽东在《实践论》中指出：“中国人民对于

---

① 《毛泽东选集》第四卷，人民出版社1991年版，第1469页。

② 《毛泽东选集》第四卷，人民出版社1991年版，第1470页。

③ 参见邵维正：《五四运动唤醒民众》，《秘书工作》2017年第5期。

帝国主义的认识也是这样。第一阶段是表面的感性的认识阶段，表现在太平天国运动和义和团运动等笼统的排外主义的斗争上。第二阶段才进到理性的认识阶段，看出了帝国主义内部和外部的各种矛盾，并看出了帝国主义联合中国买办阶级和封建阶级以压榨中国人民大众的实质，这种认识是从一九一九年五四运动前后才开始的”①。中国先进分子意识到列强是靠不住的，只有靠自己，中国人开始奋起救国，那时候上海街上的口号“宁为救国死，毋作亡国奴”鲜明地表达了当时中国人爱国救国意识的觉醒。中国人喊出了反帝反封建的口号“外争主权，内惩国贼”，这是中国人第一次旗帜鲜明地提出彻底反帝反封建口号。

二、思想基础

马克思主义阶级理论在中国得以广泛传播，并且进一步实现中国化，从思想根源上来说，很大程度上是因为中国传统的“均贫富”思想和“求变思维”为其在中国的话语建构奠定了思想基础。从19世纪40年代马克思主义诞生直到俄国革命爆发之前的70余年时间里，马克思主义的影响力主要局限于欧洲。“十月革命一声炮响，给我们送来了马克思列宁主义”。马克思主义作为一种政治力量让中国人从马克思列宁主义的科学真理中看到了解决中国问题的希望，一些先进分子开始站到无产阶级的立场上来介绍、宣传马克思主义，李大钊率先举起了马克思主义旗帜。早期知识分子在特定的历史语境下根据各自阶级的利益，在庞杂的马克思主义理论中，阶级斗争理论成为中国人关注的焦点，“阶级”成为了影响中国大半个世纪的核心观念。尤其是1920年陈望道翻译了《共产党宣言》，极大地推动了马克思主义阶级理论在中国的传播。正如毛泽东在延安调查时回忆道，“记得我在1920年，第一次看了考茨基著的《阶级斗争》，陈望道翻译的《共产党宣言》，和一个英国人作的《社会主义史》，我才知道人类自有史以来就有阶级斗争，阶级斗争是社会发展的原动力，初步地得到认识问题的方法论。可是这些书上，并没有中国的湖南、湖北，也没有中国的蒋介石和陈独秀。我只取了它四个字：‘阶级斗争’，老老实实

① 《毛泽东选集》第一卷，人民出版社1991年版，第289页。

地来开始研究实际的阶级斗争”①。以毛泽东同志为主要代表的中国共产党人成功地将马克思主义阶级斗争理论与中国革命实践相结合,探索出一条适合中国的革命道路,领导中国人民取得伟大胜利。

中国早期先进知识分子接受马克思主义阶级理论的过程也是中国传统文化与外来文化相融合的过程,在这一过程中,“均贫富”思想成为国人理解和接受阶级理论的思想基础。正如有学者指出的那样,“在中国民族文化心理中,有一个重要的文化观念,就是对‘均平’的崇尚和追求”,作为一种文化因素,“沉淀到社会成员的心理层次,成为支配人的思想和行为的重要观念”②。实际上,在马克思主义传入中国的过程中,早期知识分子将马克思主义“作为‘富民术’与均贫富的方法来接受”③,均贫富思想对阶级观念的强大渗透作用,使得马克思主义的阶级理论一开始便能为先进知识分子所接受,“越穷越革命”后来成为共产党进行革命动员的简易法则。“阶级起源于财富的不平等”④的思想和“越穷越革命”的简易逻辑很容易引起广大农民阶级的普遍共鸣。因此,马克思主义阶级理论实现中国化,很大程度上得益于其与中国传统思想尤其是“均贫富”思想的契合性。更重要的是,马克思主义阶级理论被中国先进分子所接受、理解并传播,这为后来中国共产党进行在革命时期进行革命动员提供了重要的话语机制。

在半殖民地半封建社会的旧中国,底层民众迫切改变生存现状的求变思维,在马克思主义阶级话语建构的过程中发挥了重要作用,为马克思主义阶级理论的中国化创造了有利条件。作为群经之首的《易经》被誉为中国传统文化的源头,在提升中华文化的时代内涵、塑造国人的思维能力等方面发挥了重要的作用。“穷则变,变则通,通则久”这是《周易》为后人建构的一种“求变”思维,成为中华民族历久不衰、生生不息的内在精神动力。尤其是近代中国内

① 《毛泽东文集》第二卷,人民出版社1993年版,第378—379页。

② 王贵仁:《20世纪早期中国社会的阶级观念论析》,《史学月刊》2011年第7期。

③ 赵利栋:《“五四”前后中国马克思主义传播中的阶级与阶级斗争观念》,《中国社会科学院近代史研究所青年学术论坛2001年卷》,中国社会科学院近代史研究所,2001年。

④ 赵利栋:《“五四”前后中国马克思主义传播中的阶级与阶级斗争观念》,《中国社会科学院近代史研究所青年学术论坛2001年卷》,中国社会科学院近代史研究所,2001年。

忧外患，中华传统文化基因中的“穷变通久”思想在“救亡图存”的时代主题下重新被激活，帝国主义侵略中国的过程同时也是中国人民反抗侵略的斗争过程。甲午中日战争后，接踵而至的瓜分狂潮，使得中国人的民族意识开始觉醒，社会各阶级开始思考国家的出路在哪里，农民阶级、地主阶级洋务派、资产阶级维新派以及革命派纷纷从各自阶级的立场出发，先后提出了不同的救国方案，近代中国人民把深深潜藏在民族思维深处的忧患意识，创造性转化、创新性发展为改变生存现状的革命行动。特别是马克思主义传入中国后，顺应革命年代社会变革的需求，用“求变”思维与农民社会结合，在实践中实现了与农民阶级的“思维同构”，中国底层民众身上潜藏着的反抗心理和要求改变命运的强烈愿望，衍化为改变现有社会秩序的革命行动，从而在阶级话语的具体建构中发挥了重要的作用，为马克思主义阶级理论的中国化创造了有利条件。

三、现实基础

马克思曾说：“理论在一个国家实现的程度，总是取决于理论满足这个国家的需要的程度”①。马克思主义阶级理论之所以能够被中国人接受，并逐步成为中国共产党在土地革命战争时期所采用的话语机制，正如毛泽东说的那样，马克思列宁主义在中国能够发挥这样大的作用，“是因为中国的社会条件有了这种需要，是因为同中国人民革命的实践发生了联系，是因为被中国人民所掌握了”②。

首先，中国社会的阶级状况是阶级话语建构的现实依据。社会阶级状况是共产党自上而下利用中国化的阶级话语进行革命动员，即“团结真正的朋友，以攻击我们真正的敌人”的现实依据。毛泽东在正确把握中国国情的基础上，明确指出：“中国社会是一个两头小中间大的社会，无产阶级和地主大资产阶级都只占少数，最大的人民是农民、城市小资产阶级以及其他的中间阶级”③。但是，党成立初期随着革命运动的蓬勃发展，党内逐渐出现了两种错

① 《马克思恩格斯选集》第 1 卷，人民出版社 2012 年版，第 11 页。

② 《毛泽东选集》第四卷，人民出版社 1991 年版，第 1515 页。

③ 《毛泽东选集》第三卷，人民出版社 1991 年版，第 808 页。

误倾向，即以陈独秀为代表的右倾机会主义错误和以张国焘为代表的“左”倾机会主义错误，这两种错误倾向都没有认识到农民在革命运动中的重要性，分不清敌我友势必会严重打击工农群众的革命积极性。毛泽东在《中国社会各阶级的分析》开明宗义地指出：谁是我们的敌人？谁是我们的朋友？这是革命的首要问题。通过分析得出结论：“一切勾结帝国主义的军阀、官僚、买办阶级、大地主阶级以及附属于他们的一部分反动知识界，是我们的敌人。工业无产阶级是我们革命的领导力量。一切半无产阶级、小资产阶级，是我们最接近的朋友。那动摇不定的中产阶级，其右翼可能是我们的敌人，其左翼可能是我们的朋友——但我们要时常提防他们，不要让他们扰乱了我们的阵线”。①分析阶级现状是区分敌我、联合盟友、发展革命力量的前提条件，也是中国共产党进行阶级话语建构的现实依据。

其次，农村革命根据地的开辟为阶级话语建构提供了阵地。建构阶级话语不是靠一群知识分子或者党员干部坐到一起开个会，发表个演讲就能建构起来的，而是必须深入到群众中去。农村革命根据地的开辟为共产党自上而下建构阶级话语提供了阵地，为推动革命胜利奠定了坚实的基础。1927 年，大革命失败后，革命形势转入低潮。面对国民党的白色恐怖，“中国共产党和中国人民并没有被吓倒，被征服，被杀绝。他们从地上爬起来，揩干净身上的血迹，掩埋好同伴的尸首，他们又继续战斗了”②。为了挽救革命危机，1927 年 8 月 7 日，确定了土地革命和武装反抗国民党反动派的总方针，并提出党要“有系统的有计划的尽可能地在广大区域中准备农民的总暴动”③。城市武装暴动夺取政权的多次失败证明，中国革命实现战略转移，势在必行。三湾改编后，10 月 27 日毛泽东率领工农革命军到达井冈山，创建了第一个农村革命根据地。1927 年到 1934 年，中国共产党经过艰苦斗争，先后在全国各地创建了十几块农村革命根据地，实现了革命战略的伟大转移，使得中国革命有了极为深厚的群众基础。

再次，中国共产党在从国民革命到土地革命的转变中发挥了重要作用。

① 《毛泽东选集》第一卷，人民出版社 1991 年版，第 9 页。

② 《毛泽东选集》第三卷，人民出版社 1991 年版，第 1036 页。

③ 《秋收起义》写作组：《秋收起义》，上海人民出版社 1977 年版，第 2 页。

近代中国的历史经验深刻表明："既要革命，就要有一个革命党。没有一个革命的党，没有一个按照马克思列宁主义的革命理论和革命风格建立起来的革命党，就不可能领导工人阶级和广大人民群众战胜帝国主义及其走狗"①。大革命失败后，中国革命转入低潮，中国共产党没有消极懈怠，而是从大革命失败中汲取经验教训，成功地把中国革命由国民革命推进到一个新阶段即土地革命战争阶段。1927 年 8 月 7 日，党中央在汉口秘密召开了紧急会议，通过了《中共"八七"会议告全党党员书》，明确提出：现时中国革命的根本内容是土地革命，是工人阶级要求解除闻所未闻的压迫制度和奴隶制度之争斗。八七会议确定了土地革命和武装反抗国民党反动统治的总方针，表明了大革命失败后中国革命的方向，使得中国共产党在思想混乱、组织涣散的黑暗环境中看到了新的出路，重新增强了党的凝聚力，标志着中国革命由国民革命到土地革命兴起的伟大转折。

最后，广大农民普遍贫苦的境况是进行阶级话语建构的突破口。"阶级话语"是异质舶来品，对于传统的中国社会尤其是农村而言，必须要有一个突破口，才能让广大群众接受起来更为容易。以"越穷越革命"为塑造阶级意识和动员阶级革命的总逻辑，共产党紧紧围绕"农民的最后要求在于土地，不使农民得到土地，农民将不能拥护革命至于最后之成功"②的总根据，抓住迫切改变生存现状的求变心理和利益诉求，找到了对农民进行阶级话语"灌输"和建构的突破口。

中国是一个传统的农业大国，农民人口占全国总人口的绝大多数，但是历史的惯性总是将农民置于政治上被压迫、经济上被剥削的境地。尤其是中国沦为半殖民地半封建社会后，中国农民外受帝国主义侵略，内受官僚资本主义、地主豪绅、封建军阀的压榨。根据旧中国农村人口的调查③显示，在农村，地主占 4%，富农占 6%，但他们占全国土地的 68%（其中地主阶级约占 50%），而人口占绝大多数的贫雇农只占有 17%的土地，中农占农村人口的 20%，占有土地 15%。土地占有和人口数量的比例极不匹配，而且贫民迫于生存还得

---

① 《毛泽东选集》第四卷，人民出版社 1991 年版，第 1357 页。

② 《第一次国内革命战争时期的农民运动资料》，人民出版社 1983 年版，第 48 页。

③ 参见孙武霞：《中国革命史》，学林出版社 1986 年版，第 21 页。

交纳租金。大革命失败以后，中国农民的处境更是每况愈下。在新军阀的统治下，革命时期被打倒的地主豪绅，开始向农民进攻，他们反攻倒算，解散农民协会，捕杀农民中的积极分子，而且还对农民加租加息，土地越来越集中到地主手里。例如“1930 年河南商城田赋附加税超过正税 600%，四川奉节超过 768%，山东齐东超过 737%。海丰地区的农民们用歌唱出了农民苦不堪言的悲惨境遇：

正二月，常落“乌雨”。
三四月，天旱苗枯。
五六月，烈日烧埔。
七八月，乌红械斗。
九十月，地主迫租。
十一二月，盗贼拦路。
一年到暗，凄凉艰苦。①

毛泽东曾经讲道：“农民不起来参加并拥护国民革命，国民革命不会成功；农民运动不赶速地做起来，农民问题不会解决；农民问题不在现在的革命运动中得到相当的解决，农民不会拥护这个革命”②。对于农民来说，悲惨的处境促使他们开始向代表社会发展先进方向的无产阶级靠拢，正如马克思在《1848 年至 1850 年的法兰西阶级斗争》中写道：“农民阶级，就必定要随着他们境况的恶化以及他们与资产阶级对抗的尖锐化而越来越紧密地靠拢无产阶级”③。而对于中国共产党来说，能否解决农民的土地问题直接关系到革命的成败，于是“以变求变”和“以变治变”相互交织，共产党将阶级话语从外部自上而下嵌入到农村社会，为顺利开展土地革命直至中国革命的最终胜利打下坚实的群众基础。

四、具体建构

建构阶级话语是中国共产党在土地革命战争时期开展革命动员采取的工作机制。在具体的实践中，共产党是如何自上而下嵌入中国社会建构起服务

① 《彭湃传》编写组：《澎湃传》，北京出版社 1984 年版，第 50—51 页。
② 《毛泽东文集》第一卷，人民出版社 1993 年版，第 37 页。
③ 《马克思恩格斯选集》第 1 卷，人民出版社 2012 年版，第 470 页。

于中国革命的阶级话语的呢?

(一) 运用马克思主义阶级理论进行阶级划分和制定土地革命路线

首先,运用唯物史观分析中国社会的阶级构成尤其是农村社会的阶级状况。马克思主义的阶级理论是唯物史观的重要组成部分,用唯物史观分析中国社会的阶级状况是中国共产党制定革命政策的主要理论依据,同时也是共产党自上而下利用中国化的阶级话语进行阶级动员,正如毛泽东在《中国社会各阶级的分析》中说的:"团结真正的朋友,以攻击真正的敌人"。这是中国共产党实现革命胜利总的方法论依据。

在《共产党宣言》中,马克思和恩格斯指明了资本主义时代的一个鲜明特征,那就是"它使阶级对立简单化了。整个社会日益分裂为两大敌对的阵营,分裂为两大互相直接对立的阶级:资产阶级和无产阶级"①。但是在半殖民地半封建的中国,阶级结构和阶级关系,相比于马克思恩格斯所说的简单化而言,反而是变得复杂化了。阶级成分由原来的地主阶级、农民阶级和城市手工业阶级衍生为地主阶级、农民阶级、城市小资产阶级、资产阶级和无产阶级等,就是农民阶级由于生产和生产资料的占有以及劳动付出和经济收入状况的不同,内部又有不同的"细别"。不同的阶级呈现出不同的特点,在反帝反封建的革命浪潮中扮演着不同的角色。毛泽东在正确把握中国国情的基础上,明确指出:"中国社会是一个两头小中间大的社会,无产阶级和地主大资产阶级都只占少数,最广大的人民是农民、城市小资产阶级以及其他的中间阶级"②。1925 年毛泽东发表的《中国社会各阶级的分析》,运用马克思阶级分析法对中国社会各阶级的经济地位和对待革命的态度进行了分析。

土地革命战争时期,以毛泽东同志为主要代表的中国共产党人进一步发展了马克思主义阶级理论,有针对性地分析了中国农村的阶级成分。1933 年毛泽东发表了《怎样分析农村阶级》,制定了《关于土地斗争中一些问题的决定》,全面论述了农村阶级的划分问题。在马克思主义阶级理论的指导下,毛泽东把农村阶级成分进行了细致的划分,具体分析了各个成分的特点,而且提

① 《马克思恩格斯选集》第 1 卷,人民出版社 2012 年版,第 401 页。

② 《毛泽东选集》第三卷,人民出版社 1991 年版,第 808 页。

出了从“质”和“量”上对农村阶级进行划分的衡量标准。毛泽东依据生产资料的占有、在生产中的地位以及产品分配状况将农村主要分为五大阶级,地主阶级、富农、中农、贫农以及工人(包括雇农在内)。特别值得注意的是,毛泽东认为那些帮助地主收租的管家和以高利贷剥削为主要生活来源的中农“应和地主一例看待”。在生产资料的占有方面,主要是以土地和生产工具的占有状况为划分依据,由多到少依次为:地主阶级>富农>中农>贫农>工人。具体表现为:地主阶级是绝对“占有土地”;富农“一般占有土地”,有自己占有的,还有租入的,占有“比较优裕的生产工具和活动资本”;中农“许多都占有土地”也有租入的,有相当的工具;贫农“有些占有一部分土地和不完全的工具;有些全无土地,只有一些不完全的工具”;工人(包括雇农在内)“一般全无土地和工具”。在生产中的地位方面,地主阶级和富农都处于剥削的地位,地主是不参与劳动,富农是自己参与劳动;中农是自己参与劳动;贫农和工人处于被剥削的地位;在产品分配方面,地主阶级主要靠“剥削地租”;富农是通过请长工,剥削雇佣劳动,收入主要是剥削来的;中农不剥削,全部靠自己劳动;贫农一般通过出卖小部分劳动力为生;工人主要是靠出卖劳动力。通过上述分析,可以看得出毛泽东并没有把农民阶级一概而论,而是具体分析他们在生产资料占有情况、生产地位以及产品分配状况等的特点,进一步将他们细化。阶级的差异决定了对待革命态度的差异,共产党通过分析农村阶级,根据革命的需要,确定革命应该联合谁、应该打击谁,根据农村阶级调整党的土地政策的策略,以适应革命的需要。

其次,确定土地革命战略和制定土地革命路线。土地革命是中国共产党在农村革命根据地开展打土豪、分田地,废除封建剥削,满足农民土地要求的革命运动,制定正确的土地革命路线是土地革命顺利开展直至取得胜利的重要保障。如何调动农民阶级的革命积极性,最直接且有效的办法就是给农民以看得见的物质利益——分配土地。正如恩格斯所说,“革命对他们中的每个人都有利,因此可以预料,一旦运动全面展开,他们就会一个跟着一个参加进来……”①1928 年 12 月,毛泽东主持拟定了开创农村根据地后第一部成文

① 《马克思恩格斯选集》第 1 卷,人民出版社 2012 年版,第 572 页。

的土地法《井冈山土地法》,共九条十四款,这是中国史上第一部提出彻底消灭封建土地所有制的法令,让亿万农民群众看到了翻身得解放的希望。但由于当时处于土地革命的初期,中国共产党领导的“打土豪、分田地”还处于摸索阶段,没有现成的经验可供借鉴,《井冈山土地法》中就包括毛泽东后来指出的“没收一切土地而不是只没收地主土地进行分配;土地所有权归属政府;禁止土地买卖”三条错误政策的内容。鉴于当时的现实环境,推行土地国有,不仅不利于调动农民阶级的生产积极性,更谈不上提高参与和支持革命斗争的积极性。毛泽东认为只有没收一切土地,才能够满足广大农民对土地的需求,“如此方可安民”,但是“没收一切土地”与当时民主革命现实出现了脱节,一切土地就包括了富农、中农的土地在内,这样的话,中农肯定不乐意了。于是 1929 年 4 月重新修订了土地法,颁布了《兴国土地法》,对《井冈山土地法》进行了一个原则性的更正,将“没收一切土地”更改为“没收一切公共土地及地主阶级的土地”,明确了土地革命的对象主要是针对地主阶级,这就既缩小了打击面,又争取了中农,使得革命的阶级阵线更加清晰。但是该土地法仍然没有改变土地所有权和土地买卖的问题。1931 年 2 月 8 日,苏区中央局发出《土地问题与反富农策略》的通告指出:“农民是小私有生产者,保守私有是他们的天性”,通告也指出了农民参加革命的目的,“他们热烈地起来参加土地革命,他们的目的,不仅要取得土地的使用权,主要的还要取得土地的所有权”,同时,通告还进一步指出了农民获得土地所有权对于农民自身和民主革命具有的双重重要意义,“必须使广大农民在革命中取得了他们唯一热望的土地所有权,才能加强他们对于土地革命和争取全国胜利的热烈情绪,才能使土地革命深入”,由此农民的土地所有权问题得到了初步解决。同年 3 月中旬,江西苏维埃政府发布《土地是我们的,耕种起来啊》的文件明文规定,“土地一经分定,即归农民所有”①。农民土地所有权的问题在苏维埃政府的领导下得到了进一步的解决。毛泽东认识到土地就应该归农民所有,1931 年 2 月 28 日他在给江西苏维埃政府《关于加强春耕工作的意见》的信中指出:“省苏

---

① 雷扶超、张锦宏、战勇:《中央革命根据地的土地斗争问题》,《江西财经学院学报》1982 年第 1 期。

应该通令各地各级政府,要各地政府录令布告,推促农民耕种,在令上要说明过去分好了的田(实行抽多补少、抽肥补瘦了的)即算分定,得田的人,即由他管所分得的田,这田由他私有,别人不得侵犯。以后一家的田,一家定业,生的不补,死的不退,租借买卖,由他自主。田中出产,除交土地税于政府外,均归农民所有。吃不完的,任凭自由出卖,得了钱来供给零用,用不完的由他储蓄起来,或改田地,或经营商业,政府不得借词罚款,民众团体也不得勒捐。那些说农民余钱剩米归苏维埃公用的话完全是谣言"①。由此确定了农民土地所有制,逐渐形成一套切实可行且符合土地革命现实需要的土地革命路线:依靠贫农、联合中农、限制富农、消灭地主阶级、变封建的土地所有制为农民的土地所有制。

(二)革命阶级基础的再造——以1933年毛泽东三篇经典文献为依据

开展土地革命,制定正确的土地革命路线是基本前提,革命政策只有落地才能起到真正的作用,这就是说,土地革命路线的落实更需要农民积极参与到具体的革命实践当中。但是,反过来说,农民只有转变传统的宿命意识和落后观念,树立起积极参与革命的阶级意识,才有可能参加革命。即是说,阶级观念只有"落地",才能发挥真正的作用与价值。阶级观念的"落地",具体指的是广大群众认同并接受民主革命的阶级观念并付诸革命实践的集体意识和统一行动。那么,具体到土地革命战争时期,"阶级"观念何以在苏区农村落地?阶级观念"落地"的内嵌逻辑,在空间意义上是指"自上而下"的"嵌入"和"由点而面"的"扩散"的有机统一。中国共产党领导开展的土地革命,在本质上就是阶级观念落地的现实运动,而查田运动就是这一时期非常重要的历史事件,是土地革命进程中阶级基础再造的一个重要环节。那么,在查田运动中,阶级观念是如何落地的?其间贯穿什么样的逻辑?这一逻辑又是怎么运作并在具体的社会实践中展开的呢?实际上,查田运动中农民本身是没有阶级意识的,那么查田运动是如何将"阶级"观念在苏区农村落地的呢?本书认为在整个过程中主要分为三步:首先是阶级意识在下行中嵌入,是自上而下逐步渗

---

① 《毛泽东文集》第一卷,人民出版社1993年版,第256页。

透的；其次是阶级观念在互动中不断强化；最后是阶级身份在纠偏中得到确定。1933年毛泽东为了指导查田运动的顺利开展，分别写了三篇经典文献——《查田运动的群众工作》《怎样分析农村阶级》和《关于土地斗争中一些问题的决定》，深入剖析阶级观念落地的具体运作逻辑。

1. 阶级意识：在下行中嵌入

在传统的中国农村社会，农民是没有阶级意识的，“阶级”作为舶来异质品，对于广大农民而言本身就是陌生的。纵观近代社会主义思想传播史，“阶级”意识是自上而下并在下行中不断嵌入的。近代阶级观念在中国的传播是以知识分子的创造性引入为前提的。甲午战争以后，中国面临着亡国的危机，中国知识分子迫切寻找出路推翻帝国主义和封建主义的压迫，开始积极向西方学习，他们最早接受了阶级理论，成为当时社会新思想的主要缔造者。改良派、革命党人、无政府主义派等纷纷对“阶级”进行了阐释和解读，但是他们的接受并不是很彻底，还不能完全将阶级斗争理论与中国具体实际结合起来。早期共产主义者李大钊、陈独秀通过当时大量翻译和传播的马克思主义著作，对马克思主义的阶级理论有了更进一步的深入了解，开始系统地接受并宣传阶级理论，为后来中国共产党人接受阶级理论奠定了良好的基础。五四运动之后，毛泽东、蔡和森、瞿秋白等人开始认识并接受阶级理论，随着中国共产党的成立，阶级理论逐渐在共产党内纷纷传播开来，而且中国共产党是知识分子建立的政党，中国的马克思主义者特别注重分析知识分子和农民之间的有机联系，“劳农主义”和“阶级斗争”是他们对于马克思主义的原初表达。在开展土地革命的过程中，中国共产党深刻把握并深入贯彻“党同农民和农民战争的密切联系”①，成为贯穿始终的一条红线。伴随着共产党深入农村动员群众参与革命，中国传统社会尤其是农村社会格局的血缘关系和地缘关系被逐步打破，阶级意识逐渐嵌入到农村社会，由此唤起了广大农民群众的阶级意识和革命意识。

中国共产党鲜明的阶级性和坚定的革命性决定了无产阶级政党的性质，代表着广大人民群众的根本利益，凸显了全心全意为人民服务的宗旨。在土

---

①《毛泽东选集》第二卷，人民出版社1991年版，第605页。

地革命的开展过程中，由于广大农民群众的阶级局限性以及历史上千百年来形成的宿命心理，现实生活中虽深知“苦感”但不知“苦源”，他们在很大程度上不知道造成自己贫苦的真正历史根源，反而更多地相信这是“命中注定”。当共产党向他们宣称可以带领大家改变命运的时候，有的半信半疑，有的甚至还有一定程度的排斥。所以，共产党首先要做的工作就是必须向农民做宣传，让他们明白党工作的“初衷”，尽可能地消除他们心中的疑虑，党不断向农民塑造一种与之前的“认命”截然不同的“阶级”观念和意识，即贫困的根源在于地主阶级的压迫和剥削，要想脱离苦海，必须打倒地主阶级，这是党团结群众、发动群众的首要前提。这是因为，在广大农村尤其是落后的农村地区，“比解决农民的土地问题更重要的是改造农民的思想观念”①。查田运动是中国土地革命史上一个重要的环节，毛泽东为了更好地指导查田运动，1933 年 6 月在八县查田运动大会上，作了《查田运动的群众工作》②的动员报告，详细阐述了开展查田运动的具体策略、方针及工作方法，充分地体现了“一切为了群众，一切依靠群众，从群众中来，到群众中去”的群众路线。在报告中，毛泽东强调：“查田运动……必须发动最广大群众热烈起来参加斗争，形成群众运动”，一切脱离了群众的工作方式是“查田运动最大的敌人”，开篇立论表明了革命工作必须坚持“一切为了群众，一切依靠群众”的观点，恪守了马克思主义的群众史观。“从群众中来，到群众中去”是党的基本领导方法，毛泽东强调只有依照正确的策略与方法“来动员广大群众，才能使查田运动得到完满的成功。一切不做宣传或宣传不正确、不认真、不普遍，查阶级、通过阶级与没收分配不按阶级路线与群众路线，不得群众赞助与同意，都不能使查田运动收到成绩，反会使群众不满，阻碍查田运动的进行”。在工作方向上，毛泽东特别强调，查田运动不是按亩查田，不是重新分田，是查阶级，查地主、富农阶级，而不是查中农、贫农和工人，这么做的目的就是为了将隐藏在农民群众的非农人揪出来，使得“土地革命的利益完全落到中农、贫农、工人身上”。但是，“查阶级之前，一定要经过宣传的阶段，即讲阶级的阶段”。毛泽东提出，首先必

---

① 纪程：《话语视角下的乡村改造与回应——以山东临沭县为个案（1941—2005）》，华中师范大学博士学位论文，2006 年。

② 参见《毛泽东文集》第一卷，人民出版社 1993 年版，第 269 页。

须向群众讲清楚查田运动的策略——“工人为领导者，依靠贫农，联合中农，去削弱富农，消灭地主”，从这个策略中可以发现，谁是我们的领导，谁是依靠力量，谁是敌人，在工人阶级的领导下依靠贫下中农的力量，共同打击富农和地主。讲阶级在本质上就是做宣传，也就是要把党关于阶级和阶级斗争的思想和策略有组织、分步骤地“下行”到苏区的农村社会当中去、深入“灌输”到农民的头脑和意识当中去。

2. 阶级观念：在互动中强化

如果说上文主要剖析的是纵向层面阶级意识的“下行”逻辑的话，那么本部分重点剖析的则是横向层面阶级观念的“互动”逻辑，即“由点而面”的扩散。

作为马克思主义政党，坚持唯物史观为一切工作的根本出发点和立足点，共产党将“阶级”话语嵌入到农村社会和农民的“潜意识”当中，促使农民超越传统观念的樊篱，将目光投向与其自身利益相关的民主革命中。通过“讲阶级”的宣传阶段后，就要进入“查阶级”阶段。查阶级是为了清除阶级队伍中的“封建残余”，为了避免引起群众恐慌要动员多数群众去查，而且要查得明白。不论是一个地主还是一个富农，要把他们过去的剥削情形和生活情形查得明明白白，才能使本人服罪，使群众满意。为了保证其质量和效果，毛泽东提出要一级一级通过，层层通过，确保阶级成分界定的正确性。他提出通过阶级，也就是决定阶级成分，分四个步骤进行，依次分别是：贫农团大会——乡查田委员会——区土地部——村子群众会，每个步骤必不可少，尤其是“村子群众会”的通过，通过阶级必须“看群众赞成不赞成，赞成的通过，不赞成的再去调查，决不可硬要通过”，充分体现了党坚持走群众路线，注重发挥群众的主体作用，从而激发起群众的革命热情。在报告中，毛泽东突出强调了发挥群众组织的力量，查田运动的许多工作都是以动员农民阶级革命为目的，群众组织为农民群众提供了利益表达、整合与协商的重要平台，毛泽东指出，贫农团是“农村阶级斗争的柱石”，应成为工会“农村阶级斗争的领导者”，充分发挥组织的优势，为革命凝聚强大的力量。

共产党发起查田运动最终目的是通过唤醒农民的阶级意识，从而燃起革命热情，壮大革命力量。中国共产党与农民之间建立联系，一是思维层面，农民阶级的“求变”思维与中国共产党的革命目标相契合;二是现实层面,土地是开启阶级话语在农村嵌入的“总钥匙”。换句话说,动员农民群众参与革命,这是民主革命的基本要求,但条件是要激发农民群体的阶级意识,这一前提条件在思维上内化为农民阶级的“求变”思维,在现实层面上外化为对土地所有权的归属上。因此,变更土地所有权成为共产党与农民阶级建立实质性联系的关键因素。查田运动中没收的地主以及富农的财产,除现款和宝贵物件交由政府外,土地、耕牛、农具和房屋都应分发给群众。在这一运作和逻辑延展过程中,对农民而言,“土地既是资源,更是权力”。我国著名社会学家费孝通曾这样表达土地对于农民的重要性,“如果说人们的土地就是他们人格整体的一部分,并不是什么夸张”①。对于农民而言,土地就是他们这一群体人格的一部分,是牵动和制衡他们命运的关键所在。因为土地财产不仅承载着农民生存的希望,还承载着整个家族的命运。与此同时,农民拿到了土地的所有权就意味着地主阶级失去土地。通过土地所有权的变更,农民不仅获得了实实在在的物质利益,而且还获得了新社会结构所赋予的权力和一定的社会政治地位。共产党在农村开展查田运动,本质上就是通过“查阶级”进而实现身份的阶级化。阶级身份同时也是一种政治身份,不同的阶级成分有着不同的政治地位,代表并占有不同的社会资源。农民阶级获得土地,阶级意识和阶级身份得到强化,也意味着政治地位的提升。同时,更重要的是在这个过程中农民就可以转化为现实的革命力量。土地对于中国共产党来说,既是一种表征政治权力的物质载体,更是一种革命动员的有效资源。农民获得了梦寐以求的土地财产,就意味着共产党的政治运作成功嵌入农民的意识当中,人心就是最大的政治,共产党利用土地这一有效载体,既解决了农民的土地问题,又将政治权力嵌入农村社会,同时共产党也赢得了广大农民的支持和拥护,农民就会自然而然加入革命队伍,全力支持中国共产党的革命工作。党赢得了农民的支持,农民支持革命、权力嵌入社会,这就为中国共产党实现革命胜利赢得了最为强大的政治资源,显然这是一个良性的互动过程。

总之,无论是从农民角度来说还是共产党的角度来说,土地都是维系二者

① 费孝通:《江村经济》,北京大学出版社2012年版,第163页。

良性互动的媒介。共产党以土地为嵌入农村的切入口，发挥各级组织的力量进行阶级意识嵌入，启发底层群众的阶级觉悟，使之自觉地投入到革命活动当中去，为革命的胜利奠定良好的群众基础。这样的话，土地革命的运作逻辑就是：土地财产被塑造成为共产党与农民之间良性互动的最直接最有效的“媒介”或“桥梁”。李大钊曾经论述农民与土地的关系时说：“中国今日的土地问题，实远承累代历史上农民革命运动的轨辙，近循太平、辛亥诸革命进行未已的途程，而有待于中国现代广大的工农阶级依革命的力量以为之完成”①。毛泽东在《国民革命与农民运动》一文中也开门见山地强调了农民问题之于中国革命的重要性：农民能否起来参与到革命中来，不仅关系到农民问题的解决，更关系到中国革命乃至中国问题的解决。这一关系性逻辑可以通过如下公式清晰地表示出来：中国问题⟷农民问题⟷土地问题⟷执政问题②。这个逻辑最后却折射出了近代以来中国革命的大逻辑，那就是：中国问题⟷执政问题。只不过，中国共产党领导的革命实践是从正面的意义上验证了这个大逻辑，而其他的政治力量从另外一个角度反证了这个大逻辑。中国共产党通过土地与农民建立起了同舟共济的关系，这进一步强化了农民群众的阶级观念，提升了阶级觉悟，农民阶级对中国共产党有了更为清晰的认识，从而大大消除了对共产党的疑虑，从根本上提升了农民的阶级觉悟。

3. 阶级身份：在纠偏中确立

早在大革命时期，毛泽东在《中国社会各阶级的分析》中就明确指出，革命的首要问题就是要认清谁是我们的敌人，谁是我们的朋友。土地革命战争初期，中国共产党就意识到农民土地问题的解决是事关革命成败的关键问题，于是中国共产党深入广大农村建立农村革命根据地，分三个阶段开展土地革命斗争，即“没收分配土地阶段”“检查土地阶段”和“土地建设阶段”。在中国共产党土地革命路线指导下，土地革命斗争取得了很大的成绩，基本上完成了第一阶段的任务。但是 1931 年在即将过渡到检查土地阶段时，以王明为代表的“左”倾冒险主义者不顾中国实际，唯共产国际指示和俄国革命经验是

① 《李大钊全集》第五卷，人民出版社 2013 年版，第 97 页。

② 孙少波、王华：《从土地功能变迁看目前我国的土地问题》，《统计与管理》2011 年第 2 期。

从，在土地问题上提出了一些错误主张，特别是执行以“地主不分田，富农分坏田”为核心的土地政策。尤其是1933年6月临时中央政府和苏区中央局先后发布了《中华苏维埃共和国中央政府关于查田运动的训令》和《苏区中央局关于查田运动的决议》，认为中央苏区的土地问题没有得到彻底的解决，地主豪绅反攻倒算，窃取革命果实的现象在不少地区仍然存在。而此时的毛泽东在党内和军事上的领导地位已被削弱，他的正确主张一再被否定。在《查田运动的群众工作》中毛泽东在论述查阶级时，曾特别强调，决定阶级成分是“对这个人决定‘生死’的时候，故要十分谨慎”①。这足以可见毛泽东最担心出现工作过粗导致阶级阵线混乱的问题，所以他始终主张走群众路线。虽然毛泽东力求查田运动能顺利开展，将“左”倾错误降低到最低限度，但是以王明为代表的“左”倾错误路线逐渐占据了上风，他们大力推行以“地主不分田、富农分坏田”为核心的“左”倾土地路线，在随后几个月的具体开展进程中，出现了不同程度的偏向。最主要的是阶级划分标准不统一，五花八门，“左”倾主义派往往采取“就高不就低”的原则，导致打击面肆意被扩大。主要表现在以下三个方面：一是过分打击中农，侵犯了中农的利益。当时苏区很多地方混淆了地主、富农、中农的区别，误把富裕的中农划为地主，富农被批斗打击。比如把中田、坏田或下田分给中农，没收中农的财产，因此出现很多中农恐慌于当前形势逃跑上山的现象。二是经济上彻底消灭富农，不给富农以活路。由于阶级划分标准不统一、不正确，很多地方发生了以是否存在剥削为标准，机械地划分地主、富农，把富农划归地主的现象，在经济上对富农采取消灭政策，过分打击富农，造成很多地主、富农要么消极对待革命，要么上山转为匪，或投向反动阵营，从而缩小了革命力量。三是贫雇农的利益受到了损害。在土地分配时，以劳动力为标准进行分配，结果造成很多丧失劳动力的贫雇农、幼孩、残疾人等失去了获得土地的权利；有劳动力的贫雇农虽然获得了土地，但是土地归属也多次发生改变，农民的生产积极性受到了打击，生产受到极大破坏。

毛泽东认为正确划分阶级是进行阶级动员的前提，能否正确划分阶级成分关系到能否顺利完成土地革命。不同的阶级成分具有不同的政治地位，对

① 《毛泽东文集》第一卷，人民出版社1993年版，第272页。

于革命有不同的态度,因此,正确划分阶级成分尤为重要。鉴于当时在土地革命实践中出现的"左"的错误,毛泽东在中央苏区领导开展查田运动,并于1933年先后发表了《查田运动的群众工作》《怎样分析农村阶级》和《关于土地斗争中的一些问题的决定》三篇经典文献,实现了对查田运动不同程度的纠偏。

第一,《查田运动中的群众工作》为正确划分阶级奠定了重要的方法论基础。在八县查田运动大会上,毛泽东指出,查田运动的政策和方针是:依靠贫农,联合中农,去削弱富农,消灭地主。毛泽东明确表达了正确划分阶级的极端重要性,坚决反对在查田运动中出现脱离群众的官僚主义倾向。因为脱离群众的官僚主义,大大妨碍了广大群众参与查田运动的积极性。为了尽量做好工作,把"左"倾错误造成的危害减少到最低限度,毛泽东详细阐述了开展此次运动的策略及方法,强调要向广大群众说明中国共产党的策略:首先必须分清楚地主、富农、中农、贫农以及工人,富农与地主是有区别的,对过去曾经出现的"把中农当富农,富农当地主,地主当富农"的混乱现象就应该予以改正。与此同时,在实践中尽最大的努力指导查田运动按照正确的方向发展。

第二,《怎样分析农村阶级》为阶级划分的标准做了"质"的规定。1933年8月毛泽东总结查田运动的工作时严厉批评了查田运动中的错误倾向,指出"左"倾错误路线是"最大的危险",在《查田运动的群众工作》一文中,毛泽东突出强调划分阶级必须要谨慎,要严格区分中农、富农、地主,"不使中农弄成富农,富农弄成地主"。但是1933年6月1日发布的《中华苏维埃共和国中央政府关于查田运动的训令》和1933年6月2日发布的《苏区中央局关于查田运动的决议》中的有关政策,错误地指责"抽多补少、抽肥补瘦"等的正确政策,从而严重侵犯了中农的利益,并没收了富农的土地,扩大了土地分配中的打击面。为了纠正"左"的影响,改变阶级划分上的混乱状况,毛泽东于10月写了《怎样分析农村阶级》一文。该文立足当时中国的社会现实,创造性地运用马克思恩格斯关于阶级分析的方法,以土地占有、是否劳动以及产品的分配为划分依据,将农村社会划分为五大阶级:地主、富农、中农、贫农和工人(包括雇农),为阶级划分标准做了明确而具体的规定。其中:

①地主阶级占据大规模的生产资料,尤其是占有土地,自己不劳动,或只

有附带的劳动,而靠剥削农民为生,地主剥削的方式,主要的是收取地租,此外或兼放债,或兼雇工,或兼营工商业,但对农民剥削地租是地主剥削的主要的方式。

②富农一般都占有比较优裕的生产工具和活动资本,自己参加劳动,但经常地依靠剥削为其生活来源的一部或大部。富农的剥削方式,主要是剥削雇佣劳动(请长工)。富农的剥削是经常的,许多富农的剥削收入在其全部收入中并且是主要的。

③中农许多都占有土地,有些中农只占有一部分土地,另租入一部分土地。有些中农并无土地,全部土地都是租入的。中农自己都有相当的工具。中农的生活来源全靠自己劳动,或主要靠自己劳动。中农一般不剥削别人,许多中农还要受别人小部分地租债利等剥削。但中农一般不出卖劳动力。另一部分中农(富裕中农)则对别人有轻微的剥削,但非经常的和主要的。

④贫农有些占有一部分土地和不完全的工具,有些全无土地,只有一些不完全的工具。一般都需租入土地来耕,受人地租、债利和小部分雇佣劳动的剥削。中农一般不要出卖劳动力,贫农一般要出卖小部分的劳动力,这是区别中农和贫农的主要标准。

⑤工人(包括雇农在内)没有任何土地和工具,有些工人有极小部分的生产资料,在生产上"完全地或主要地"靠出卖劳动力为生,处于被剥削的地位。[①] (具体情况如下表)

划分标准 / 阶级成分	地主	富农	中农	贫农	工人(雇农)
生产资料的占有状况	100%	60%—100%	20%—60%	10%—20%	0
生产中所处的地位	剥削;不劳动	剥削;参与劳动	不剥削;自己劳动	一部分受剥削;一部分自己劳动	完全受剥削
产品分配状况	收取地租	剥削雇佣劳动(长工)	自给自足	一般出卖小部分劳动力	出卖劳动力

① 参见《毛泽东选集》第一卷,人民出版社 1991 年版,第 127 页。

《怎样分析农村阶级》是党在土地革命战争时期划分农村阶级的一个纲领性文献，从生产资料占有关系、剥削与被剥削关系以及生活来源提出了正确划分农村各个阶级的基本标准，这就对中国农村社会阶级划分标准作出了“质的规定”①。

第三，《关于土地斗争中的一些问题的决定》为阶级划分的标准作了“量”的规定。虽然之前的《怎样分析农村阶级》一文为阶级划分的标准作了“质”的规定，但是在实际工作过程中，或是由于之前的文件没有规定，或是对规定不明悉，或是苏维埃工作人员解释不正确，导致在执行上发生偏差甚至错误。中华苏维埃共和国中央政府为防止和纠正在中央苏区分田和查田斗争中发生的政策界限模糊的实际问题，1933 年 10 月 10 日，由毛泽东亲自主持制定了划分阶级的文件《关于土地斗争中的一些问题的决定》，为查田斗争中阶级的划分提供了量的标准和规定，是对《怎样分析农村阶级》一文中“质”的标准基础上做出阶级划分的“量”的标准作的重要补充。首先，把家庭中有一人每年付出三分之一的时间从事主要劳动作为区分“劳动”和“附带劳动”的具体“量”的标准，与此同时，明确规定区分富农和地主的标准就是一家当中有无主要劳动。其次，明确规定了界定富农和富裕中农的两个维度，即剥削份量和剥削时间，富裕中农将其剥削收入不超过家中年收入的 15%或超过 15%但不超过 30%且群众不反对作为衡量标准。该文件规定，从暴动时间算起，向上推算，在连续三年之内，其剥削份量超过全家一年总收入的 15%，应划为富农，但是在特殊情形下，其剥削份量虽超过 15%但不超过 30%且群众不加以反对，应划为富裕中农最后，《关于土地斗争中的一些问题的决定》还对诸如知识分子、游民无产者、宗教职业者等阶级进行了明确规定和细致的划分。该文献发布后，澄清了在查田运动中出现的许多模糊认识和政策界限，纠正了工作中的偏差，扩大了革命阵营，调动了苏区农民的生产和革命积极性，广大农民纷纷参军参战，使革命战争获得了源源不断的人力、物力资源。

综上所述，能否让农民群众接受阶级观念、能否在工作中正确划分阶级，事关土地革命的成败。中国共产党在查田运动中的“纠偏”工作，使广大群众

① 林靖：《土地革命时期毛泽东对“富农”问题的探索》，湘潭大学博士学位论文，2014 年。

的阶级观念得到进一步强化,同时阶级身份在观念的互动和“纠偏”中不断确立。毛泽东的《查田运动的群众工作》《怎样分析农村阶级》和《关于土地斗争中一些问题的决定》这三篇重要文献及时扭转了查田运动错划阶级成分的现象,为查田运动提供了科学的划分标准,而且还具有很大的现实可操作性。这在一定程度上纠正了“左”的偏向,使得查田运动开始朝着较为健康的方向发展,例如,当时的胜利县纠正了错划的地主、富农 941 家,西江县砂星区纠正了 62 家,高坡区纠正了 70 余家。其余各县也对错划的地主、富农进行了改正。为土地革命的继续推进和最终胜利奠定了良好的阶级基础。

(三) 土地革命战争时期中国共产党阶级话语的建构方式

上文已经论述了农民是中国革命的主力军和无产阶级最可靠的同盟者,中国革命的中心问题就是农民的土地问题。因此,农民是共产党必须争取和依靠的革命力量。按常理说,中国共产党的革命逻辑原本就是从农民的苦难生活和悲惨境地入手,动员群众,号召他们起来闹革命。但事实并非如此简单,很多农民认为自己艰难困苦的生活处境是由于自己的“命”不好,并不是受了剥削和压迫,而与地主阶级并无太大关系,即使有些佃户对地主不满,只是针对某个地主,而不是整个地主阶级。而且传统的中国社会化呈现“有机的团结”的特点,没有阶级观念,更谈不上阶级意识。当时在华北农村流传着“好男不当兵,好铁不打钉”“穷兵、恶衙役”等俗语。因此,土地革命战争时期,为了推动中国革命的胜利,中国共产党通过多种方式将阶级话语逐渐渗透到革命群众中去,为建构适合中国革命实践的话语体系作出努力。

1. 经济动员——满足群众的利益诉求

土地革命战争时期,共产党首先在农村革命根据地发起以“打土豪、分田地”为核心任务的土地革命,大力开展根据地的经济建设。“打土豪、分田地”既是共产党进行土地革命的核心内容,也是共产党在农村革命根据地树立政治威信,充分调动广大群众参与革命斗争的积极性的主要经济手段,“给予土地与参与革命是中共与农民之间的一种典型的基于利益的交换和选择关系”①,获

---

① 傅雅蕾:《民主革命时期中国共产党对农民的政治动员问题研究》,山东大学博士学位论文,2015 年。

得土地是农民最大的利益诉求，因此，土地成了共产党动员广大群众参与革命的内在驱动力。

八七会议确立了土地革命和武装斗争的总方针，正式开启了以“打土豪、分田地”为核心任务的土地革命，大力发展革命根据地的经济建设。随后，中国共产党领导的“打土豪、分田地”运动以星火燎原之势在海陆丰、东固、井冈山、赣东北等根据地展开了。以毛泽东同志为主要代表的中国共产党人带领工农红军在农村革命根据地通过各种方式发动革命群众参与到打土豪、分田地的运动中，在井冈山根据地，共产党首先组成工农宣传队，通过各种形式的宣传，让广大群众理解革命的意义所在。当时，按照毛泽东的部署安排，工农红军宣传队深入到村落中，写标语、喊口号以此来宣传共产党的政策主张，当时有根据地流传出鼓舞人心的口号标语：“农民暴动起来，武装起来，实行打土豪分田地！”“没收地主阶级的田地财产，分配给贫苦农民，立即实行八小时工作制！”“取消一切苛捐杂税！”“取消国民党的一切苛捐杂税、焚烧田契借约！”“取消百货厘金！”等。鼓励工农红军打到群众内部，他们到了农民家中，除了进行政策宣传外，还积极帮助农民挑水、推磨等，与群众进行谈心交流。在当地党组织以及农民协会等组织的帮助下，群众的革命积极性很快被发动起来了，纷纷投入到打土豪、分田地的革命浪潮中。

共产党在根据地开展打土豪、分田地的运动，广大农民获得了土地，生活水平较之前有很大的改善。1930 年 10 月 7 日中共赣西南特委给中央的报告中传达了土地革命后农村的巨大变化，“土地革命后，农民‘不还租，不还债，不完粮，不纳捐税，工人增加了工资，农民分得了土地，好像解下了一种枷锁，个个都喜形于色’；他们都或多或少地添置衣服、被子、蚊帐和一些农具，特别是大部分人讨老婆没有困难了”①。

共产党发动群众打土豪、分田地，分浮财，是从经济方面让农民阶级认识到革命的目标、革命的意义，增强他们的阶级意识和阶级觉悟，以更加积极的姿态参与到革命中来。毛泽东在与老百姓的谈话中，联系实际向老百姓讲解了“为什么要在农村打土豪、分田地，什么是剥削、什么是压迫以及各地目

① 刘宝东：《百年大党是怎样炼成的》，人民出版社 2021 年版，第 52 页。

的”，老将军邹衍回忆道，正是因为毛泽东这一番话，才让他明白了革命的意义，“当时就立下了决心，不管将来遇到什么困难，都一定会铁心跟党走”①。

2. 政治动员——提高群众的政治觉悟

通过开展以打土豪、分田地为核心的经济动员运动，广大农民群众获得了物质上的利益，意识到共产党能带领他们摆脱贫困，给他们带来了希望，因此选择支持共产党及其革命运动。然而阶级话语在下行过程中依旧遇到了阻力，比如担心共产党犹如国民党一样得到政权后就会打压他们。为了消除老百姓的恐惧，在大搞经济建设的同时，共产党还注重对革命群众的政治动员，提高农民阶级的政治觉悟。

政治动员是中国共产党的一大政治优势，就是要让广大群众统一思想、明确目标，提高他们的阶级觉悟，让广大革命群众认识到革命的必要性，从而自愿参与到革命斗争中来，壮大革命的武装。开展政治动员是因为“政治动员的主体和客体在共同利益及其实现途径的认知之间存在着一定的差距，而客体又有着巨大的潜力”②。也就是说，共产党与农民阶级之间存在共同利益，农民阶级由于自身阶级的局限性，对革命没有一个清晰的认识，但是他们身上蕴藏着巨大的革命潜力，需要中国共产党去激发和调动。正如有学者所说的那样，“比解决农民的土地问题更重要的是改造农民的思想观念”③。

马克思在《〈黑格尔法哲学批判〉导言》中指出“批判的武器当然不能代替武器的批判，物质力量只能用物质力量来摧毁，但是理论一经掌握群众，也会变成物质力量。理论只要说服人，就能掌握群众；而理论只要彻底，就能说服人”④。宣传中国革命的意义，描绘革命胜利后的美好蓝图，是中国共产党在土地革命时期进行政治动员的主要方式之一。对于大多数农民群众而言，他们分到土地以后，必然有想过一种所谓“三十亩地一头牛，老婆孩子热炕头”的理想生活，但是参与革命会有很多不可预料的风险，甚至会丢掉性命。因此

---

① 谢智伦、王敏娜：《老将军邹衍回忆：长征路上战友给我一碗青稞面》，《辽宁日报》2016年10月27日。

② 关海庭：《中国共产党的政治动员述论》，《中共党史资料》2009年第2期。

③ 纪程：《话语视角下的乡村改造与回应——以山东临沭县为个案（1941—2005）》，华中师范大学博士学位论文，2006年。

④ 《马克思恩格斯选集》第1卷，人民出版社2012年版，第9—10页。

共产党要号召农民起来革命,必须构建革命的合法性,让群众清楚革命的意义,对革命后的美好愿景有所期待,从而获得农民阶级的普遍认同。在建党早期,我党已经有了对农民进行动员的实际工作经验,得到农民阶级的支持,使农民阶级认识到了参与革命的至关重要性。根据赖毅的回忆,毛泽东在强调工农革命军的任务时,说“我们每个人是战士,也是宣传员,不仅要打仗,还要向群众宣传我们的主张,组织群众,武装群众。只要我们和群众团结一起,革命胜利就有把握了”①。毛泽东主张对农民进行思想启蒙教育,他发动进步教师,在韶山、银田等地的旧祠堂、族校创办夜校,在教农民识字算术的同时,讲述三民主义、国内外大事等。毛泽东提出,向农民讲述就要通俗易懂,使农民接受起来更为容易,比如“讲‘手’和‘脚’两个字时,就说:人人都有手脚,可是农民的手脚一年到头不停地劳动,却缺衣少吃;地主有手不劳动,有脚还坐轿子,却吃大鱼大肉,穿绫罗绸缎”②。通过比对鲜明的事实启发农民将自己的“穷”与地主的“富”联系起来,向他们不断灌输阶级意识和革命斗争的必要性。共产党带领工农红军在农村革命根据地积极地融入当地环境,主动参与到农民的日常生活生产中,将全心全意为人民服务的宗旨通过实际行动深入人心。把马克思描绘的未来理想社会的蓝图采用通俗易懂的方式讲给他们听,让他们看到一个没有剥削压迫的理想社会是多么美好,进而向他们说明现在的革命形势,让他们明白共产党就是要带领大家实现美好生活的愿望,呼吁农民支持与参与到革命中来。在具体的工作开展中,共产党采取了多种方式,诸如标语、口号、戏曲等,让他们明白共产党是其利益的代表者和维护者,国民党反动派是革命的对立者,是革命的对象。

共产党在革命动员中还善于采用树立典型模范的办法,从农民群体中选出阶级觉悟较高、表现优秀的个人或者团体进行宣传表彰,这对农民来说更具有说服力和吸引力。当时《红色中华》专门开辟了“红板”和“黑板”两个模块。这是革命竞赛上用的一种鼓动方法,譬如在一个竞赛中,哪些同志成绩最好,在一个“红板”上就把这些同志的姓名登出来。反之,有成绩不好的,或者

---

① 《伟大的历程——回忆战争年代的毛主席》,人民出版社1977年版,第48页。

② 金冲及主编:《毛泽东传(1893—1949)》,中央文献出版社2004年版,第116页。

顶坏的，就把他们登在“黑板”上来教大家以这些同志为戒①。通过正反的鲜明对比，让农民有了“是”与“非”的辨别力，更有利于改造农民的思想，推动了共产党革命动员工作的顺利开展。共产党也十分注重发挥群众组织的模范带头作用。共产党鼓励和吸纳表现突出的农民加入党组织、政权组织，带领他们建立了农民协会（贫农团）、青年团、妇女组织等群众组织，成功地把原本分散的农民整合起来，将广大群众紧密地联系起来，成为共产党联系广大群众的“纽带”。比如妇女组织也是共产党在根据地进行阶级动员的重要组织形式。该组织在“扩红”宣传、后勤保障服务等方面作出了突出的贡献。据江西苏区史料记载，兴国县妇女三个月优待红军，共做了 18496 个工。妇女组织还成立慰劳队、洗衣队、敌情探查队等随时为战争服务。她们卖首饰、砍柴卖钱购买公债票，在兴国、公略、万太、宁都等县她们共推销了 19128 元。她们慰劳红军及地方武装，做了 15137 双布草鞋，9904 双麻草鞋，4194 双鞋子，其他物品诸如毛巾、洋袜、用品、食品等更是不计其数。② 这足以证明妇女在革命工作中发挥了重要的作用。

中国共产党通过各种具体形式的政治动员，提高了群众的政治觉悟，消除了农民对革命的疑虑，并且让他们明白，要想彻底翻身得解放，就必须坚决拥护共产党，积极参与革命，与反革命势力做坚决彻底的斗争。

3. 个别动员和群体动员——作为经济和政治动员的重要补充

经济动员与政治动员是中国共产党在土地革命战争时期宣传动员采取的主要方式，其中个别动员和群体动员作为重要补充，也发挥了重要的作用。

动员群众的方式必须采取“每一个工人、农民所喜欢接受的方式”③。中国共产党充分考虑到农民这个群体的特点，在农村革命根据地主要采取了典型个别动员方式和利用群众组织进行群体动员的方式。1927 年大革命失败后，“白色恐怖”笼罩着整个中国，国民党通过武力威胁、物质利诱、反动宣传等方式极力阻碍中国共产党与农民建立联系。国民党的反动宣传使得很多农

---

① 参见赵红志、屈亚：《〈红色中华〉在中央苏区反腐倡廉运动中的具体举措》，《萍乡高等专科学校学报》2013 年第 5 期。

② 参见《江西苏区妇女运动史料选编》，江西人民出版社 1983 年版，第 66 页。

③ 《毛泽东选集》第一卷，人民出版社 1991 年版，第 124 页。

民开始惧怕、怀疑共产党，不敢接近共产党和工农红军，甚至当时就出现了农民群众躲避工农红军的情况。毛泽东带领秋收起义部队到达井冈山地区，认真听取广大农民群众的意见，对工农红军提出了严格的要求，制定了著名的“三大纪律六项注意”（后来发展为“三大纪律八项注意”），最大限度地保护农民群众的利益，初步赢得了农民群众的好感。毛泽东带领工农红军深入农村中，动员农民群众，在这个过程中，毛泽东提倡用个别动员的方式。1927年底，毛泽东带着红军到了酃县中村一带，他们开展打土豪、分田地的运动，将土地分给农民，受到了农民的极大欢迎，革命热情有所提高。但是有部分农民群众依旧“担心恶霸地主反攻倒算，因此不敢分地主的土地和浮财”。对于这些群众，毛泽东没有置之不理，而是“一有时间就挨家挨户地上门做工作”。当时有位叶姓老汉不敢接受共产党分来的浮财和土地，毛泽东和几位红军带着粮食和衣被等物一起来到他家中，对叶老汉说：“听说你一家又揭不开锅了，给你们送了一点粮食，还有几件衣服，这都是从地主那里没收来的。先解决一下眼前的困难”。然而叶老汉表现得很是犹豫，毛泽东看出他的心思，对他说：“叶大爷，你莫害怕。粮食是穷人种的。衣服也是用穷人的血汗做成的，现在我们把他从地主恶霸那里夺回来，分给穷人，这是物归原主嘛”。通过这种一对一谈心，不仅改变了叶老汉对革命的看法，增强了他的阶级意识，而且还影响了很多诸如叶老汉一样的群众。他们纷纷表示，“只要穷人心齐，还怕那几个臭地主”。毛泽东通过个别动员的方式，成功拉近了共产党与农民的距离，更加坚定了农民投入革命的信心。在宣传党的政策时，毛泽东指出：“我们要的是努力宣传，说服群众，按照具体的环境、具体地表现出来的群众情绪，去发展合作社，去推销公债，去做一切经济动员的工作。”①

在动员群众工作中，共产党高度重视群体动员这种方式，即发挥群众性组织的动员作用。群体性组织是共产党动员群众主要利用的手段。因为群体组织诸如农民协会等把分散的农民组织起来，有利于农民表达自己的利益诉求。组织的力量不论是思想觉悟还是革命态度方向，都会大于个人，同时，在群体性组织中，农民能够找到归属感，能够增强群众的凝聚力，为共产党“扩红、筹

① 《毛泽东选集》第一卷，人民出版社1991年版，第125页。

款”等工作提供了平台,有利于共产党动员工作的开展。中国共产党组建了宣传队,深入农村宣传革命主张,发动群众。毛泽东认为组织农民最有效的办法就是组建农民组织。当时建立了农民协会、赤卫队、童子团等,为共产党开展工作搭建了平台,通过这些组织深入群众,宣传革命主张,运用各种方法将战争的情形状况、党的诉求与每一位工农群众的利害关系联系起来,宣传党的革命主张,使得群众能够真正相信党,更好地凝聚群众力量。以1933年成立的红六军团为例,利用贫民团、职工会、妇女会、青年会等组织召开各类群众性集会,开展广泛的宣传动员,他们在教育团结革命群众,组织动员广大群众参与革命,积极参加土地革命以及各项建设工作等方面发挥了积极的作用,为中国革命作出了突出的贡献。1929年毛泽东总结红军宣传工作的问题时指出:“宣传队不健全,群众大会很少开,又开得不好”①。他认为红军宣传队是红军宣传工作的重要工具,提出在党的统一领导下,组建宣传队,运用各种形式开展宣传工作。党召开政治会议,宣传党的政治革命主张,将主要思想通过农民组织例如农民协会宣传下去。而且共产党经常组织群众集会,通过演讲等方式向农民群众宣传阶级斗争,塑造农民的阶级意识,从而获得农民阶级的拥护和支持。共产党以自己的实际行动动员教育群众,使得农民群众意识到只有共产党才能带他们脱离苦海,从而积极投入到革命斗争中,壮大了革命的力量。

4. 宣传载体——潜移默化唤醒农民的阶级意识

共产党十分重视党的宣传工作在具体革命实践中方式、方法的选择。1929年毛泽东提出:“红军宣传工作的任务,就是扩大政治影响争取广大群众。由这个宣传任务之实现,才可以达到组织群众、武装群众、建立政权、消灭反动势力、促进革命高潮等红军的总任务。所以红军的宣传工作是红军第一个重大工作。若忽视了这个工作就是放弃了红军的主要任务,实际上就等于帮助统治阶级削弱红军的势力”②。革命时期中国共产党的革命宣传工作以报纸刊物、口号标语、红色歌谣以及革命文学、文艺为主的各类载体,也发挥了

① 《毛泽东文集》第一卷,人民出版社1993年版,第97—98页。
② 《毛泽东文集》第一卷,人民出版社1993年版,第96页。

巨大的作用。

①红色报刊——党和人民的“耳目喉舌”

报纸刊物是党主要运用的宣传工具,被称为党和人民的“耳目喉舌”。土地革命战争时期,为了更好地宣传革命思想、报道革命活动,中国共产党十分重视发挥报纸刊物的宣传鼓舞作用。报纸是中国共产党“发动群众的一个有力的武器”①。根据中国革命形势和中国共产党面临的历史任务的演变,红色报刊宣传的主题也随之发生变化。在建党初期及大革命时期,主要宣传马克思主义、共产党的政治主张以及工人运动。到了土地革命战争时期,红色报刊重点宣传土地革命、阶级斗争以及武装革命等思想。中国共产党第一个决议规定,“任何出版物,无论是中央的或者地方的,均不得刊登违背党的原则、政策和决议的文章”②,对红色报刊作了原则性的规定,红色报刊是为革命服务的,代表着无产阶级和最广大人民群众的利益。以《红色中华》为例,1931 年 12 月 11 日在江西瑞金创刊,并作为中华苏维埃临时中央政府的机关报,主要宣传“党和苏维埃政府的政治主张和各项政策,反映苏区的革命斗争和红军活动;组织群众参加工农民主政权建设,指导各级苏维埃政府的实际工作”③。埃德加·斯诺评价《红色中华》是老百姓都能看的报纸,1932 年的发行量达 50000 余份。随着革命形势的不断发展,中央苏区的刊物也不断增加,成为广大群众了解党的政策、革命形势等的重要途径。共产主义青年团创刊的《青年实话》,从 1932 年到 1935 年在江西出版,发行量多达 1.5 万余份。《红星》从 1933 年出刊,一年时间发行量达 2 万份④。从报刊发行的数量上看,报刊成为群众了解革命的“窗口”。不难发现,报纸刊物的作用就是要通过宣传革命思想和报道革命实践,达到发动群众和动员群众参加革命的目的。毛泽东在总结红军宣传工作中的问题时,提出办壁报(《时事简报》),“壁报为对群众宣传的重要方法之一”,要注意“(1)要快;(2)内容要丰富一点;(3)字要稍大

---

① 《毛泽东文集》第一卷,人民出版社 1993 年版,第 263 页。

② 《中国共产党历次重要会议集》(上),上海人民出版社 1982 年版,第 6 页。

③ 陈荣华、阎中恒、何友良:《中国革命史手册》,华中师范大学出版社 1986 年版,第 736 页。

④ 参见[美]埃德加·斯诺:《红色中国杂记》,党英凡译,群众出版社 1983 年版,第 60 页。

点,要清楚点"①。1931 年 3 月,毛泽东下发总政治部通令说道:"《时事简报》是苏维埃区域中提高群众斗争情绪、打破群众保守观念的重要武器,在新争取的区域对于推动群众斗争更有伟大的作用"②,阐明了在群众中创办报刊的必要性。不仅如此,而且还强调报刊上的文字和材料都要有鼓动性,要用群众能够理解的土话或者十分浅白的普通话,张贴到"显要之处"给群众看。

土地革命战争时期,红色报刊作为党和群众的"耳目喉舌",在宣传党的思想理论、政策方针,在凝聚人心、动员群众等方面发挥了不可替代的作用。

②口号标语——效果最为显著

口号标语是共产党重要的宣传工具,以简单精练的文字起到了很好的宣传鼓舞作用。在土地革命战争时期,口号标语被赋予一定的政治目的和反映一定的政治态度,在群众中有悠久的历史渊源和良好的认同基础,成为共产党开展阶级动员最便捷的手段之一。

列宁曾经在《论口号》一文中提出,"每一个口号都应当以一定政治形势的全部特点为依据"③。大革命失败后,中国革命进入了最艰难的时期,为了保存和发展革命力量,共产党在农村革命根据地开展"扩红、筹款""打土豪、分田地"等革命动员活动,动员广大农民群众加入革命队伍。工农红军每到一个地方,就是写标语口号,当时各种口号标语随处可见。"扩大红军,保护土地革命""实行土地革命""有田分穷人才有饭食""坚决执行土地革命,从土豪劣绅地主手中夺取土地"等。尤其是"打土豪、分田地"这一标语迎合当时根据地的革命任务,简洁明了、深入人心,动员效果十分明显,强化了农民对共产党及其政策主张的认同,激发了农民的生产积极性和革命积极性。共产党在具体的工作实践中,根据不断变化的革命斗争形式,调整口号标语的内容,为了更好地鼓动农民参军,重点宣传革命的意义,如"动员群众参与红军""参加红军、保护父母妻子""红军是为穷人谋利益的军队""要得安居乐业,必须拥护红军""没饭吃的穷人快来赶上红军"等。这些标语多粉刷在人流密集

---

① 《毛泽东文集》第一卷,人民出版社 1993 年版,第 100—101 页。

② 《毛泽东文集》第一卷,人民出版社 1993 年版,第 259 页。

③ 《列宁全集》第 32 卷,人民出版社 2017 年版,第 6 页。

的墙体上，十分醒目，营造了良好的舆论氛围，对于宣传党的政策主张、动员群众投入革命起到了显著的效果。1929 年陈毅《关于朱毛红军的历史及其状况的报告》中对红军宣传工作做了明确的规定："凡军队每一个机关(如连部、营部或政治部、卫生队等)均须派五个人担任宣传工作……凡军队经过的地方，墙壁上要统统写满红军标语，写字要正楷，以愈大愈好，要用梯子写得高，使反动派不能随便涂抹……同时宣传员还负责破坏反动宣传品如国民党标语、总理遗嘱等"①，这足以说明红色标语在革命动员工作中的重要价值和作用。

③红色歌谣——通俗易懂最受欢迎

红色歌谣是表现革命主题，主要流传于革命根据地的各种歌谣。为了动员人民群众积极拥护和参加革命，共产党不断地探索老百姓喜闻乐见的形式，相比于文字形式来说，歌谣更具有趣味性，能够贴近生活实际，传唱起来更为容易，其影响范围比较大，获得了广大群众的欢迎，达到了宣传的效果。

彭湃为了使农民能够听得懂自己的革命宣传，不仅将专业术语或者农民难以理解的道理转译为通俗易懂的土话，还把革命道理与农民的疾苦联系起来，用当地的方言编成歌谣在农村传唱。例如《无道理》：

无道理，无道理，
死了一个人，
吃饱通乡里。
太不该，太不该，
地主来讨债，
孝子哭哀哀！
真可恼，真可恼，
生做个穷人，
死不当只狗。
莫烦恼，莫烦恼，
大家合起来，

① 《建党以来重要文献选编(1921—1949)》第 6 册，中国文献出版社 2011 年版，第 460—461 页。

打倒地主佬！
打倒地主分田地，
千家兴，
万家好①。

这首歌谣深刻揭露了地主阶级对农民阶级敲骨吸髓式的盘剥与压榨，号召农民打倒地主、起来革命。这个歌谣在海丰地区深受农民喜欢，流传甚广。

1929年毛泽东分析红军宣传技术的缺点之一是“革命歌谣简直没有”。可见，毛泽东很注重革命歌谣在宣传工作中的作用。土地革命战争时期根据地流传了很多红色歌谣。为了宣传党的政策主张，扩大党的影响力，使广大群众拥护和支持革命，在共产党的号召下，将党的政策、纲领、方针等改编成通俗易懂、易于传唱的歌谣，如《十大纲领歌》《红军纪律歌》《红军三大任务歌》《〈工作大纲〉歌》等；为了唤起农民的阶级意识，地主阶级压迫农民的现实被改编为歌谣，诸如歌谣《为什么贫富不均》②中的内容：“三才者天地人应该平等，是缘何他该富我等受贫？人都是天地间父母所养，为什么贫与富贵贱不均？……他说是积阴功坟山所荫，又说是阳宅好风水凑成。细思量究其实不是这等，全都是（地主）剥削我一般穷人”③。将农民的“穷”与地主的“富”建立起了直接的因果关系，使得农民意识到阶级对立的存在，激发阶级仇恨，从而动员广大农民群众积极拥护并参与革命。

④红色文学——塑造阶级仇恨

红色文学作为文学的一种特殊类型，也是共产党在土地革命战争时期涤荡群众旧思想、激发阶级仇恨、唤醒阶级意识、塑造革命意识的方式之一。

土地革命战争时期，随着革命形势的变化，文学作品以反映阶级压迫、革命思想为主题，产生了大批的文学作品。在这个时期，王统照（1897—1957年，现代作家）创作长篇小说《山雨》、《春华》以及短篇集《霜痕》等；鲁彦

① 《彭湃文集》，人民出版社1981年版，第333—334页。

② 参见红安县革命史编写领导小组办公室：《红安革命歌谣选》，武汉大学出版社1986年版，第13页。

③ 红安县革命史编写领导小组办公室：《红安革命歌谣选》，武汉大学出版社1986年版，第12—13页。

（1901—1944 年，著名乡土小说家、翻译家）创作《童年的悲哀》《小小的心》《屋顶下》《雀鼠集》《河边》5 个短篇集和长篇小说《野火》；作家李劼人（1891—1962 年，中国现代具有世界影响的文学大师之一），从 1935 年起写了 3 个连续性的长篇《死水微澜》《暴风雨前》以及《大波》（第一部）；郑振铎（1898—1958 年，民国时期爱国主义者、社会活动家、作家）在这一时期用“郭源新”笔名写下了《取火者的逮捕》《亚凯诺的诱惑》《埃娥》《神的灭亡》等小说；徐杰（不详）写下《七十六岁的祥福》《放田水》；沈从文（1902—1988 年，中国著名作家）的《入伍后》《会明》《新与旧》等都是这个时期反映革命主题的典型代表作品。

出于更好地适应革命形势发展的需要，1928 年初创造社和太阳社在全国掀起了无产阶级革命文学的潮流。代表人物主要有郭沫若、成仿吾、冯乃超、蒋光慈等人，他们主张“文学是要有阶级性的，文学是宣传的武器”，代表作有郭沫若的《英雄树》和《桌子的跳舞》，成仿吾的《从文学革命到革命文学》，蒋光慈的《关于革命文学》，冯乃超的《艺术与社会生活》等。在革命形势严峻的情况下，这些文学作品起到了振奋人心、鼓舞斗志的作用。1930 年在上海成立了中国左翼作家联盟（简称“左联”），鲁迅、夏衍、冯乃超、钱杏邨等任常务委员。“左联”密切配合当时的革命运动，初步制定了为无产阶级革命事业服务的文学理论纲领，提倡文艺大众化，开展了工农兵通讯员运动，建立马克思主义文艺理论研究会等组织①，积极参与了粉碎国民党反动派对文化革命的“围剿”。代表作鲁迅的历史小说《故事新编》，瞿秋白的杂文和文艺评论，茅盾的《子夜》《春蚕》等。1932 年 9 月中国诗歌会成立，诗歌会主张“捉住现实”，歌唱“反帝反日”的民众的高涨情绪。在形式上他们提倡简明易懂，努力运用工农群众都能听得懂的语言文字，使得革命诗歌能够普及到群众中去，主要代表作有浦风的诗作《六月流火》。

除此之外，中国共产党还采用漫画、文艺表演、传单等形式在农村用阶级话语，使得农民的文化心理和传统思维得到改造，阶级意识大幅提升，从

---

① 参见陈荣华、阎中恒、何友良：《中国革命史手册》，华中师范大学出版社 1986 年版，第 91 页。

而紧紧团结在中国共产党的周围，壮大了革命队伍，为实现革命的最终胜利贡献力量。

土地革命战争时期，中国共产党以革命问题为导向，通过阶级话语的表达与建构，塑造具有阶级意识和革命意识的革命力量，将农民转化为革命的积极因素和依靠力量。在阶级话语建构的过程中，中国共产党积累了丰富的历史经验，为今天建构中国特色社会主义话语体系提供了重要的启示。

第二节　新中国成立后中国化的话语建设：以社会主义革命和建设初期为例

新中国成立后，我们仅用了三年时间就完成了国民经济的恢复工作，提前并超额完成了第一个五年计划，迅速完成了社会主义工业化和社会主义改造，建立了社会主义制度。新中国之所以能取得这样的成绩，一方面，这与中国共产党的正确领导分不开；另一方面，这与党的各项工作得到了广大人民群众的响应和支持分不开。中国共产党如何最大程度地调动广大人民群众的积极性，激发广大民众的参与热情，一个重要的原因就是中国共产党立足中国的现实基础，顺应时代形势，以马克思主义和中华优秀传统思想文化为理论渊源，建构了符合中国实际、充分反映人民意志的国家话语，真正取得了人民对党和国家事业及其成就的高度认同。

一、时代背景

1949 年新中国成立，中国共产党成为全国的执政党，中国人民成为了国家的主人，与此同时，新中国面临着严峻的国内外局势，民主革命的遗留任务还未完成，国民党残余势力仍负隅顽抗，以美国为首的帝国主义国家对我国持敌视态度，不承认新生的人民政权。此外，在思想文化领域，封建主义思想、帝国主义思想、资本主义思想等充斥在人们的思想中，迫切需要国家拨开人们思想的迷雾，树立马克思主义的指导地位。

（一）复杂的国内形势

新中国国家话语伴随着新中国成立及其国家战略部署应运而生，1949 年 10 月 1 日新中国的成立结束了近代以来我国半殖民地半封建的社会性质，迎来了人民当家作主的新社会，同时，新中国成立后，面临着来自政治、经济、文化、外交方面的新任务。

从 1949 年到 1952 年这段时间，在政治上，“人民解放战争还未完成，国民党残余势力占领着华南、西南和沿海岛屿，与新中国负隅顽抗；在全国还盘踞着 200 万武装土匪，他们的社会关系盘根错节，占领一方，为非作歹”①，这就需要中国共产党领导的人民军队镇压反革命，对其继续进行军事上的清理和整顿。此外，中国共产党顺应广大农民获得土地的愿望，对拥有 3 亿以上人口的新解放区进行了土地改革，废除了在中国延续数千年的封建地主土地所有制，将地主土地所有制变为农民土地所有制。在经济上，由于国民党政府留给我们的是一个一穷二白的烂摊子，这段时间国民经济百废待兴，摆在全国面前的主要任务是恢复国民经济，没收官僚资本，将其变成社会主义性质的国营经济，从而确立国有经济在国民经济中的领导地位。此外，这段时间，物价飞涨、投机资本家兴风作浪，需要我们整顿经济秩序。在文化上，我国文盲、半文盲人口占总人口的 80%，人民的文化素质较低；在社会上，旧社会遗留下来的黑暗场所和恶霸势力仍然存在，“卖淫嫖娼、鸦片烟毒、赌博活动，严重污染着新中国的社会环境，腐蚀着人们的身心健康”②，需要党和政府对旧社会的污泥浊水进行清理整顿。

从 1953 年到 1956 年这段时间，为了适应社会形势和工作战略的转变，新中国需要对农业、手工业和资本主义工商业进行社会主义改造，以实现从新民主主义社会向社会主义社会的过渡。为了将我国由一个落后的农业国变为一个先进的工业国，我国制定了社会主义工业化的方针并实施了第一个五年计划；针对我国文盲率高、民众文化素质较低的现状，我们坚持文化为人民服务、为社会主义服务的方向，开展“扫盲”运动；此外，为了鼓励文学艺术的自由创

① 金冲及：《二十世纪中国史纲》第 3 卷，社会科学文献出版社 2009 年版，第 698 页。

② 《中国共产党历史》第 2 卷，中共党史出版社 2011 年版，第 108 页。

作和创新,制定了"百花齐放、百家争鸣"的方针;社会上,需要对旧社会的遗毒恶习进行清理,涤清社会风气,规范社会秩序。如此种种,国民党政府"反人民"的独裁理论行不通,民族资产阶级"中立"理论也行不通,新中国迫切需要一种具有强大感召力、代表广大人民利益和国家发展趋向的国家话语的诞生。

(二)严峻的国际局势

经历了第二次世界大战的洗礼后,整个国际形势错综复杂,各种政治力量对比也发生了深刻变化,世界成了两极对峙格局。以美国为首的西方资本主义国家对我国存有敌视态度,对我国采取了封锁、禁运政策,不承认新生的人民政权,企图将新中国扼杀在摇篮里。由于社会制度的原因以及苏联和其他人民民主国家对我国的友好态度,我国制定了"另起炉灶""打扫干净屋子再请客"和"一边倒"的外交方针①。中国共产党主张废除旧中国遗留下来的帝国主义在中国的特权,肃清其在中国的势力范围,从而在自由、平等的基础上与其他友好国家建立新的外交关系,这对维护国家政权,恢复国家主权、宣传国家的执政理念具有重要作用。于是,新中国成立后就迎来了第一次建交高潮,截止到 1951 年 5 月,我国已经同 19 个国家建立了外交关系,其中与苏联缔结的《中苏友好同盟互助条约》对我国产生了深远影响,为我国进行经济和政治等建设活动提供了稳定的国际环境。

1950 年朝鲜战争爆发后,美国将战火烧到我国边境,严重危害我国国家安全。为了捍卫领土安全、维护国家利益,在人民解放军装备落后、新生政权还没有完全巩固的情况下,进行了伟大的抗美援朝战争。这场战争打破了美军不可战胜的神话,极大地提高了中国人民的民族自尊心和自信心,增强了中国共产党在中国人民心中的威信,调动了广大人民群众的生产热情。同时,抗美援朝战争具有深远的国际影响,提高了新中国的国际威望,有力地维护了世界和亚洲和平,正如彭德怀作的报告指出的那样:"它雄辩地证明:西方侵略者几百年来只要在东方的一个海岸上架起几尊大炮就可霸占一个国家的时代

---

① 《中国共产党历史》第 2 卷,中共党史出版社 2011 年版,第 21 页。

是一去不复返了"①。世界各国不得不重新估计中国在国际社会中的地位和影响，再加上爆发新的世界大战的可能性较小，这为我国进行各项建设和改革提供了相对稳定的国际环境。此外，针对国际社会对新中国存在误解和排斥的现状，新中国需要阐明中国立场，表达中国意志。1953 年，我国与印度首次系统地提出了"和平共处五项原则"，并在日内瓦会议期间与缅甸重申这一原则，和平共处五项原则不仅对改善与周边民族独立国家的关系有积极意义，同时，在国际上也产生了巨大反响。1955 年，中国受邀参加亚非会议，由于亚非拉国家对我国的误会和疑虑，周恩来在大会上提出了"求同存异"的方针。亚非拉国家有着相同的殖民遭遇、谋求和平的诉求和发展愿望，这是我们的共同点。中国代表团有力地扫除了他们的疑虑，促成了亚非会议的成功，营造了与亚非拉国家合作的有利局面。总之，如何在把握国际大势的基础上向世界传递中国声音、表达中国态度、亮明中国观点、维护中国利益，迫切需要建构新中国的国家话语。

（三）混杂的思想文化

新中国刚刚成立时，正处于新旧政权交替、新旧思想更迭的转换时期，这一时期，各种思想鱼龙混杂，"封建主义思想、帝国主义思想、资本主义思想、国民党反动派思想的残余以及半殖民地奴化的买办思想等"②，这些思想冲击着马克思主义的指导地位。由于我国长期处于封建社会，封建社会遗留下来的愚昧、落后、迷信的思想在人民群众中仍占有很大的位置，这种落后的思想不扫除，人民的、科学的、大众的先进文化就很难进来。这一时期，我们允许资本主义经济在有利于国计民生方面发展，并不代表着允许资本主义思想任其发展。针对帝国主义通过各种传播媒介丑化中国共产党和社会主义制度，宣扬资产阶级的"人权"，企图通过"和平演变"搞垮人民政权的行为，向广大民众指出资产阶级思想的错误性、同其划清界限已势在必行。此外，国民党反动派的残余势力仍然盘踞在西南、华南和沿海地区，许多群众对国民党的反动本质认识不清。要想改变人们思想混乱的状况，坚定广大群众的政治立场，必须

---

① 《建国以来重要文献选编》第 4 册，中央文献出版社 1993 年版，第 379 页。

② 《中国共产党历史》第 2 卷，中共党史出版社 2011 年版，第 147—148 页。

要加强马克思列宁主义、毛泽东思想的宣传力度，学会用人民群众喜闻乐见、通俗易懂的国家话语教育和引导人民。

中国共产党高度重视文化领域的建设，“各种知识分子的思想改造是我国在各方面彻底实现民主改革和逐步实行工业化的重要条件之一”①。毛泽东针对文化建设发表了一系列重要讲话，他指出“旧式学校是资本主义的，我们的新式学校要办成社会主义的”②。因此，为了掌握党在宣传思想工作的领导权，我们需要废除旧社会、国民党政府和帝国主义创办的新闻、报纸、广播等舆论工具，剥夺其反人民、反社会主义言论出版的自由，同时建立新中国的新闻传播媒体，积极地向大众宣传马克思主义和党的最新政策。在很大程度上，广大民众之所以对许多错误思想缺乏辨别能力，一个重要的原因是我国文盲半文盲所占比例较大，基础教育薄弱，这就让封建迷信思想、帝国主义思想有可乘之机。要想从根本上扭转这种局面，就需要对原有的教育制度进行改革，打破过去教育掌握在少数人手中的旧制度，发展面向工农、面向广大民众的人民教育事业；废除封建性的旧式教育，接管国民党政府办的公立学校，并对其逐步进行革新；此外，要发展服务人民的文学艺术，清除低俗的、消极的、有害的丑化劳动人民的粗俗文字和文艺表演，用先进的科学、文化、教育武装人民。

二、理论渊源

新中国国家话语的建构有着深厚的理论渊源，毛泽东指出：“领导我们事业的核心力量是中国共产党。指导我们思想的理论基础是马克思列宁主义”③。新中国的国家话语是在坚持马克思主义的指导地位、汲取中华优秀传统文化的精华、结合中国的国内和国际形势建构的。

（一）马克思主义经典作家关于国家话语的理论资源

新中国国家话语是在继承马克思主义经典作家关于话语理论的基础上建构起来的，马克思指出：“占统治地位的思想不过是占统治地位的物质关系在

① 《毛泽东文集》第六卷，人民出版社 1999 年版，第 184 页。

② 《毛泽东年谱（1949—1976）》第一卷，中央文献出版社 2013 年版，第 149 页。

③ 《毛泽东年谱（1949—1976）》第一卷，中央文献出版社 2013 年版，第 283 页。

观念上的表现，不过是以思想的形式表现出来的占统治地位的物质关系”①。国家话语作为统治阶级思想的表现方式是服务于经济基础的，不同的国家具有不同的国家话语，服务于本国的各项战略。马克思主义经典作家关于国家话语的建构主要集中在“在批判旧世界中发现新世界”。“批判旧世界”主要指的是阶级斗争理论，围绕“革命”这一主题揭露资本主义制度的黑暗，主张废除资本主义制度，建立社会主义和共产主义。马克思恩格斯在总结德国1848—1849年革命经验时提出：“我们的利益和我们的任务却是要不断革命，直到把一切大大小小的有产阶级的统治全都消灭，直到无产阶级夺得国家政权”②。“发现新世界”主要围绕“建设”这一主题展开，无产阶级在夺取国家政权、成为国家的主人之后，如何组织新社会，建设新国家，实现人的自由而全面的发展，就成为其工作内容。

俄国十月革命的胜利对中国革命产生了巨大的吸引力。近代中国在尝试了多种救国方案仍无头绪后将注意力转向了俄国，中国的知识分子对俄国革命胜利的理论产生了强烈的兴趣，尤其俄国所传递的“落后国家也可建成社会主义”“无产阶级领导权”等思想，使先进的知识分子热血沸腾。列宁关于国家话语的建构，主要体现在其革命不间断论中。二月革命结束后，针对苏维埃政权与资产阶级临时政府对峙的形势，列宁指出：“俄国当前形势的特点是从革命的第一阶段向革命的第二阶段过渡，第一阶段由于无产阶级的觉悟和组织程度不够，政权落到资产阶级手中，第二阶段则应使政权转到无产阶级和贫苦农民手中”③。俄国的革命理论对中国革命产生了深远影响，中国共产党人深受启发，立足于半殖民地半封建社会的社会现状，在借鉴俄国的积极经验中，探索出了符合中国实际的革命道路。

毛泽东依据中国的具体国情，在学习俄国革命经验的基础上，提出了新民主主义革命理论，介绍了中国革命分两步走的思想，他指出“中国革命是包括民主主义革命和社会主义革命两个阶段在内的全部革命运动，是性质不同的两个

---

① 《马克思恩格斯选集》第1卷，人民出版社2012年版，第178页。

② 《马克思恩格斯选集》第1卷，人民出版社2012年版，第557页。

③ 李永进：《〈新民主主义论〉与中国革命话语体系的建构》，《社会主义研究》2014年第3期。

革命过程”;“民主主义革命是社会主义革命的必要准备,社会主义革命是民主主义革命的必然趋势”①。民主主义革命主要推翻三座大山对中国人民的压迫,社会主义革命主要变生产资料私有制为公有制,新中国的成立标志着民主主义革命的基本完成,即中国革命第一步的完成,接下来需要进行社会主义革命。

尽管经典马克思主义的主基调是革命话语,但其中也蕴含着丰富的建设话语。由于马克思所处的社会环境,革命话语在那个年代相比建设话语更具有紧迫性,在完成夺取政权这一历史任务之后,开始慢慢关照建设话语,列宁临终时曾指出:“从前我们是把重心放在而且也应该放在政治斗争、革命、夺取政权等等方面,而现在重心改变了,转到和平的‘文化’组织工作上去了”②。这一点毛泽东在1956年也认识到了,他提出:“我们的根本任务已经由解放生产力变为在新的生产关系下面保护和发展生产力”③。这表明随着社会形势的改变,党已经认识到了工作重心的转移,并取得了一系列瞩目的成就,虽然由于种种原因,社会主义建设道路遭遇了挫折,但仍然是我们探索社会主义建设道路的宝贵财富。总之,经典马克思主义的革命话语和建设话语共同为新中国建立后的国家话语提供了丰富的理论资源。

(二)中国传统文化关于国家话语建构的文化资源

新中国的指导思想和话语体系虽说与西学东渐分不开,但也是在继承优秀传统文化的基础上确立起来的。马克思主义作为一种外来思想文化,与中华传统文化存在很大不同,要想被中国人民接受并发挥巨大的感召力,必须糅合中华传统文化的精华,增添中国元素、中国风格和中国的价值观念。习近平指出“不忘历史才能开辟未来,善于继承才能善于创新”④,对于中华传统文化,我们要辩证地看待它,既不能全盘接受,也不能完全丢弃,而是挖掘其适应时代发展的优质内容。同时,建构国家话语必须要跳出西方话语固有的思维模式,深深植入中华文明和中国实践中,对中华优秀传统文化进行保护、开发,寻找国家话语的基因和密码。

---

① 《毛泽东选集》第二卷,人民出版社1991年版,第651页。
② 《列宁选集》第4卷,人民出版社2012年版,第773页。
③ 《毛泽东文集》第七卷,人民出版社1999年版,第218页。
④ 《习近平谈治国理政》第二卷,外文出版社2017年版,第313页。

纵观历史，东欧剧变、苏联解体的惨痛教训，原因就是其脱离了本国实际，不能满足广大人民的需要，更深层次的原因则是脱离了本土文化，陷入他国话语体系的桎梏。在中国，不论是革命年代阶级话语的建构还是建设年代国家话语的建构，都要从方法论和具体内容上合理吸收中华优秀传统文化的资源为话语建设服务。从方法论上来讲，秉承传统的思维方式建构阶级话语，如"阶级斗争"理论和实践与中华优秀传统文化的"穷则变"（近代中国的统治阶级已经是穷途末路，只有通过彻底的社会革命才能实现"救亡图存"，但是资产阶级和农民阶级不能担负起领导中国革命的历史使命，只有无产阶级才能领导中国革命）和"变则通"（中国共产党领导中国人民取得了革命的胜利，建立新中国和社会主义基本制度）以及"通则久"（把马克思主义作为建党立国的指导思想）；从内容方面来讲，革命时期强调"破"，而建设时期强调"立"，所谓"不破不立，破而后立"说的就是革命与建设的关系，"破立"重在突出中华民族的文化性格。另外，"和合"是中国优秀文化传统的核心内容之一，在新中国的对外战略中，取"和"演化出来的和平、和睦等意义，取"合"演化出来的融合、联合等意义，再结合"破而后立"的新中国国际发展战略，"和平共处五项原则"便应运而生，这是一种蕴含着传统民族文化的国际主义精神，为新中国的国际话语建构提供了传统文化资源。

三、现实基础

中国共产党之所以能够迅速建构起新中国的国家话语，有其现实基础。其中，凸显人民性的国家形态、满足人民当家作主的政权组织形式以及具有中国特色的政党制度和民族区域自治制度为国家话语的建构奠定了政治基础；此外，确立国有经济在国民经济的领导地位，卓有成效地完成了国民经济的恢复工作，提前并超额完成了第一个五年计划，所有这些为建构国家话语奠定了物质基础。当然，国家话语的物质基础不是一蹴而就的，是在中国共产党不断地许诺和兑现人民的过程中实现的；文化方面，党加强了对新闻出版、广播电影以及学校思想文化领域的统一管理，并依据国家战略的转变，适时地组织思想文化领域的工作。

（一）政治保障

首先，阐明新中国的国体。列宁曾提出，“一切革命的根本问题是国家政权问题”①。1949年，中华人民共和国的成立标志着新民主主义革命的胜利，摆在全党全国面前的问题是如何组织新生的人民政权。新中国是区别于统治中国数千年的封建统治和国民党政府的独裁统治的新型政权，体现着鲜明的人民性和广泛的参与性。中国共产党在长期的革命实践中，探索出了一条以人民为中心建立政权的经验，土地革命时期，中国共产党深入农村，团结广大农民，建立了工农民主政权，充分发挥和体现了农民的积极性和创造性；抗日战争时期，国内的主要矛盾是帝国主义和中华民族的矛盾，党面临的主要任务是团结一切可以团结的力量，进行伟大的抗日战争并建立了抗日民主政权；解放战争时期，结合新的国内形势，我们建立了人民民主政权。将中国共产党创建政权的经验总结到一点，就是始终坚持以人民为中心，新中国在建立国家政权中吸收了这一点，1949年6月，在纪念中国共产党成立28周年之际，毛泽东发表《论人民民主专政》，系统阐述了新中国成立后的国家性质，1949年9月“中国人民政治协商会议一致同意以新民主主义即人民民主主义为中华人民共和国建国的政治基础”②，从而建立了充分发扬民主的人民民主专政的国体。

其次，新中国的政权组织形式，即政体，毛泽东在《新民主主义论》中指出：“中国现在可以采取全国人民代表大会省人民代表大会、县人民代表大会、区人民代表大会直到乡人民代表大会的系统，并由各级代表大会选举政府”③。由此可见，新中国的政体具有鲜明的中国特色，是基于中国实践进行的自主选择，它不同于苏联建立的高度集权的苏维埃政权形式，也不同于西方资本主义国家所建立的资本主义的议会制。《共同纲领》指出：“中华人民共和国的国家政权属于人民，人民行使国家政权的机关为各级人民代表大会和各级人民政府”④，新中国的政权组织形式体现了鲜明的人民性和广泛的参与性。

---

① 《列宁选集》第3卷，人民出版社2012年版，第19页。

② 《建国以来重要文献选编》第1册，中央文献出版社1992年版，第1—2页。

③ 《毛泽东选集》第二卷，人民出版社1991年版，第677页。

④ 《建国以来重要文献选编》第1册，中央文献出版社1992年版，第4页。

再次,新中国特色的政党制度和民族区域自治制度。中国共产党在长期的民主革命中取得了丰硕的成果,奠定了党在中国人民心中的威望,确立了党的领导核心地位,各民主党派和无党派民主人士在同中国共产党的长期合作中,也愿意接受党的领导。基于此,我国建立了既有别于国民党专制独裁的一党制,又区别于西方资本主义国家的多党制,实行中国共产党领导的多党合作和政治协商制度,形成了一党执政、多党参政的良性互动的政党制度,第一届中国人民政治协商会议的胜利召开就是这一制度的印证和表现。针对我国大杂居、小聚居的民族分布特点以及帝国主义企图利用民族问题来分裂台湾、西藏和新疆的行为,我国将马克思主义的民族理论与中国的具体民族问题相结合,反对效仿俄国十月革命后建立的联邦制,在联邦制、统一共和国和民族区域自治制度的权衡下,我国在统一的多民族国家中实行民族区域自治制度。一方面,在少数民族聚居的地方实行民族区域自治制度,设立自治机关,充分满足少数民族管理本民族内部事务的权利;另一方面,我们强调中国的民族区域自治是在统一国家的领导下进行的。

总之,中国国家话语的建构是建立在完备的政治基础上的,中国政治制度的保障作用赋予了中国国家话语表达和传播以更多的合理性和合法性。1954年,第一届全国人民代表大会的召开和我国第一部社会主义宪法的颁布,进一步从法律上保障了这一点,使中国国家话语的表达获得了更加坚实的法理基础。

(二) 物质基础

国家话语作为上层建筑的组成部分需要经济基础提供支撑和保障。马克思指出:“占统治地位的思想不过是占统治地位的物质关系在观念上的表现”①,国家话语表达是否掷地有声,传播是否畅通,很大程度上取决于当时的物质条件。新中国国家话语的建构同样需要建构在一定的经济基础上,满足人民的基本生活需求,否则很难维持政权的稳定和可持续性。国家话语的建构是一个渐进的过程,是一个逐步满足人民生活需要、得到人民认可的过程。新中国刚成立时,国民党政府遗留下的是一个千疮百孔的烂摊子,通货膨胀、

① 《马克思恩格斯选集》第1卷,人民出版社2012年版,第178页。

物价飞涨、交通闭塞,国民经济濒临崩溃的边缘。中国共产党能否解决从国民党统治时期就一直存在的恶性通货膨胀,稳定经济秩序,完成统一全国财政经济工作,是人民群众、各民主党派和无党派民主人士以及民族资本家普遍关心的问题,中国共产党运用经济政策并辅之以必要的行政政策,有效地打击了不法投机资本,抑制了物价飞涨,统一了全国财经,为恢复国民经济提供了有利条件。如此种种,赢得了广大人民群众的认可,这表明中国共产党不仅在政治和军事领域表现突出,在经济领域也是令人信服的。

新中国成立后,为了建立新民主主义的经济制度,确立国营经济在整个国民经济中的领导地位,我国作出了没收官僚资本的经济政策。没收官僚资本具有重要意义,对于新生的人民政权来说,这不仅有利于掌握关系国家经济命脉的和关乎国计民生的重要产业和行业,从而更好地恢复经济、发展生产、繁荣市场,满足人民生活需求,而且有利于建立社会主义性质的国营经济,为确立社会主义制度奠定物质基础。土地改革是恢复和发展国民经济的另一项重要任务,为了满足广大农民对土地的需求,解放农村生产力,新中国在新解放区进行了土地改革运动,废除了在中国延续了两千多年的封建地主土地所有制,广大农民在政治上翻了身,在经济上得到了土地、农具、牲畜等生产资料,有效地调动了农民的生产热情,从而极大地促进了经济恢复和生产发展。新中国是一个农业大国,农民在总人口中所占比重较高,土地改革的顺利完成,获得了广大农民对中国共产党和新中国的认可和赞赏,中国共产党在中国人民中的威望得到了迅速提高。由于维护了农民的利益,中央人民政府在土地改革过程中发布的政策和举措都得到了积极支持和响应,可以说做到了有令必行、有禁必止,这也是土地改革运动积极有效进行的一大原因。

党在七届二中全会就作出规划,要将我国"从落后的农业国转变为先进的工业国,要将我国从新民主主义国家转变为社会主义国家",在完成了国民经济恢复工作之后,我国的国民经济基本上恢复到了战前的经济水平,中央人民政府的威望逐渐在人民群众中树立起来,社会主义成分日益增多,资本主义工商业的私人性质逐渐暴露了缺陷,不利于社会主义工业化的发展,这时候进行社会主义改造的时机成熟了。1953 年 6 月 15 日,我国提出了"一化三改"

的过渡时期的总路线和总任务，并实施了第一个五年计划，社会主义改造和社会主义工业化的贯彻执行，极大地提高了我国的工业化水平，一五计划也超额提前完成。到1956年底，我国基本上完成了社会主义改造，从新民主主义社会过渡到了社会主义社会，实现了中国共产党自成立以来就写在旗帜上的一大奋斗目标。

（三）文化条件

新中国制定的文化政策为国家话语的建构和传播提供了条件。新中国刚刚成立时，“我们的教育事业特别落后，基础教育薄弱，民众的文化水平极低，文盲、半文盲人口众多，城市的学龄儿童20%，工人、农民的孩子一般读不起书”①，而话语传播是否有效，很大程度上取决于“听者”，这就为新中国国家话语的传播造成了障碍。新中国成立后，为了强化国家对整个思想文化领域的领导，党加强了对新闻传播等舆论工具的管理，《共同纲领》指出，我们要“发展民族的、科学的、大众的新民主主义文化”②。

一方面，党加强了对新闻出版、广播电影以及学校思想文化领域的统一管理。1949年8月，党中央将《人民日报》正式设立为党中央的机关报，“将党在延安时期的新华通讯社作为国家通讯社，报导党的方针、政策及各项部署，并将党在延安创立的北京新华广播电台命名为中央人民广播电台”③，建立了新中国的广播阵地，开启了面向人民的广播事业。为了掌握新中国的话语喉舌，建立新中国的舆论阵地，党取缔了旧社会、国民党政府、官僚资本主义以及帝国主义创办的报纸、广播、出版等宣传媒体，对民族资本主义创办的新闻媒体进行改组后再营业，私人要想创办报纸、刊物、广播等则需要通过正常渠道申请方可营业。这样，整顿了以前混乱的新闻媒体等舆论阵地，保证了新中国传播党的各项政令和发展动态的畅通有无，捍卫了新中国的舆论阵地，同时，这一举动有利于剥夺反革命和敌对势力的言论出版自由，保护了广大人民群众的言论出版自由。此外，党加强了对学校师生思想文化的教育和管理，改革旧有教育制度，建立面向工农、面向大众的人民的教育，开展多种多样的工农速

---

① 《中国共产党历史》第2卷，中共党史出版社2011年版，第150页。

② 《建国以来重要文献选编》第1册，中央文献出版社1992年版，第10—11页。

③ 《中国共产党历史》第2卷，中共党史出版社2011年版，第146页。

成学校提高民众的文化水平和素质，开设毛泽东思想、马克思主义基本原理等课程，用马克思主义指导思想武装人们。

另一方面，新中国依据国家战略的转变，适时地组织思想文化领域的工作。1949—1952 年间，我国的文化政策主要是发展民族的、科学的、大众的新民主主义文化。新中国的文化是民族的，作为我国指导思想的马克思主义是一种外来文化，要想使其服务中国国情，就必须实现其本土化，从而建立具有民族特色的新民主主义文化。新中国的文化是科学的，新中国刚成立时，党和政府着力发展面向人民的教育事业，改革不合理的旧有教育制度，开展"扫盲运动""运用短期速成的方法，开办各种各样技术专修班、工农速成中学、工农干部文化补习学校"①，不断提升民众的文化水平。针对封建糟粕和迷信思想对广大民众的腐蚀，党和政府用科学的新民主主义文化武装人们的头脑，"积极向广大民众宣传马列主义、毛泽东思想和党的各项政策举措"②，1951 年，《毛泽东选集》正式出版，致力于使人们学会用科学的立场、观点和方法分析问题和解决问题。新民主主义文化必须是大众的，刘少奇在第一次全国宣传工作会议上指出"用马列主义的思想原则在全国范围内和全体规模上教育人民，是我们党的一项最基本的政治任务"③。从 1953 到 1956 年，新中国的文化政策主要宣传过渡时期总路线和社会主义思想，以使人民群众在思想上认识到"一化三改"的必要性和重要性，为把广大民众动员起来提供了思想武器。总之，新中国的文化建设极大地提高了人民群众的思想觉悟和认识水平，为把全国人民动员起来熔铸到社会主义的建设中发挥了积极的思想动员和价值引导作用。

四、新中国国家话语的建构：以《人民日报》为例

不同的国家形态建构不同的国家话语。新中国的"新"是区别于统治中国数千年的封建王朝和中华民国的"旧"而言的。伴随着新中国的成立，我国产生了与之相适应且与"旧中国"截然不同的国家话语。长期以来，中国的封

① 《中国共产党历史》第 2 卷，中共党史出版社 2011 年版，第 151 页。

② 《中国共产党历史》第 2 卷，中共党史出版社 2011 年版，第 147 页。

③ 《刘少奇选集》下卷，人民出版社 2018 年版，第 82 页。

建王朝通过统治权威和专制话语控制社会;近代以来,我国逐渐沦为半殖民地半封建社会,中华民国的成立也没有彻底改变这种混乱局面。张闻天曾说:“中国混乱的原因是中国社会组织逐渐崩坏而一时不能产生新的社会组织出来”①。中国共产党成立以后,领导中国人民取得了新民主主义革命的胜利,建立了中华人民共和国,确立了一个全新的现代国家形态。

国家话语作为统治阶级思想和人民意志的表现方式,是为经济基础和国家战略服务的。话语研究主要是通过分析承载和反映话语的语言文本来把握话语的形成、发展趋势及其演变规律。国家话语是以国家为主体进行交流的媒介和载体,体现国家视角、表达国家立场、反映国家意志、传达国家政策、宣传国家理念。因此,国家话语的研究主要在于分析具有话语承载功能的、基于特定的制度构架及其运作的正式文本和语言材料,它们反映了一个现代国家所具有的本质内涵以及国家的实践变迁。鉴于此,进行国家话语研究所赖以分析的文本对象必须具备以下特点:(1)权威性,具有官方性质;(2)媒质性,获取渠道容易;(3)普遍性,公开面对受众;(4)全面性,内容覆盖面广。1949年中华人民共和国的成立标志着一个“新”国家的诞生,意味着人民“新”命运的把握和政府“新”战略的部署。因此,新中国成立以后,国家如何言说“新”以及如何让民众感知“新”,即建构“新”的国家话语,毋庸置疑就成为我们理解新中国的本质内涵和国家战略实践的重要视角,于是新中国国家话语研究成为反映这些内容的重要窗口,从而也就获得作为分析视角和研究内容上的重要性。

(一)《人民日报》国家话语分析数据库

以国家为主体、反映国家话语的媒介很多,但就国家话语研究的文本资料而言,《人民日报》集中体现了权威性、媒质性、普遍性和全面性的特点。我们选定《人民日报》作为研究对象,这是因为:首先,《人民日报》是中共中央机关报,秉承坚定的办报方向和正确的宣传理念,紧扣国事重点、聚焦时政热点,积极宣传国家的各项重大决策部署和国内外重大信息,是了解大事要事的重要窗口。其次,1949年8月1日,党中央正式将《人民日报》作为中共中央机关

① 《张闻天文集》(一),中共党史资料出版社1990年版,第35页。

报，这些文献秉承国家视角从一开始就见证了新中国国家话语的形成过程，1949年到1956年间刊登的文本内容更是报道了新中国重大事件。再次，《人民日报》的报道题材和内容选登程序严苛，都是按照党和国家所传达内容的重要性和紧迫性精心策划，大到各版文章的主旨、主题、内容、篇幅等的谋篇布局，小到每篇文章的图文、字句、符号等的遣词造句，都是反复斟酌和仔细推敲的结果，其文章的精细和严格程度非同寻常。最后，《人民日报》是直接联系党和人民的大众化媒介，每天的发行量和在人民群众中的影响力很大，而且资料保存完整，其图文数据库在各高校的电子资源中都有载录，为科研人员进行数据统计和分析提供了便利，因而是我们分析新中国国家话语的最佳样本。

本书将《人民日报》图文数据库中载录的1949—1956年间《人民日报》发表的共计138687篇文章全部作为内容分析和文本分析的对象，按年份分为8个板块，每个板块依时间顺序排列，从而建立起《人民日报》数据库。为了更好地研究新中国国家话语，确认分析《人民日报》1949—1956年间文本核心词中的共享词和独立词更有助于我们进行量化分析。所谓共享词，指的是这段时间使用时间跨度大、内容覆盖面较广、意义承载变化小、横跨话语体系频繁并且位置比较接近的核心词；所谓独立词，指的是这段时间使用时空界限明显、意义承载专门性强、偶尔横跨话语体系而且位置差异性也较大的词语。对1949—1956年间《人民日报》刊登内容的文本分析可以发现：1949—1956年间《人民日报》使用的高频词与国家建构的话语呈现正相关。这些高频词既有反映国家目标贯通下思想继承性的共享词，如人民、和平、革命、建设、民主和苏联，又有反映国家战略跃升下话语创新性的独立词，如新民主主义、社会主义、土地改革、一化三改、阶级成分和公民身份。

具体来说，运用《人民日报》分析国家话语的方法路径如下：

(1)提出研究假设、阐明论证逻辑。假设，作为我们进行科学研究的起点，是进行理论演绎和科学论证的前提。通俗地说，假设就是在科学研究之前进行的一种“可能性猜测”和学术性提炼，是依据逻辑前提进行推导或依靠客观事实进行验证的“待证明”之物。假设分逻辑性假设和观点性假设，逻辑性假设更多的是在哲学和逻辑方法层面设定的假设，对学术研究具有启发性、不证自明或无法证明的启示作用，如“人性恶”假设、“经济人”假设等；观点性假设是对研究对象作出的基本判断,这样的判断是否符合逻辑或符合事实要经过严密的科学论证,即是说,观点性假设必须经过理论演绎和科学论证进行验证。对假设进行证明或论证的过程就是使用科学方法进行科学研究的过程。

阐明论证逻辑与提出逻辑性假设和观点性验证紧密相关,一方面是指研究行为要在逻辑性假设所设定的研究程序中进行,不能出现操作上的逻辑断裂或明显的逻辑漏洞;另一方面就是指在对观点性假设作出验证之后进行的具体研究行为,如果观点性假设被验证为真的话,就会强化对原有假设的科学认知,因而这时的观点性假设就会进一步发展为观点鲜明的学术命题,如果研究结论不支持或不完全支持之前提出的观点性假设的话,则要重新审视研究过程或修正、部分修正研究假设。具体到本书研究,我们提出的假设是:

逻辑性假设一:通过研究以国家为主体、反映国家意志和实践的语言文本来研究新中国国家话语;

逻辑性假设二:通过统计和分析研究文本的高频词来分析新中国国家话语的发展趋势和演化规律。话语即言说,既包括思想内容层面的语言文本,也包括表达方式层面的言说方式。话语研究既包括分析"说者"表达话语的"编码",又包括分析"听者"领会话语的"解码",二者达到双向双重统一才能确定话语及其背后表征的意义。上述假设一关注内容,假设二关注方式。

观点性假设一:1949—1956 年间新中国的国家话语主要以"革命话语"和"建设话语"为主,而且呈现二者相互交织的局面;

观点性假设二:1949—1956 年,新中国的国家话语中始终贯穿着一条内涵共识,突出社会主义国家以及实践活动的"人民"属性。这两个观点性假设都是按照逻辑性假设所设定的研究程序、为具体研究过程提供的可供验证或要被证明的判断。

(2)选取核心词汇、统计高频词汇。我们将《人民日报》数据库中载录的1949—1956 年间发表的共计 138687 篇文章作为内容分析和文本分析的对象,在研读历史文献的基础上,分经济、政治、文化、军事、党建、外交等若干个主题选取与新中国国家话语有关的核心词，建立国家话语核心词库，然后将词库中的核心词输入人民日报图文数据库中进行检索和筛选，剔除使用频数较低的一部分，对留存的核心词按年份进行词频统计，得到表1，又从表1的核心词中筛选高频词，我们把年均使用1000次或日均使用3次以上的核心词称为高频词。结合定量分析和定性分析，从核心词和高频词使用频数的变化中探究新中国国家话语的内涵及其变迁轨迹。

表1　1949—1956年《人民日报》关于国家话语核心词词频统计

年份 / 词汇 / 频数	1949	1950	1951	1952	1953	1954	1955	1956
	频数	频数	频数	频数	频数	频数	频数	频数
人民	74355	99342	96819	87599	73170	89567	69805	59297
民主	23090	18897	14620	11610	13792	16218	14525	15969
中国共产党	2821	2067	3069	1627	1940	1998	1947	2470
中华人民共和国	2094	3473	2746	2153	2326	7502	6128	3646
中国人民政治协商会议	666	171	365	290	284	623	397	529
人民代表大会	362	305	328	127	1034	3854	2213	2172
宪法	715	376	311	438	473	8202	1009	889
集体	2902	3707	2026	4091	4411	6169	3833	4178
新民主主义	3221	1879	1517	802	802	364	340	186
社会主义	4582	4596	2349	5018	8314	14363	13474	18496
苏联	19738	22554	13858	22725	26781	29259	26851	23063
抗美援朝	0	2428	10169	2464	1486	636	129	131
革命	13190	10003	18600	8542	6441	6553	14870	10506
建设	8866	9729	8679	13302	18570	17331	17369	16413
土地改革	1201	3968	3649	1285	734	564	571	424
增产节约	17	7	2176	2609	2640	924	509	255
社会主义工业化	29	24	7	31	453	1236	802	286
社会主义改造	8	45	16	14	467	1474	1716	2273

续表

年份 / 词汇 / 频数	1949	1950	1951	1952	1953	1954	1955	1956
	频数	频数	频数	频数	频数	频数	频数	频数
公私合营	44	153	114	124	284	903	1286	3067
工业化	281	392	265	481	1881	2168	1531	750
合作社	3672	3595	4388	4902	7700	13873	13288	11199
五年计划	788	673	413	1050	1249	1020	4397	4397
和平	15067	27107	21382	29108	19738	23995	22343	16405
帝国主义	11058	16481	16635	9837	4294	4345	4709	4428
和平共处	4	11	45	63	115	773	1110	1231
独立自主	101	89	105	52	42	64	144	167
农民阶级	85	66	83	31	22	11	10	6
地主阶级	118	298	559	138	133	178	194	70
无产阶级	1758	874	953	913	1048	911	733	956
资产阶级	2710	1548	2375	5748	1872	2334	2527	2531
公民	476	459	286	266	411	1019	762	641

对《人民日报》进行核心词的选取和高频词的统计具有一定的客观性和合理性。我们虽然很难说明使用频数不高且差别不大的核心词对于表达国家话语有什么重要影响，比如“增产节约”在 1949 年和 1950 年使用频数分别为 17 和 7，但是一定时期一些词频繁地出现在《人民日报》报道中，如“增产节约”在 1951—1953 年间年均使用频数达到 2475 次，这一方面能客观上反映出当时国家政治任务的重要内容，另一方面也说明这些词反复出现及其背后表征的话语含义对于研究国家话语的偏重和走向具有重要意义。历史事实恰恰证明了这一点：1951 年底抗美援朝战争呈现长期化态势，面对装备精良和训练有素的现代化美军，我国急需改善武器装备，同时国内大规模经济建设的重点项目相继开工，国家财政入不敷出，全国上下需开展增产节约运动，以增援朝鲜战场和国家经济建设，“三反”“五反”运动就是由此而来的。1951 年十月召开的政协第一届全国委员会第三次会议，毛泽东强调“‘增产节约’是当

前中国人民的中心任务”①。所以,高频词的出现绝非偶然,需要反复言说、传播、书写才能反映出国家所传达的思想观念和部署的政治任务,当然反复出现可对受众产生类似的“魔弹效应”。通过研究高频词来解读其背后的话语含义是比较实用的研究方法。再如金观涛和刘青峰将新文化运动期间十二种最重要的期刊作为研究对象,通过对“民主”和“科学”这两个核心词及其三种评价进行词频统计,发现“科学”一词的出现频率明显高于“民主”,而且大多是正面评价②。这一点也得到了很好的验证,中国人之所以接受马克思主义,一个文化逻辑上的观点就是:中国人是以接受科学的心理最后选定科学社会主义的,相信科学就必定相信“科学的主义”③。由此可见,通过数据库进行词频统计的方法,不仅统计结果具有客观性,而且反映的思想也很有说服力。

(3)得出研究结论、总结研究规律。本书运用内容分析和文本分析相结合的方法对1949—1956年间《人民日报》关于承载国家话语报道文本的核心词进行统计,通过词频统计并结合当时的国内外背景和国家战略部署,对核心词和高频词进行定量和定性的分析,得出关于新中国国家话语研究的基本结论,对研究假设进行验证。同时我们还要分析形成这些话语的国家战略层面和文化社会层面的原因,反思不足、扬长补短,总结规律、以古鉴今。

(二)国家话语的嵌入:共享词的统计分析

为了更好地研究新中国国家话语,确认分析《人民日报》1949—1956年间文本核心词中的共享词和独立词更有助于我们进行量化分析。如上所述,所谓共享词,指的是这段时间使用时间跨度大、内容覆盖面较广、意义承载变化小、横跨话语体系频繁并且位置比较接近的核心词。所谓独立词,指的是这段时间使用时空界限明显、意义承载专门性强、偶尔横跨话语体系而且位置差异性也较大的词语。通过对1949—1956年的《人民日报》图文数据库选取并建

① 金冲及:《二十世纪中国史纲》第3卷,社会科学文献出版社2009年版,第761页。

② 金观涛、刘青峰:《中国近现代观念起源研究和数据库方法》,《史学月刊》2005年第5期。

③ 吴炜、周全华:《中国人接受马克思主义的文化逻辑》,《淮海工学院学报》(人文社会科学版)2014年第5期。

立的国家话语核心词库进行统计,我们发现:“人民”“和平”“革命”“建设”“民主”“苏联”是新中国成立以来国家话语的共享词,因为这些词所表达的语义范围和核心思想贯穿新中国国家话语表达的始终,不仅整个时段出现频率很高,而且年度间频数波动不大。如“人民”一词 1949—1956 年间共出现 649954 次,平均每年出现频数达 81244 次,日均 200 次还多。

表 2 新中国国家话语中的共享词

词汇 / 频数 / 年份	1949	1950	1951	1952	1953	1954	1955	1956
	频数	频数	频数	频数	频数	频数	频数	频数
人民	74355	99342	96819	87599	73170	89567	69805	59297
和平	15067	27107	21382	29108	19738	23995	22343	16405
革命	13190	10003	18600	8542	6441	6553	14870	10506
建设	8866	9729	8679	13302	18570	17331	17369	16413
民主	23090	18897	14620	11610	13792	16218	14525	15969
苏联	19738	22554	13858	22725	26781	29259	26851	23063

这一时期的共享词与我们建国方案的基本精神“建设一个独立、民主、和平、统一和富强的新中国”①是一致的。“人民”一词集中地体现在中国共产党的宗旨和我国的国体和政体上,这表明我国的各项举措都是以“为人民服务”为最终的价值旨归;“民主”体现了新中国国家学说的政治基础和根本原则。此外,不管是和平共处五项原则的提出,还是“求同存异”方针的提出,都是致力于营造一个和平的国内外环境;“革命”和“建设”集中代表了新中国成立后的主要任务,即废旧立新、革故鼎新;“苏联”一词也客观上体现了以苏联为样板的“实践的马克思主义”对于新中国成立所发挥的思想引领和实践映射作用,同时也反映出新中国成立初期的国家战略和外交倾向。

1. 践行人民主体思想

从表 2 中我们可以看出“人民”一词在 1949—1956 期间频繁出现,以年均 81244 次的出现频数位列第一,出现频数最高年份达 99342 次,最低年份也

① 《建国以来重要文献选编》第 1 册,中央文献出版社 1992 年版,第 15 页。

有 59297 次,远远高于其他词的出现频数。"人民"一词的反复出现表明了新中国对人民利益的关照,人民成为国家事实上的主人。1954 年第一届全国人民代表大会通过的宪法明确规定:"中华人民共和国的一切权力属于人民"①,人民代表大会制度是保障人民当家作主的根本政治制度,从法律上确保了人民当家作主的权利和地位。中国共产党关于人民的观点和立场一直贯穿于党和国家工作的始终,真正实现了一切依靠人民和一切为了人民的有机统一,毛泽东指出:"人民,只有人民,才是创造世界历史的动力"②。人民不仅生产了丰富的物质财富,也为我们创造了源源不断的精神财富,更重要的是,人民群众是推动社会发展的决定力量,新中国成立后,广大人民群众获得了更多的民主权利,以主人翁的态度积极参与并促进了国民经济的恢复和社会主义工业化的发展,因此,在 1949 — 1956 年整个时期,"人民"出现的频数一直居高不下。

"民主"一词在 1949 — 1956 年频繁出现,年出现频数达到 16090 次,这在客观上反映了新中国国家政权建设的政治基础和根本原则。观察表 2,我们发现 1949 年"民主"的出现频数最高,达到 23090 次,这与中国共产党积极筹备成立民主联合政府,召开中国人民政治协商会议的工作密切相关。此外,毛泽东在《论人民民主专政》中,具体论述了人民民主专政理论:"对于人民内部,则实行民主制度,人民有言论集会结社等项的自由权。选举权,只给人民,不给反动派"③。总之,我们所倡导的民主是人民民主,人民民主是社会主义的生命,对广大人民实行民主,对少数敌对分子实行专政,同时,社会主义的民主具有真实性和广泛性,为了巩固人民民主政权,中国共产党人设计了国体和政体相结合的制度框架,充分满足人民当家作主的愿望,拓展人民管理国家的渠道,并通过军队、警察、法庭等国家机器维护人民民主政权的长治久安。

2. 制定新中国的国家战略

从表 2 中可以看出,"革命"一词在 1949 — 1956 年间的国家话语中一直占有重要地位,年均出现频次 11088 次,尤其在 1951 年出现频数达 18600 次,

---

① 《建国以来重要文献选编》第 5 册,中央文献出版社 1993 年版,第 522 页。

② 《毛泽东选集》第三卷,人民出版社 1991 年版,第 1031 页。

③ 《毛泽东选集》第四卷,人民出版社 1991 年版,第 1475 页。

日均 50 次之多。1949 年 10 月 1 日新中国成立时，民主革命的遗留任务还未完成，全国还没有彻底解放，国民党在华南和西南地区还有 150 万军队顽强抵抗，200 多万武装土匪盘踞各地，因此，镇压反革命的任务刻不容缓。同时，1950 年在新解放区进行土地改革，通过划阶级、定成分对地主阶级的土地所有制进行革命，“贫雇农”“中农”“富农”“地主”等是当时国家话语中的重要词汇，在 1951 年冬开展的“三反”“五反”运动都是革命话语的延续。此外，革命还包括经济领域和思想领域的革命，毛泽东在 1955 年指出：“我们现在不但正在进行关于社会制度方面的由私有制到公有制的革命，而且正在进行技术方面的由手工业生产到大规模现代化机器生产的革命，而这两种革命是结合在一起的”①。观察表 2，我们发现从 1952—1954 年间，“革命”一词出现频数呈现下降趋势，到 1955 年和 1956 年则再次出现回升，这与“胡风案件”有一定的关系，但最主要的是 1953—1956 年间，我国对农业、手工业和资本主义工商业进行了社会主义改造。通过社会主义改造，我们将以往的生产资料私有制转变为生产资料公有制，将靠剥削为生的私有者改造成自食其力的劳动者，从此，公有制经济在我国国民经济中占据主体地位，我国完成了从新民主主义向社会主义的过渡，开始真正进入社会主义社会。

“建设”一词是新中国国家话语中的另一个核心词和高频词，年均出现频数达 13782 次，在 1949—1956 年这段时期，革命话语和建设话语交替出现，共同构成了新中国的核心话语。从表 2 我们可以看到 1949—1951 年间，“建设”一词的出现频数年均 9000 次左右，总体上低于出现频数在 13000 左右的“革命”。这一时期，我国正忙于完成民主革命遗留任务，镇压反革命、土地改革、抗美援朝在当时被称为“三套锣鼓”，之后又开展了“三反”“五反”运动。但不可否认，“建设”一词的出现频数也较高，最高 18570 次，最低也达到 8679 次，足以显示其在国家战略中的重要位置。新中国成立后国家的中心工作，一是巩固新生的人民政权，二是加快推进社会建设。新中国接手的是一个民生凋敝、百废待兴的烂摊子，不法资本家囤积居奇、哄抬物价，甚至还扬言“共产党只会打仗，搞不了经济”，企图扼杀新生政权，党和国家不仅化解了危机，而

① 《建国以来重要文献选编》第 7 册，中央文献出版社 1993 年版，第 73 页。

且还积极恢复工农业生产、发展城乡物资交流、控制灾情等国计民生的工作。观察表2,“建设”一词在1953年出现了一个高峰,出现频数达到18570次,这离不开国家制定和实施的第一个五年计划,国民经济恢复后,我国还是一个落后的农业国,为了改变这一局面,我们开启了社会主义工业化建设。总观1953—1956年间“建设”一词明显高于“革命”一词,年均出现频数达到17420次,远远高于年均出现频次为9592次的“革命”,这段时期我国实行了“一化三改”,诚然,社会主义改造意义重大,但社会主义改造的最终目的还在于实现社会主义工业化。可见,尽管革命话语和建设话语如影随形,但是说到底,1953年之后的革命话语还是服务于建设话语的,它只是为了经济建设扫清障碍,从而更好地促进经济的发展,改变我国长期以来贫穷落后的局面。

3. 塑造新中国的国际形象

表2显示“和平”一词在1949—1956年间最高频数达到23995次,最低频数10567次,年均出现频次达21893次。中华民族的近代史是一部饱含辛酸的屈辱史,尤其是经历了两次世界大战的浩劫之后,期盼已久的和平更是人心所向。新中国刚成立后,毛泽东就指出“凡愿遵守平等、互利及互相尊重领土主权等项原则的任何外国政府,本政府均愿与之建立外交关系”①。1953年中国倡导提出的和平共处五项原则成为处理国家关系的基本准则。观察发现,在1950年和1952年“和平”一词出现了两次小高峰,出现频数分别达到27107和29108次,这是因为1950年响应世界和平大会常设委员会的号召,世界范围内开展了和平签名运动,5月到11月,我国各地区、各单位陆续发起了和平签名运动,反对战争、反对使用原子武器等毁灭性武器,积极推动了和平事业的发展。这两次小高峰还与这段时期我国不得已进行的抗美援朝战争有关,面对帝国主义的肆意挑衅,我国出于国家安全以及维护地区和平的考虑,不得不赴朝参战,一时间“抗美援朝、保家卫国”大街小巷口口相传,抗美援朝战争的胜利,向世界展示了一个不畏强敌、爱好和平的新中国国际形象。新中国成立后我国外交的中心任务是巩固新生政权,为尽快恢复国民经济和社会主义工业化建设构建一个和平的国内外环境。

---

① 《建国以来重要文献选编》第1册,中央文献出版社1992年版,第21页。

表 2 显示，在 1949—1956 年间，“苏联”出现频数最高达到 29259 次，最低也有 13858 次，年平均出现频数为 23103 次，成为这一时期又一个高频词，“苏联”的频繁出现体现了建国初期的国家战略和外交倾向。中苏直接交往始自共产国际，中国共产党就是在共产国际的指导下成立的，新中国成立以后，出于维护国家安全、抵御外来侵略以及获得外交承认、拓展国际空间的战略考虑，我国制定了“一边倒”外交政策。此外，新中国成立初期我国资金人才短缺、技术落后、物资匮乏，国家建设方面需要积极争取苏联的帮助和支持，并于 1950 年 2 月签订了《中苏友好同盟互助条约》，朝鲜战争爆发后，苏联给予我们军事、技术和经济上的援助，如此种种，苏联对于我国打破以美国为首的帝国主义国家的封锁禁运，恢复国民经济和巩固新生政权发挥了很大的作用。正如毛泽东指出的那样，对于如何建设社会主义，我们没有经验，“特别是重工业和计划方面，因为我们不懂，完全没有经验，横竖自己不晓得，只好搬。统计几乎全部是抄苏联的”①。1953—1956 年间“苏联”出现频数较高，这与一五计划中的“156 项”重点工程援助有关，苏联的援助初步奠定了我国工业化发展的基础，但是在学习苏联的过程中，毛泽东逐渐认识到苏联经验不一定完全适合我们，在 1956 年 4 月发表的《论十大关系》中指出要“以苏为鉴”，从中国实际出发，探索自己的社会主义建设道路。

（三）国家话语内涵的嬗变：独立词的统计分析

国家话语的建构，除了通过国家目标贯通下的话语共享词体现出来之外，随着国家战略的转变以及一些重要政治任务的凸显，在不同时段出现了一些独立词，这些词不仅语义方面差别很大，而且出现频数在各年度里比较集中，如“抗美援朝”一词从 1950 年下半年逐渐出现在《人民日报》中，1951 年出现频次达到高峰，这是因为这段时间朝鲜战争进行到了白热化程度，从 1951 年 7 月起朝鲜战争处于边打边谈阶段长达两年，1953 年 7 月签订停战协议后，“抗美援朝”的出现频次逐年递减。还比如“人民代表大会”在 1953 年之前出现频次很少，但是 1953 年出现频次是 1952 年的 8 倍之多，与这一年筹备召开各级人民代表大会的工作有关，1954 年达到一个小高峰，出现频次达到 3854

① 《毛泽东文集》第七卷，人民出版社 1999 年版，第 368 页。

次，与这一年9月全国人民代表大会的召开有关，之后两年出现频次仍然保持较高水平。

对共享词的统计分析有利于我们观察国家话语之间的承续性，了解这一时期国家话语的主基调和整个国家的发展方向，对独立词的对比与分析，可以清晰地了解到不同时段国家战略工作的侧重点，甚至很大程度上能反映出某一段时间国家重大的政治内容。为了更好地反映新中国国家话语的变迁轨迹，从而更加清晰地观察某段时间新中国国家话语的创新性，我们对1949—1956年的《人民日报》图文数据库选取并建立的国家话语核心词库进行分组讨论，按照反映国家战略重点的独立词出现的先后时段特征，将核心词分为分析组和参照组（见表3 核心词分组）进行深入研究。

表3　核心词分组

	分析组	参照组
1	新民主主义	社会主义
2	土地改革	一化三改
3	农民阶级、地主阶级	公民
	无产阶级、资产阶级	

1.“新民主主义”向“社会主义”的转变

从图1可以看出，1949—1951年间，“新民主主义”与“社会主义”的出现频数相差很少，这是因为，新民主主义社会刚刚建立，而新民主主义社会是在各民主党派对新社会达成一致的前提下建立的，可以说各民主党派愿意接受中国共产党提出的新民主主义理论，一个很大的原因在于各民主党派认为新民主主义国家与孙中山先生所要建立的中华民国在精神上基本一致①。因此，当时不急于频繁提及“社会主义”是考虑到各民主党派和整个社会的可接受度。事实上，这是中国共产党与各民主党派达成的一个政治平衡，胡乔木指出：“在1949—1952年中，中央从来都是讲新民主主义，否则新民主主义共和

① 《中华人民共和国开国文选》，中央文献出版社1999年版，第318—319页。

国就从来不存在也不可能存在了，新民主主义秩序能否巩固的问题也不会发生了。如果不是这样认识问题，就会损害1940年《新民主主义论》发表以来直到1949年《共同纲领》通过并加以实行的党的信誉，使党陷于在根本理论上自相矛盾的地位”①。因此，在当时的历史条件下如果频繁提及建设社会主义，不仅各民主党派不愿意接受，民族资产阶级也心生忌惮，有所顾虑，不利于国民经济的恢复和社会的稳定。

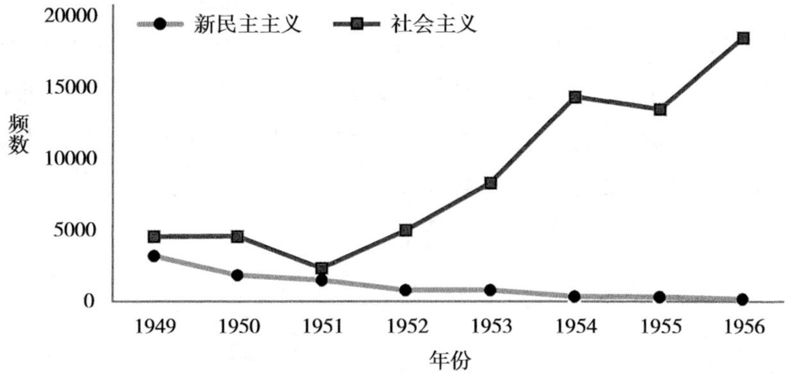

图1　新民主主义与社会主义

同样我们发现，1949—1956年间，“社会主义”一词的出现频数总体上高于“新民主主义”。新中国的成立标志着新民主主义革命的胜利，但这只是完成了社会革命的第一步，其第二步的目的是要建立社会主义社会，因此，这段时间实际上是从革命的第一步向第二步的过渡阶段。随着各项指标和各种条件逐步成熟完善，社会主义社会势必会建立起来，对“社会主义”提及也会较多。从图1中可以明显地看到，1952—1956年间，“社会主义”的出现频数远远高于“新民主主义”而且呈逐年上升趋势，这是因为，1952年国民经济恢复之后，社会主义的成分一天一天地增多了，建立社会主义是全党和全国人民的努力方向，为了早日实现社会主义，全党全国上下一致将个人的努力熔铸于社会主义社会的建设中，这段时期，“社会主义工业化”“社会主义改造”“社会主

① 肖存良：《新民主主义与社会主义之间——重读〈中国人民政治协商会议共同纲领〉》，《中共党史研究》2019年第5期。

义建设”“社会主义宪法”频繁刊登在《人民日报》的头版头条，成为人们耳熟能详、口口相传的热词，在这一方面体现了全国对于社会主义的激情和信念，另一方面，也说明了早日进入社会主义已然是大势所趋。

2.“土地改革”向“社会主义工业化”“社会主义改造”的转变

从图2可以观察到，1949年到1953年“土地改革”一词的出现频数始终高于“社会主义工业化”和“社会主义改造”，1953年以后，提及次数逐年下降。我们都知道，新中国成立后，中国共产党在新解放区进行了有史以来规模最大、最彻底的土地改革运动。1950年“土地改革”这一词出现了一次高峰，这一年我们颁布了《中华人民共和国土地改革法》，该法规定“废除地主阶级剥削的土地所有制，实行农民的土地所有制，借以解放农村生产力，发展农业生产，为新中国的工业化开辟道路”①。

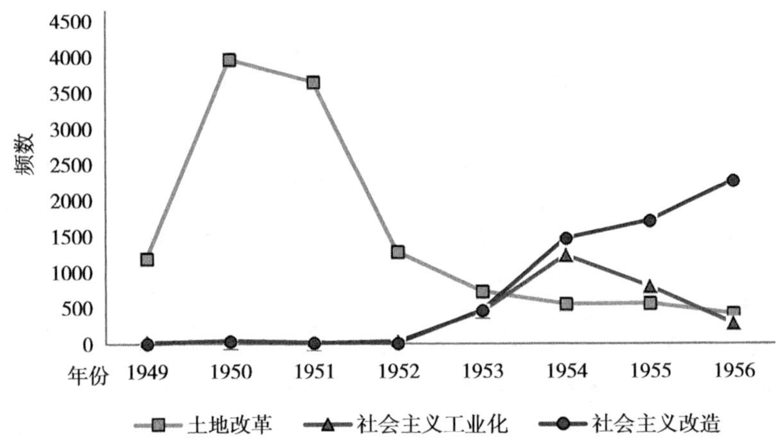

图2　土地改革、社会主义工业化与社会主义改造

这一时期的主要任务是恢复国民经济，而土地改革的开展废除了几千年来的封建地主土地所有制，建立农民的土地所有制，这极大地解放了农村的生产力，调动了农民的生产积极性，有利于促进国民经济的恢复。可以说，新中国成立后所进行的土地改革正是向封建主义作出的最后挑战，这一时期的工作主题可以称为是“反封建”。从1953年开始，“土地改革”的出现频数逐年

① 《建国以来重要文献选编》第1册，中央文献出版社1992年版，第292页。

降低，与之相反，“社会主义改造”则呈逐年增长之势，“社会主义工业化”也呈上升趋势并在1954年达到高峰。这一时期党和国家的中心任务发生了转变，国民经济恢复工作完成后，社会主义的因素一天天地多起来了，为了更好地适应国家有计划的经济建设，早日完成第一个“五年计划”的生产指标，需要对农业和手工业的小生产经营以及资本主义工商业的无组织性进行改变，1952年底，我国作出了“一化三改”的决定，主要进行生产资料所有制的变革，其主题可以概括为“反资本主义”。从图2可以看出，从1953—1956年间，“社会主义改造”一词热度不减，呈逐年增长之势，在1956年达到2273次，这是因为社会主义改造是一个过程，经历了从初级到高级，相比其他国家采取暴力的流血方式，我国“采取温和的逐步过渡的办法”，这有利于维持社会的稳定、经济建设的可持续性。周恩来在主持相关工作时指出：“由新民主主义到社会主义虽然是一场革命，但可以采取逐步的和平转变的办法……做到‘水到渠成’”①。可见，我国的各项举措都充分考虑到整个社会的可承受度，致力于将伤害度降到最低，维护最广大人民的福祉。

3.“阶级成分”向“公民身份”的转变

一般来说，阶级成分的变化从一定层面上反映了当时国家的工作重心和战略安排。从图3可以看出，1949—1956年间，“农民阶级”与“地主阶级”的出现频数和变动趋势基本一致，其中1949—1952年间，“农民阶级”和“地主阶级”的出现频数较之1952—1956更高，这是因为，1949—1952年间国家的主要任务是完成新民主主义革命的遗留任务，在新解放区的农村进行土地改革，土地改革之后，地主阶级作为一个阶级成分消亡了，成为自食其力的劳动者，农民分得土地，改变了几千年以来被剥削、被压迫的现状，因此，这段时期“农民阶级”和“地主阶级”的出现频率较高。1953—1956年“地主阶级”消失了，“农民阶级”也渐渐淡出了人们的视野，在以后的文件、报刊、宣传资料上更多地使用“农民”或者与农民相关阶层，如“贫农”“中农”“贫下中农”“富农”等。

从图3可以观察得出，在1949—1956年这8年间，“资产阶级”和“无产

① 《建国以来重要文献选编》第1册，中央文献出版社1992年版，第303页。

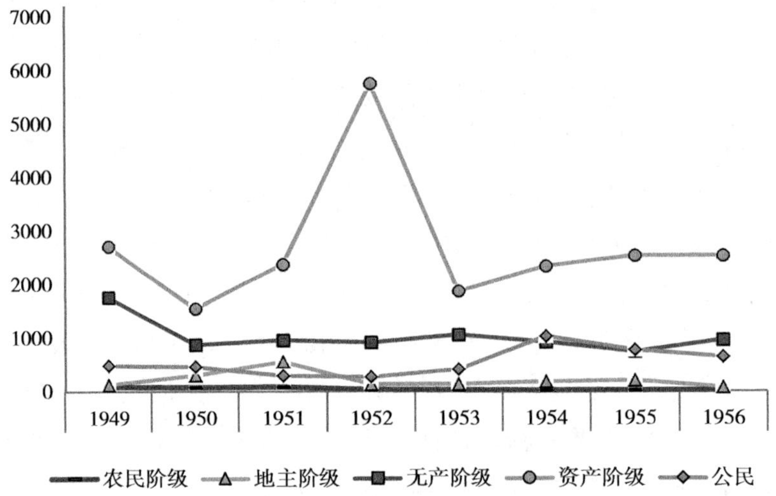

图 3　阶级成分与公民身份

阶级”较之于其他阶级出现频数比较高，成为这段时期国家话语中的高频词汇。1949—1952 年间，我国的主要任务是进行土地改革和国民经济的恢复，1949 年新中国成立之后，为了实现国家财政经济状况的根本好转和稳定当时的政治局面，毛泽东当时提出的一个重要思想就是“不要四面出击”，其中之一就是要处理好与国内各阶级、各民族和各民主党派的关系，保护民族工商业，以更好地恢复国民经济。1952 年“资产阶级”的出现频数出现了一个小高峰，达到 5748 次，在这一年，国家进行了“三反”“五反”运动，针对不法资本家的偷漏税行为和危害国家经济安全的做法进行了处罚。此外，在现实的经济建设中，农民阶级由于其自身小农经济的局限性，资产阶级由于其追逐利益和扩张市场的本性，不利于有计划的经济建设，有必要对其进行改造，党中央于 1952 年底酝酿了向社会主义过渡的决定。毛泽东于 1952 年 6 月指出：“在打倒地主阶级和官僚资产阶级以后，中国内部的主要矛盾即是工人阶级与民族资产阶级的矛盾”①，也就是说在我们废除了封建剥削制度之后，下一步的主要任务就是“反资本主义”。因此在 1953—1956，“资产阶级”和“无产阶级”的提及次数较多，成为这一时期的高频词。

① 《毛泽东文集》第六卷，人民出版社 1999 年版，第 231 页。

从图 3 可以观察得出,“公民”一词从 1949 年开始就已经活跃在人们的视野中,而且其出现频数基本高于同时期的“地主阶级”和“农民阶级”的出现频数(1951 年除外),这说明尽管受国内国际环境的制约,党和国家有意识地向人民大众传递这样一个具有现代观念的词,引导民众认识自己的权利和义务,从而参与国家政治生活。由于 1949—1953 年间我国的主要任务是完成民主革命遗留任务,医治战争创伤,因此这一时期,对“公民”的提及次数相比后面一段时间较少,但从《人民日报》的报道中发现,国家通过介绍苏联和其他社会主义国家中公民享有的各种权利,参加的各项选举活动,我国的某些地区开展的一些投票活动以及通过民选产生各级人民政府等情况,试图给广大人民群众传递一个民主、公平、公正的社会主义国家的美好形象,调动人民参加社会治理的积极性。从图 3 可以看出,1954 年“公民”一词的频数出现了一个小高峰,这与 1954 年我国第一次全国代表大会的胜利召开和第一部社会主义宪法的颁布有着密切的联系,公民所享有的权利和义务进一步具体化并通过法律手段固定下来,“公民”受到人们的广泛关注,人民开始自觉地参与国家政治。此后,“公民”的出现频数基本上高于 1949—1953 年间,这说明人们的民主意识逐渐提高,我国的社会主义民主具有广泛性和真实性。

(四) 讨论

本书通过对《人民日报》图文数据库载录的 1949—1956 年间《人民日报》刊登的内容和文本分析对新中国国家话语进行研究,基本可以验证我们在文章开始提出的两个观点性假设。即:

观点性假设一:1949—1956 年间新中国的国家话语主要以“革命话语”和“建设话语”为主,而且随着国家战略重点的转移,经历了从革命话语向建设话语的转变,一种话语的转变并不意味着另一种话语的完全消失,而是一种话语占据主导地位,另一种话语处于次要地位。但就总体态势而言,新中国成立以来的国家话语表现为阶级斗争和革命话语逐步弱化而建设话语逐步升温,但不可避免,在某一时期由于国内国际形势的变化以及重大政治事件的影响,会出现阶级话语的回升,革命话语和建设话语交织在一起的现象。如“一化三改”,既有对生产资料私有制的改造,也有发展社会主义工业化的需求,而其最主要的目的是通过社会主义改造扫清社会主义工业化进程中的发展障碍。

观点性假设二:1949—1956 年,新中国的国家话语中始终贯穿着一条内涵共识,即把我国建设成为人民当家作主的社会主义国家,以人民为中心的工作宗旨凝聚成党和国家奋斗目标的价值共识,在不同的历史时期发挥着凝聚作用和动员作用,从而将亿万人民的力量熔铸在社会主义建设中。

回顾本书研究,革命话语和建设话语是本书的两个标识性概念,其核心涵义是指以革命和建设为两大主题展开的国家主体性言说而形成的语义谱系。所以,如果单单从"革命""建设"这些显性词汇去研究显然是不够的,更重要的是要善于挖掘蕴含革命和建设语义的一些隐性词汇,即是说,要分析构成革命话语和建设话语的"词群"。尽管本书研究也考虑到这些因素,在研究设计的时候就选取关键词、统计高频词,筛选共享词和独立词,尽可能地丰富各话语的"词群",但是由于词文海量,做到精准定位、完全归位无异于天方夜谭。因此,涉及共享词和独立词在革命话语和建设话语中的归集问题,研究中已经体现,但在这里强调说明。表 2 里面涉及的所有共享词都从不同侧面共同支持革命话语和建设话语,比如"人民"既是革命的主体力量,也是建设的主体力量,比如"苏联"既与革命话语高度关联,又与建设话语密切相关,再比如"民主"既是关乎革命的原因问题,又关乎建设的目的问题。但是表 3 里面涉及的独立词如"土地改革"与"社会主义改造""抗美援朝"等是建构革命话语的词群,"公民"与"五年计划""增产节约""社会主义工业化"建构了建设话语。此外,对不同时期阶级成分的研究也能够体现出本时期革命话语和建设话语的偏重和变化趋势,如"地主阶级""农民阶级""资产阶级""无产阶级"频繁出现的年份,革命话语色彩较为浓重,而"公民"一词的反复出现则预示革命话语的淡化和建设话语的凸显。

但是,由于选词方案的原因,统计中也会出现一些偏差,进而从图表上看会影响我们对某方面话语发展趋势的判断。如图 2 中"社会主义工业化"在 1954 之后呈现下降趋势,而事实上一直到 1956 年社会主义工业化建设仍然在如火如荼地进行中,之所以出现这种状况,是因为这段时期《人民日报》的报道中大多用"工业化"来指代"社会主义工业化",如果我们用"工业化"来代替"社会化主义工业化"进行统计的话,年度变化趋势相对平缓,更接近于当时实际。因此,为了研究结果的准确性,今后要更进一步优化和完善选词方案。

最后,需要重点说明的是,我们是通过分析 1949—1956 年间《人民日报》的所有报道内容和文本来研究新中国国家话语,这似乎和“新中国”在时间概念上不是完全吻合。实际上,从时间概念上反映出来的“新中国”与走向新中国的整个革命过程是分不开的,尤其是 1949 年以来的标志性重大事件,《人民日报》的来源就折射出这一重要关联。1948 年 6 月 15 日,中共中央将当时的晋冀鲁豫机关报和《晋察冀日报》合并成为《中共中央华北局机关报》承担中共中央机关报的重要职能,1949 年社址随即迁入北京,8 月 1 日后正式转为中共中央机关报。所以,从 1949 年一开始已经完全具备了“新中国”实质上的含义,只不过 10 月 1 日更是达到了“新中国”实质上和仪式上的完美统一。

中国国家话语的建构不是一成不变的,需要顺应时代和国家发展进行调整。纵观 1949—1956 年间新中国的国家话语,尽管革命话语和建设话语如影随形,1949—1952 年间与完成民主革命的遗留任务紧密相关的是革命话语,这段时间也交织着建设话语,而 1953—1956 年间,国家将工作重心转移到社会主义工业化建设上来,这一时期也交织着革命话语,但总体而言,这时候的革命话语是服务于我国的社会主义建设的。鉴于此,改革开放以来,尤其是中国特色社会主义进入新时代,我国需要因时、因事和因势进行话语创新,从国家战略高度加强中国特色话语体系建设。

第三节 中国话语表达视域下的“中国道路”

习近平于 2016 年 5 月 17 日主持召开哲学社会科学工作座谈会、2018 年 5 月 4 日出席纪念马克思诞辰 200 周年大会,都曾指出:“当代中国的伟大社会变革,不是简单延续我国历史文化的母版,不是简单套用马克思主义经典作家设想的模板,不是其他国家社会主义实践的再版,也不是国外现代化发展的翻版”①。这些重要论述为理解“中国道路”的本质内涵提供了重要的方法论启示。为此,从习近平关于“当代中国的伟大社会变革”的重要论述去理解

① 习近平:《在哲学社会科学工作座谈会上的讲话》,人民出版社 2016 年版,第 21 页。

“中国道路”的本质内涵，对于我们深刻把握中国特色社会主义用中国话语表达“中国道路”的本质特征，以及“中国道路”承载的中国话语本质内涵，具有重要的理论意义和实践价值。

一、“当代中国的伟大社会变革”与“中国道路”的内在统一性

习近平之所以运用“当代中国的伟大社会变革”来阐释“中国道路”的本质内涵，主要是因为：

首先，“当代中国的伟大社会变革”和“中国道路”是改革开放以来中国特色社会主义一个主题的两个重要方面，是基于中国特色社会主义的有机统一和协调推进。第一，“当代中国的伟大社会变革”以前所未有的理论勇气和实践创举为当代中国注入了鲜活的“变革”元素，推动当代中国开创并形成中国特色社会主义发展模式，丰富了中国特色社会主义的本质内涵。第二，“中国道路”是对中国特色社会主义全部理论和丰富实践的集中概括，是被“当代中国的伟大社会变革”实践所证明了的关于坚持和发展中国特色社会主义正确的理论原则和经验总结。第三，以中国特色社会主义为理论原则和实践底色，“当代中国的伟大社会变革”与“中国道路”为新时代中国特色社会主义继续向前发展固基础、稳大局、把方向。正如习近平所强调的那样，“新时代中国特色社会主义是我们党领导人民进行伟大社会革命的成果，也是我们党领导人民进行伟大革命的继续，必须一以贯之进行下去”①。

其次，“当代中国的伟大社会变革”不仅阐明了“中国道路”从哪里来，而且还阐明了到哪里去的问题。“中国道路”既是“当代中国的伟大社会变革”的结果，同时又是“当代中国的伟大社会变革”在新时代迈向新征程的新起点。就前者而言，中国特色社会主义是建立在中国共产党领导全国各族人民实现伟大社会变革的基础上、党和人民历尽千辛万苦付出各种代价取得的根本成就。就后者而言，中国特色社会主义进入新时代的一个重大课题，就是要系统回答新时代坚持和发展什么样的中国特色社会主义、怎样坚持和发展中

① 《习近平新时代中国特色社会主义思想学习纲要》，学习出版社、人民出版社 2023 年版，第 47 页。

国特色社会主义。即是说,“中华民族伟大复兴,绝不是轻轻松松、敲锣打鼓就能实现的”①。在坚持和发展中国特色社会主义道路上,全党全国各族人民必须准备付出更为艰巨、更为艰苦的努力,继续实现伟大的社会变革,“四个伟大”“十个明确”和“十四个坚持”共同谱写新时代中国道路迈向未来新征程的壮丽篇章。

最后,更为重要的是,习近平关于“当代中国的伟大社会变革”的重要论述,深刻阐明了“中国道路”是什么的问题。习近平指出:“只有回看走过的路、比较别人的路、远眺前行的路,弄清楚我们从哪儿来、往哪儿去,很多问题才能看得深、把得准”②。习近平关于“当代中国的伟大社会变革”的重要论述深刻表明:“中国道路”的形成发展,与我国优秀传统、经典马克思主义、社会主义实践、现代化发展存在必然联系,这四个方面的内容是“中国道路”生成发展的本源性要素,它们与中国道路之间存在本源性关联。换言之,我们不能脱离中国优秀传统及其发展来谈论“中国道路”,否则就会掉入“历史虚无主义”的窠臼;我们不能脱离经典马克思主义来谈论“中国道路”,否则就会为“中国特色资本主义”等错误言论提供论证;我们也不能脱离其他国家社会主义实践来谈论“中国道路”,否则“中国道路”的“特色”以及对于世界发展的“原创性贡献”就无从谈起;我们更不能脱离人类现代化发展的实际进程来谈论“中国道路”,否则就会有悖于马克思主义唯物史观,同时也就抽掉了“中国道路”的实质性内涵。但是,它们与中国道路之间也存在根本区别。“中国道路”不是简单延续我国历史文化的母版,而是马克思主义指导下中国优秀传统的现代版;“中国道路”不是简单套用马克思主义经典作家设想的模板,而是科学社会主义的中国版;“中国道路”不是其他国家社会主义实践的再版,而是现实社会主义实践的扩展版;“中国道路”不是国外现代化发展的翻版,而是发展中国家实现现代化的创新版③。那么,究竟如何从这些本源性要素

---

① 习近平:《决胜全面建成小康社会　夺取新时代中国特色社会主义伟大胜利——在中国共产党第十九次全国代表大会上的报告》,人民出版社 2017 年版,第 15 页。

② 习近平:《以时不我待只争朝夕的精神投入工作　开创新时代中国特色社会主义事业新局面》,《人民日报》2018 年 1 月 6 日。

③ 参见秦宣:《当代中国伟大社会变革的多维解读》,《马克思主义研究》2019 年第 6 期。

以及与中国社会发展的本源性关联中把握“中国道路”的本质内涵呢？这就需要树立严格的边界意识。所谓边界意识，就是通过对事物有限性和相对性的把握来获得对事物自身的规定性理解，有限性指的是事物存在的时空限制，相对性指的是事物存在的现实条件，任何事物的存在都有时空限制、也都要符合现实条件，也即“边界”。即是说，中国道路要在与中国历史文化母版，马克思主义经典作家设想的模版，其他社会主义国家实践的现实版，以及国外现代化发展的版本的比较中确立其真实内涵。因此，我们把握事物的本质内涵就必须树立“边界意识”，只有这样，才能避免阐释和理解的僭越，从而获得对事物的本质认识。

二、既要坚守中华文化立场，又要推动文化创新发展

理解“中国道路”的本质内涵，要求我们既要坚守中华文化立场，又要推动文化创新发展。我们既不能脱离中国历史文化来谈论“中国道路”，但是“中国道路”又“不是简单延续我国历史文化的母版”，那么从这一角度来理解“中国道路”的本质内涵，这就要求我们既要坚守中华文化立场，又要推动文化创新发展。我们知道，文化是具体的，总是带有一定的时空特征、符合特定的现实条件。在中华民族5000多年发展进程中形成的历史文化，由于在文明类型上属于农耕文明、又与中国长期封建统治紧密联系所导致的封闭性和滞后性，因而难以在近现代变革求新的时代潮流中独立发挥强大引领作用，这是我国历史文化在新的时空条件下的必然表现，是我国历史文化发展到近现代以来的有限性。然而文化是一个国家的灵魂，是一个民族的精神旗帜和独特标识。中国历史文化是中华民族承前启后的精神命脉和文化根基，是中华民族继往开来的强大精神动力。习近平指出：“中华民族有五千多年的文明历史，创造了灿烂的中华文明，为人类作出了卓越贡献，成为世界上伟大的民族”①。这是我国历史文化实现时代创新发展的现实条件，是我们坚守中华文化立场的根本缘由。一个固步自封或者照搬历史文化传统的民族，就会缺乏

① 习近平：《决胜全面建成小康社会 夺取新时代中国特色社会主义伟大胜利——在中国共产党第十九次全国代表大会上的报告》，人民出版社2017年版，第13页。

生机活力,是没有希望和未来的。同样地,一个抛弃或者背叛自己历史文化的民族,不仅不可能发展起来,而且很可能上演一场场历史悲剧。因此,只有树立严格的边界意识,才能理清“中国道路”与我国历史文化的关系,才能明确“中国道路”的本质内涵。

中国共产党自成立之日起,始终坚持以马克思主义为指导,始终坚持不忘本来、寻根问祖,从中华优秀传统文化中汲取具有时代价值的文化精髓,在百年的革命、建设、改革和发展实践中,中国共产党既实现了马克思主义与中华优秀传统文化的有机结合,赋予了历史文化鲜活生命力和丰富内涵,又创新形成了体现党和国家意志、中华民族精神风貌的革命文化和社会主义先进文化,为中国道路的开辟完善增添了新的内容和发展动力。这既是“中国道路”对中国历史文化的坚定传承和忠实弘扬,也是对中国历史文化的时代转换和创新发展,既有历史印记,也有时代特色。因此,中国特色社会主义是在对中华文明5000多年的传承发展中得来的,充分彰显了中华民族本色以及中国历史文化特色,深刻地体现出“中国道路”与中国历史文化一脉相承的密切关联,全面展示了“中国道路”的历史底蕴和文化厚度。这是“中国道路”对于本源性要素中国历史文化的忠实传承,是推动中国特色社会主义走向未来的历史根基。离开中国历史文化谈论当代中国的伟大社会变革,“中国道路”就会成为无源之水、无本之木。“落其实者思其树,饮其流者怀其源”说的就是这个道理。

三、既要坚持社会主义基本原则,又要立足中国现实国情

理解“中国道路”的本质内涵,要求我们既要坚持社会主义基本原则,又要立足中国现实国情。我们不能脱离经典马克思主义来谈论“中国道路”,但是“中国道路”又“不是简单套用马克思主义经典作家设想的模板”,那么从这一角度来理解“中国道路”的本质内涵,这就要求我们既要坚持社会主义基本原则,又要关照中国现实国情,是坚持共性与发展个性的辩证统一过程。我们知道,马克思主义作为时代的产物,直接性和现实性上是对19世纪欧洲资本主义社会作出的深刻剖析,具体结论上不可能穷尽包括中国在内的世界各国各个社会发展阶段的一切问题,这是经典马克思主义在特定时空条件下的必

然结论,是经典马克思主义的有限性,也是我们用经典马克思主义关照中国现实国情的根本原因。然"马克思主义是科学的理论,它犹如壮丽的日出,照亮了人类探索历史规律和寻求自身解放的道路"①。尤其是马克思恩格斯创立的科学社会主义基本原则,无疑为中国共产党的成立、新民主主义革命的胜利、新中国的成立和社会主义事业的推进提供了根本方向保证和行动实践指南,这是经典马克思主义可以实现时代发展的现实条件,是中国特色社会主义在方法论意义上坚持经典马克思主义所设定社会主义基本原则的根本缘由。生搬硬套经典马克思主义的具体结论而不结合中国实际,马克思主义中国化就始终是一句空话。同样地,离开作为指导思想和科学方法的经典马克思主义来谈论"中国道路",就会丢掉中国特色社会主义的灵魂。

中国共产党人坚持把马克思主义作为一种科学思维方法来应用,达成了科学理论与具体实际的双向互动,实现了社会主义共性与中国个性的有机统一,开辟了马克思主义理论和实践发展的新境界。在探索中国道路的艰难历程中,中国共产党带领中国人民既坚持了科学社会主义基本原则,又发展了具有中国特色、符合中国国情的具体内容。在生产力目的方面,既坚持生产力为满足人民日益增长的美好生活需要服务,同时又将解放和发展生产力提升到社会主义根本任务的高度;在经济制度和分配制度方面,既将生产资料公有制为主体和按劳分配为主体作为基本经济制度和分配制度的重要内容,同时又强调多种所有制经济共同发展和多种分配方式并存,来激发、调动一切社会积极因素为社会主义建设服务;在人与自然关系问题上,既坚持人与自然是命运共同体的理念,同时将美丽中国定为实现中华民族伟大复兴的重要标准之一;在政党建设方面,既强调中国共产党的领导是中国特色社会主义最本质的特征和中国特色社会主义制度的最大优势,同时结合中国实际创造性地建立了中国共产党领导的多党合作和政治协商制度;在未来发展方向上,既将远大理想与共同理想有机结合,又关照中国实际提出建设社会主义现代化强国的阶段性目标,实现了长期性与阶段性的有机统一。"实践证明,历史和人民选择

① 《习近平新时代中国特色社会主义思想学习纲要》,学习出版社、人民出版社 2019 年版,第 35 页。

马克思主义是完全正确的，中国共产党把马克思主义写在自己的旗帜上是完全正确的，坚持不懈推进马克思主义中国化时代化大众化是完全正确的。”①所以，正因为“中国道路”将经典马克思主义当作了一种建设社会主义的方法和原则，而不是一成不变的模板和教条，才开辟和发展了具有中国特色的社会主义发展道路。

四、既要比照他国社会实践，又要彰显我国比较优势

理解“中国道路”的本质内涵，要求我们既要比照他国社会实践，又要彰显我国比较优势。我们既不能脱离其他国家社会主义实践来谈论“中国道路”，但是“中国道路”又“不是其他国家社会主义实践的再版”，那么从这一角度来理解“中国道路”的本质内涵，这就要求我们既要比照他国社会实践，又要彰显我国比较优势。我们知道，处理中国道路与其他国家社会主义实践的关系，主要是指如何认识并理顺“中国道路”与苏联社会主义实践的关系。以马克思主义为指导建成的世界上第一个社会主义国家，却在后期逐步放弃了对科学社会主义基本原则的坚守和对本国国情的关注，改旗易帜的邪路最终葬送了苏联社会主义的前途。这是“中国道路”不能再版其他国家社会主义实践的严重警醒，是坚持和发展中国特色社会主义的重要原因。包括苏联在内的其他国家社会主义实践是将马克思主义基本原理与各国各阶段具体国情结合的产物，是对科学社会主义基本原则和方法的现实运用，这对后来包括中国在内的世界社会主义的发展产生了深远影响和示范作用，这种启示引导作用是社会主义实践对于“中国道路”存在的必要条件，是彰显“中国道路”比较优势的重要原因。离开其他国家社会主义实践来谈论当代中国伟大社会变革，就割裂了“中国道路”与世界社会主义一脉相承的内在联系，也无法说明当代中国社会主义创新实践的生动比照。同样，削足适履、生搬硬套其他国家的发展模式也必然会葬送中国特色社会主义的前途。因此，只有树立严格的边界意识，才能理清“中国道路”与其他国家社会主义实践的关系，才能显现

---

① 《习近平新时代中国特色社会主义思想学习纲要》，学习出版社、人民出版社2019年版，第36页。

“中国道路”的独特优势，才能理解“中国道路”的本质内涵。

概言之，“中国道路”的成功开辟是在学习借鉴中实现的，“中国道路”的独特优势是在比较中体现出来的。习近平指出：“世界上没有完全相同的政治制度模式，一个国家实行什么样的政治制度，走什么样的政治发展道路，必须与这个国家的国情和性质相适应”①。中国共产党人不忘初心，走出了一条坚持社会主义根本方向、吸收中华优秀文化精髓的中国特色社会主义发展道路。中国共产党团结带领中国人民，致力于实现由站起来富起来到强起来的伟大飞跃和历史跨越，为促进世界经济发展、推动世界进步作出了贡献，走出了一条区别于其他国家的生存发展之路；中国共产党以社会主义初级阶段为最大国情，探索出一套符合中国实际的治理体系，提升并致力于实现国家治理能力现代化，为他国加快现代化发展步伐提供了重要参考，走出了一条独特的制度成型之路；中国共产党不忘本来、吸收外来、面向未来，推动中华优秀传统文化创造性转化、创新性发展，为人类文明繁荣作出了巨大贡献，走出了一条具有中国风格和中国气派的文化发展道路；中国共产党坚持人类命运共同体理念，打破了国强必霸的传统发展模式，拓展了发展中国家走向现代化的途径，走出了一条和平发展之路。因此，“中国道路”源于中国，属于世界，既具备民族特色，也兼有世界意义，充分反映了人类社会发展趋势和共同价值追求，为全球和平发展和人类文明进步作出了卓越贡献。

五、既要把握现代化的实质内涵，又要走好中国式现代化之路

理解“中国道路”的本质内涵，要求我们既要把握现代化的实质内涵，又要走好中国式现代化之路。我们既不能脱离现代化发展来谈论“中国道路”，但是“中国道路”又不是“国外现代化发展的翻版”，那么从这一角度来理解“中国道路”的本质内涵，这就要求我们既要把握现代化的实质内涵，又要走好中国式现代化之路。我们知道，现代化发展是探索人类进程和未来趋势的重要一步，但西方国家实现的是一种畸形发展的、少数人的现代化，是一种霸

① 《习近平新时代中国特色社会主义思想学习纲要》，学习出版社、人民出版社 2019 年版，第 124 页。

权主义和强权政治的掠夺型现代化，这是西方国家在资本主义特定时空条件下的必然产物，人与自然、人与社会的双重对立是西方现代化发展的有限性。然而，现代化是马克思主义唯物史观设想的未来社会发展方向，是推动人类社会发展进步的必然方式和世界各国发展的必经阶段，只有深刻把握现代化的本质内涵，才能正确认识“中国道路”走向现代化的客观过程。如果脱离现代化发展来谈论当代中国的伟大社会变革，就违背了马克思主义关于人类社会发展进程的基本认知，就无法理解中国共产党领导中国人民在百年艰苦奋斗进程中取得的伟大成就，更无法理解到21世纪中叶把我国建成社会主义现代化强国的战略目标。因此，只有充分结合中国实际才能理清“中国道路”与国外现代化发展的关系，才能理解“中国道路”的本质内涵。

然而，不脱离国外现代化发展来谈论当代中国伟大社会变革，并不意味着照搬照抄国外现代化发展模式，而是要在人类现代化发展的宏观视野中把握现代化的实质内涵和中国现代化的本质特征。中国的现代化，归根结底是社会主义现代化，是全体社会成员和最广大人民群众的现代化，是实现国家富强、民族振兴、人民幸福的现代化，是实现中华民族伟大复兴的现代化，是推动实现人类命运共同体的和谐的现代化。中国共产党人牢牢把握时代主题，理性分析世界情势，紧密结合中国国情，科学应用人类社会发展规律、社会主义建设规律和中国共产党执政规律，走出了一条反映人民呼声、顺应时代潮流和符合本国发展愿景的现代化之路。这条道路以人民至上为根本宗旨，全心全意为人民服务；以改革创新为第一动力，促进中国社会科学发展和健康发展；以各国平等发展为重要原则，致力于构建新型良好的国际关系；以互利共赢为最终目标，实现人类命运共同体的伟大构想，探索出一条真正源于中国、属于世界的现代化发展之路，真正顺应了中国最广大人民的热切期盼、符合世界发展潮流和人类社会发展趋势。

综上所述，要想深刻理解当代中国的伟大社会变革，习近平的重要讲话为我们提供了重要的方法论指导，这就是：要在树立严格的边界意识，即在与我国历史文化、经典作家设想，其他国家社会主义实践以及国际现代化发展的各种版本比较中才能把握“中国道路”的本质内涵，在这一根本性问题上不容许有任何偏差。我们必须精准把握“中国道路”的本质内涵及其方法论意义，才能坚定不移将中国特色社会主义实践推向前进，才能为实现中华民族伟大复兴夯实路基、引领方向。

这条道路在本质上是中国共产党领导的社会主义现代化道路。习近平总书记在庆祝中国共产党成立 100 周年大会上的讲话中称之为“中国式现代化新道路”，在《中共中央关于党的百年奋斗重大成就和历史经验的决议》中称之为“中国式现代化道路”，在党的二十大报告中定型表述为“中国式现代化”，新时代新征程中国共产党的使命任务就是团结带领全国各族人民全面建成社会主义现代化强国，实现第二个百年奋斗目标，以中国式现代化全面推进中华民族伟大复兴。因此，当前中国道路话语建设的根本进路在于构建中国式现代化的自主学术话语体系。为此，新时代的哲学社会科学研究者尤其是青年学者，理应不断强化使命意识、方法意识和论题意识，紧紧围绕“中国式现代化”这一标识性概念，以构建中国自主知识体系为目标，加快推进学术话语创新。①

① 尹占文：《当代中国学术话语建设的理性反思及其未来进路》，《华中师范大学学报（人文社会科学版）》2023 年第 4 期。

第五章　马克思主义中国化的本质析论

马克思主义中国化内涵极其丰富。从理论与实践的关系来说,这既是关于马克思主义的严肃的理论问题,也是世界社会主义共产主义运动中不可回避的现实问题。说它是理论问题,这是因为:马克思主义不是一成不变的"教条","随时随地都要以当时的历史条件为转移",是马克思主义理论形成和发展的内在规定;说它是现实问题,这是因为:马克思主义自从进入中国就与中国的现实问题紧密相连,总之,是实践的理论、实践中的理论。从马克思主义发展史的角度来说,这既是一个具有历史底蕴的传统话题,又是一个具有时代标识的现代话题。说它传统,这是因为:它有着特定的历史传统和思维传统,"马克思主义基本原理与中国实际相结合"从马克思主义一进入中国就开始进入人们的思维、认识和实践领域;说它现代,这是因为:它与时代发展同步,随着马克思主义理论本身与时代相接触,马克思主义中国化也必然要与时代同在,而且这种"同在性"因全球化时代中国与世界相互依赖程度的日趋加深而呈现"互构性"。正因为马克思主义中国化既是理论问题又是实践问题,既是传统话题又是时代话题,在中国的现实语境下,不管是理论问题、实践问题,还是传统话题、时代话题,不外乎从三个维度呈现马克思主义与中国问题的关联度,那就是前面第二章第三节所论述的内容,即:马克思主义从产生到发展呈现出以不同的形态表达主旨内容的态势。以马克思主义理论的社会身份、社会功能和对社会起作用方式上的不同,马克思主义存在的基本形态表现为政治形态的马克思主义、学术形态的马克思主义和大众形态的马克思主义。这三个形态都以独立存在的方式承载着马克思主义中国化的基本内涵,除此之外,实际上还有方法论层面的基本内涵是以内嵌于三个独立形态的方式共同承载着,而且还对这三个独立形态起着某种程度上的统领作用。所以,如果是从理论表达的角度来探讨马克思主义中国化的基本事实的话,还必须将方法论层面的事实予以特别关照,需要独立呈现。这里囿于篇幅所限和侧重不同,本章主要对“马克思主义中国化”究竟是个什么样的命题进行深刻的学理反思和学术论证。马克思主义中国化究竟是个什么样的命题就是马克思主义中国化命题的元问题,因此,对马克思主义中国化命题的元问题进行追问和确证,无疑是涉及该学科内涵式发展最具有普遍意义的基础理论问题。

第一节 “马克思主义中国化”命题研究的逻辑方法析论

一直以来,学术界对“马克思主义中国化”命题的研究存在缺失,那就是忽视对“命题”进行元理论层面最具普遍意义的深入分析,即是没有“命题分析”的命题研究。事实上,马克思主义中国化“命题”是表达马克思主义中国化“事实”的逻辑形式,二者的逻辑关系在于“命题”决定于“事实”而不是相反。只有遵循命题——事实——命题的逻辑认知路径、从“命题”切入研究马克思主义中国化的“事实”,才能最大程度地避免“命题态度”干扰马克思主义中国化命题研究,进而才能保证研究程序的逻辑性和研究结论的科学性。马克思主义中国化是集方法、理论、政治、大众于一体的“复杂事实”,因而是一个方法、理论、政治、大众多维表达的分子命题。

一、当前关于马克思主义中国化命题研究的方法论缺失

没有“命题分析”的“命题研究”,是方法论的缺失。当前学术界虽然对“马克思主义中国化”命题的研究呈现出一种具有学理争鸣的良好态势,提出的一些富有创见性的学术观点在一定程度上也在解释马克思主义中国化实践层面的某些现象和回答理论层面的某些问题,然则忽视对“命题”进行元理论层面最具普遍意义的深入分析,由此造成关于马克思主义中国化命题的探讨

是“经验性”有余而“理论性”不足。结果是，关于马克思主义中国化命题的研究却没有给“命题”以足够的重视和应有的地位。不同于一般的理论研究，元理论分析把关于“理论的理论性”研究归约为对理论论证的正当性和有效性的精细研究，它是源于人类企望理解并不断追求理解的本性而必然产生出来的一种具有普遍意义的知识现象和知识形式①。因此，元理论层面的“马克思主义中国化”命题研究旨在对“命题”的论证结构进行学理分析。为进一步明确问题指向，本书重点强调的是马克思主义中国化命题研究的逻辑方法和逻辑路径，目的是在形而上层面为马克思主义中国化命题的科学研究以及由此得出的理论观点提供扎实可靠的逻辑依据和事实根据。

在这里，为了更清晰地再现当前学术界关于马克思主义中国化命题研究的缺失，从理论观点和逻辑方法两个层面对现有研究做一个简要的梳理和分析。

首先，从理论观点层面进行分析。当前学术界直接针对马克思主义中国化命题研究提出的理论观点存在如下争论：第一，从命题属性来看，马克思主义中国化究竟是理论命题还是政治命题。学者谭群玉和周兵认为“马克思主义中国化是 20 世纪 30 年代末毛泽东明确提出的一个理论命题，新哲学会群体对其进行了初步论证”②。学者李建勇认为，马克思主义中国化是“一个产生于特定历史环境的政治命题和历史命题”③。学者周全华和姚鸿雁认为，马克思主义中国化经历了从“理论命题到政治命题的历史发展”④。第二，从命题的首倡者来看，马克思主义中国化究竟是“38 命题”还是“36 命题”。学者曹泳鑫和吴军将毛泽东在党的六届六中全会上提出的“马克思主义中国化”誉为“38 命题”⑤，学者黄少群和匡胜认为，马克思主义中国化命题最早是由

① 参见李振伦：《元理论与元哲学》，河北人民出版社 2001 年版，第 102 页。

② 谭群玉、周兵：《新哲学会与“马克思主义中国化”》，《现代哲学》2006 年第 6 期。

③ 李建勇：《有经有权：对毛泽东“马克思主义中国化”命题的评价》，《中国石油大学学报》(社会科学版)2011 年第 1 期。

④ 周全华、姚鸿雁：《“马克思主义中国化”从理论命题到政治命题的历史脉络》，《中国特色社会主义研究》2010 年第 4 期。

⑤ 曹泳鑫、吴军：《“马克思主义中国化”内涵与构建范式——从毛泽东“38 命题”、后续阐述到当代化“链结”》，《毛泽东邓小平理论研究》2007 年第 3 期。

张闻天提出来的，此谓“36命题”①。我国马克思主义领域的已故著名学者陈占安教授认为，“张闻天提到的要‘中国化’同‘马克思主义中国化’这个命题不是一回事，真正提出‘马克思主义中国化’命题，当属毛泽东1938年10月所作的《论新阶段》的报告”②。周全华、董德福、王刚、李怀录、罗敏、聂家华等多数学者也都赞同“38命题”。第三，从命题研究所承载的具体内涵和现实需求来看，马克思主义中国化究竟是文化命题还是哲学命题。学者颜旭认为，只有将马克思主义中国化作为文化命题进行研究，才能拓展和深化马克思主义中国化研究的空间③。学者田鹏颖则认为，马克思主义中国化研究要“跳出”马克思主义中国化本身、运用整体性方法，从马克思主义中国化与时代的关系来思考和把握马克思主义中国化的本质和宗旨，那么，马克思主义中国化则是当代一个重大的哲学命题④。上述研究从某一个侧面对马克思主义中国化进行了深入探讨，发人深省，但如上所述，不论是探讨马克思主义中国化的命题属性、还是探讨马克思主义中国化命题的首倡者，甚至探讨马克思主义中国化研究所要承载的具体内涵和现实需求，这都是作为马克思主义中国化整体性存在和整体性研究的必要组成部分，但是我们不能用“部分性”存在及其研究指代和囊括“整体性”存在及其研究，否则就会造成“以偏概全”的局面。因此，就作为整体性存在的马克思主义中国化而言，当前研究显然不够全面，甚至很大程度上不可避免地造成了马克思主义中国化的“碎片化研究”，这样既不利于从学科外部认识马克思主义理论的整体性，也不利于从理论内部认识马克思主义中国化的整体性。

其次，从逻辑方法层面进行分析。逻辑方法层面的马克思主义中国化命题研究，主要是指研究者在具体的研究过程中所贯穿的致思取向和遵循的学术进路，或者说当前研究是按照什么样的逻辑路径进入“马克思主义中国化”

---

① 黄少群、匡胜：《“马克思主义中国化”是张闻天最早提出来的》，《北京日报》2008年10月27日。

② 陈占安：《关于“一个命题的首倡者”的一点看法》，《北京日报》2009年2月19日。

③ 参见颜旭：《论作为文化命题的马克思主义中国化研究》，《淮阴师范学院学报》2008年第5期。

④ 参见田鹏颖：《马克思主义中国化——当代的重大哲学命题》，《黑龙江社会科学》2013年第5期。

命题的理解和解释模式的。从逻辑语义学的角度来看，马克思主义中国化究竟是个什么样的命题包含“马克思主义中国化”和“命题”两个关键词，二者的逻辑关系是：“马克思主义中国化”是“命题”表达的对象性内容，“命题”是“马克思主义中国化”表达的主体性规定；同时，“马克思主义中国化”是形而下层面马克思主义中国化命题的存在根据，“命题”是形而上层面马克思主义中国化命题的逻辑形式。显然，要想获得对这一问题的本质认知，深入分析二者的逻辑关系，至关重要。总观当前研究，虽然得出的理论观点“殊途”而遵循的研究逻辑却“同归”，就是研究者从各自的角度出发阐释对“马克思主义中国化”的理解，研究中“命题”被永久性地悬置起来，更没有对“马克思主义中国化”和“命题”二者的逻辑关系进行深入的剖析。究其原因，我们认为这是一种倾向于“命题态度”的目的论行为使然。

“命题态度”是现代分析哲学之父弗雷格在分析复合语句命题的真值情况时提出的一个重要概念。弗雷格引入“命题态度”意在强调：一是命题是句子所蕴含的思想和表达的意义，具有客观性；二是命题是命题态度的对象或内容。强调命题的客观性和坚持反心理主义原则，用弗雷格的话就是“始终把心理的东西和逻辑的东西，主观的关系和客观的东西严格地区别开来”①。在弗雷格看来，命题态度和命题应该严格区分开来，命题是逻辑哲学关注的内容，而命题态度则应归入心理学。罗素认为命题是“当我们正确地相信或错误地相信时，我们所相信的东西”②。鉴于此，故就命题和命题态度二者的关系来看，命题是命题态度的对象性内容，而命题态度是命题的主体性表征，前者属于逻辑学范畴、具有客观性，而后者属于心理学范畴、具有主观性，逻辑分析注重把握人类理性思维的客观规律，通过对思维过程进行理论抽象进而来揭示事物之间的因果联系，内容表达的客观性和分析过程的逻辑性是其显著特征；而心理学则注重分析把握人的认知、情感和意志过程，是对个体心理现象的描述再现和解释说明，主体性和差异性特征显著。由此我们可以更进一步说，命题态度就是说话者提出命题时所持有的相信、希望、期望、愿望、情感

① 转引自刘放桐等：《新编现代西方哲学》，人民出版社 2009 年版，第 252 页。

② ［英］罗素：《逻辑与知识》，苑莉均译，商务印书馆 1996 年版，第 345 页。

甚至怀疑等具有意向性的心理状态。总之一句话，“命题态度”表达的是说话者附着在“命题”之上的情感期望，是命题主体对命题的思想寄托和意义承诺。这一点对于当前学术界关于马克思主义中国化命题研究中“命题”缺失的学术行为具有很强的解释力。

首先，当前研究具有非常典型的“命题态度”倾向。当前研究没有对“命题”的论证结构以及“马克思主义中国化”和“命题”之间的逻辑关系进行学理分析，而是把研究者自我对于马克思主义中国化的理解、期望等“命题态度”强行附着在“命题”之上。把“马克思主义中国化”作为理论命题看待的学者，主要是期望突出“新哲学会”对这一命题的学术论证所做的理论贡献。把“马克思主义中国化”作为政治命题看待的学者，主要是期望突出党的六届六中全会甚至更重要的是突出毛泽东对这一命题提出以及取得政治合法性地位所做的重要贡献，有学者干脆以“有经有权”为分析范式从“权”的属性将马克思主义中国化理解为政治命题，以期剖析“马克思主义中国化”在特定的历史环境中所具有的工具性价值①。关于命题首倡者的争论，从本质上可以看作是“命题态度”更倾向于政治属性或理论意义的另一种表达方式。围绕文化命题还是哲学命题的争论，虽然视角新颖独特，但是忽视了“马克思主义中国化”关联中国历史和现实的具体化实践维度。因此，当前关于“马克思主义中国化”命题的研究大都是“命题态度”有选择性地围绕马克思主义中国化某一个方面的特定内容展开的，在具体研究过程中无视“命题”的存在但又独断“命题”的使用，以“命题”之名行“命题态度”之实，至于“马克思主义中国化”如何进入“命题”的表达框架继而成为“命题”表述的对象性内容这一逻辑避而不谈。于是乎，本来探讨“马克思主义中国化”与“命题”之间的逻辑关系却不知不觉演变为探讨“马克思主义中国化”与“命题态度”之间的关系，结果是“马克思主义中国化”与“命题”之间的“关系性”逻辑被悬置起来。“命题态度”强力嵌入“马克思主义中国化命题”研究导致研究程序存在逻辑上的巨大鸿沟无法弥合，这是“命题态度”越位造成“命题”缺位的客观原因。

---

① 参见李建勇：《有经有权：对毛泽东“马克思主义中国化”命题的评价》，《中国石油大学学报》（社会科学版）2011 年第 1 期。

其次,当前研究具有浓厚的“观点至上”意识。就学术研究而言,有无明确的观点是评判论文质量优劣的基本标准,同样,有无鲜明的观点意识也是衡量研究者素质高下的基本标准。但是一味强调“观点至上”很容易形成一种看重“得出什么观点”而看轻“怎样得出观点”的治学倾向,学术研究“观点创新”固然重要,但“方法创新”更为重要。孙正聿教授在“人文社会科学名家论坛”上谈治学经验时更是直截了当地指出:“写论文的功夫不在‘观点’而在‘论证’”①。反观当前研究,“命题态度”充分渗透在具有倾向性的学术观点之中。所谓马克思主义中国化,就是使马克思主义“按照中国的特点去应用它”②,或者说,“用马克思主义的立场、方法来解决中国问题,创造些新的东西”③。显然,就其存在及其表现形式而言,马克思主义中国化是一个“多要素互动的过程性存在”④,这个过程性存在首先必然内在地包含着马克思主义基本原理、中国的时代实际、实践主体、结合成果等构成要素,这些核心要素不是静止的存在物,而是沿空间的秩序相互作用、互动生成的时间秩序上的叙事逻辑。具体来说,作为主要实践主体的中国马克思主义者把马克思主义基本原理运用于中国实际,创造性解决表征不同时代的“时代问题”,在经验总结和理论提升的基础上形成马克思主义中国化理论成果,但是实践主体的自主性发挥和能动性创造以及业已形成的理论成果对继续推进马克思主义中国化起到举足轻重的作用,如毛泽东思想对中国特色社会主义理论体系形成的作用。因此,马克思主义中国化就是这些核心构成要素互动形成的动态统一性逻辑不断得以发生和延展的自主性和创造性过程,时代不同则问题不同,进而形成的时代事实也就不同,因而马克思主义中国化在本质上是贯穿中国时代实际的“复杂事实”⑤。那么,将马克思主义中国化理解为特定命题以强调命题属性、命题的首倡者以及强调命题研究所承载的具体内涵和现实需求,这都是仅

① 孙正聿:《我国人文社会科学研究的范式转换及其他——关于文科研究的几点体会》,《学术界》2005年第2期。

② 《毛泽东选集》第二卷,人民出版社1991年版,第534页。

③ 《毛泽东文集》第二卷,人民出版社1993年版,第408页。

④ 金民卿:《马克思主义中国化的思想逻辑》,社会科学文献出版社2018年版,第64页。

⑤ [英]罗素:《逻辑与知识》,苑莉均译,商务印书馆1996年版,第245—260页。下文“原子事实”“原子命题”“分子命题”同。

从某一特定角度的论说,并不能完全涵盖“马克思主义中国化”本该承载的全部内涵。如果在“观点”逻辑支配下,研究就会裁剪“复杂事实”选择性地析取“原子事实”来契合并支撑“先入为主”的观点预设,表达“原子事实”的命题是“原子命题”;但是如果在“方法”逻辑支配下,研究就会充分尊重“复杂事实”并尽可能地还原事实真相,表达“复杂事实”的命题是“分子命题”。因此,“马克思主义中国化是分子命题”就是“马克思主义中国化是复杂事实”的逻辑顺推,前者决定于后者而不是相反。

由上可见,“命题态度”很大程度上影响学术研究程序的逻辑性和研究结论的科学性。

二、命题——事实——命题:基于元理论方法的逻辑认知路径

哲学在人类理性活动中处于最高层次,为人类的知识和行为提供了元理论①。元理论注重的是逻辑研究,凡是对某一个问题进行刨根问底的根本性探究活动都属于元理论研究的范围,元理论研究的基本任务就是对元问题进行逻辑确证。“马克思主义中国化究竟是个什么样的命题”属于元理论方法的致思取向,是马克思主义中国化命题研究的元问题。基于元理论方法,“马克思主义中国化命题”研究的逻辑认知可以从“反思逻辑前提、分析逻辑关系、理清逻辑路径”三个具有层递关系的逻辑步骤体现出来。

首先,反思逻辑前提。“马克思主义中国化命题”存在的逻辑前提是:“马克思主义中国化”通过“命题”的逻辑形式表达出来,或者说,“马克思主义中国化”进入“命题”的表达框架。鉴于当前的研究“命题态度”与“命题”混淆,甚至以“命题态度”取代“命题”并将“马克思主义中国化”的逻辑表达由主体性滑向主观性所导致的严重后果,反思逻辑前提的首要工作就是把“命题”和“命题态度”剥离开来,严格按照“命题”的逻辑来研究“马克思主义中国化”。那么,什么是命题?以判断的形式出现的命题,并不是判断本身,而是呈现所要表达的语义,这种语义通俗来讲即是思想。换句话说,命题本身是蕴含着思想在内的,而这种思想最终要表达的则是事实。金岳霖在《知识论》一书中认

① 参见孔易人:《哲学的元理论性质》,《浙江社会科学》2000年第4期。

为命题是“一句陈述句子之所表示而又断定事实或道理”[①]，即命题是表示一定的事实或道理的陈述句。格雷林指出：“命题须对于不止一个的语言使用者是有效的，从而它们的存在不能依赖于某个特定的说话者，这一事实要求命题具有客观性”[②]。分析哲学家弗雷格认为命题“不是指思维的主观活动，而应指思维的客观内容，它可以成为许多人共有的东西”[③]。这就是说，马克思主义中国化“命题”的存在根据是马克思主义中国化存在的“事实”，一个事实就是一个命题，我们不能脱离客观事实来研究命题，更不能由于不同的主体而导致面对同一事实却得出多个不同命题的现象，只要事实成为普遍性的客观存在，那么用以表达事实的命题就是不依赖于特定主体而共同拥有的客观内容。因此，在这里我们特别要强调的是：命题研究是主体性行为但绝不是主观性行为，保持客观性是基本的底线要求。为了充分彰显命题的客观性，弗雷格以绝对严格的方式将“命题态度”逐出哲学领域，可谓意义深远。就当前“马克思主义中国化命题”研究而言，避免“命题态度”干预的方法有二：一是从“命题”切入进行研究，要从命题的逻辑构造方面去深入探讨“命题”所表达的“事实”；二是以“方法至上”取代“观点至上”，要遵循“观点是论证的结果而不是前提预设”的治学取向。

其次，分析逻辑关系。命题的本质在于描述事实。罗素认为，关于命题最重要的一点是：无论它是由意象还是由语词组成，只要它一出现，它就是一个实际事实（actual fact），该实际事实与使其为真或假的事实具有某种结构的相似性。命题的客观对象物是事实，在完全相同的意义上命题也是事实，这种事实是意指使命题或真或假的事物。罗素认为事实与命题相对应，而事实使命题或为真或为假。维特根斯坦继承罗素的逻辑原子主义，对命题与事实的关系有过深刻的论述：一个命题符号就是一个事实，命题是实在的图像，因此语言是世界的图像。维特根斯坦从“本体论”的角度探讨了“世界是由原子事实组成的”，而“事实的逻辑构象则是思想”，然“思想是有意义的命题”，那么事

① 金岳霖：《知识论》，中国人民大学出版社2010年版，第609页。

② ［英］A.C.格雷林：《哲学逻辑引论》，牟博译，中国社会科学出版社1990年版，第42页。

③ ［德］弗雷格：《弗雷格哲学论著选辑》，王路译，商务印书馆1994年版，第96页。

实的逻辑构象亦是有意义的命题。因此,命题是事实的逻辑形象,这种逻辑形象体现在命题和事实之间存在着共同的逻辑结构,即每个原子事态必须由对应的基本原子命题来表述。他以"图像论"的逻辑形式,展现了世界是各种事实的总和,语言是各种命题的总和,其中各种事实与各种命题之间是一一对应的。一个命题本身就是一个事实,命题的意义在于它是否是事实的逻辑图像,是否描述了事实的真实存在。一句话,命题表达对象事实存在,对象事实决定命题形式及其真假,这就是命题和事实的逻辑关系。就"马克思主义中国化命题"研究而言,重点搞清楚马克思主义中国化"事实"是合理表达马克思主义中国化"命题"的首要前提。

再次,理清逻辑路径。怎样对"马克思主义中国化命题"进行学术研究,以哪里作为切入点、遵循什么样的逻辑路径,这首先属于方法论层面的问题,在方法论层面这是对"马克思主义中国化命题"的形而上研究。对"存在"进行形而上的探讨是人类独有的认知本性。在西方,人类认知发生了由传统哲学"本体论"向"认识论"再向"语言学"的转向。以探讨思维与存在关系为出发点的近代西方哲学,无论是以培根为代表的经验论,还是以笛卡尔为代表的唯理论,对于"认识论"问题的探讨终要受到传统"本体论"的制约,但在黑格尔那里实现了传统"本体论"和"认识论"的结合。现代西方哲学则是在黑格尔体系之上的不同倾向、不同程度反映的产物:实证——分析哲学虽曾拒斥传统"本体论"思想,但态度越来越温和;现象—存在哲学在黑格尔传统"本体论"的基础之上提出新式"存在论"思想,可谓是"本体论"的复兴①。可以说,按照"本体论"的方式去探讨存在论问题的致思取向是人类认知领域亘古不变的方式,这就是本体论层面的方法论之精髓所在。特别是现代解释学(hermeneutics)对语言的表意方式和确证方式进行逻辑分析,这为欧陆现象——存在哲学传统和英美实证——分析哲学传统的合流提供了较为可靠的基础②。法国哲学家利科尔(Paul Ricoeur)就是把本体论、认识论和方法论结合起来的典型代表。从方法论入手,把认识论的反思带到本体论的层次,这是现

① 参见杨学功:《传统本体论哲学批判》,人民出版社 2011 年版,第 127—161 页。

② 参见刘放桐等:《新编现代西方哲学》,人民出版社 2009 年版,第 486 页。

代解释学为了避免单纯从认识论角度出发将主体性研究由于放大主观因素的作用而导致片面强调主观性研究的良苦用心。当前“马克思主义中国化命题”研究的逻辑病症在于:通过“命题态度”事先设定认识论上的理解,进而造成对“存在”的失真解释。为此,我们应该把作为方法论和认识论的解释学在本体论的基础上同哲学解释学统一起来,要达到这个目标,必须从方法论着手。①

综上所述,命题是描述实际事实存在的逻辑语言。现代逻辑学的“命题”是兼有命题形式和命题理解或解释两种基本内涵。真假是命题固有的品性,“真的命题”必然包含存在论上“真的解释”与认识论上“解释的真”两重含义,同样,“真的事实”也应该包含存在论上“真的事实”和认识论上“事实的真”两重含义,存在论上的“真”指的是“真相”,认识论上的“真”指的是“真理”。也就是说,“马克思主义中国化”研究要想得出“真的命题”,必须深入研究“真的事实”,这是一般意义层面的思维方法和分析方法;相应地,只有深入研究“真的事实”从而达到“事实的真”,才能得出“真的命题”,这是具体意义层面的思维方法和研究方法,前者遵循的是一条从“真的命题”到“真的事实”的存在论意义逻辑,后者遵循的是一条从“事实的真”到“真的命题”的认识论意义逻辑,即从一般到具体的命题——事实和从具体到一般的事实——命题,二者结合起来就是命题——事实——命题,这就是基于元理论方法的命题逻辑认知路径。

三、马克思主义中国化:基于元理论方法的四维命题

只有遵循命题——事实——命题的逻辑认知路径、从“命题”切入研究马克思主义中国化的“事实”,才能保证研究程序的逻辑性和研究结论的科学性。以上分析的方法论意义在于:对“马克思主义中国化究竟是个什么样的命题”进行刨根问底的元理论方法研究,实则就是对“马克思主义中国化究竟是个什么样的事实存在”进行逻辑分析和历史确证。那么,马克思主义中国化究竟是个什么样的事实呢?事实上,马克思主义中国化就是中国人把马克

① 参见刘放桐等:《新编现代西方哲学》,人民出版社 2009 年版,第 509 页。

思主义基本原理同中国实际和时代特征的创造性结合中进行理论和实践创新的过程，当然这首先是一个经验性的历史展开过程。就经验性的历史展开过程而言，中国人民是在比较鉴别中选择了马克思主义作为“改造世界”的理论武器并与中国实际相结合，每当重要历史关头中国共产党都作出重大的政治抉择推动实现中华民族伟大复兴，始终把党的初心和使命诉诸大众实践，不断深化规律认识和推进理论创新，从而引发了中华文明的深刻变革。据此，如前所述，马克思主义中国化既是政治维度、学术维度和大众维度的事实存在，也是三者共同承载着方法维度的事实存在，如果我们要从理论表达的角度来探讨马克思主义中国化的基本事实，还必须将方法维度的事实独立出来予以特别强调，因为方法维度的“马克思主义中国化”处于统领地位，它内嵌于其他任一维度的事实之中，是以一种高屋建瓴和潜移默化的形式内在地贯穿于各个维度之中。

因此，马克思主义中国化是一个集方法、理论、政治、大众于一体的“复杂事实”，因而是一个多维表达的分子命题。

第一，马克思主义中国化是方法维度的事实存在，因而是方法维度的命题。马克思恩格斯一贯坚持并一再强调自己的理论是方法和行动指南：“我们的理论是发展着的理论，而不是必须背得烂熟并机械地加以重复的教条”①。“马克思的整个世界观不是教义，而是方法”②，在实际工作中“如果不把唯物主义方法当做研究历史的指南，而把它当做现成的公式，按照它来剪裁各种历史事实，那它就会转变为自己的对立物”③。中国人民把马克思主义运用于中国实践，是一个跌宕起伏、充满曲折的过程。把马克思主义当作“公式”和“教条”，中国革命经历了大革命和第五次反“围剿”的失败，社会主义建设经受了“大跃进”和“文化大革命”等重大挫折，这就是没有把马克思主义作为方法和行动指南而“转变为对立物”的鲜活事例。相反，把马克思主义作为方法和行动指南，中国共产党带领全国人民找到了一条适合中国国情的革命道路，建立了新中国；找到了一条适合中国国情的建设道路，开辟了中国特色

① 《马克思恩格斯选集》第 4 卷，人民出版社 2012 年版，第 588 页。

② 《马克思恩格斯选集》第 4 卷，人民出版社 2012 年版，第 664 页。

③ 《马克思恩格斯选集》第 4 卷，人民出版社 2012 年版，第 595 页。

社会主义，并推动中国特色社会主义进入了新时代。事实证明：真正的马克思主义者就是要同各种“教条主义”作斗争，按照马克思恩格斯那样去观察社会和分析问题，真正实现马克思主义中国化。当然，马克思主义中国化是科学方法与价值方法的有机统一，即探求真理和客观规律与考察社会发展和人的发展意义的有机统一。

第二，马克思主义中国化是理论维度的事实存在，因而是理论维度的命题。马克思立足于对自身所处的时代和世界进行缜密的理论思考和深入的实践考察，以严谨的学术态度和理论创作“书写”了关于无产阶级和人类解放的系统学说。马克思首先是一个学者，马克思的马克思主义也首先是一种按照学术规范取得的学术成果①。事实上，马克思的任何观点、结论都是建立在大量的研究基础之上，通过规范的叙述方法以系统的理论形态呈现出来②。不仅如此，马克思恩格斯在创立马克思主义的同时，以科学严谨的态度研究中国，成功地运用马克思主义的基本原理分析中国实际，开创了理论领域的马克思主义中国化，为中国共产党主导的马克思主义全面中国化奠定了理论基础③。中国共产党成立以后，开启了实践领域马克思主义中国化的伟大征程，不仅通过主办理论报刊、成立专门研究和出版机构致力于马克思主义理论的翻译、宣传、出版和发行工作，更重要的是，还把马克思主义与中国革命、建设、改革和发展的具体实际结合起来，不断深化元典理论与时代实践相结合的规律认识，进一步总结经验提升理论，形成系统科学的马克思主义中国化理论成果，同时还着力于推动学术创新和学科发展，进一步为理论形态马克思主义中国化增添具有原创性的知识内涵和表现形式。理论领域的马克思主义中国化和实践领域的马克思主义中国化共同奠定了 21 世纪中国马克思主义理论进一步发展的重要基础。

第三，马克思主义中国化是政治维度的事实存在，因而是政治维度的命题。近代中国内忧外患，实现中华民族伟大复兴是一以贯之的时代主线。在

---

① 徐长福：《以马克思的学术精神研究马克思主义》，《现代哲学》2005 年第 1 期。

② 尹占文等：《马克思主义关联中国问题的三重维度》，《社会科学研究》2011 年第 5 期。

③ 参见路克利：《理论领域马克思主义中国化的最初尝试》，《马克思主义研究》2013 年第 8 期。

中国共产党成立以前，由于没有科学理论作指导，所有探寻中国出路的运动和革命都没有取得成功。中国共产党成立以后，自觉运用马克思主义分析中国国情和时代基本问题，领导中国人民先后取得了新民主主义革命的胜利，建立了中华人民共和国，确立了社会主义基本制度，实行改革开放、开辟了中国特色社会主义建设的新局面，推动中华民族伟大复兴和社会主义现代化建设事业顺利进入新时代。所有这一系列成就都是马克思主义与中国实际相结合的结果，在每个重要的历史关头，中国人民都会发出“中国向何处去”的“时代之问”，但与此同时中国共产党在马克思主义的指导下，也必然会团结和带领全国各族人民作出重大的政治选择来回应和解决关乎存亡的时代问题。不忘初心，方得始终。中国共产党的初心和使命，就是为中国人民谋幸福，为中华民族谋复兴。中国共产党的历史集中记载和展示了马克思主义中国化的艰辛历程，是马克思主义中国化的一个缩影。

第四，马克思主义中国化是大众维度的事实存在，因而是大众维度的命题。马克思主义的唯物史观告诉我们，人民群众始终是社会历史的实践主体，是创造历史的根本动力。马克思主义大众化就是把马克思主义同人民群众的实践活动紧密结合，既要实现马克思主义主体大众化，又要实现马克思主义大众主体化。马克思主义在中国传播和运用的过程中，经历了用“中国话”和“大众话”来普及教育大众的“大众客体”向大众用自己的话语和方式去阐释运用真理的“大众主体”的转化。在中国共产党的政治逻辑中，党把群众观点贯彻和运用到具体实践中，形成了“一切为了群众，一切依靠群众，从群众中来，到群众中去”的群众路线，通过唤醒群众来激发群众作为历史创造者的无限源动力。群众路线是党的生命线，也是根本工作路线。革命时期的“人民战争”、改革开放时期的“联产承包责任制”以及新时代把“人民至上”的执政理念贯彻到治国理政全部实践活动中，是中国共产党在不同的历史时期秉承“为人民服务”的宗旨、贯彻群众路线的伟大举措，也是将人民的价值主体地位和实践主体地位发挥得淋漓尽致的集中体现。中国共产党始终把不折不扣“为人民服务”作为根本宗旨，把人民对美好生活的向往作为奋斗目标，尊重人民群众的首创精神，紧紧依靠人民创造历史伟业，把人民作为一切实践活动的最高价值主体。因此，坚持人民立场、将“人民”作为马克思主义中国化进程的大众主体，始终贯穿于党的执政理念和实践当中。大众化是马克思主义中国化的本质要求和主体形态。坚持并贯彻大众在马克思主义中国化进程中的思想主体、实践主体和价值主体地位，是大众维度马克思主义中国化事实存在的真实写照。

第二节　方法、理论、政治、大众：马克思主义中国化的四维命题

综上所述，"马克思主义中国化"是集方法、理论、政治、大众多维表达的分子命题。在这里需要特别强调的是：多维表达的分子命题，其根本的意义就是说马克思主义中国化是"一个命题四维表达"。"马克思主义中国化"是由"一个"命题统合"四个"表现维度而成的表达范式。按照上述"命题是表达事实的逻辑形式"的思路来理解的话，马克思主义中国化就是一个集"方法·理论·政治·大众"于一体的"复杂事实"和"方法、理论、政治、大众"多维表达的分子命题的统一体，而不是"一个事实四个命题"或者是"四个事实四个命题"的集合体。在思维方法和理解方式上，这类同于我们把马克思主义哲学命名为"辩证唯物主义和历史唯物主义"一样，辩证唯物主义和历史唯物主义不是两个"主义"，而是同一个"主义"，即马克思"新唯物主义"的不同表述或不同称谓。用"辩证唯物主义"称谓马克思主义哲学，是为了凸显新唯物主义所内含的辩证法维度及其批判性和革命性。与"辩证唯物主义"并列，加上"历史唯物主义"来称谓马克思主义哲学，是为了凸显新唯物主义所内含的历史性维度及其彻底性和完备性①。

基于以上分析，我们说"马克思主义中国化"是由"一个"命题统合"四个"表现维度而成的表达范式，作如此的马克思主义中国化命题阐释和理解，从更深层次的意义上讲，主要原因在于"马克思主义中国化"这个命题从本质

① 李秀林、王于、李淮春主编，杨耕修订、编著：《辩证唯物主义和历史唯物主义原理》（第六版），中国人民大学出版社 2022 年版，"第六版说明"第 3 页。

上体现了“历史和逻辑的统一”,这里的历史就是指生成马克思主义中国化的历史具体,这里的逻辑就是指表达马克思主义中国化的逻辑形式。从逻辑形式上看,四重维度的马克思主义中国化具有相对独立性、各有侧重,强调政治维度是为了凸显马克思主义中国化所承载的中国共产党百年创新实践的政治属性,强调理论维度是为了凸显马克思主义中国化所承载的马克思主义在中国实现创新的理论逻辑,强调大众维度是为了凸显马克思主义中国化所承载的实现马克思主义创新发展的主体作用,强调方法维度是为了凸显马克思主义中国化所承载的马克思主义本身所内嵌的认识(解释)世界和改变世界的方法功能。从历史具体来看,四重维度的马克思主义中国化又相互影响、彼此渗透、相互作用,统一于“马克思主义中国化”的整体性事实当中。具体来说,方法维度的“马克思主义中国化”处于统领地位,以一种高屋建瓴和潜移默化的形式贯穿于各个维度之中。理论维度、政治维度、大众维度较之而言相对具体,在不同时期呈现动态发展的趋势。在革命时期,理论维度的马克思主义中国化为政治维度和大众维度奠定了理论基础和学理支撑,政治维度的马克思主义中国化为理论维度和大众维度提供了政治方向和条件保障,大众维度的马克思主义中国化为理论维度和政治维度提供了动力源泉和实践支撑,三重维度呈现整体协调发展趋势。在发展时期,三重维度的内涵和形态面临历史性转换。理论维度的马克思主义中国化深化发展,政治维度的马克思主义中国化不断强调,大众维度的马克思主义中国化不断强化。进入新时代,四重维度的马克思主义中国化既要把握自身规律、凸显各自优势,方法维度要实现科学方法和价值方法的统一,理论维度要实现原创性和专业性的统一,政治维度要实现人民立场和民族复兴的统一,大众维度要实现大众本位和实践创新的统一;但同时又要结合时代特征、整体协调发展,社会各类主体要深入贯彻习近平新时代中国特色社会主义思想,尤其要把握好习近平新时代中国特色社会主义思想的世界观和方法论,坚持好、贯穿好其中的世界观和方法论,秉承历史与逻辑相统一的方法,站在推动人类文明进步的高度,促进四重维度的马克思主义重新达到真正的统一,以中国式现代化全面推进中华民族伟大复兴和构建人类文明新形态,这样的话,21 世纪的中国马克思主义就一定能呈现欣欣向荣的蓬勃景象。

一、方法维度的马克思主义中国化命题

马克思主义深刻揭示了自然界、人类社会、人类思维发展的普遍规律，具有指导人类认识世界和改造世界的世界观和方法论功能，为人类社会发展进步指明了方向，这是马克思主义的普遍性品格；与此同时，把马克思主义运用于各个国家各个民族的具体实践时，必须要尊重各国各民族的具体特点，把普遍性的真理转化为具体性的实践，这是马克思主义的本土化要求。马克思主义中国化正是马克思主义的普遍性品格不断在中国实现本土化的过程。

从马克思主义自身特质来看，马克思主义是世界观和方法论的统一。它是在充分吸收借鉴人类一切优秀文明成果的基础上创立的理论成果，揭示了人类社会发展的普遍规律，指出了"改变世界"的实践重要性，找到了人类解放的"伟大的认识工具"。马克思主义是在19世纪创立的关于无产阶级争取自身解放和人类解放的科学体系。列宁曾指出："马克思学说是人类在19世纪所创造的优秀成果——德国的哲学、英国的政治经济学和法国的社会主义的当然继承者"①。可以说，马克思主义吸取了西欧先哲们思想智慧的理性成分，克服并超越了它们的思想局限性，获得了它们所难以企及的科学性和完备性。滥觞于西欧资本主义社会的马克思主义，不仅仅给资本主义社会指明方向，也为人类的解放事业找到了出路，它的产生注定成为一种世界性理论并蕴含着民族化的价值倾向。

实际上，任何一种理论都是特定时代的产物，以至于在理论形成之后仍然保留有特定的时空印记。马克思主义的运用"随时随地都要以当时的历史条件为转移"②，否则就会扼杀它的生命力。马克思恩格斯一贯反对将马克思主义视作放之四海而皆准的真理，"我不主张我们树起任何教条主义的旗帜"③，"我们从未断言"为了推翻旧制度和旧政治从而建立新制度和新政权必须要采取"相同的手段"。当旧制度和旧势力与新政治和新势力进行斗争并选择革命策略的时候，"必须考虑到各国的制度、风俗和传统"④。1887年恩格斯

---

① 《列宁选集》第2卷，人民出版社2012年版，第309—310页。

② 《马克思恩格斯选集》第1卷，人民出版社2012年版，第386页。

③ 《马克思恩格斯文集》第10卷，人民出版社2009年版，第7页。

④ 《马克思恩格斯全集》第18卷，人民出版社1964年版，第179页。

再次指出:美国的社会主义工人党若要在工人运动中发挥作用,就“必须完全脱下它的外国服装,必须成为彻底美国化的党”①。他晚年在《致韦尔纳·桑巴特》的信中,进一步强调指出:“马克思的整个世界观不是教义,而是方法。它提供的不是现成的教条,而是进一步研究的出发点和**供**这种研究**使用**的方法”②。马克思恩格斯著作中蕴含的这种具体化和民族化情结,实际上给各国提供了解决本民族具体现实问题的方法。作为一种学说,它是世界性的;作为一种主义,它是方法性的。

马克思恩格斯致力于中国问题研究,发表了大量成果,对分析和解决中国问题提供了方法论指引。从《德意志意识形态》《共产党宣言》《资本论》等著作中偶有指涉中国问题,到《纽约每日论坛》中发表 22 篇专题时政论文和 60 多处散见于各种著作和书信中关于中国社会和革命性质等诸多话题的论述③,这都蕴含着用唯物史观分析中国具体实际的方法论原则。马克思恩格斯运用经济基础决定上层建筑的基本原理来分析中国的社会实际,面对中国被迫沦为半殖民地半封建社会的境况,他们在 1850 年合写的《国际评述(一)》中精辟地作了阐述:“在这个国家,缓慢地但不断地增加的过剩人口,早已使它的社会条件成为这个民族的大多数人的沉重枷锁。后来英国人来了,用武力达到了五口通商的目的。成千上万的英美船只开到了中国;这个国家很快就为不列颠和美国廉价工业品所充斥。以手工劳动为基础的中国工业经不住机器的竞争。牢固的中华帝国遭受了社会危机”④。马克思还在《中国记事》一文中指出:“在中国,在这块活的化石上,就开始闹革命了。我们经常看到社会基础不动而夺取到政治上层建筑的人物和种族不断更迭的情形。……鸦片没有起催眠作用,反而起了惊醒作用”⑤。他认为,正是英国对中国的侵略战争刺激中国人民开始觉醒,构成了中国革命的外部条件。1894 年恩格斯在写给左尔格的信中也指出:“资本主义征服中国的同时也将促进欧洲和美

① 《马克思恩格斯选集》第 4 卷,人民出版社 2012 年版,第 276 页。
② 《马克思恩格斯文集》第 10 卷,人民出版社 2009 年版,第 691 页。
③ 《马克思恩格斯论中国》,人民出版社 2018 年版,第 129—166 页。
④ 《马克思恩格斯全集》第 7 卷,人民出版社 1959 年版,第 264 页。
⑤ 《马克思恩格斯全集》第 15 卷,人民出版社 1963 年版,第 545 页。

洲资本主义的崩溃”①。恩格斯根据历史唯物主义的原理，意识到了中国的人民起义和民主革命必将胜利，并会对世界革命做出先导性贡献，成为欧洲革命的导火索，产生世界性的意义。可以说，马克思恩格斯运用唯物史观分析中国实际，为马克思主义中国化作了理论领域的最初尝试，是“理论领域马克思主义中国化的开拓者”②。

（一）作为方法论的唯物史观及其在中国的具体应用

列宁把马克思主义归结为伟大的认识工具，同时他也认识到了马克思主义所具有的方法论功能，“马克思主义的活的灵魂：对具体情况作具体分析”③。作为一种方法论，唯物史观之所以不同于其他理论，关键在于从“每一历史时代主要的经济生产方式和交换方式以及必然由此产生的社会结构”④出发去分析该时代特征及其社会结构，亦即每一个历史时代的生产力和生产关系、经济基础和上层建筑之间“决定和被决定、作用和反作用”基本原理的阐释和运用；从生产方式和生产关系出发去分析社会政治结构，分析社会现实的本质特征和历史发展趋势，正是唯物史观的根本要义所在。马克思主义本身所具有的方法论功能，为中国革命、改革和现代化建设提供了认识现实世界和解决现实问题的方法论指引。

近代中国半殖民地半封建的社会性质决定了近代中国革命的主题：民族独立与人民解放。毛泽东坚持以革命视域下的唯物史观为指导，从中国主要的经济生产方式出发，分析了当时中国的社会生产力状况和各种所有制下的社会政治结构关系，创造性地运用马克思主义的阶级理论分析了中国社会的阶级结构，从而认清了半殖民地半封建社会中国革命的动力、对象、性质、前途等一系列根本问题，开展具有中国特色的民族民主革命斗争，取得了新民主主义革命的胜利。新中国成立以后，进行了“一化三改”，随着社会主义制度在中国的建立，党的八大指出了党和国家的“主要任务已经由解放生产力变为

---

① 《马克思恩格斯选集》第4卷，人民出版社2012年版，第655页。

② 路克利：《理论领域马克思主义中国化的最初尝试——试析马克思恩格斯对中国的研究》，《马克思主义研究》2013年第8期。

③ 《列宁选集》第4卷，人民出版社2012年版，第213页。

④ 《马克思恩格斯选集》第1卷，人民出版社2012年版，第385页。

保护和发展生产力”[1],“主要矛盾已经是人民对于经济文化迅速发展的需要同当前经济文化不能满足人民需要的状况之间的矛盾”[2]。于是,这就把唯物史观的运用推进到了全新的社会发展阶段。基于此,党中央提出了“计划经济为主商品经济为辅”的“三个主体、三个补充”等一系列措施,构成了中国特色社会主义道路探索的政策前奏。然而毛泽东在晚年深陷“以阶级斗争为纲”的理论误区,主观上将革命视域下的唯物史观绝对化和公式化,从而导致了“文化大革命”历史悲剧的发生。事实上,“文化大革命”其实就是将革命视域下的唯物史观作为方法论原则,从而导致出现了“虚幻革命”的逻辑变形与历史现形。

党的十一届三中全会以来,以邓小平同志为主要代表的中国共产党人,解放思想、实事求是,运用唯物史观分析中国现实国情,开辟了中国特色社会主义。邓小平重视发展生产力,恢复和强调在“文化大革命”中被视为“唯生产力论”而遭到批判的生产力标准,他指出,“革命不只是搞阶级斗争。生产力方面的革命也是革命,而且是很重要的革命,从历史的发展来讲是最根本的革命”[3]。这样,“以生产力为纲”取代“以阶级斗争为纲”成为改革开放以来中国推进革命的新思路和新形式。他摒弃了离开生产力范畴而抽象地谈论社会主义及其制度属性,实现了思想路线的拨乱反正从而发展战略的全面调整。正是基于此,中国共产党才有了基于新的时代条件和发展阶段下对国情、世情和党情的精准把握,才有了中国特色社会主义在理论创新、实践创新和制度创新基础上所实现的一系列伟大成就。

进入21世纪特别是党的十八大以来,我国社会也出现了一些新变化。从生产关系层面来看,经济高速发展,社会竞争日趋激烈,人民生活水平稳步提升。但是,社会主义市场经济条件下贫富差距、两极分化的现象仍然比较严重,创新能力不足、创新意识不强,经济社会发展中质量和数量之间的矛盾和紧张关系仍未得到根本扭转,人民对美好生活的向往和需求与日俱增;从生产

① 《建国以来重要文献选编》第9册,中央文献出版社1994年版,第350页。
② 《建国以来重要文献选编》第9册,中央文献出版社1994年版,第341页。
③ 《邓小平文选》第二卷,人民出版社1994年版,第311页。

力层面来看，我国已成为世界第二大经济体，综合国力不断增强，北上广深等一线城市的生产力基本上都达到了中等发达国家的水平，在某些领域甚至已经处于世界领先水平。

这就是说，虽然改革开放和社会主义现代化建设取得巨大成就，党的建设新的伟大工程取得显著成效，这为我们继续推进中国特色社会主义建设奠定了坚实基础、创造了良好条件、提供了重要保障，但与此同时一系列长期积累以及新出现的突出矛盾和问题亟待解决。社会发展依然存在着发展不平衡和发展不充分的问题，中国亟需实现由"中国制造"向"中国智造"的转变。正是基于唯物史观视野下生产力和生产关系层面的新变化，党的十九大指出，"中国特色社会主义进入新时代，我国社会主要矛盾已经转化为人民日益增长的美好生活需要和不平衡不充分的发展之间的矛盾"①。其中，"人民日益增长的美好生活需要"正是从生产关系的现实需要层次反映的现实状况，"不平衡不充分的发展"正是从生产力的现实供给层面对时代发展状况作出的新概括，党的二十大报告又指出了新时代新征程中国共产党的使命任务和未来的战略部署。所有这些都是运用唯物史观的方法论原则，在推进马克思主义中国化进程中得出的新判断、新定位、新战略和新目标，都是作为方法论的唯物史观在中国具体应用的集中体现。

（二）革命发生和跨越发展的合理性

唯物史观基本原理告诉我们，考察一切社会变迁的终极原因"应当到生产方式和交换方式的变更中去寻找"②。据此，马克思恩格斯对资本主义社会进行了"人体解剖"，这对于"猴体解剖"是一把钥匙。"猴体解剖"的理论贡献就是提出了东方社会跨越"卡夫丁峡谷"理论，方法论贡献就是对东方社会的特殊性进行具体分析，这是经济和文化落后的国家和地区实现社会主义的理论和方法基础，这里的"实现"内在地包含革命发生的合理性和跨越发展的合理性。

首先，革命发生的合理性。马克思在谈及中国的太平天国运动时认为，中

① 习近平：《决胜全面建成小康社会　夺取新时代中国特色社会主义伟大胜利——在中国共产党第十九次全国代表大会上的报告》，《人民日报》2017 年 10 月 28 日。

② 《马克思恩格斯选集》第 3 卷，人民出版社 2012 年版，第 654—655 页。

国革命的火种源于即将爆发的现代工业体系上，这将会促使中国大地爆发普遍性危机，甚至还有可能带来“欧洲大陆的政治革命”①。可见，在世界民族革命与民主革命“两极两连”的国际背景下，生产力发展水平落后的中国也只能以“个别发展阶段在发展的形式或顺序上表现出特殊性”②为前提，通过革命手段实现政治和社会制度的根本变革，从而为实现社会主义创造条件。这充分说明马克思认为东方被压迫民族的解放斗争与国际无产阶级革命事业之间具有不可分割的联系。马克思认为近代中国尽管是“小农业和家庭工业的统一形成了生产方式的广阔基础”③，但是由于欧洲外货的输入，“鸦片没有起催眠作用，反而起了惊醒作用”④，中国“在反对外国人的斗争中所表现的那种狂热本身，似乎表明他们已觉悟到旧中国遇到极大的危险；过不了多少年，我们就会亲眼看到世界上最古老的帝国的垂死挣扎，看到整个亚洲新纪元的曙光”⑤。诚然，李大钊在理论上提出“把反对帝国主义和封建主义列为新民主主义革命的两大基本任务”⑥和以毛泽东同志为主要代表的中国共产党人在实践中完成“反帝反封建的革命任务”，为实质性地推动马克思主义中国化，建立社会主义制度奠定了坚实基础，而社会主义制度的建立为跨越式革命发生的合理性提供了事实确证。实际上如果我们从更为严格和直接的意义上来说，中国革命最终实现的是经济社会形态方面的跨越，在本质上属于生产关系的跨越，实事求是地说，生产关系的跨越是社会主义建设取得成就和遭受挫折的共同的认识论和方法论根源。

其次，跨越发展的合理性。马克思曾经设想东方落后国家在融入世界现代化发展浪潮的进程中，能够避免资本主义给社会带来的苦难，减轻社会历史发展的阵痛，可以直接跨越资本主义“卡夫丁峡谷”而步入社会主义。这种设想是通过对东方社会历史发展进程和世界历史发展状况的深入研究得出的科学假设。在世界历史的大背景下，任何封闭的、狭隘的地域性民族和国家都被

---

① 《马克思恩格斯选集》第1卷，人民出版社2012年版，第783页。

② 《列宁选集》第4卷，人民出版社2012年版，第776页。

③ 《马克思恩格斯论中国》，人民出版社2015年版，第161页。

④ 《马克思恩格斯全集》第15卷，人民出版社1963年版，第545页。

⑤ 《马克思恩格斯选集》第1卷，人民出版社2012年版，第800页。

⑥ 宋志明：《李大钊对唯物史观的传播与理解》，《中国人民大学学报》2008年第2期。

迫卷入"世界历史"发展的滚滚潮流，都不可避免地打上了"整体性世界"特征的烙印。东方落后国家的前资本主义生产方式必然具有某种程度上的"资本主义"属性，也必然会遭遇类似资本主义社会的一些矛盾，这样的话，落后国家可以同时借鉴资本主义国家解决矛盾的方式以及资本主义社会的文明成果，跨越"卡夫丁峡谷"，直接进入社会主义。当然，东方落后国家所建立的社会主义并不是在生产方式高度发达条件和状态下的历史自然物，而是在其生产力比较低的情况下，通过革命手段夺取政权并利用政权而建立的"低级社会主义"或"初级社会主义"。

从更为严格和直接的意义上来说，由于跨越生产关系而建立的这种"低级社会主义"或"初级社会主义"所要走的社会主义道路，应该根据本国所特有的历史背景和与之同时态的世界历史体系的相互影响，作具体问题的具体分析。一方面，新中国是在一穷二白的基础上进入社会建设的，必然要大力发展社会生产力，快速夯实用以不断促进社会主义进一步发展的物质基础。同时，我们也必须清醒地意识到，我国所建立的社会主义仅仅是在社会机体的所有制形态和社会制度层面实现了跨越式发展，新民主主义革命的胜利并不意味着原有落后的生产力和经济状态会随着生产关系的变革而发生质的飞跃，社会生产力和经济形态只能拾级而上。为此，只有大力发展社会生产力，才能真正完成社会形态的跨越式发展。另一方面，中国既然是在"整体性世界"体系中完成"跨越"发展的，那么，也必然要在世界历史体系中设定符合国情的社会主义发展道路。但由于我国处于社会主义初级阶段，生产力发展水平不高，这一国情决定我国只有在坚持中国特色社会主义道路的根本前提下，把自身置于现代国际发展大背景下，通过"享用资本主义制度的一切肯定成果"①促使自己跨越到更高级的社会主义发展阶段。因此，跨越发展的第一个先决条件就是实行开放政策，开放就是把一定的国内的后进的条件与国外的先进的条件有机地结合起来②。于是，"大胆吸收和借鉴人类社会创造的一切文明成果"③，就成为中国特色社会主义建设的主导性思维方式和实践方式，实行

① 《马克思恩格斯全集》第19卷，人民出版社1963年版，第438页。

② 冯景源：《唯物史观的形成和发展史纲要》，中央编译出版社2014年版，第403页。

③ 《邓小平文选》第三卷，人民出版社1993年版，第373页。

改革开放、建立健全社会主义市场经济体制、强调实现科学发展、不断推动工业化信息化城镇化市场化国际化深入发展、贯彻落实“四个全面”战略布局、推进国家治理体系和治理能力现代化等，这些都是我国在特定的历史条件和发展阶段下实现跨越式发展的战略举措。马克思主义中国化归根到底是一个个历史事实和鲜活实践具体生成并不断深化发展的过程，通过充分发挥社会主义的制度优势和后发优势全方位推动社会整体发展水平“赶上别国人民”①，牢牢把握我国发展阶段性特征实行“再跨越”，为人类文明发展提供“中国方案”。

具体之所以具体，因为它是许多规定的综合，因而是多样性的统一。跨越“卡夫丁峡谷”理论之于马克思主义中国化，既是发展规律的具体、又是发展道路的具体，既要摸着石头过河、又要完善顶层设计，既要推动社会生产关系的“再跨越”、又要推动社会生产力的“再跨越”。因此，跨越发展就是在历史具体之间以实践为基础发生合乎马克思主义逻辑的继承与发展，这既是近代以来中国历史发展背后的客观事实，也是今后继续实现马克思主义中国化的方法论意义。

二、理论维度的马克思主义中国化命题

作为深邃的理论体系和外来的异质文化，马克思主义亟需译介传播和理论阐发，把马克思主义融入中国的文化系统中，实现马克思主义理论在应用领域上的空间转换和功能实现。同时，中国共产党把中国革命和建设过程中的丰富经验提升到马克思主义的理论高度，使之以中国化时代化的马克思主义理论形态而存在，是马克思主义中国化的重要方面。而在这其中，理论工作者作出了重要的贡献。

马克思主义作为一种“外来文化”，要想进入中国时空的异质文化系统并发挥作用，就必须首先使中国人了解、接受这种“外来文化”，这首先就涉及马克思主义理论的译介和传播，这个环节构成了马克思主义中国化的文献基础和理论前提。当一批自觉理论主体的逐渐兴起，并主动承担起将马克思主义

① 《列宁选集》第4卷，人民出版社2012年版，第777页。

融入中国本土文化系统之中的时候，马克思主义才逐步摆脱了“他在”的状态而获得了中国化的表现和存在形式，展开中国化的历史进程。这种马克思主义中国化的逻辑进路与20世纪上半期的理论认知历程是相一致的。

（一）走向“马克思主义中国化”

从19世纪末《泰西民法志》介绍马克思及其学说起，马克思主义开启了在中国传播的历程。20世纪初叶，日本社会主义思潮的流行吸引了一大批中国留日学生对马克思主义的关注。在1902年至1903年间，由留日学生翻译介绍的马克思主义著作有：辛德秋水著、中国达识译社译的《社会主义神髓》，村井知至著、罗大维译的《社会主义》，福井准造著、赵必振译的《近世社会主义》等。在译介相关著作的同时，一些近代知识分子也撰文介绍马克思及其学说。正值期间，梁启超对马克思及其学说的专门介绍见于《进化论革命者颉德之学说》《二十世纪之巨灵：托辣斯》等文中，赞誉马克思为“社会主义之泰斗”。1905年，朱执信发表在《民报》第2期上的《德意志社会革命家小传》阐述了马克思恩格斯的生平事迹，译述了《共产党宣言》和《资本论》中的一些观点。1907年，刘师培在《衡报》第5号上发表的《论中国资产阶级之发达》一文初步阐述了马克思的剩余价值学说。

从20世纪最初十多年里中国人译介马克思主义的情况来看，译介者已经关注到了唯物史观、阶级斗争学说和剩余价值理论这些马克思主义的主要构成内容，这客观上奠定了近代先进知识分子探索马克思主义的思想前奏和理论基础。事实上，马克思主义中国化的肇始和开端可追溯到对马克思主义的早期传播和选择性解读。正是在这个意义上，国内有学者认为“在马克思恩格斯的著作被译介到中国的过程中，就已经被‘中国化’了，或者至少，‘中国化’的过程就已经开始了”①。将外文的马克思主义翻译成中文，放置在中国语境下进行选择性解读，可以算作是最早的中国化了。当然，这种中国化仅仅是形式上的“外化”，而不能称它们是实质上的“中国化”。这是因为最初对马克思主义进行的译介和传播主要是为了寻求解决中国问题的根本途径，但早期传播者只能说是意识到要寻求符合中国实际的传播和解读方式。

---

① 张立波：《翻译与马克思主义中国化》，《现代哲学》2007年第2期。

“十月革命一声炮响,给我们送来了马克思列宁主义”①,向迷惘的中国人展示了一条全新的救国方案。但李大钊作为真正接受和传播马克思主义的第一人,率先在中国大地举起了马克思主义的旗帜。1918年7月,李大钊发表了《法俄革命之比较观》一文,称“吾人对于俄罗斯今日之事变,唯有翘首以迎其世界的新文明之曙光”②,发现了马克思主义对于十月革命胜利的重大意义。在《庶民的胜利》和《布尔什维克胜利》两篇文章中,李大钊称俄国革命的胜利“是社会主义的胜利”,并预言到“俄国的革命,不过是世界革命中的一个,尚有无数国民的革命将连续而起”③。同年10月,李大钊发表了《我的马克思主义观》,对马克思的唯物史观、剩余价值和阶级斗争学说做了详细的介绍,并且意识到应当从环绕着中国的“实境”出发去理解和运用马克思主义,这标志着早期马克思主义中国化思想的萌芽。陈独秀接受和宣传马克思主义在时间上比李大钊要晚几年。1920年9月,陈独秀发表了《谈政治》一文,成为他转变为马克思主义者的宣言书。1922年7月,陈独秀在《马克思学说》一文中旗帜鲜明且比较系统地介绍了马克思的剩余价值、唯物史观、阶级斗争、劳工专政等四方面的思想。更重要的是,陈独秀以《新青年》为阵地,影响广大青年学子走上接受马克思主义的道路。后来,瞿秋白在《社会哲学概论》《现代社会学》《社会科学概论》等著作中第一次系统地引进和阐述了唯物辩证法,打开了中国人研究马克思唯物辩证法的视界。李达的《社会学大纲》《唯物辩证法大纲》使马克思主义哲学理论在内容上、体系上和表述上都更加丰富、完整和规范,促进了马克思主义的系统化传播。艾思奇的《大众哲学》《哲学与生活》更是开创哲学大众化、通俗化之先河,使哲学走出课堂,成为哲学“中国化、现实化的初步”,促进了马克思主义的大众化传播。侯外庐、翦伯赞、吕振羽等理论工作者将马克思主义运用于历史学、社会学、哲学等领域,拓宽了马克思主义传播的领域。此外,一些理论家将视角放在对马克思主义经典原著的翻译方面。从1920年起,陈望道、柯柏年、杨贤江、郭大力、王亚南、

① 《毛泽东选集》第四卷,人民出版社1991年版,第1471页。

② 《李大钊全集》第二卷,人民出版社2013年版,第332页。

③ 《李大钊全集》第二卷,人民出版社2013年版,第363、366页。

郭沫若等翻译出版了《共产党宣言》《哥达纲领批判》《社会主义从空想到科学》《家庭、私有制和国家的起源》《资本论》《德意志意识形态》等。这些经典原著的翻译出版，为系统完整地学习和研究马克思主义提供了理论基础和文本支撑。

（二）20世纪20年代至40年代思想界关于“中国化”的讨论

第一次世界大战之后，中国思想界发生了巨大的变化。“一战之殇”使得世界范围内的“西方没落”论和“东方文化救世”论开始风行，人们开始重新审视东西方文明的优劣及其二者之间的关系，思索“中国的特殊性”，这便成为了思想界20世纪20年代至30年代探索“中国化”的认知基础。

20世纪20年代至30年代，“中国化”的概念开始流行。“中国化”成为当时思想界的流行语，“中国式”成为风靡当时的文化标签。郑太朴就认为他是“‘中国式’的无政府主义者”①，他认为“中国式”强调的是：外来的“原理”需要与“中国底层社会情形人民性格”②相适应，即外来文化必须与中国的具体国情相适应。由此可见，“中国式”其实就是“中国化”的意思。1924年，教育家舒新城明确提出“使中国的教育中国化”③。1933年，陈序经在《教育的中国化和现代化》一文中说：“新教育的中国化，的确是数年来一般教育家的时兴的口号，而且是国内一种很普遍的思想”④。可见，“新教育的中国化”已然成为当时人们的普遍共识。

“中国式”与“新教育的中国化”的认知是20世纪20年代至30年代“中国化”概念风行的突出体现。一时间，“社会学中国化”“基督教中国化”等呼之欲出。“中国化”已经开始成为当时学术界的重要共识和时髦用语。但必须指出，这一时期的“中国化”思路虽然在社会上有一定的影响，但往往局限于某一领域、某一理论的较小范围中，“西化”的观念仍然占据主流地位。

抗日战争时期，日益严重的民族危机使得人民追求文化的民族性愈加凸显，这客观上推动了五四之后不断发展的外来思想理论“中国化”的思路被更

---

① 郑太朴：《太仆答存统的信》，《民国日报·觉悟》1921年5月8日。
② 郑太朴：《中国式的安那其主义答光亮》，《民国日报·觉悟》1921年7月17日。
③ 舒新城：《论道尔顿制精神答余家菊》，《中华教育界》1924年第8期。
④ 陈序经：《教育的中国和现代化》，《独立评论》1933年3月26日。

多中国人所接受和认可。“中国化”成为强化民族意识、颂扬民族传统、凝聚民族情感的重要口号，成为弥漫在当时社会一切热切追求“中国特殊性”的人们的共同心理认知。抗战时期的“中国化”思潮以“学术中国化”热潮为典型，它作为一种学术思潮，也体现在一切学术领域。其中，尤以哲学中国化和史学中国化为代表。

在哲学界，马克思主义哲学成为“中国化”思潮的滥觞之地。1936 年，陈唯实率先提出了“辩证法之具体化、实用化和中国化、通俗化”①的主张。1938 年，艾思奇在《哲学的现状和任务》一文中强调，我们需要进行一场“哲学研究的中国化、现实化的运动”②。在“哲学研究中国化”的影响下，出版了以李达的《社会学大纲》和艾思奇的《大众哲学》为代表、带有明显“中国化”色彩的马克思主义哲学著作，成立了延安新哲学研究会这种专门性的学术研究机构。在史学界，“中国化”思潮主要表现为马克思主义史学中国化。这一时期，史学界兴起了“研究中国历史”的热潮，运用马克思主义唯物史观研究中国历史的著作不胜枚举。如：范文澜的《中国通史简编》、郭沫若的《青铜时代》、翦伯赞的《历史哲学教程》、吕振羽的《中国社会史诸问题》、侯外庐的《中国古代思想学说史》《中国近代思想学说史》等，中国马克思主义史学初具雏形。

由此看来，抗战时期的“中国化”思潮已然成为学术研究的潮流，“中国化”成为学术界共同的学术诉求。正是这些“中国化”的理论探索和学术研究为 1938 年毛泽东正式提出“马克思主义中国化”命题营造了浓厚的思想氛围和做了一定的理论准备。

（三）马克思主义中国化的创新性理论成果

马克思主义的经典作家曾经指出：“每一个时代的理论思维，包括我们这个时代的理论思维，都是一种历史的产物，它在不同的时代具有完全不同的形式，同时具有完全不同的内容”③。随着时代特征的变化和社会实践的发展，马克思主义作为科学的理论必然要不断获得新的理论生长点。马克思主义中国化作为一个过程与成果并存的统一体，在不同的历史发展阶段创新生成不

---

① 陈唯实：《通俗辩证法讲话》，上海新东方出版社 1936 年版，第 7 页。

② 《艾思奇文集》第一卷，人民出版社 1981 年版，第 387 页。

③ 《马克思恩格斯全集》第 26 卷，人民出版社 2014 年版，第 499 页。

同的理论成果。中国共产党第十九届中央委员会第六次全体会议通过的《中共中央关于党的百年奋斗重大成就和历史经验的决议》中指出：一百年来，党坚持把马克思主义写在自己的旗帜上，不断推进马克思主义中国化时代化，用博大胸怀吸收人类创造的一切优秀文明成果，用马克思主义中国化的科学理论引领伟大实践。这里“马克思主义中国化的科学理论”就是指，在马克思主义中国化不断推进的过程中处于不同历史阶段所形成的理论成果，这些理论成果在党的二十大通过的《党章》中给予了明确的定位表述，即“创立了毛泽东思想”“创立了邓小平理论”“形成了‘三个代表’重要思想”“形成了以人为本、全面协调可持续发展的科学发展观”，以及“创立了习近平新时代中国特色社会主义思想”。这些原创性理论成果，是中国人有能力为发展马克思主义所作出原创性贡献的具体体现，在马克思主义中国化进程中具有里程碑意义。

毛泽东思想是马克思主义中国化的第一个原创性理论成果。党的二十大通过的《党章》指出：以毛泽东同志为主要代表的中国共产党人，把马克思列宁主义的基本原理同中国革命的具体实践结合起来，创立了毛泽东思想。① 大革命时期，毛泽东运用马克思主义基本原理来初步探讨中国革命的性质、前途、策略等，提出了划分革命阵线、分析中国社会各阶级的性质以及对于中国革命的态度、重视农民在中国革命中的历史地位等重要观点；土地革命时期，毛泽东在领导创建革命根据地斗争的同时，创造性地论述了工农武装割据、建立红色政权的理论，创立了农村包围城市、武装夺取政权的革命道路理论，提出了实事求是、群众路线、独立自主等重要思想。党的六届六中全会上，毛泽东在提出马克思主义中国化科学命题的同时，也指明了坚持和创新马克思主义的基本方向和理论实质。抗日战争时期，毛泽东在政治、军事、经济、文化、哲学等方面提出并形成了一系列重大的理论观点，尤其是系统完整地阐述了新民主主义革命的基本理论、基本路线和基本纲领。新中国成立以后，毛泽东思想同马列主义成为探索中国社会主义建设道路的指导思想，随之产生了一系列重要经验和理论成果。

① 《中国共产党章程》，人民出版社 2022 年版，第 2 页。

邓小平理论是马克思主义中国化的又一个原创性理论成果。党的二十大通过的《党章》指出:十一届三中全会以来,以邓小平同志为主要代表的中国共产党人,总结新中国成立以来正反两方面的经验,解放思想、实事求是,实现全党工作中心向经济建设的转移,实行改革开放,开辟了社会主义事业发展的新时期,逐步形成了建设中国特色社会主义的路线、方针、政策,阐明了在中国建设社会主义、巩固和发展社会主义的基本问题,创立了邓小平理论①。党的十三届四中全会以来,以江泽民同志为主要代表的中国共产党人,在建设中国特色社会主义的实践中,加深了对什么是社会主义、怎样建设社会主义和建设什么样的党、怎样建设党的认识,积累了治党治国新的宝贵经验,形成了"三个代表"重要思想②。党的十六大以来,以胡锦涛同志为主要代表的中国共产党人,坚持以邓小平理论和"三个代表"重要思想为指导,根据新的发展要求,深刻认识和回答了新形势下实现什么样的发展、怎样发展等重大问题,形成了以人为本、全面协调可持续发展的科学发展观③。

习近平新时代中国特色社会主义思想是中国特色社会主义进入新时代马克思主义中国化最新的原创性理论成果。党的二十大通过的《党章》指出:十八大以来,以习近平同志为主要代表的中国共产党人,坚持把马克思主义基本原理同中国具体实际相结合、同中华优秀传统文化相结合,科学地回答了新时代坚持和发展什么样的中国特色社会主义、怎样坚持和发展中国特色社会主义等重大时代课题,创立了习近平新时代中国特色社会主义思想④。习近平新时代中国特色社会主义思想是当代中国马克思主义、21 世纪马克思主义,是中华文化和中国精神的时代精华,是党和人民实践经验和集体智慧的结晶,是中国特色社会主义理论体系的重要组成部分,是全党全国人民为实现中华民族伟大复兴而奋斗的行动指南,必须长期坚持并不断发展。新时代以来,习近平总书记在实践中改革创新,坚信并践行"两个一百年"奋斗目标;推进"五位一体"总体布局和"四个全面"战略布局,践行"创新、协调、绿色、开放、

① 《中国共产党章程》,人民出版社 2022 年版,第 3 页。

② 《中国共产党章程》,人民出版社 2022 年版,第 4 页。

③ 《中国共产党章程》,人民出版社 2022 年版,第 4—5 页。

④ 《中国共产党章程》,人民出版社 2022 年版,第 5 页。

共享”五大新发展理念；坚持党的全面领导，提出中国共产党的领导是中国特色社会主义最本质的特征，是中国特色社会主义制度的最大优势的重要论断；提出推动构建人类命运共同体等。这些富有创造性的新理念、新观点、新思想，为中国进一步深化体制改革与理论研究提供了珍贵的素材与宝贵的财富，为当代中国马克思主义作出了原创性贡献。

（四）理论工作者对于马克思主义中国化的贡献

在马克思主义中国化的历史进程中，理论工作者对马克思主义中国化的理论创新扮演着重要的主体作用，他们具备深厚的理论功底，拥有高度的政治敏感度、肩负崇高的历史使命感。我国著名的马克思主义理论学者陈先达教授指出："不要认为马克思主义中国化这一伟大事业，只是领袖们的事，只是少数高层领导的事，其他人毫无贡献，像马克思形容的其他人都只是张开口等着吃烤鸡的人。马克思主义中国化集中的是全党智慧，其中包括理论工作者的成果"①。

1. 关于马克思主义中国化的学理论争

首先是关于马克思主义中国化内涵的论争。在马克思主义中国化命题提出以后，叶青对马克思主义中国化进行了质疑。在他们看来，"马克思主义中国化"就是从本质上把马克思主义变成非马克思主义的东西。对于这些观点，艾思奇给予了坚决的批驳，他指出，把"化"理解为改变马克思主义的性质是完全错误的。"化"应是"理解""应用"和"创造"，因此，马克思主义中国化应该是"把马克思主义的真正精神，把马克思主义的基本原则，应用到中国的具体问题上来，就是在中国的现实地盘上来把马克思主义加以具体化加以发展"②。

其次是关于马克思主义中国化合理性的论争。在马克思主义中国化命题提出之后，理论界对这个命题的合理性进行了论争。周宪文认为，作为一种成熟的学说体系，马克思主义只有"适则取之，不适去之"的道理，而没有"化而

① 陈先达：《马克思主义中国化经验的实践解读》，《中国特色社会主义研究》2007 年第 4 期。

② 艾思奇：《抗战以来的几种主要哲学思潮述评》，《中国文化》1941 年第 3 卷。

为之"的道理,"化"本身就表明了马克思主义不适用于中国①。叶青认为,受外国侵略的中国国情是特殊的,是不符合一般规律的,因而"'一般的''最高原则',只适用于欧美先进国家而不适用中国"②。胡秋原指出:"马克思主义是欧洲发生的东西,今天中国人用不着,也就没有法子'中国化'了"。③ 面对理论界人士对马克思主义中国化的种种质疑,党的理论工作者进行了有力回击。杨松指出:"马克思主义不是'舶来品',不是像叶青之流所说的不适用于中国"④。艾思奇强调,马克思主义之所以能够中国化,是因为"中国自己本身早已产生了马克思主义的实际运动。中国的马克思主义是在中国自己的社会经济发展中有它的基础,是在自己内部有着根源,决不是如一般的表面观察,说这是纯粹外来的"⑤。总之,以艾思奇为代表的理论工作者关于马克思主义中国化论争,涉及了马克思主义中国化领域的若干基本问题,把马克思主义中国化命题的学理探索引向深入。

2. 对马克思主义中国化成果的思想奠基

马克思主义中国化的一个重要成果,就是形成了中国化的马克思主义理论形态。在马克思主义中国化理论成果的形成过程中,理论工作者对此作出了思想奠基的贡献。

理论工作者的贡献主要体现在作为"思想先行者"艾思奇的哲学论著为马克思主义中国化提供了思想资料和理论参考。艾思奇关于认识发展过程的理论、认识论与辩证法关系的阐述,关于矛盾统一律为根本、"差别与矛盾"的关系、"内因与外因"的关系等问题的探讨和论述,都有着重要启示作用。作为中国哲学通俗化和大众化的开拓者,艾思奇倡导摆脱以往哲学高深晦涩的现象,让大众都能读懂哲学。

何干之对中国社会性质和中国"新的民主革命"等问题的分析与理论概括,也在很大程度上影响到了毛泽东对于这个问题的深度思考,使得毛泽东对

---

① 周宪文:《由中国本位文化建设讲到学术中国化问题》,《时代精神》1939 年创刊号。
② 艾思奇:《关于内因论和外因论——答韦尚白君》,《读书生活》1936 年第 3 期。
③ 胡秋原:《所谓学术中国化》,《时代精神》1939 年创刊号。
④ 杨松:《关于马列主义中国化的问题》,《中国文化》1940 年第 1 卷第 5 期。
⑤ 艾思奇:《论中国的特殊性》,《中国文化》1940 年创刊号。

于中国社会性质的认识更加清晰。在1938年《中国革命和中国共产党》一文中，毛泽东用“半殖民地半封建”来分析中国社会的社会状况，建构了关于半殖民地半封建的更加完善和权威的理论体系。此外，何干之基于对中国的社会性质和社会阶级结构的分析和探索对毛泽东提出“新民主主义革命”概念和中国革命分“两步走”设想作出了重要铺垫。何干之的夫人刘炼与其同事胡华曾评价，何干之“对于中国共产党形成完整的新民主主义理论体系，起了有益的探索作用”①。此外，还有如陈翰笙、吕振羽、周扬、李达等多位理论学者都作出了不同程度的贡献。

当然，毛泽东思想主要是由毛泽东根据中国的具体实际和实践探索进行理性思考得出的原创性理论成果。可以肯定地说，没有毛泽东就不会有毛泽东思想。但是，任何思想都不是凭空想象出来的，而是在吸收和借鉴前人思想精华的基础上结合时代特征和现实问题创新生成的，这如同德国古典哲学、英国古典政治经济学和法国空想社会主义学说对于马克思主义的思想奠基和理论贡献一样。

同样，中国特色社会主义理论体系的形成，也蕴含着广大学者知识分子群体的思想铺垫。在党的十三大提出社会主义初级阶段理论之前，理论界就展开了对我国社会发展阶段问题的讨论。苏绍智和冯兰瑞在《无产阶级取得政权后的社会发展阶段问题》一文中，论述无产阶级取得政权后社会发展阶段的划分时，把“我国现阶段的社会，或者说不发达的社会主义，划入了过渡时期的范围”②。以唯物史观为理论基础，苏绍智和冯兰瑞完成了无产阶级取得政权后的社会发展阶段理论形态上的中国化，为社会主义初级阶段理论的最终形成提供了重要的思想奠基和理论支撑。此外，我们发现：社会主义市场经济理论也是在吸收和借鉴广大理论工作者研究成果的基础上形成和发展起来的。正如有学者指出，“于祖尧是我国社会主义市场经济的最早倡导者和杰出贡献者；刘国光是主张缩小指令性计划和市场化改革取向的最早倡导者和

---

① 《何干之文集》第1卷，北京出版社1993年版，第11页。

② 苏绍智、冯兰瑞：《无产阶级取得政权后的社会发展阶段问题》，《经济研究》1979年第5期。

杰出贡献者;苏星是我国社会主义股份制的最早倡导者和杰出贡献者"①。总而言之,理论工作者作为"思想先行者",在马克思主义中国化成果的形成中贡献了思想智慧,发挥了不可或缺的铺垫作用。

三、政治维度的马克思主义中国化命题

在时间概念上来看,中国共产党党史与马克思主义中国化史是高度耦合的。中国共产党的全部理论和实践活动,从根本上说都是围绕着马克思主义中国化这一命题而展开的。中国共产党在马克思主义指导下所采取的一系列纲领路线方针政策,是马克思主义中国化的政治事实、存在依据。此外,它的命题发展轨迹的演变,凝聚着非常丰富的政治性内核,折射着特定的政治价值取向。

(一) 百年党史实际上就是马克思主义中国化的历史

着力于解决"中国问题"的马克思主义中国化,其自身便携带着"政治性"的因子,这种因子与中国共产党的发展历程高度耦合。从中国共产党的发展历程来看,党的成长和发展过程是在实践中不断探索马克思主义中国化的过程。马克思主义中国化的政治事实存在集中表现在中国共产党夺取政权和巩固政权的大政方针上。

首先,《党章》的修改及其丰富与马克思主义中国化。《党章》的修改及其丰富是马克思主义中国化历史演进的风向标,是政治维度在文本层面表达马克思主义中国化事实存在的重要依据。《党章》是马克思主义中国化最具象征的标本,其修改记载了中国共产党的成长和发展,反映了马克思主义中国化的发展历程。从一大制定了党纲,到二大制定了第一部《党章》,直至修改通过的二十大通过的《党章》,《党章》历经 19 次修改,根据马克思主义中国化的体现程度依不同时期分为以下三个阶段:

第一阶段:一大至六大的《党章》是马克思主义中国化的初期探索阶段。一大通过的《中国共产党纲领》,规定了党的名称、性质、纲领和奋斗目标等,宣告了第一个马克思主义政党在中国的诞生,从政治事实的维度实质性地拉

---

① 程恩富:《马克思主义经济学家是改革的倡导者和支持者》,《理论视野》2006 年第 3 期。

开了马克思主义中国化的序幕。二大通过的《中国共产党章程》从党员、组织、会议、纪律、经费和附则6个方面对党进行了规定，并确立了反帝反封建的民主革命纲领。三大至六大通过的《中国共产党章程》历经4次修改，将党的组织原则和党员发展程序都基本上确定下来，基本上完善了党的总体结构。值得注意的是，此时的中国共产党尚未能摆脱对共产国际的依赖，六大通过的《中国共产党章程》中更是突出地强调了共产国际的领导，将中国共产党视为共产国际的支部，处于从属地位。由于过分依赖共产国际和对中国国情的认识不够深入，马克思主义中国化还处于初期探索阶段。

第二阶段：七大至十一大的《中国共产党章程》是马克思主义中国化的曲折发展阶段。七大通过的《中国共产党章程》增加了总纲的部分，阐述了中国革命道路的实践经验和党的建设路径，充实了党的性质、指导思想、目标任务和方针策略，将马克思主义中国化的结晶——毛泽东思想写入党章。八大通过的《中国共产党章程》是新中国成立后制定的第一部党章，在党员的权利义务、党的组织机构、党内监督等方面给予了新的规定，并且规定了党的任务是有计划地发展国民经济尽可能迅速地实现国家工业化，有系统、有步骤地进行国民经济的技术改造，使中国具有强大的现代化的工业、现代化的农业、现代化的交通运输业和现代化的国防。在这一阶段，中国共产党开始独立探索实现马克思主义与中国的社会主义建设实践相结合，强化了马克思主义中国化的主体意识。然而，九大至十一大通过的《中国共产党章程》逐渐偏离马克思主义中国化发展的正常轨道，尤其体现在“文化大革命”的政策纲领上，错误规定继续“以阶级斗争为纲”，使马克思主义在中国的发展遇到曲折。

第三阶段：十二大至二十大的《中国共产党章程》是马克思主义中国化的丰富发展阶段。十二大通过的《中国共产党章程》将“以阶级斗争为纲”改为“以经济建设为中心”，拨正了马克思主义中国化的正确航向。十三大通过的《中国共产党章程》延续十二大的政治精髓，十四大通过的《中国共产党章程（修正案）》阐明了“建设有中国特色社会主义的理论”的命题，阐述了社会主义初级阶段的道路以及基本路线，把四项基本原则作为立国之本，把改革开放作为解放和发展生产力的必由之路，把“一国两制”作为完成祖国统一大业的基本方针。十五大通过的《中国共产党章程（修正案）》明确将邓小平理论作为党的行动指南，充分体现了中国共产党在马克思主义的指导下，将它与中国改革开放新实践相结合的又一次努力，把马克思主义中国化进程推进到新阶段。十六大将“三个代表”重要思想作为党的行动指南写入《中国共产党章程》，增加了建设政治文明、依法治国和以德治国相结合的内容。十七大通过的《中国共产党章程（修正案）》倡导构建社会主义和谐社会，推动建设人与自然、人与人持久和平、共同繁荣的和谐世界。十八大提出了“科学发展观”，并强调注重生态文明建设。在文化方面增加了“社会主义核心价值体系”的建设。十九大通过的《中国共产党章程（修正案）》明确将习近平新时代中国特色社会主义思想作为党的行动指南，这是新时代一系列治国理政新实践与马克思主义基本原理的又一次伟大结合。十九大通过的《中国共产党章程（修正案）》是党的十二大以后修改最多的一次，明确了马克思主义中国化理论成果的定位，调整了对我国社会主要矛盾和经济社会发展目标的表述，增写了实现“两个一百年”奋斗目标，实现中华民族伟大复兴的中国梦。坚持以人民为中心的发展思想和“五大发展理念”，坚持“五位一体”总体布局和协调推进“四个全面”战略布局，实施创新驱动发展战略，乡村振兴战略，区域协调发展战略，军民融合发展战略，为党章注入了新内涵。二十大通过的《中国共产党章程（修正案）》增加了党百年奋斗的重大成就和历史经验的内容，充实完善了习近平新时代中国特色社会主义思想的科学内涵和历史地位的相关内容，坚定维护以习近平同志为核心的党中央权威和集中统一领导，分两步走的战略安排，以中国式现代化全面推进中华民族伟大复兴的奋斗目标，逐步实现全体人民共同富裕，坚持新时代党的组织路线，伟大建党精神，找到了自我革命这个跳出治乱兴衰历史周期律的第二个答案等内容。

总之，《党章》的不断丰富和完善，紧紧围绕解决“党是什么，要干什么”这个根本问题，既是中国共产党作为政党自身发展的基本脉络的集中体现，也是推动马克思主义从“化中国”到“中国化”的历史演进逻辑的政治精髓所在。从《党章》修改来看，中国共产党的发展历程与马克思主义中国化的发展历程是高度耦合的。

其次，中国共产党的执政实践与马克思主义中国化。国家政权问题是政治的根本问题。而政党是代表一定阶级、阶层或集团的利益，为实现自己的目标和理想，力求取得或保持国家政权而采取行动的政治组织。可见，政党的本质属性是以夺取和巩固政权为目的。作为一个以马克思主义为行动指南的现代政党，中国共产党天然地具有马克思主义政党所具有的本质属性。正如马克思所说，“共产党人的最近目的是和其他一切无产阶级政党的最近目的一样的：使无产阶级形成为阶级，推翻资产阶级的统治，由无产阶级夺取政权”①。中国共产党一经成立，就旗帜鲜明地宣告自己是无产阶级的政党，是代表广大农民、工人及其他劳动者利益的政党，其历史使命是实现民族独立、人民解放和国家富强，通过武装暴力革命的形式夺取国家政权，改变现有的旧社会制度，从而建立一个崭新的社会制度。马克思主义中国化是中国共产党有目的、自觉的历史活动。因此，从根本上讲，马克思主义中国化的历史集中体现了中国共产党领导全党同志和带领全国各族人民不断为实现民族独立、人民解放和国家富强而不懈奋斗的历史，夺取政权、巩固政权和利用政权实现初心使命，成为中国共产党政治发展的主线。

中国共产党始终注重运用马克思主义来分析中国的社会现实状况，致力于探索改造中国的革命道路，解决具有根本性的中国问题，通过反帝反封建和夺取政权以实现民族独立和国家统一的目的。为了推翻旧政权，我们党充分地吸收了马克思主义的暴力革命学说并将其应用于中国的革命实际，建立起自己的武装力量，有效地开展武装斗争，不断积蓄革命力量和壮大武装部队；通过土地革命等不同形式去动员人民、组织人民，联合和团结一切可以团结的力量；通过整风运动等积极的党内斗争形式，锻造了马克思主义的先进工人阶级政党；分析了中国近代以来社会性质、特点、主要矛盾和实际状况，在准确把握中国国情的基础上，解决了中国革命的对象和动力、形式和道路、性质和前途等一系列根本问题，找到了一条有中国特色的新民主主义革命道路，取得了新民主主义革命的胜利，建立了中华人民共和国。

中华人民共和国的成立标志着中国共产党已成为执掌全国政权的政党。建设什么样的新中国与如何建设新中国已经成为我党面临的首要问题。诚如马克思恩格斯所指出的，无产阶级在夺取政权后，要“一步一步地夺取资产阶

---

① 《马克思恩格斯选集》第1卷，人民出版社2012年版，第413页。

级的全部资本，把一切生产工具集中在国家即组织成为统治阶级的无产阶级手里，并且尽可能快地增加生产力的总量"①。为此，中国共产党通过全国范围内的土地改革、抗美援朝、镇压反革命运动，保证了国民经济的迅速恢复和发展，领导并完成三大改造，确立了适合于中国国情的社会主义基本制度，实现所有制结构的根本性变革，结束了中国历史上长达几千年的剥削制度。

社会主义改造基本完成之后，党领导人民进入全面的社会主义建设。"八大"前后，中国共产党根据国内出现的新情况，作出了新的社会主要矛盾和主要任务的论断，继续积极探索适合中国国情、具有中国特点的社会主义建设道路。但由于缺乏在中国这样经济文化落后的情况下建设社会主义的经验，党对"社会主义是什么，马克思主义是什么"以及"如何建设社会主义"的问题"并没有完全搞清楚"②，存在着"左"的错误或对马克思主义关于社会主义理论的僵化理解，以至于探索社会主义发展道路的过程中出现了用群众运动的方式搞建设的"大跃进"和搞阶级斗争的"文化大革命"的偏差，社会发展进程出现了曲折。

痛定思痛之后，我们党作出了把工作重心转移到经济建设上来、实行改革开放的历史性决策。我们党意识到：要真正走适合中国国情的现代化之路，就必须摆脱传统的思维桎梏，对社会主义本质和现代化建设的路径指向进行重新认识，必须要对既有陈旧体制进行大刀阔斧的改革，必须大力发展社会生产力。然而，改革要沿着什么方向走？什么是正确的改革方向？邓小平提出了四项基本原则，强调利用社会主义市场经济来发展生产力，逐步形成了在社会主义初级阶段的基本路线，为改革指明了正确方向。以邓小平同志为主要代表的中国共产党人提出了"建设有中国特色社会主义"的独创性命题，对"什么是社会主义、怎样建设社会主义"做出了创造性的回答。

面对世纪之交的世情、国情和党情，如何在复杂的国际局势下保持中国定力和社会活力，维护社会和谐，赢得广大人民群众的支持，巩固党的执政地位，加强党与人民群众的血肉联系？以江泽民同志为主要代表的中国共产党人提

① 《马克思恩格斯选集》第1卷，人民出版社2012年版，第421页。

② 《邓小平文选》第三卷，人民出版社1993年版，第137页。

出了“三个代表”重要思想，对“建设什么样的党、怎样建设党”的问题作出了创造性的回答。跨入新世纪以来，以胡锦涛同志为主要代表的中国共产党人提出了以人为本、全面协调可持续发展的科学发展观，对“实现什么样的发展、怎样发展”等重大问题做出了创造性回答，致力于解决社会活力和社会和谐的统一问题。

党的十八大以来，以习近平同志为核心的党中央着力解决发展中的深层次矛盾、改革中的重难点问题，以“历史性成就”带来全方位、开创性的“历史性变革”，中国特色社会主义进入了新时代。如何顺应新时代历史方位的变革、主要矛盾历史性变化和经济社会发展的各方面需要，更好地解决社会主义在中国发展起来的新问题新矛盾。这就需要中国共产党人深刻回答新时代“坚持和发展什么样的中国特色社会主义、怎样坚持和发展中国特色社会主义”这一重大时代课题，从治国理政、社会发展、民族进步、理论创新、战略部署、实践推进、目标实现等方面谋划部署中国特色社会主义伟大事业，作出了当代中国迈上全面建设社会主义现代化国家新征程、向第二个百年奋斗目标进军的宏伟蓝图，实现了马克思主义中国化在新时代的历史性飞跃。

（二）马克思主义中国化命题发展轨迹的政治考量

1938 年 10 月，毛泽东在中共六届六中全会上代表党中央作《论新阶段》的政治报告，第一次完整系统地提出了“马克思主义中国化”的科学命题。他指出：“离开中国特点来谈马克思主义，只是抽象的空洞的马克思主义。因此，马克思主义的中国化，使之在其每一表现中带着中国的特性，即是说，按照中国的特点去应用它，成为全党亟待了解并亟须解决的问题”①。毛泽东的这一提法，被誉为“38”命题。

毛泽东提出马克思主义中国化命题并不是偶然的，而是多种因素综合作用的结果，蕴含着特定的政治价值。实际上，正是在党的六届六中全会上，毛泽东扭转了 1937 年“12 月政治局会议”以来在党内的孤立局面，确立了其在党内的最高领导地位。从适应抗战时期“中国化”的思想潮流，配合建立抗日民族统一战线的政治策略来看，“马克思主义中国化”的主张在当时是为了进

① 中央档案馆编：《中共中央文件选集》第 11 册，中共中央党校出版社 1991 年版，第 659 页。

行抗日政治动员,唤起民众民族觉醒的政治需要。抗战时期,亡国灭种的民族危机使得民众的危机意识更为浓重,民族主义情绪明显高涨,民族心理认同感逐渐增强,而毛泽东所倡导的“民族形式”“中国作风”“中国气派”这些充满“民族性”的语言不仅树立了党的形象,而且更加增强了党的群众基础和政治合法性。

可见,在全面抗战、民族意识浓厚的大背景下,马克思主义中国化命题的提出,是回应民族主义潮流、动员民众抗日的政治需要,是增强中国共产党政治合法性的有力手段,是同党内主观主义和教条主义作斗争的重要产物,是党的指导思想的逻辑定格。因此,“马克思主义中国化”一经提出,便成为中国政治生活中最具典型意义的政治符号之一。

自毛泽东提出“马克思主义中国化”命题之后,经查阅毛泽东在这一时期的有关著述,我们发现他本人很少再使用它,毛泽东使用这一概念的另外几次是:1939 年 12 月,毛泽东指出“马克思主义中国化问题,不能说马克思早已中国化了。马克思主义是普遍的东西,中国有特殊情况,不能一下子就完全中国化”①;1941 年 6—8 月间毛泽东又指出,晋察冀分局是把马列主义中国化,是执行了一条活的马克思列宁主义的路线;1941 年 9 月,毛泽东再次指出“能使马克思主义中国化的教员,才算好教员”②。自七大之后,“马克思列宁主义的理论和中国革命的实践相结合”的提法一度被频繁使用。1952 年出版的《毛泽东选集》将“马克思主义的中国化”改为“使马克思主义在中国具体化”。

改革开放以来,“马克思主义中国化”这一命题在中共中央文件和中央领导人的著述、讲话中被广泛使用。2001 年 9 月 26 日《中共中央关于加强和改进党的作风建设的决定》中再次取用了“马克思主义中国化”命题,要求“不断推进马克思主义的中国化”。随后,马克思主义中国化命题频繁地出现在党的重要政治文献中。

中共中央于政治层面的重要表述中重提“马克思主义中国化”,这既是高举意识形态旗帜的政治需要,也是坚持中国特色社会主义的政治需要。苏东

---

① 《毛泽东年谱》中卷,中央文献出版社 2013 年版,第 151 页。

② 《毛泽东文集》第二卷,中央文献出版社 1993 年版,第 374 页。

剧变使世界社会主义运动陷入低潮,受冷战思维和意识形态的影响,世界上一些国家将此看成马克思主义的失败。受国际上的这种态度的影响,国内也有关于马克思主义的命运、中国前途的论争。新自由主义、马克思主义过时论、历史虚无主义,“普世价值论”等错误思潮的干扰更是不绝如缕,如果不能及时对这些错误论调加以“扶正祛邪”式的根治,会在一定程度上动摇马克思主义在意识形态领域的指导地位。在这些情形之下,中共中央高举“马克思主义中国化”的旗帜,坚持马克思主义在意识形态领域的指导地位毫不动摇,从而引领正确的舆论和思想导向,我们既不能走改旗易帜的邪路,也不能走封闭僵化的老路,必须坚持马克思主义与发展马克思主义相结合、坚持马克思主义与不断推进马克思主义中国化相结合。党的二十大报告进一步特别强调不断开辟马克思主义中国化时代化新境界,是新时代党和国家对坚持和发展马克思主义中国化,不断推进马克思主义中国化时代化的理论创新和实践创新作出的重大贡献。

四、大众维度的马克思主义中国化命题

马克思主义是为无产阶级劳苦大众服务的理论,这一价值取向使其在具体的社会实现过程中蕴涵着“大众化”的理论诉求和实践张力。“大众化”是马克思主义从精英走向大众、从理论素养变为物质力量的一个必经环节,是实现马克思主义的理论形态到大众形态转换的逻辑中介,这不仅体现了马克思主义中国化是人民大众通过社会实践进行理论创新的客观实在,而且体现了其为人民大众服务的主体价值原则。

(一)“大众化”:马克思主义的理论元释和实践推进

马克思主义从创立伊始就打破经院式学问的藩篱,面向现实世界,走进人民大众,进而实现无产阶级和人民大众的彻底解放。“大众化”是马克思主义落地于现实世界、发挥其真理力量的重要支点。马克思主义只有被无产阶级和人民大众所掌握,才能使理论素养变成物质力量,才能使解释和改变世界的实践成为可能。可以说,马克思主义创始人及其后继者一直都重视理论与大众的联系,注重理论的普及化和通俗化,使马克思主义能被人民大众所理解、领会和掌握。

马克思高度注重理论的力量,强调理论掌握群众的重要性,“批判的武器当然不能代替武器的批判,物质力量只能用物质力量来摧毁;但是理论一经掌握群众,也会变成物质力量”①。他反复强调,“哲学把无产阶级当做自己的**物质**武器,同样,无产阶级也把哲学当做自己的**精神**武器”②。在马克思看来,马克思主义与无产阶级和人民大众之间存在着天然的联系,那么如何让马克思主义的“思想闪电”真正射入到没有触动过的“人民园地”,便是要求马克思主义者要最大限度地向无产阶级和人民大众宣传、普及理论。恩格斯在《德国农民战争》第二版序言的补充中,将德国工人与欧洲其他各国工人进行了对比,指出德国工人运动处于有利地位的优越之处之一,便在于德国工人保留了“理论感”③,而这使德国工人运动“强大有力和不可战胜”④。恩格斯也深刻地阐述了掌握理论与否是关乎工人运动成功与否的关键,同时也蕴含了理论只有掌握群众,才可以发挥其真理力量的内涵。

19 世纪末 20 世纪初,俄国革命形势的迅猛发展,向广大工人群众宣传普及马克思主义的任务,历史地摆在了马克思主义者的面前。列宁针对俄国社会民主工党内经济派蓄意贬低和忽视理论意义的情况,系统地阐述了马克思主义的“灌输”理论。他认为,无产阶级意识是不可能单凭工人群众的自发意识形成的,必须要经过外在的灌输。无产阶级政党的任务是要“把社会主义思想和政治自觉性灌输到无产阶级群众中去”⑤。此外,列宁还非常注重马克思主义的通俗化,不仅强调“思想一旦掌握群众,就变成力量”⑥,而且简化提出了“最高限度的马克思主义=最高限度的通俗化”⑦。

马克思主义进入中国以来,一个至关重要的工作,就是把马克思主义基本原理以大众化的形式,传播到大众的头脑中,从而使理论真正掌握群众并为群众掌握。毛泽东指出:“大众化”就是我们的“思想感情”要和“大众的思想感

---

① 《马克思恩格斯选集》第 1 卷,人民出版社 2012 年版,第 9 页。
② 《马克思恩格斯选集》第 1 卷,人民出版社 2012 年版,第 16 页。
③ 《马克思恩格斯选集》第 3 卷,人民出版社 2012 年版,第 36 页。
④ 《马克思恩格斯选集》第 3 卷,人民出版社 2012 年版,第 37 页。
⑤ 《列宁选集》第 1 卷,人民出版社 2012 年版,第 285 页。
⑥ 《列宁选集》第 3 卷,人民出版社 2012 年版,第 321 页。
⑦ 《列宁全集》第 36 卷,人民出版社 1959 年版,第 468 页。

情打成一片”[①]。他反复指出，“我们所说的马克思主义，是要在群众生活群众斗争里实际发生作用的活的马克思主义，不是口头上的马克思主义”[②]。

马克思恩格斯不仅创立了经典马克思主义，而且还在实践中推进了马克思主义的“大众化”。为了实现马克思主义“大众化”，马克思恩格斯进行了积极的探索。他们热衷于革命实践，分析革命形势，组织领导革命运动；深入工人生活和工作实际，了解他们的现实情况，以使科学理论与工人大众相结合；推动无产阶级政党及其国际组织的创建，以实现无产者的国际大联合。此外，马克思恩格斯高度重视理论的宣传作用和通俗化表述。正如在《雇佣劳动与资本》一文中，马克思明确提及要“力求说得尽量简单和通俗”[③]，力图做到通俗易懂，《共产党宣言》是马克思主义通俗化的典型代表。同时，马克思恩格斯通过创建报刊，建立宣传机构以及发表演说等方式进行理论宣传。他们先后创办的《莱茵报》《前进报》《德意志—布鲁塞尔报》《纽约每日论坛报》成为向大众宣传马克思主义的重要阵地。

列宁延续马克思恩格斯的“大众化”实践，积极致力于新的无产阶级政党和国际组织的创建，第三国际的活动更是已遍及世界五大洲的 70 多个国家和地区[④]。列宁还非常重视“灌输”的实践，利用写作向大众渗透、宣传马克思主义理论。如《新工厂法》《对工厂工人罚款法的解释》《谈谈罢工》等文章大都是为工人而作，尤其是《告贫苦农民》在农民和贫苦士兵中流传甚广，壮大了革命的力量。

在马克思主义中国化的过程中，毛泽东积极致力于在实践中推动马克思主义的大众化。在民主革命早期，毛泽东通过组织农民协会、农民运动讲习所和工人夜校等多种形式，宣传马克思主义理论，提高工人的政治觉悟。延安时期，在延安整风运动的开展，使得马克思主义在全党思想范围内达到了统一。新中国成立以后，毛泽东多次强调广大党员干部在学习马克思主义的同时，要把马克思主义理论从哲学家的思维中解放出来，走进大众视野，变为群众手中

① 《毛泽东选集》第三卷，人民出版社 1991 年版，第 851 页。

② 《毛泽东选集》第三卷，人民出版社 1991 年版，第 858 页。

③ 《马克思恩格斯选集》第 1 卷，人民出版社 2012 年版，第 328 页。

④ 高放等：《三个国际论丛》，东北师范大学出版社 1989 年版，第 14 页。

的尖锐武器。此外,毛泽东在推进马克思主义大众化的实践中,尽可能地用人民大众所能够理解的语言风格和表达形式,把马克思主义的深奥思想以通俗的形式传递到普通大众的头脑之中,从而使马克思主义的严密理论形态转换为大众化的理论形态。可以说,毛泽东是推动马克思主义大众化的“语言大师”,在他的著作和讲话中,随处可见他用通俗易懂的大众话语和老百姓喜闻乐见的故事寓言俗话,去阐述深奥的马克思主义哲理。如他用“星星之火,可以燎原”这样形象生动的语言把中国革命的历史进程给揭示出来,如他用“枪杆子里面出政权”这样浅显易懂的话语把马克思主义的无产阶级暴力革命理论给阐述出来,如他用“实事求是”这样通俗典型的成语把马克思主义的精髓给表达出来,并根据新的情境赋予其新的内涵。

（二）“大众化”:由精英走向大众

马克思主义作为西方“舶来品”,要实现在中国土壤上的生根、开花、结果,必然要经历从马克思主义“化大众”转变为“大众化”马克思主义的过程。在这里,“化大众”中的“大众”是被“化”的对象,是由一批知识精英所主导的,意在将马克思主义理论融入到中国大众的情境,灌输到中国大众的头脑,以此来武装大众。而“大众化”中的“大众”则是“化”的主体,是大众在马克思主义理论的指导下实现由“自在”向“自为”的转变,使理论真正掌握群众并形成强大的实践力量。因而,马克思主义中国化本质上必然归结为大众化,“大众化”是马克思主义中国化出场的现实形态。

鸦片战争之后,近代中国的传统文化发生断裂,民族生存危机与文化危机的并存构成近现代中国最大的现实。马克思主义作为西方的“舶来品”传入到中国之后所面临的根本问题便是如何融入到中国的大众情境。然而经过几千年封建思想洗礼的中国民众,要成功地接受诞生于西方语境中的马克思主义,并且产生现实影响,这就需要马克思主义传播者依据当时中国的现实状况以及社会大众的理论吸纳能力,有选择性地译介和阐述马克思主义理论,将深奥难懂的马克思主义转化成为中国人能理解的话语或大众话语,让陌生的理论为广大民众所认同,这个历史任务必然地落到了中国先进的知识精英的身上。

可见,实现马克思主义大众化,第一个逻辑环节便需要依赖知识精英将理论传送到大众的头脑中。在大众尚无革命意识和缺乏深度反思自身生存境遇的时候，是需要知识精英的知识优势转为传播的权威优势，这便形成了早期的“化大众”模式。所谓“化大众”，就是通过知识精英把“书本（知识形态）的马克思主义在大众中传播、在理论与大众之间架桥沟通、用理论武装群众的过程”①。在这其中，“化大众”的主体其实是一批“理论领袖”，通过灌输式的“传播”模式，利用报刊、书籍、演讲等传播形式，用“中国话”和“大众话”来普及教育大众，“动员”群众，使形成于西方的马克思主义理论得以在本土化的语言体系中成为唤醒人民的精神武器，从而做到理论“化”大众。但是，要想成为中国人的普遍思想意识，仅仅依靠知识精英的“本本传播”进入大众层面是远远不够的。既然人民群众是历史的真正创造者，是有意识的、有目的的、能动的存在，那么在马克思主义大众化的过程中，人民群众绝不只是被动的接受者，更是主动的参与者和推动者。它必须充分地发挥大众的历史主体性和历史主动性，使人民群众自觉主动地认识世界和改造世界，大众要实现从原先的“读者”“听众”等客体到思想创造主体的转变。马克思主义中国化不再是“灌输式”的简单传播，而成为大众用自己的话语、自己的方式去阐释真理、发展真理的觉醒历程，即实现由“唤醒式”的被动接受到“觉醒式”的主体认知的根本转变。

在马克思主义中国化的历程中，中国共产党不仅仅局限于“化大众”即“传播”的范畴，更是将人民群众的主体在场身份凸显出来，发挥人民群众的实践主体作用。“人民战争”思想和“群众路线”是中国共产党领导中国革命胜利的伟大法宝，亦是将人民实践主体地位的发挥展现得淋漓尽致。可以说，没有人民战争，就不可能“战胜民族敌人”②；没有群众路线，就不可能有中国共产党领导的合法权。中国共产党有效组织动员了千千万万的觉醒的广大民众，最终以波澜壮阔的人民战争取得了胜利。正如毛泽东提出的著名论断：“战争的伟力之最深厚的根源，存在于民众之中”③。中国共产党坚持用“人

① 任平：《马克思主义大众化：出场者的身份辨识与路径选择》，《江苏行政学院学报》2011年第3期。

② 《毛泽东选集》第三卷，人民出版社1991年版，第1041页。

③ 《毛泽东选集》第二卷，人民出版社1991年版，第511页。

民的逻辑”，广泛而深入地组织和发动群众，壮大人民的力量，去反对“帝国主义的逻辑”，迎来抗日战争的伟大胜利。群众路线的产生，则是中国共产党在中国革命和建设过程中的独特创造。在中国共产党的政治逻辑中，党的依靠对象和革命主体是人民群众，党的目标在于通过对群众的唤醒来激发历史创造者的力量。可以说，群众由“自在”向“自为”状态的转化是历史的进步，是“大众化”的结果。中国共产党人始终保持同人民群众的血肉联系，真正做到了将大众作为马克思主义中国化的实践主体。所以，大众化是马克思主义中国化的本质要求和主体形态。

（三）“大众化”：“人民”主体价值观

所谓“人民”主体价值观，就是指以人民为本位，以人民为最高价值主体，并以人民群众的根本利益和实践诉求为最高评判标准的社会价值体系。“人民”主体价值观集中体现了中国共产党将“人民”作为马克思主义中国化进程的大众主体，作为无产阶级政党建设的价值主体，是马克思主义中国化现实形态的大众表现形式。

“人民主体观”是毛泽东在其一生的理论与实践中所坚持倡导的价值观念。人民主体不是一个抽象空洞的概念，能否正确地理解和掌握“人民”这个历史范畴成为能否真正实现人民主体的前提和决定性环节。毛泽东向来十分重视这个问题。他在《关于正确处理人民内部矛盾的问题》一文中对“人民”这一历史范畴予以创造性回答，指出“人民这个概念在不同的国家和各个国家的不同的历史时期，有着不同的内容。拿我国的情况来说，在抗日战争时期，一切抗日的阶级、阶层和社会集团都属于人民的范围，在解放战争时期，一切反对美帝国主义和它的走狗的阶级、阶层和社会集团，都属于人民的范围，在社会主义建设时期，一切赞成、拥护和参加社会主义建设事业的阶级、阶层和社会集团，都属于人民的范围”①。于此，便搞清楚了“主体”应为何种“人民”之主体的关键问题，“人民”也就成为与广大人民群众实践活动紧密相连的范畴，成为实实在在地承担着社会发展历史任务的人的集合体。

“人民主体”的思想内容和价值取向，用最简明的一句话来概括，就是“为

---

① 《毛泽东文集》第七卷，人民出版社1999年版，第205页。

人民服务”。“全心全意地为人民服务，一刻也不脱离群众；一切从人民的利益出发”①，这是我们党一切工作的出发点和根本宗旨。从普通战士张思德追悼会上的演讲，到天安门城楼上高呼“人民万岁”，全心全意为人民服务成为毛泽东“人民主体观”思想践行一生的体现。可以说，“为人民服务”是作为新中国缔造者的中国共产党第一代领导集体所一直坚持和倡导的崇高价值理念，并成为中国共产党历代领导集体日后在践行党的宗旨上一脉相承的意义认定和基本抉择。

邓小平在领导中国改革开放事业的进程中始终遵循着“人民利益高于一切”的价值追求。十一届三中全会以来，邓小平根据新的实践要求重新界定了“人民”的范畴，进一步扩大为：工、农、知识分子以及维护国家统一和拥护社会主义的爱国者。在领导改革开放和中国特色社会主义建设事业的进程中，邓小平反复强调，我们的一切工作，都要“得人心”，都要“取信于民”，都要“能向中国人民交代”。他认为，改革开放就是要给人民以最大的实惠，并把最终实现共同富裕作为重要目标。1992 年初，他在“南方谈话”中十多处提及“人民”，并提出了“三个有利于”的标准，把维护和发展人民利益作为判断和裁决一切工作是非得失的最终标准，这就充分体现了“人民利益至上”的根本价值取向。

党的十三届四中全会以来，以江泽民同志为核心的党中央结合我国社会阶层出现的新变化，将“新的社会阶层”划入“人民”范畴之中，扩充了“人民”的范围，使“人民”的内容更加清晰。江泽民提出的“两个先锋队”思想，强调党的先锋作用不仅体现在工人阶级上，也体现在中国人民和中华民族上。这样，党便成为所有人民和中华民族的党，党的先锋作用的行动指向便要“始终代表中国最广大人民群众的根本利益”。此外，江泽民提出的“立党为公、执政为民”思想，更是强调党要为人民执政、为人民谋利的宗旨意识，成为“三个代表”重要思想中人民作为利益主体这一理论表达的落脚点。

党的十六大以来，以胡锦涛同志为总书记的党中央围绕人民群众利益的维护和实现，提出了诸如“以人为本”“群众利益无小事”“权为民所用、情为民

① 《毛泽东选集》第三卷，人民出版社 1991 年版，第 1094 页。

所系、利为民所谋”“发展为了人民、发展依靠人民、发展成果由人民共享”等诸多观点，始终把人民的利益放在各项工作的首位，提出的“以人为本”成为科学发展观得以构建的核心本质。科学发展观摒弃了以往“只见物不见人”的发展观，从“发展为了谁”的维度明确了中国特色社会主义建设发展的最终目的是人民，发展的最终成果由人民共享；从“发展依靠谁”的维度回答了中国特色社会主义的发展必须发挥人民的首创精神，依靠人民的共同努力，以实现更好的发展。

党的十八大以来，以习近平同志为核心的党中央高扬人民至上的伟大旗帜，强调“以人民为中心”的价值理念。一再重申“人民对美好生活的向往，就是我们的奋斗目标”①。“人民”是习近平总书记使用的高频词汇。党的二十大报告80多处提到“人民”，多处讲到“群众”，凸显了党“以人民为中心”一以贯之的施政红线，在治国理政的具体实践中，更是不折不扣地贯彻坚持以人民为中心的发展思想，领导中国人民开启了“为中国人民谋幸福、为中华民族谋复兴”的伟大历史新征程。

第三节　现代化：人类文明视野与马克思主义中国化的实现方式

习近平总书记曾指出：“我们坚持和发展中国特色社会主义，推动物质文明、政治文明、精神文明、社会文明、生态文明协调发展，创造了中国式现代化新道路，创造了人类文明新形态”。党的十九届六中全会通过的《中共中央关于党的百年奋斗重大成就和历史经验的决议》中指出党领导人民成功走出了中国式现代化道路，创造了人类文明新形态。我们站在人类文明视野下来看待现代化事业，马克思主义中国化及其理论和实践创新成果就是对人类现代化事业的坚持、发展和大力推进。在党的十九大报告和二十大报告中，“现代化”成为高频词，党的二十大报告特别强调新时代新征程中国共产党的初心

① 《习近平谈治国理政》第一卷，外文出版社2018年版，第424页。

使命,从现在起,中国共产党的中心任务就是团结带领全国各族人民全面建成社会主义现代化强国、实现第二个百年奋斗目标,以中国式现代化全面推进中华民族伟大复兴。同时,党的二十大报告还强调中国式现代化的本质要求之一就是创造人类文明新形态。因此,新时代新征程,中国式现代化既是马克思主义中国化的实现方式,更是人类文明新形态的实现方式。

一、现代化:表征社会转型的内在规定

"现代化"一词自20世纪50年代就被广泛使用,但是直到目前,人们认为"现代化"是"通用而意义不明的表达"①。"现代化"概念界定的复杂性来源于它高度的概括性:既是人类社会发展阶段的历史性过程描述,又是分析这种历史过程及未来趋势的理论范式。尽管目前学界对于"现代化"的界定说法不一,但大多数学者都聚焦于"社会转型"这一层面上,表述为从不发达状态向发达状态演变的过程及趋势。作为人类社会交往关系总和的实体社会,具有多维性、系统性和复杂性,以社会转型为表征的现代化自然也是一个极具复杂性、多样性的系统工程。换言之,现代化就是人类社会从不发达状态向发达状态的全方位转化,各国在进行现代化建设的过程中为了使这一系统工程具有切实可行的操作性,往往按照经济、政治、社会、文化这四个最为突出的核心指标,规划为经济现代化、政治现代化、社会现代化和文化现代化等几方面的具体措施和战略步骤。当然,党的十八大以来,在此基础上又进一步发展为经济、政治、文化、社会、生态五位一体总体布局全面推进的现代化发展战略格局。因此,本书按照这一分析框架以期从这四方面的现代化(十八大以来从五方面)内涵中管窥总体现代化的整体感观。

经济领域的现代化是指一个国家"经济发展、经济总量增长、结构演化和经济地位的连续不断提升的过程。相对于传统经济具有三个方面的先进性:一是经济发展能力,二是经济发展的质量水平,三是经济发展的公平性"②。

---

① 转引自钱乘旦、陈意新:《走向现代国家之路》,四川人民出版社1987年版,第11页。

② 朱红:《新中国70年经济现代化的实践及内在逻辑》,《中共青岛市委党校·青岛行政学院学报》2019年第5期。

其中产业结构和技术结构的转变与提升是区分传统经济与现代经济的重要衡量点①。经济现代化是构成现代化的重要物质基础，也是人们判定一国现代化是否实现的首要标准；政治领域的现代化是指在上层建筑层面所引发的思想意识、政治制度和民众参与等方面的转变。政治现代化有两层含义，一是民主思想的普及和确立，二是国家层面对这种思想进行合法化规定所树立的政治权威，以及相关行政制度和公众参与的法律制度的确立与实施，这是规范国家现代化建设运行的重要保证。政治现代化使得人类社会实现了从传统专制政治向现代民主政治的转变，是进一步保证其他领域现代化合理有序推进的重要保障；社会领域的现代化指社会结构的转型，主要表现为由浅入深的五个层面：从农业社会向工业社会的转化；从乡村社会向都市社会的转化；从封闭社会向开放社会的转化；从同质社会向异质社会的转化；从特殊主义社会向普遍主义社会的转化②。社会现代化为理性主义的确立及普及创造了社会氛围，是推动人类社会文明演进的重要环境支撑；文化领域的现代化主要表现为理性世界观的确立，思维方式和价值观念从对自然的感性崇拜与迷信向对科学、知识的理性依赖的转型。文化现代化的转型标志着人类理性的觉醒，科学世界观的确立成为了现代科学技术发展的重要推动力，是保障现代化可持续健康发展的重要力量。随着社会的发展，文化领域的现代化在当今世界显得尤为突出和重要。

以上四个层面的现代化不是相互排斥、此消彼长的对立关系，而是一个相互促进、良性互动的体系。每个领域的现代化发展都依赖于其他领域现代化的支撑与促进，相应地，某一领域现代化的滞后发展也会掣肘其他领域现代化的进步。这四个具体领域的现代化构成了总体现代化得以健康运转和良性发展的整体图景。

二、理论渊源：关于东方落后国家现代化建设的理论遵循

马克思的东方社会理论为发展中国家赶超西方先进国家的现代化提供了

---

① 童星、崔效辉：《“现代化”概念及其内涵》，《江苏行政学院学报》2004 年第 4 期。

② 童星、崔效辉：《“现代化”概念及其内涵》，《江苏行政学院学报》2004 年第 4 期。

理论指导，是中国现代化发展的重要思想来源，解决了中国现代化发展“何以能”的问题。列宁领导的十月革命的胜利及随后建立的苏维埃政权，将马克思主义所设想的理论可能转换为了现实必然，列宁在苏维埃社会主义建设中提出的一系列现代化发展思想为中国的现代化建设提供了现实的理论和实践借鉴，促进了中国现代化发展“如何能”问题的探索推进。

（一）马克思东方社会理论是中国现代化发展的理论依据

马克思的东方社会理论是马克思晚年研究的重大理论创新，在对东方封建社会和西方资本关系的双重批判中打开了东方国家现代化发展的密钥，为落后地区和国家独立进行现代化建设提供了科学的思想指南，是中国现代化发展的根本理论遵循。

在经济现代化方面，马克思提出生产力的发展是绝对必需的实际前提。虽然马克思在对东方国家是否可以跨越资本主义制度的“卡夫丁峡谷”这一问题上给予了肯定回答，但也警示了一个重要前提：“占有资本主义制度所创造的一切积极的成果”①。东方国家必须既要在亚细亚生产方式二重性的基础上克服其私有因素，通过发展公有制的经济社会因素建立起社会主义社会的国家，又要克服亚细亚生产方式的保守和封闭性，积极引进西方先进文明成果，不断促进本国商品经济的繁荣发展以此为国家奠定丰厚的物质基础，进而在补足生产力差距的基础上全面进行社会主义国家的现代化建设。

在政治现代化方面，马克思提出落后的东方国家应抓住历史所能提供给一个民族最好的机会，以革命促发展。马克思认为东方国家与西欧各国由生产力发展所催生的内源性现代化不同，落后的东方国家的现代化建设必须以政治因素为先导，在瓦解封建专制政权的基础上建立无产阶级专政统治进而掌握国家现代化建设的真正统治权，以政治统领经济并大力借鉴西方先进文明成果，在资本公有化的基础上统筹资源支配，走生产关系促进生产力发展的赶超型现代化道路。

在社会现代化方面，马克思强调东方国家要在世界各国的普遍交往中积极吸取资本主义制度所创造的一切文明成果。客观地说，资产阶级世界市场

---

① 《马克思恩格斯选集》第3卷，人民出版社2012年版，第837页。

的开拓具有破坏性和建设性的双重作用，东方民族被迫卷入资本世界的同时也打破了“地方的和民族的自给自足和闭关自守状态”①，为世界各国现代化发展道路的相互学习与借鉴提供了前提条件。马克思强调指出，落后国家应抛弃封闭自守的狭隘民族主义，充分利用世界市场建立起来的普遍交往格局，通过对西方资本主义现代化建设成就的移植缩短自身的发展进程，从而绕过一切从头开始的“单线式”发展模式②。

在文化现代化方面，马克思主张东方国家应积极发展民族先进文化，抵制西方文化侵略所带来的意识形态挑战。世界市场的建立使得后发国家开启现代化进程的同时也为资本主义观念和文化的滋生提供了条件。这些观念和文化“本身是资产阶级的生产关系和所有制关系的产物”③。面对此情况，马克思提出发展中国家既要充分利用资本主义现代化思想的先进性不断瓦解封建社会中的腐旧思想，打破民族文化的片面性和局限性，又要充分警惕西方发达国家的意识形态入侵，加强国家的文化领导权。

由上可见，马克思的东方社会理论并不仅仅是简单的经济决定论，而是以经济建设为轴线兼顾其他要素的全面发展观，进一步完善和发展了历史唯物主义思想，彰显了现代化发展道路的多样性和民族性的统一。马克思关于落后国家现代化建设的科学理论不仅是发展中国家进行现代化发展的根本思想指南，更是世界现代化发展方向的科学指引。

（二）列宁关于社会主义现代化建设的探索实践是中国现代化发展的重要借鉴

俄国十月革命胜利后，马克思所预想的“共同胜利”并没有发生，反而是新生的苏维埃政权面临着内外势力联合绞杀的危险。列宁是在没有实践样本和具体理论指导的情况下独立进行的俄国社会主义建设，其间提出的一系列关于落后的东方国家如何独立自主进行社会主义建设的思想，给中国的现代化发展提供了丰富的思想资源。

在经济现代化方面，列宁创造性地提出了国家资本主义生产方式。马克

① 《马克思恩格斯选集》第 1 卷，人民出版社 2012 年版，第 404 页。

② 江丹林：《关于科学理解东方社会发展道路的几个问题》，《南京社会科学》1991 年第 6 期。

③ 《马克思恩格斯选集》第 1 卷，人民出版社 2012 年版，第 417 页。

思主义认为:“每一种特定的经济形态都应当解决它自己的、从它本身产生的问题”[1],对于以小农经济为主要经济形式的东方落后国家,在保证社会主义社会性质的前提下应大力实行社会化大生产,发展社会主义商品经济,为国家的现代化建设奠定物质基础。基于此,列宁既将苏维埃的国民经济建立在了市场基础之上,促进了国家财富的不断积累,又以国家的社会主义性质保证了社会财富的国民共享。事实证明,国家资本主义是“小生产和社会主义之间的中间环节”,“是提高生产力的手段、途径、方法和方式”[2]。

在政治现代化方面,列宁强调刚刚建立的东方社会主义国家大多具有长时间的封建专制传统,肃清封建专制思想和发扬社会主义民主是落后东方国家现代化建设的重要任务。但“旧思想的瓦解是同旧生活条件的瓦解步调一致的”[3],因此,列宁在引进商品经济运行机制的同时一并将商品交换中所产生的自由、平等思想移植了过来,有力地打击了传统政治体制中的官僚主义思想,并明确提出了国家要党政分开、精政放权的政治主张,不断完善政党代表制和建立人民监督制,这为中国政治体制的建立和改革提供了宝贵的经验。

在社会现代化方面,列宁不断着力于促进俄国封建关系的解体,建构新型的理性社会关系。俄国实行农奴制改革后,列宁认为大量农民从农村流动到了城市,使俄国迈出了从农业社会向工业社会转变的第一步,为农村旧关系的解散和城市新原则的确立奠定了环境基础和动力支持。在国家的上层建筑层面,列宁废除了以血缘关系为国家行政队伍的选拔标准,重构了以才能和德性为考核标准的人才选拔机制,为社会人才的培养和流动注入了新的生机和活力,推进了俄国社会秩序的现代化。

在文化现代化方面,列宁积极倡导建立无产阶级新文化。文化上的落后会限制国家政权作用的发挥并使官僚主义制度复活,进而严重阻碍国家的现代化进程。因此,列宁一方面积极改造资本主义旧社会,着重培养、教育青年,

---

① 《马克思恩格斯选集》第4卷,人民出版社2012年版,第313页。
② 《列宁选集》第4卷,人民出版社2012年版,第510页。
③ 《马克思恩格斯选集》第1卷,人民出版社2012年版,第420页。

大力发展国民教育，旨在重建国家的文化基础；另一方面，遵循平等尊重的文化交流原则，积极汲取西方先进文化思想，进而在与本土文化的交流融合中建立无产阶级新文化，这为我国在新时代背景下进行传统文化的现代性转型发展提供了重要的借鉴意义。

可以看出，列宁对东方落后国家社会主义现代化建设道路的思考，是政治、经济、社会、文化四位一体的综合发展观。列宁倡导的东方落后国家的社会主义道路，才是社会主义改革真正的源头活水①。

三、历史考察：近代中国现代化发展道路的艰辛探索

中国的近现代史就是中国人民和中华民族不断追求现代化的历史②。1840 年的鸦片战争打断了中国自身的自然发展进程，中华民族开始了与殖民地化同向进行的现代化艰辛探索之路，肩负起了民族解放与社会建设的双重使命，依次进行了以器物、制度、思想为主题的现代化之路，其间社会现代化得到了局部而缓慢的发展。最终马克思主义的确立为中国人民解决民族独立与国家富强的双重任务，提供了科学的世界观和实践的方法论指南。事实证明，逐步深入发展的现代化进程构成了中华民族伟大复兴的必要条件，也构成了中国社会不可抗拒的进步趋势和历史潮流③。

（一）以“器物”为主题的社会发展阶段

19 世纪 60 年代至 90 年代，清王朝为解决内忧外患的社会局势，发起了一场以引进西方先进科学技术为主要内容的自救运动，即洋务运动。这是中国近现代史上的第一个现代化运动，尽管进行洋务运动的主观动机是为了维系清王朝的统治，但在客观上仍开启了中国现代化发展的历史进程。

在经济现代化方面，洋务运动引进了西方先进的科学技术，兴办了一批现代军用工业，后为解决军用工业建设过程中遇到的经费不足、材料短缺等问

① 孙承叔：《打开东方社会秘密的钥匙》，东方出版中心 2000 年版，第 112 页。

② 欧阳军喜、王赟鹏：《社会主义现代化强国思想：演进、特征及其意义》，《学术界》2018 年第 4 期。

③ 郗戈：《现代性的矛盾与超越：马克思现代性思想与当代社会发展》，中国人民大学出版社 2014 年版，第 17 页。

题，一批民用企业也以官督商办的形式开设了起来，中国民间工商业不断发展。在当时开设的军用工业中，已经采用了机器大生产的方式并开始雇佣劳动力来工厂做工，逐渐而部分地实行成本核算，无论在生产力方面还是生产关系方面，都表明它们已具有一定的资本主义现代工业的属性，因而洋务军用工业的产生具有现代工业诞生的意义，也标志着中国早期工业化的开端①。

在政治现代化方面，中国在洋务运动期间设立了总理衙门及其他涉外机构处理各国事务，开创了中国外交的新体制，这是中国政治体制机制上的一大突破。但由于洋务派保守自闭的政治思想，洋务运动的进步只能止步于器物技术层面，与此相适应的政治上层建筑乃至中国根本的政治体制及政治思想并无改观，严重妨碍了中国的现代化进程。

在社会现代化方面，中国社会开始在外来资本的入侵和内部经济变化的交叉冲击中不断发生变迁。西方科学技术的大规模引进使中国历史上出现了第一批新生事物，开阔了人们的眼界，在一定程度上引起了人们的思想变化。但与此同时，中国基本的经济结构并未因资本的入侵而受到改变，农业仍为当时近代中国的支柱产业，小农意识仍是当时中国人民的普遍价值形态，人们在物质和精神生活上未发生根本性变革，国家仍旧处于封闭型的整体状态，中国的社会现代化在这个阶段只能说是刚刚起步。

在文化现代化方面，洋务运动开启了近代中国教育现代化的开端。洋务运动期间，洋务派共创办了 24 所新式学堂培养精通洋务的新式人才，开始派遣留学生外出求学，突破了传统的人才教育模式，社会风气有所变化。但“中体西用”的指导思想限制了西方现代观念的大众传播，封建传统思想仍是中国社会的主流思想，这一思想取向又抵制了外来先进文化知识的进一步摄取，阻碍了中国现代化的发展进程。

洋务运动以“保守”为主的思维决定了洋务运动改革的片面性和不彻底性，清政府的腐败无能使这场改革运动缺乏强有力的集中领导，现代化的推动显得分散而软弱，甲午战争的战败直接宣布了洋务运动的失败。洋务运动的破产，使先进的中国人认识到，不改变中国的封建制度，不取得民族的独立，单

---

① 虞和平、谢放：《中国近代通史》第 3 卷，江苏人民出版社 2009 年版，“作者的话”第 102 页。

纯靠引进外国先进科学技术，要想把中国建设成为一个富强的现代化国家是不可能的。此后，中国进入了以变革政治制度和争取民族独立为主流的早期现代化的新时期①。

（二）以“制度”为主题的社会发展阶段

这一时期的现代化发展以“制度”为核心展开为“制度改革”和“政治革命”两个阶段。第一个阶段是在体制内寻求变革，以维新运动为开始和高潮，第二个阶段是体制外寻求突破，辛亥革命成为中国近代史上的重要分界线。二者以不同的方式推进了中国的现代化进程，尤其辛亥革命在政治现代化这一维度中发生了质的飞跃。

1.“制度改革”——维新运动阶段

甲午战争的失败使得“吾国四千余年大梦之唤醒”，在蒙受屈辱的同时也成为中华民族觉醒的历史契机。中国人民认识到“法终当变，不变于中国，将变于外人”②。洋务运动后期所分化的早期维新派成为戊戌变法队伍中的重要补充，中法战争后，主张改革君主政体，实行“君民共主”，已经成为许多维新人士的共识③，1898 年 6 月开始的戊戌变法将这场维新思潮推向了高峰，开启了中国第二段现代化历程。

在经济现代化方面，民族工商业得到了快速发展。戊戌变法期间，维新派主张工商立国，鼓励兴办民营企业并在各地设立工厂，沿海沿江设立商埠，扩大对外贸易。1904 年颁布了中国第一部商法，商人的合法地位得到了法律保护，促进了中国民族工商业的发展。19 世纪末，中国的民族资本主义得到了初步发展，出现了兴办工业的浪潮，有力地打击了中国以农为本的经济基础。

在政治现代化方面，开始了中国近代史上的第一次体制变革。维新派在早期维新派思想主张的基础上进一步深化了改革的力度，不仅要求变法，还要求“大变，全变，骤变”，不仅要求“变器”，还要“变体”和“变道”，提出“废君

① 虞和平、谢放：《中国近代通史》第 3 卷，江苏人民出版社 2009 年版，“作者的话”第 2 页。

② 严复：《国富论》，按语第 115 条，参见罗荣渠：《现代化新论》，商务印书馆 2004 年版，第 308 页。

③ 虞和平、谢放：《中国近代通史》第 3 卷，江苏人民出版社 2009 年版，“作者的话”第 393 页。

统,昌民主”,大力主张兴民权,设议院,建立君主立宪政体,集众人之力一同建国。这样激烈的政治要求大大超过了洋务运动的接受范围,中国近代史上第一次尝试解构传统政治体制,尽管最终未能成功,但还是为中国后续的政治建设提供了思想先导。

在社会现代化方面,加快了中国传统小农社会结构的解体。甲午海战后,资本主义国家争相在中国投资设厂,加大了对中国的资本输入,中国半殖民地化程度不断加深的同时也在客观上促进了中国工业的不断发展,加快了中国传统小农社会结构的解体速度。与此同时,这期间修设的铁路和电报线等基础交通和通讯设施,促进了国内各区域的迁移和交流,大大改变了中国封闭的落后状况,涌现了一批新兴事物,人们的生活方式和观念发生了转变,推动着中国社会结构的不断变化。

在文化现代化方面,维新运动开启了中国近代第一个思想启蒙运动。维新运动在文化领域的主要改革措施是废八股,兴西学,派遣留学生外出留洋,改革了中国传统的科举考试内容,创办了京师大学堂——中国历史上第一所高等教育学府,新兴的平民知识分子和留学生陆续登上中国的政治舞台,推动了中国的思想解放运动,民主思想得到了进一步的传播,为接下来的辛亥革命培养了革命主体和营造了文化氛围。

改革的激进性和敏感性使得戊戌变法运动在后期遭到了封建势力的强烈抵制和反对,戊戌政变的发生,标志着历时 103 天的维新变法运动匆匆下场。这次变法的失败使人们认识到了封建政制的腐朽,放弃了自上而下的和平改良方式,开始寻求体制外变革的可能,不少维新分子开始向革命党人转化而投入革命大潮,即使晚清后期施行的清末新政,改革力度比戊戌变法时期还要大,但仍阻挡不了辛亥革命的爆发。

2.“政治革命”——辛亥革命阶段

上层建筑腐朽至极,以破促立势在必行。辛亥革命的爆发彻底打破了中国旧的统治秩序,为国家的全新构建提供了基本前提。此时的中国虽然由于社会局势的动荡,现代化不可能全面展开,但与晚清相比,仍有一定程度的进步。

在经济现代化方面,为民族资本主义的发展创造了有利条件。民国建立后，中国的民族资本主义经济进入空前的发展期，不仅清末立宪运动所颁布的一系列法律法规得以延续，还继续修订了一些促进资产主义发展的经济法规，鼓励发展实业，中国民族资本主义工业发展迅猛，尤其以轻工业为主的民营工业和私人资本主义工商业得到了长足发展，商会、商团相继成立，无产阶级开始产生，中国的阶级力量在这一时期得到了快速发展。

在政治现代化方面，取消帝制、建立共和，是中国政治现代化进程的重大飞跃。辛亥革命的爆发彻底打破了中国旧的统治秩序，西方体制的构建得以可能，并成为中国这一时期政治现代化的改革目标和方向。颁布了中国第一部资产阶级宪法性文件——《中华民国临时约法》，确立了中国的宪政制度，并通过立法程序确立了资产阶级共和国的国家政治制度和政权组织形式，保卫了人民的民主权利，民主思想深入人心。开启了中国依法治国的先河，为日后中国政治现代化的进一步发展奠定了基础。

在社会现代化方面，促进了社会习俗的除旧布新。社会改用公历纪年，要求废除裹足、留辫、跪拜等一系列封建恶俗，保护和解放奴婢，改“老爷，大人”等带有等级意味的叫法为“先生，君”等具有平等思想的新式称呼。允许女子入学，男女平等，触动了封建礼教的根基，社会风气发生了极大转化，为人们理性思想的培育提供了良好的社会氛围。但这些变化多发生于大城市之中，处于广大农村地区的人们的生存条件并没有发生改观。

在文化现代化方面，人们思想的解放打开了中国通向现代化的闸门。现代教育制度的发展引起了人们的思想变革，辛亥革命后，大批仿效西方学制的学堂开始兴建，在传统的教育方式中注入了西方现代化生活方式的内容，一大批具有新式思想的学生群体开始崛起，民族觉醒成为社会的普遍思想意识，对传统中国的封建社会思想造成了极大的冲击，推动了社会思想的不断解放，为中国的五四新文化运动奠定了良好的群体和氛围基础。

辛亥革命是中国历史上第一次以解体帝制为目标的革命运动，改变了中国的传统历史走向，但这场革命运动的软弱性也充分暴露了出来，辛亥革命虽然解体了中国旧的社会结构，但并没有建立起新的政治秩序，中国社会根深顽疾的传统问题与各种实力派力量结合起来形成强烈反弹，军阀混战、主权分割，现代型国家的政制建设遭遇了强烈的政治危机。

（三）以“思想”为主题的社会发展阶段

辛亥革命虽然冲垮了旧的统治秩序，但并没有建立起新的政治统治，军阀割据的分裂局面所造成的政治权威的缺失削弱了政府对文化的管制能力，在导致社会价值关系紧张的同时思想表达的多元化得以实现，引发了一场以社会文化变革为核心的思想启蒙运动——新文化运动①，迎来了中国的文艺复兴，标志着中国现代化的真正开始。

辛亥革命后建立的中华民国并没有如愿施行国家的现代化发展计划，反而被袁世凯窃取了革命成果，出现了“尊孔复古”的思想逆流。“新国”未能造就中国的新时代，一批受过西方先进思想教育的知识分子将“国几蹈于沦亡之惨境”的原因归结于“国民之愚”和“民智黑暗”②，将建设“新民”为时代己任，发起了旨在解放群众思想的新文化运动，这是中国近现代史上最激烈、最彻底的一次思想革命。与维新变法中康有为的“托古改制”不同，新文化运动中的民主和科学两面大旗，把斗争矛头直指传统儒家思想，主张“全盘西化”，统治中国两千多年的封建礼教遭到了沉重的打击，爆发了中国近代史上一次空前的思想解放运动，促进了中国知识青年的觉醒，为马克思主义在中国的广泛传播和中国共产党的成立作了充分的思想准备和政治铺垫。中国新文化运动的发起标志着中国现代化运动的不断深入，开始寻求思想的变革，以文化变革为先导的中国现代化进程找到了正确的前进方向。

新文化运动后期走向了十月革命和马克思主义的宣传期，马克思主义的传入解决了影响中国现代化发展的两条道路问题。其一，近代中国的革命问题。在半殖民地半封建的中国，民族独立的问题是首要问题，政治革命居于优先地位。马克思主义与中国传统思想中的“求变”思维相契合为中国革命提供了合理依据，中国共产党整合“求变”思维并在实践中成功地实现了与下层民众的思维同构，从而使“求变”思维发展为迫切改变生存现状的强烈冲动和革命行动，领导进行了新民主主义革命，解决了近代中国现代化的首要历史任务，为中国独立自主进行现代化建设创造了基本前提。其二，中国现代化建设

① 隽鸿飞：《从“器物、制度到文化”，还是从“文化、制度到器物”？——对中国现代化道路的分析》，《哈尔滨学院学报》（社会科学版）2003 年第 5 期。

② 《毛泽东早期文稿》，湖南出版社 1990 年版，第 1、2 页。

的方向问题。马克思主义传入之前,中国的现代化约等同于“西化”,发展目标和道路为资本主义现代化,中国近代的现代化之路就是对西方文明亦步亦趋的模仿之路。马克思主义传入后,为中华民族的现代化发展开辟了新的道路,摆脱了西方发展模式,开启了社会主义现代化发展方向的探索,“中国人在精神上就由被动转入主动”①。中国的现代性建构与马克思主义中国化的不断对话互动,构成了中华民族探索现代化建设道路的基本范式②,中国现代化建设的光明图景就此展开。

回溯近代中国的现代化发展之路,在慨叹前辈上下求索之艰辛的同时也印证了现代化的建设是一门平衡的艺术、系统的工程。近代中国的现代化目标总是单向轮番突进,始终没有置于相对和谐的体系与机制中。其中的种种回旋与反复,既是近代中国曲折的现代化历程的缩影,也为今天的现代化大业提供了有价值的启示③。近代中国的现代化演进路径的分散性昭示我们既要对现代化系统中的不同子系统内容进行有针对性的发展,又要在优先发展某一维度现代化的同时兼顾其他维度的现代化发展,不能顾此失彼,使这四者处于一个动态的平衡,在不断调适与修葺的过程中促进现代化进程的总体和谐发展。

四、实践创新:中国社会主义现代化发展的实践延展

中国现代化发展的实践创新,是在中国共产党的领导下,根植于新中国成立以来不同时期的现代化发展实践,汲取理论渊源和历史考察的有益滋养,借鉴吸收国外先进经验,充分发挥社会主义制度显著优势的基础上形成的。党的二十大报告定型表述为“中国式现代化”。报告指出:中国式现代化是中国共产党领导的社会主义现代化,在新中国成立特别是改革开放以来长期探索和实践基础上,经过十八大以来在理论和实践上的创新突破,我

① 《毛泽东选集》第四卷,人民出版社 1991 年版,第 1516 页。

② 周前程:《近代以来中国化运动内涵的历史生成与逻辑演进——基于现代化的视野》,《中共云南省委党校学报》2019 年第 4 期。

③ 徐奉臻:《西学东渐冲击下中国的现代化思潮——兼论近代中国的技术文化观》,《哈尔滨工业大学学报》(社会科学版)2002 年第 3 期。

们党成功推进和拓展了中国式现代化。1949 年新中国的成立,意味着中国开始向具有社会主义现代化的方向发展,实现了由被动跟随到主动建设的历史性超越,开始建构属于中国自身的现代化建设体系,并在具体的建设过程中不断调适各个系统的现代化发展使之呈现出总体协调的整体性战略格局。

（一）中国式现代化道路的奠基

新中国成立到 1978 年改革开放前属于中国现代化发展的奠基期。国家在这一时期分别从经济、政治、社会、文化四方面进行了不同程度的改造和变革,促进了中国现代化的发展,为后续的现代化建设奠定了坚实基础。

在经济现代化方面,建立了独立完整的工业体系和国民经济体系。中华人民共和国成立后,中国共产党着手对农业、手工业和资本主义工商业进行了社会主义改造,构建了社会主义公有制经济,我国由此进入社会主义初级阶段,开始了社会主义现代化道路的规划。1964 年,周恩来代表党中央提出了农业、工业、国防和科学技术四个现代化的战略目标,并强调了四个现代化建设发展中的协调性,这标志着中国自主探索社会主义发展模式的开端,奠基了"中国特色社会主义现代化"基本的理论框架和实践形态,代表了中国经济现代化建设的正确方向。在新中国成立后的近三十年间,我国建立起了门类齐全的工业体系,在交通运输业、国防科技等领域也取得了长足的发展,在工农业和科学技术方面打下了一个初步基础,建立了实现四个现代化的物质基础。

在政治现代化方面,建立了我国民主政治制度的基本框架。三大改造的完成,标志着我国实现了国家性质的转向,这为我国后续的政治现代化建设提供了基本前提。新中国成立后,我国政治建设取得了长足进步,在政治制度方面,人民代表大会制度、民族区域自治制度以及中国共产党领导的多党合作和政治协商制度的确立,奠定了我国社会主义民主政治的三大基石,实现了中国传统政治模式向现代民主政治的转变,开辟了中国现代化政治建设的新纪元。在组织原则方面,确立了民主集中制的组织原则,为新中国的政治建设营造了良好的社会氛围。在法律制度方面,开启了中国的法治进程,制定了中华人民共和国的第一部宪法——《中华人民共和国宪法》。到 1957 年底,我国通过了6部共计80多条法律条文①，大大推进了我国的民主法治建设，奠定了我国社会主义民主政治的基础。

在文化现代化方面，形成了百花齐放、百家争鸣的社会局面。1956年，毛泽东在中共中央政治局扩大会议上，正式提出在科学文化工作中实行"百花齐放，百家争鸣"的文艺建设方针，强调这是一个基本性、长期性的方针，并指出了"推陈出新"、"古为今用，洋为中用"的社会主义文化建设的路径，扩大了与其他社会主义国家的友好文化交流。同时注重教育制度的改革与创新，实行了全日制和半工半读两种教育制度，积极提升人民群众的知识文化水平，革除其思想中的腐朽落后因素，树立起其对现代化科学知识的理性崇拜。广泛建设文化设施，保障人民文化权益的同时大大丰富了群众的文娱生活。并在哲学社会科学领域确立了马克思主义的指导地位，1961年出版了由艾思奇主编的《辩证唯物主义历史唯物主义》、《辩证唯物主义纲要》等哲学教材，是马克思主义哲学中国化现实化的精品和典范。使马克思主义哲学得以广泛普及，促进了人民科学世界观的确立及形成。

在社会现代化方面，传统的乡村宗法秩序得以解体，人际关系逐步平等化。在社会结构方面，土地改革改变了传统农村社会的基本结构，把农民从封建的土地关系中解放了出来，成为了新中国新社会的主人，民主平等意识不断加强，促进了新型平等的乡村秩序的形成。"城乡兼顾"的指导思想和多条交通干线的形成更是促进了全国范围内的人口流动，打破了旧中国封闭的社会结构。在社会观念方面，国家积极开展乡村人口的扫盲工作，进行教育普及，提升了农民群众的文化知识水平，农民积极参与社会管理的热情与日俱增，基层民主权利得到了有效保障。在社会保障体系方面，开始对农村进行自然灾害的救治工作和贫困救济，建立了"五保"制度，人们的总体消费水平比较低但差距不大，社会矛盾总体缓和。

（二）中国式现代化道路的展开

1978年开启的改革开放是中国式现代化道路的进一步展开。中国共产

① 全国人民代表大会常务委员会法制工作委员会编：《中华人民共和国法律汇编（1954—2004）》，人民出版社2004年。

党在总结原有建设经验的基础上，不断探索中国特色社会主义现代化发展道路，现代化建设的总布局根据实践要求不断调适与增容，从“三位一体”到“四位一体”再到“五位一体”，尤其是国家治理体系和治理能力现代化的提出，表明中国现代化的路径图谱不断完善，国家现代化建设的系统性不断增强①。

在经济现代化方面，确定了以经济建设为中心的发展方针，建立健全社会主义市场经济体制，形成了以公有制为主体、多种所有制经济共同发展的格局。改革开放以来的近四十年间，我国开放型经济体制逐步健全，产业结构不断调整，建立了行业齐全的现代工业体系，第三产业比重不断增加，农业日趋走向科学化、现代化，新兴产业蓬勃发展，经济发展长期向好。

在政治现代化方面，坚持党的领导、人民当家作主与依法治国的有机统一。党的十一届三中全会以来，我国的民主政治建设不断取得成就，确立了“依法治国”的基本方略，形成了以宪法为核心的中国特色社会主义法律体系，依法治国和以德治国相结合，推动党政体制改革，进一步扩大和加强了基层民主建设，社会法治观念明显增强，并确立了基层民主自治制度，至此，我国政治制度的框架基本定型。

在文化现代化方面，全面建设社会主义文化强国，积极推动中国传统文化的现代转型。十一届三中全会后，我国开始了社会主义文化建设的新格局，提出了为人民服务的文化建设方针，并在尊重文化多样性的同时不断加强党对意识形态工作的领导，以社会主义核心价值体系引领社会思潮。自党的十七届六中全会提出建设“文化强国”的战略目标后，中国共产党就以高度的文化自觉部署全面建设社会主义文化强国的发展战略。

在社会现代化方面，社会结构转型加快，社会思想不断进步。1978 年关于真理标准问题的讨论，在全国掀起了一场思想解放的社会思潮，重新确立了实事求是的科学世界观和方法论，对广大人民群众进行了一场历史唯物主义和辩证唯物主义的深刻教育。与此同时，随着改革开放的不断推进，社会结构转型加快，人们的价值取向、思想观念日趋多元化。

当然，科学发展观明确地提出推进生态文明建设的理念和内容。树立尊

---

①　徐奉臻：《从两个图谱看国家治理体系和治理能力现代化》，《人民论坛》2020 年第 1 期。

重自然、顺应自然、保护自然的生态文明理念,良好生态环境是人和社会持续发展的根本基础,把生态文明建设放在突出地位,融入经济建设、政治建设、文化建设、社会建设各方面和全过程,加快建立生态文明制度,推动形成人与自然和谐发展现代化建设新格局,努力建设以资源环境承载力为基础,以自然规律为准则,以可持续发展为目标的资源节约型、环境友好型社会。

(三) 中国式现代化的推进和拓展

党的二十大报告指出:经过十八大以来在理论和实践上的创新突破,我们党成功推进和拓展了中国式现代化,未来五年是全面建设社会主义现代化国家开局起步的关键时期。

在经济现代化方面,党的十八大以来,我国经济发展进入新常态,由高速度增长阶段转向高质量发展阶段,树立了建立现代化经济体系的战略目标,国家经济结构的改革和优化成为我国发展现代化经济的首要任务,提出了新发展理念,人与自然和谐共生的现代化成为新时代中国经济的发展奋斗目标。在关注社会整体协调发展的同时重点推进区域协调发展,不断落实公平性经济发展原则。全面开放格局的形成,推动了中国经济的全球化发展,中国现代化的经济发展模式不断得到国际社会的认可。在中国共产党的领导下,中国经济的现代化建设将朝着更高质量、更有效率、更加公平、更可持续的方向发展。党的二十大报告进一步提出加快构建新发展格局,着力推动高质量发展的战略部署。

在政治现代化方面,党的十八大以来,我国的民主政治建设依托于全面深化改革而有序展开,党的建设不断加强,政治体制改革不断推进,政治建设的现代化进程不断加快。法治国家、法治政府、法治社会建设不断推进,实现了从“法制”到“法治”的现实转向。党的十八届三中全会更是以“国家治理体系和治理能力现代化”为创新点,体现了现代化思想的新高度,开辟了治国理政思想的新境界,是中国“高度新型现代化”①,体现了我国现代化建设的连续性和整体性的统一。党的十九届四中全会将推进国家治理体系和治理能力现代

① 徐奉臻:《“国家治理体系和治理能力现代化”的历史定位》,《社会主义核心价值观研究》2016 年第 6 期。

化作为这次大会的鲜明主题,开创了中国政治现代化的新境界。党的二十大报告进一步提出发展全过程人民民主,保障人民当家作主的战略部署。

在文化现代化方面,党的十八大以来,中国特色社会主义文化迎来了繁荣发展期。积极推进人才强国和科技兴国战略扎实实施,促进国民树立科学世界观,尊重知识、崇尚科学,不断提升全社会文明程度,为新时代中国现代科学技术的发展提供了重要推动力。同时注重发展繁荣社会主义文艺,加强文艺队伍建设,将文化事业和文化产业的发展作为加强新时代文化建设的重要战略举措不断推进,并通过优秀传统文化与新时代中国特色社会主义新文化的结合不断推动中华优秀传统文化的创造性转化和创新性发展,为中国特色社会主义文化建设增添内生动力。党的二十大报告进一步提出推进文化自信自强,铸就社会主义文化新辉煌的战略目标。

在社会现代化方面,十八大以来,我国进入城乡融合的发展阶段,建设以人为核心的新型城镇化,成为我国现代化发展的历史任务,提出了以城市群为主体构建大中小城市和小城镇协调发展的城镇格局,不断实现公共资源的均衡配置,并在这过程中积极保障和发展民生,共建共治共享的社会格局逐步形成。同时积极统筹国际国内两个大局,以"一带一路"建设为重点的全面对外开放格局不断形成。注重以改革开放的社会形态营造开放进取的文化氛围,以高速发展的科学技术增加对人才的需求与重视,唯才是举的现代化社会氛围不断形成,有力冲击了熟人社会的传统社会格局。党的二十大报告指出增进民生福祉,提高人民生活品质。

在生态现代化方面,党的十八大以来,我们坚持绿水青山就是金山银山的理念,坚持山水林田湖草沙一体化保护和系统治理,全方位、全地域、全过程加强生态环境保护,生态文明制度体系更加健全,污染防治攻坚向纵深推进,绿色、循环、低碳发展迈出坚实步伐,生态环境保护发生历史性、转折性、全局性变化,我们的祖国天更蓝、山更绿、水更清。党的二十大报告指出推动绿色发展,促进人与自然和谐共生。

五、结语

中国的现代化发展内蕴着深厚的理论和历史根源,同时又在实践创新的基础上成型于“中国式现代化”。从中国现代化的源起来看,它是马克思东方社会理论下的中国实践,是对列宁关于社会主义建设有益探索的当代推进;从中国现代化的历史来看,近代以来中国的历史就是不断追求现代化的历史;从中国现代化发展的实践来看,中国的现代化就是中国人民对中国特色社会主义道路不断探索的成果,同时也是开启新时代中国特色社会主义现代化建设的新起点。历史发展的事实证明,任一现代化子系统发展的滞后都会导致与其他子系统发展的脱节与不协调,最终影响到现代化的总体发展,势必会阻碍社会进步和国家发展。中国共产党作为中国特色社会主义事业的领导核心,在科学把握时代课题的基础上,统筹规划经济、政治、社会、文化、生态各方面的现代化发展战略及其有机联系,领导全国人民站在新时代的历史起点上,继续把中国特色社会主义现代化建设事业推向更高层次、更高水平和更高质量的发展阶段。

余论　挖掘元典文化精神
深入推进"两个结合"

马克思主义中国化研究，从最具本位意义上来说，要从马克思主义和中国两大系统来阐述其深层次的内涵。从中国层面来讲，既要融汇中国历史，更要熔铸中华优秀传统文化尤其是中华元典文化，实现中华优秀传统文化适应新时代新任务和新使命的创造性转化和创新性发展，为中华民族伟大复兴提供精神动力和智力支持，发掘对于提升社会主义文化自信的重要作用。党的十八大以来，习近平多次发表关于传承中华优秀传统文化、提升中华民族文化自信、建设社会主义文化强国的重要讲话。习近平关于"文化自信"的重要论述，既是传承中华文明的必然要求，也是坚定中国特色的重要标准，更是实现中华民族伟大复兴的应有之义。

一、习近平关于"文化自信"的重要论述及其内在逻辑

2014 年 10 月 15 日，中共中央总书记、国家主席、中央军委主席习近平主持召开文艺工作座谈会时强调：文化是民族生存和发展的重要力量，实现中华民族伟大复兴需要中华文化繁荣兴盛。2016 年 5 月 17 日，他在哲学社会科学工作座谈会上指出：要加强对中华优秀传统文化的挖掘和阐发，推动中华文明创造性转化、创新性发展，激活其生命力，使中华民族最基本的文化基因与当代文化相适应、与现代社会相协调，弘扬具有当代价值的文化精神。2016 年 7 月 1 日他在庆祝中国共产党成立 95 周年大会上的讲话中强调：文化自信是更基础、更广泛、更深厚的自信。2017 年 1 月 25 日，中共中央办公厅、国务院办公厅发布了《关于实施中华优秀传统文化传承发展工程的意见》，为今后

提升中华民族文化自信、建设社会主义文化强国提供了政策指引。2017 年 10 月 18 日，习近平在党的十九大报告中指出：中国共产党从成立之日起，既是中国先进文化的积极引领者和践行者，又是中华优秀传统文化的忠实传承者和弘扬者。当代中国共产党人和中国人民应该而且一定能够担负起新的文化使命，在实践创造中进行文化创造，在历史进步中实现文化进步！2018 年 8 月 21 日，习近平出席全国宣传思想工作会议并发表重要讲话时强调：兴文化，就是要坚持中国特色社会主义文化发展道路，推动中华优秀传统文化创造性转化、创新性发展，继承革命文化，发展社会主义先进文化，激发全民族文化创新创造活力，建设社会主义文化强国。2019 年习近平在《求是》发表《文明交流互鉴是推动人类文明进步和世界和平发展的重要动力》和《坚定文化自信、建设社会主义文化强国》两篇文章。文章指出，文明因交流而多彩，文明因互鉴而丰富，我们要坚守中华文化立场、传承中华文化基因，展现中华文明风范。

那么，如何理解习近平关于“文化自信”的重要论述以更好地把握其内在逻辑，这里涉及一个“如何理解”的方法论问题。胡亚敏先生指出：“核心概念或关键词更是彰显理论特色和理论贡献的标识”①。无论是整体的学术史，还是某个杰出的理论家、思想家的学术体系，其精华常常凝聚在几个核心概念即关键词中②。鉴于此，我们从习近平关于文化自信的众多论述中提取若干关键词，以期廓清文化发展的清晰思路、把握提升文化自信的内在逻辑，从而为整体解读“文化自信”重要论述、总结提升文化自信的科学途径提供方法论指导。

第一组关键词：“文化基因”与“中华优秀传统文化”

习近平论述“文化自信”的这组关键词，是正视文化间性、在古今中外文化格局中坚定文化自信的基本思路，二者是“源”与“流”的关系。文化基因，作为文化社会学的概念，是借助生物学“基因”概念用以表达一个种群社会进化中既标识“我文化”又区别“他文化”的精神内核。基因是一个物种进化中自然选择的基本单元，文化基因则是一个种群社会进化中历史选择的基本单

① 胡亚敏：《西方文论关键词与当代中国》，中国社会科学出版社 2015 年版，第 1 页。

② 曹卫东、张广海等著：《文化与文明》，广西师范大学出版社 2005 年版，第 2 页。

元,是构成一个文化意义上的群体具有独特“自我”且又别于“他者”的文化内核。有研究表明:关系是中华文化的独有性格,而实体则是西方文化的独有性格,前者是在关系中理解事物,后者是在实体中建构关系①。据此,我们认为:关系性是中华文化的基因,而实体性则是西方文化的基因,以关系性为文化内核,中华文化形成了以《易经》为代表的文化类型,而西方文化形成了以两希经典为代表的文化类型,并以此奠定了各自文化系统在元典创生期的基本框架。

中华文化基因是中华优秀传统文化的根脉和缘由,是中华优秀传统文化演化发展的根本遵循;中华优秀传统文化是对文化基因的传承和发扬,是深嵌文化基因本根特质且承载时代内涵的物化形态;中华文化元典是由书写固定下来、在“先秦的元典创生期”将文化基因在内容上成“形”并定“型”的文化典籍,主要指“五经”以及由孔孟老庄墨等圣贤创作的中华元典“文本”及其“本义”和“引申义”②,是中华元典文化的物质承担者。如果说中华文化基因是一种“无内容的形式”、中华文化元典是“有内容的形式”的话,那么中华优秀传统文化则是“既有内容又有时代内涵的形式”,因为元典是讨论永恒主题的哲理式运思,而传统文化则是具有丰富内涵的时代性结论。同时,中华元典文化既是中华文化基因的“形”和“象”,又是中华优秀传统文化的“根”和“魂”,是沟通二者的逻辑中介和物化载体。鉴于此,故中华元典文化是依托文化元典、“内”之文化基因和“外”之传统文化的中华民族的原创性精神,如通变思想、忧患意识、天人之辨、内圣外王和尊君重民等。所谓文化自信,就是一个民族对于本民族历史文化的充分肯定、高度认可和忠实传承,以及对于本民族文化生命力的坚定信念、积极践行和创新发展。“求木之长者,必固其根本;欲流之远者,必浚其泉源”。概言之,提升并坚定文化自信,只有从基因和根脉出发,才能夯实中华民族文化根基、实现中华文化繁荣兴盛。习近平的重要论述高度评价了中华优秀传统文化的历史地位和当代价值,深度挖掘了中华元典文化对于中华民族发展和人类进步的认识论问题,同时也深刻阐释了

① ［美］理查德·尼斯贝特:《思维的版图》,中信出版社2006年版,第87—88页。

② 冯天瑜:《中华元典精神》,上海人民出版社2014年版,第1—7页。

把跨越时空、超越国界、富有永恒魅力、具有当代价值的文化精神弘扬起来的方法论问题。所以,明晰中华元典文化的历史意蕴,把握中华优秀传统文化的历史根脉,对于领会并理解“文化自信”论述的内在逻辑、从根源上挖掘中华元典文化提升文化自信的实践路径,具有重要的指导作用。

第二组关键词:“忠实传承者和弘扬者”与“文化使命”

习近平论述“文化自信”的这组关键词体现了“主”与“客”的关系,前者是中国共产党对于民族文化使命的历史承续,后者是中国共产党对于新的文化使命的时代担当。中国共产党从成立之日起就自觉担负起民族复兴的伟大使命,在实现伟大梦想的百年历史进程中,中国共产党始终是中国先进文化的积极引领者和践行者,同时又是中华优秀传统文化的忠实传承者和弘扬者。在新民主主义革命时期,中国共产党在马克思主义的指导下积极挖掘中华优秀传统文化资源,并将其与革命实践相结合,凝聚了“红船精神”“井冈山精神”“长征精神”“延安精神”“西柏坡精神”等革命文化精神。在社会主义建设时期,中国共产党提出了对待中外古代文化遗产和发展新文艺的十六字方针——古为今用、洋为中用、百花齐放、推陈出新,实现了传统文化的创新性发展。改革开放以来,面对中西文化的交流与碰撞,中国共产党领导并依靠全国人民坚守中华文化立场、立足当代中国现实,形成了以爱国主义为核心的民族精神和以改革创新为核心的时代精神,发展了社会主义先进文化。党的十八大以来,以习近平同志为核心的党中央将坚定中华民族文化自信、建设社会主义文化强国提高到了前所未有的战略高度,提出了一系列关于中华文化发展的新观点、新方法、新政策。由此可见,中国共产党在从无到有、从小到大、从弱到强以及领导人民在革命、建设、改革和发展的进程中,既传承并弘扬中华优秀文化基因,又引领并践行中国先进文化,成为中国历史上真正为中国人民谋幸福、为中华民族谋复兴的现代性政党。历史是一面镜子,“落其实者思其树,饮其流者怀其源”,历史也是一位智者,“观古今于须臾,扶四海于一瞬”,中国共产党的百年文化使命传承实践是今后担负起新的文化使命进而实现中华民族文化自信自立自强的有力支撑,“明镜所以照形,古事所以知今”,当代中国共产党人和中国人民应该而且一定能够担负起新的文化使命,在实践创造中进行文化创造,在历史进步中实现文化进步!

第三组关键词:“激活”与“创造性转化和创新性发展”

习近平论述“文化自信”的这组关键词,是遵循人类文明演化规律、论述中华元典文化何以提升文化自信的实现方案。二者是“前”与“后”的关系,“前”是向前追溯,探寻中华元典文化中用以活化的对象,“后”是指向现实转化和未来发展用以活化的实践活动。激活元典意味着在后世发展的过程中将先民创造的文化基元根据特定时代的需求唤醒某些“沉睡”中的基元,演绎活化并增添新内容、转换新形式,使其更好地担负文化使命和彰显时代价值。创造性转化重在形式转化,创新性发展重在内容发展,就是要根据时代发展的新特点和新要求,对中华优秀文化之中的形式和内容加以时代化改造,赋予其强大的生命力和鲜活的表现力,也就是要通过科学方法积极挖掘中华元典精髓、充分发挥潜在价值,激发并展现中华元典对于中华民族和人类发展的重大意义,从而建立中华民族高度文化自信。因此,激活元典内在地包含着“激活哪些”和“怎样激活”两个不可分割的有机组成部分,是客观性需求和主体性选择、向“前”反思和向“后”追寻的高度统合。唯有如此,我们才能既真正激活中华元典的优秀内容、彰显民族特色,又能为解决现实问题提供有效方案、彰显时代特色。所以,这一组关键词既指出了去何处激活、激活什么的认识问题,又提出了中华元典文化提升文化自信的方法问题,实现了认识论和方法论的高度结合,是顺应时代发展要求和遵循文明演化规律的基本思路和实践途径。

第四组关键词:“社会主义文化强国”与“中华民族伟大复兴”

习近平论述“文化自信”的这组关键词,既是贯穿始终的目标指向和鲜明主题,又是中华元典文化提升文化自信命题蕴含方法论原则的集中体现,二者是“分”与“总”的关系。中华民族伟大复兴是近代以来全体中华儿女的共同理想和价值追求,它以建设社会主义现代化强国为战略支撑,本质上是中华民族的全面复兴,包括经济富强、政治民主、文化繁荣、社会和谐、生态文明、国家统一等内容,加快推进建设社会主义文化强国是实现中华民族伟大复兴这一根本目标在文化领域的重要体现,可见,中华民族伟大复兴是由多个具体领域构成的全面复兴战略和目标。也就是说,只有中国特色社会主义各个领域实现强大,才能在真正意义上实现中华民族伟大复兴的总任务。所以,中华元典文化提升文化自信、建设社会主义文化强国，是实现中华民族伟大复兴宏伟目标不可或缺的重要组成部分，而中华民族伟大复兴是建设社会主义文化强国的价值引领和目标导向，这组关键词彰显了新时代提升文化自信的重大意义和现实价值，升华了论述的内在逻辑，指明了文化发展的前进方向和根本旨归。

通过对上述四组关键词的分析，我们可以清晰地把握习近平关于“文化自信”重要论述的内在逻辑，达成了历史与现实、主体与客体、方法与目标、规律与价值的有机统一。

二、深刻领会习近平关于“文化自信”重要论述的学术进路

第一，从文明结构类型角度去领会习近平关于“文化自信”的重要论述。古人云：“万物有所生，而独知守其根”。有学者将一个民族追根溯源民族文化以寻求解决现代问题的方法称为“文化返祖”。从文化史更长时段来考察，“文化返祖”所返之“祖”，往往是元典所储蓄的某一民族文化的“元精神”。“元精神”好比是细胞中的遗传基因，它以初始形态蕴涵着该民族整个文化传统以后发展过程的信息，换句话说，该民族后来的全部文化信息高度浓缩于基元之中①。所以，从方法论意义上来说，“文化返祖”既要发掘元典本义，又要重释时代新义，达到“以元典证新义、以新义释元典”的常释常新状态。

从历史来看，“越是元典的越是时代的”。被德国哲学家雅斯贝尔斯称作的“轴心时代”形成的文化元典，为后世各民族在特定的历史时段致力于“轴心期潜力的苏醒和对轴心期潜力的回归，或者说复兴，总是提供精神的动力”②。在中国，战国时代的“百家争鸣”几乎穷尽了当时的普遍性问题以及以后所涉及的可能性问题，中国历史发展中的每一次迷茫都期望从“诸子百家”那里获得思想给养，所谓“以古人之规矩，开自己之生面”。

从现实来看，“越是民族的越是世界的”。文化多样化是当今世界发展的重要趋势，文明多样性是当今世界文化发展的显著特征，也是人类进步的源

① 冯天瑜：《中华元典精神》，上海人民出版社 2014 年版，第 372 页。

② [美]黄仁宇：《赫逊河畔谈中国历史》，生活·读书·新知三联书店 2004 年版；祝和军：《读国学　用国学》，新世界出版社 2009 年版，第 302 页。

泉,“和羹之美,在于合异”。习近平曾指出:文明因多样而交流,因交流而互鉴,因互鉴而发展。中华元典文化提升文化自信,构建人类命运共同体,必须正视中外文化格局类型,以开放包容的心态与世界上多样性文化积极交流。金惠敏先生指出:文化自信关键在“自”。“自”指文化自我和文化特殊性,“自”即对话,既具有本体论意义上的对话性,也具有认识论意义上的对话性。离开了他者和异质,自我亦不复存在。自我与他者相辅相成!① 为此,面向未来的文化现代化建设,首先,中华文明必须树立世界眼光。“物之不齐,物之情也”,世界上的文明都各具特色、独树一帜,中华文明要在世界的恢宏视野中看待人类文明,才能适应世界文化发展潮流,把握人类文明发展趋势。其次,中华文明必须心怀和谐包容。“海纳百川,有容乃大”,中华文明在对外交流的过程中,要客观面对并理性分析文明的不同类型,容他文明之长,在包容中实现各美其美、美美与共。最后,中华文明必须积极主动学习。“尺有所短,寸有所长”,中华文明只有不断吸纳借鉴,积极为自身发展增添新的要素和活力,才能丰富中华文化、壮大文化实力、展现中国形象。由此可见,无论是历史还是现实,中华文化必须保持自身特色并融入到世界文明和文化发展的大潮中去,才能实现和谐发展、繁荣发展和持续发展。

第二,从主客体角度去领会习近平关于“文化自信”的重要论述。从主客关系的角度来领会习近平关于“文化自信”重要论述及其内在逻辑,文化自信说到底就是主体的自觉认同,是中国共产党作为引领者、知识分子作为思想者、人民大众作为实践者共同发挥主体自觉进而树立文化自信的逻辑延展。

自觉源于觉醒。近代以来,中华民族是在国势日衰和对“不如人”的深刻反思中一步步觉醒的。鸦片战争以后,中华志士在对“器不如人”的反思中提出“师夷长技以制夷”的科学救国理念,随后对西方政治制度作出“中国秦汉以来二千余年适得其反”的比较性评价以及洋务运动的兴起和“中体西用”口号的提出,中国知识分子动摇了曾经固有的文化自信,尤其是甲午海战更是对中国人的文化自信造成了空前打击,于是在对“制不如人”的反思中开启了帝制改革。后来虽然取得了辛亥革命的成功,但是又在对“复辟帝制”和“二十

① 金惠敏:《文化自信的对话性建构》,《中山大学学报》(社会科学版)2019年第4期。

一条”的反思中开始了“道不如人”的艰苦探索，直到把马克思主义作为救民救国的科学之“道”，中国人民的觉醒是在饱受民族屈辱和丧失传统文化自信的同时一步步实现的，思想觉醒必然激发行动自觉，于是中国人民在中国共产党的领导下积极参与革命实践，自觉担当起新的文化使命，逐步建构起了革命文化自信。

自信源于自觉。随着新中国的成立和中国特色社会主义的开创，尤其是新时代以来，中华民族是在国势日盛和对自觉肩负新的文化使命的时代担当中树立文化自信的。具体来说，中国共产党的主体自觉主要表现为认识主体和领导主体的自觉。中国共产党作为执政党，必须体察世界大势，充分认识并把握人类社会发展规律、社会主义建设规律和共产党执政规律，自觉担当起建设社会主义现代化强国和实现中华民族伟大复兴的历史使命。中国学者的主体自觉主要表现为思想主体和理论主体的自觉。当前我国哲学社会科学工作者要立时代之潮头、通古今之变化、发思想之先声，以清醒的理论自觉、坚定的政治信念、科学的思维方法概括有规律性实践、探究有学理性阐释，以高度的学术自觉和自信“为天地立心、为生民立命、为往圣继绝学、为万世开太平”。人民大众的主体自觉主要表现为实践主体和行动主体的自觉。人民是历史的创造者，中国共产党之所以能够领导人民创造伟大的“中国奇迹”，根本在于人民群众对于“四个选择”的理性扩张以及坚持和发展中国特色社会主义的自觉行动。三大主体相互协调，推动中国锤炼形塑成熟的大国心态、大国担当意识和世界主体意识，“立天下之正位，行天下之大道”，自觉担负新的文化使命和构建 21 世纪中华文化自信。

第三，从文明演化规律角度去领会习近平关于“文化自信”的重要论述。客观地讲，人类文化的产生、发展和演进受一些因素影响、遵循一些基本规律，文化重演律和文化创新律是文化发展的基本规律。文化重演是文化发展的基本态势。所谓文化重演，指的是携带特定文化基因的民族在主体认知和社会结构层面对古代某些元素和性状的“重演”。文化史的发展告诉我们，各民族某些时段的文化进展有时是伴随着“文化回复”得以实现的。但是，文化重演所体现的文化发展规律不是简单地对元典的复归或重复再现，而是体现一种更为积极向上的、先进的文化发展方向，是对元典精髓进行具有时代特点和独特价值的创新发展，反思传统与追思现代就是近代以来人类文明演进的两大逻辑，这两大逻辑又是在民族性与时代性互动的过程中不断赋予其先进文化的规定性中得以展开的，因此，文化上升是文化发展的基本方向。“文化重演律”是“否定之否定律”的一种表现形态，指文化的演进不是直线式的，而是在螺旋状的“回复”和“重演”中得以前行的。总之，新文化的构建遵循着“文化重演律”方得以运行①。

如果“文化重演律”反映的是新文化构建纵向关系的话，那么“文化创新律”折射的是新文化构建的横向关系。文化是人类作为主体区别于世间其他物种独有的社会历史现象，即是说，文化的衍生发展是主体性、历史性和社会性共同作用的结果。每一历史时段的文化进步都离不开回溯历史激活基元和回应当下适应时代两个基本维度，而这两个维度的具体展开又有赖于主体的选择性和创造性活动。因此，对中华元典进行激活重塑是一项有选择性、有针对性的主体性活动。在某一特定历史时段，这种“全息性文化基元”究竟是哪些部分活跃起来，哪些部分却继续“沉睡”，则取决于某个特定的文化时段和社会需求。同时，“基元”能够在后世的某一时段苏醒过来，运作起来，并且发挥新的社会作用，必须依赖后人的创造性转化②。实际上，除去从本民族元典文化中挖掘精髓内容以解决时代的现实问题，向其他民族优秀元典文化汲取营养和寻求启发也是发展民族文化、解决时代问题的重要途径。近代中国的革命文化就是中国人民对于中华元典的“通变”精神和忧患意识，以及马克思主义的革命精神和“改变世界”思想在特定历史时代的选择性运用和创造性发挥，选择的最终目的是更好地实现创新，因此，文化选择是文化发展的基本方法，文化创新是文化发展的重要动力。

创造性转化、创新性发展中华优秀传统文化以提升中华民族文化自信，正是习近平在对文明演化规律和文明创新规律认识和把握基础之上提出的大战略，这两大规律为创造性转化、创新性发展中华优秀传统文化提供了基本遵循。为此，我们要结合时代条件有选择地挖掘、借鉴、转换元典文化以寻求解

---

① 冯天瑜：《中华元典精神》，上海人民出版社2014年版，第371页。

② 冯天瑜：《中华元典精神》，上海人民出版社2014年版，第419页。

决现实问题的出路,并在人类文明的大环境中开放包容、学习借鉴其他优秀文化以丰富民族文化内涵、创新文化表现形式、壮大民族文化生命力。由此可以看出,创造性转化、创新性发展是在认识把握和创新应用文明演化规律基础之上得出的、经得起历史和实践检验的科学方法。

第四,从方法论角度去领会习近平关于"文化自信"的重要论述。习近平关于"文化自信"论述的基本逻辑,实质上是以实现中华民族伟大复兴为目标统领、以中华元典文化提升文化自信的应然性和实然性为逻辑支撑的,"中国共产党既是中国先进文化的积极引领者和践行者,又是中华优秀传统文化的忠实传承者和弘扬者。当代中国共产党人和中国人民应该而且一定能够担负起新的文化使命"是这一逻辑的集中概括。那么,用"是""应该""一定"所论述的文化自信命题蕴含着什么样的方法论原则呢?

众所周知,真假是命题的根本属性,德国哲学家莱布尼茨把命题的真区分为必然真和事实真,前者以演绎推理为依据、要符合无矛盾原则,而后者以事实推导为依据、要符合充足理由原则,休谟进一步划分为事实命题和价值命题,"应该"阐述应然领域、表达价值命题,"是"阐述实然领域、表达事实命题,但这也造就了"休谟难题",哈贝马斯将事实、价值、规范的三分结构引入普遍语用学,赋予规范以"似真实性的有效性要求"①的内涵,以期化解休谟二分难题。事实上,规范命题既是价值命题认同的产物,又是依赖于事实而存在的可论证性模式,其生命力在于有效性。因此,规范命题属于实践领域,依据行动逻辑和行为准则,规范命题由"应该是"的规范命题逻辑逐步向"应该做"的规范命题逻辑发展,"一定"是用以表达的核心范畴。

事实先于价值,价值依赖事实。事实命题的真假以充足理由原则作为评价标准,理由充足则为真。中华文明是古代文明中唯一没有中断的文明,每一次的文明勃兴都是对中华元典文化的传承和发扬,这足以彰显中华文化的强大生命力,近代以来中国共产党"是"中华民族文化使命的担当者,这也是为历史所证实了的事实。因此,"中华元典文化提升文化自信",这是一个为真

---

① Jurgem Habermas. *Moral Consciousness and Communicative Action*. translated by Christian Lenhardt and Shierry weber nicholsen. Massachusetts: The MIT Press, 1995: 76.

的事实命题。中国共产党“应该”担负起新的文化使命，这是基于历史事实的价值判断。人文社会科学和生活世界中的观念论证，离不开参与论证的人的信念和态度。当然结论的真实性程度是判别一个论证好坏的重要依据，但在现代的社会环境中，论证好坏的另一个重要依据就是，你所论证的观念能够为多少人接受和认同①。价值命题所反映的是对于一个事实的基本认知和价值取向，其优势之一就在于具有事实基础之上真切的情感召唤，以期从中获得情感认同和精神动力。实现中华民族伟大复兴是近代以来中国人民最伟大的梦想，也是全体中华儿女共同的价值追求，所以，这一价值命题的提出，必然会激发中国人民提升文化自信的积极性、主动性和创造性，为实现中华民族伟大复兴而勠力同心团结奋斗。

价值先于规范，规范统领实践。规范命题是在对事实命题和价值命题综合之后作出的如何在事实之上实现价值的具体化“行动指向”，当代中国共产党人和中国人民应该而且“一定”能够担负起新的文化使命，这不仅反映了提升文化自信的价值逻辑，更重要的是彰显了提升文化自信的规范逻辑，“一定”反映了中国共产党人和中国人民对自身肩负使命提出的迫切要求，具有强烈的行动逻辑和实践色彩，贯彻必须要做到的强制性原则和实现共同目标的统一行动。事实命题客观地指出了建立文化自信应该去何处寻找精神基因的实然性逻辑，价值命题论证了实现民族复兴必须建立文化自信的应然性逻辑，规范命题指出了提升文化自信的实践性要求。从普遍语用学的角度来分析，习近平用“是”“应该”和“一定”来论述“文化自信”的相关逻辑，如果“是”是依据事实逻辑作出的归纳性表述的话，那么“应该”和“一定”是依据价值逻辑和规范逻辑作出的建构性表述。可见，习近平关于“文化自信”的论述是基于事实、价值和规范作出的科学判断，实现了尊重历史传统、立足当下实践和面向未来发展的有机统一，是集事实逻辑、价值逻辑和规范逻辑于一体的时代“真”命题。

三、运用文化发展规律，实现元典“双创”发展

综上所述，元典文化提升文化自信符合文化发展的基本规律，“万物得其

① 周祯祥：《事实命题、价值命题、规范命题及其逻辑》，《华南师范大学学报》（社会科学版）2004 年第 3 期。

本者生，百事得其道者成”，这对于我国在新时代推动文化发展、提升文化自信、建设文化强国具有重要的启示作用。

在思维层面，要固元铸魂、兼容并蓄。人类文化主要包括人的思维和行为两个方面，历史地看，人的思维方式对行为方式起决定性作用，是人类文化现象的深层本质，即文化的“典中之典”。“万物有所生，而独知守其根”，我们之所以属于中华民族，在文化传承的意义上主要是因为我们不自觉地、长久稳定地运用属于我们自身独特的关系性“阴阳”思维定势，这是中华民族的“根”。中华元典文化就是中华民族固守、发扬这种“根性”并依托元典集中体现出来的原创性精神。但是，中华元典以超越性特征对自然、社会和人类的普遍性问题形塑为一种哲理式的思维框架，这种哲理式的思维框架在关照现实问题的过程中不免会受到来自内容和形式的时代局限性影响，再加上中华传统思维的原初形态具有直觉性、意象性和模糊性的特点，这就要求我们必须经过与唯物辩证法和现代科学思维方法的整合实现综合创新，才能创造性转化、创新性发展为中华民族的科学思维方法，所谓“万物并育而不相害，道并行而不相悖”。这是因为，唯物辩证法不仅是中国共产党人的世界观和方法论，而且还是现代科学思维方法的基础和原则，而现代科学思维方法是辩证思维方法的进一步深化和展开。相比而言，西方的思维方式具有因果性、逻辑性和实证性等特点，充分吸纳西方思维方式和现代科学思维方法对于提升中华思维和智慧的科学性和可操作性具有重要意义。因此，作为文化的深层结构，在思维层面我们既要固元守本、又要博采众长兼容并蓄。当前，就中华文化发展而言，我们既要从中外文化格局的“关系性”角度定位中华文化并思考提升文化自信的实现路径，又要从中华文明作为人类文明重要组成部分的“实体性”角度去努力提升中华文化软实力，当然更要运用马克思主义的唯物辩证法，不断增强思维能力，科学部署文化发展大战略，建设社会主义文化强国。

在行为层面，要正本清源、返本开新。人类行为受到来自传统文化资源的影响因素有二：一是本民族固有的思维定势；二是结合时代和地域特征阐扬元典形成的传统文化。

“君子务本，本立而道生”。习近平讲道：“不忘本来才能开辟未来，善于继承才能更好创新”，相反“一个抛弃或者背叛了自己历史文化的民族，不仅不可能发展起来，而且很可能上演一幕幕历史悲剧”①，因此，我们要“深入挖掘中华优秀文化蕴含的思想观念、人文精神、道德规范，结合时代要求继承创新，让中华文化展现出永久魅力和时代风采”②。党的二十大报告提出“两个结合”的重大命题：把马克思主义基本原理同中国具体实际相结合、同中华优秀传统文化相结合。实现这一目标的根本路径首先在于对中华元典文化进行创造性转化和创新性发展。创造性转化，就是要按照时代特点和要求，对那些至今仍有借鉴价值的内涵和陈旧的表现形式加以改造，赋予其新的时代内涵和现代表达形式，激活其生命力。创新性发展，就是要按照时代的新进步新进展，对中华优秀传统文化的内涵加以补充、拓展、完善，增强其影响力和感召力③。“不日新者必日退”“凡益之道，与时偕行”。新时代、新起点、新使命、新征程，中国共产党人和中国人民要善于运用文化发展规律，坚持推进元典文化“双创”发展，着实提升中华民族文化自信，让“文化中国”“文明中华”继续为人类文明进步作出更大贡献。

---

① 《习近平新时代中国特色社会主义思想三十讲》，人民出版社2018年版，第207页。

② 习近平：《决胜全面建成小康社会　夺取新时代中国特色社会主义伟大胜利——在中国共产党第十九次全国代表大会上的报告》，人民出版社2017年版，第42页。

③ 《习近平总书记系列讲话重要读本》，学习出版社、人民出版社2018年版，第203页。

参 考 文 献

[1]《马克思恩格斯〈资本论〉书信集》,人民出版社 1976 年版。

[2]梁启超:《清代学术概论》,复旦大学出版社 1985 年版。

[3]《陈独秀文章选编(上册)》,三联书店 1984 年版。

[4]《中国共产党党章(单行本)》,人民出版社 2017 年版。

[5]《中国共产党历次重要会议集》(上),上海人民出版社 1982 年版。

[6]陈荣华、阎中恒、何友良:《中国革命史手册》,华中师范大学出版社 1986 年版。

[7]埃德加·斯诺著,党英凡译:《红色中国杂记》,群众出版社 1983 年版。

[8]红安县革命史编写领导小组办公室:《红色革命歌谣选》,武汉大学出版社 1986 年版。

[9]金冲及:《二十世纪中国史纲》第 1—4 卷,社会科学文献出版社 2009 年版。

[10]《中国共产党历史第 2 卷(1949—1978)(上)》,中共党史出版社 2011 年版。

[11]《建国以来重要文献选编》,中央文献出版社 1993 年版。

[12]《毛泽东年谱(1949—1976)》,中央文献出版社 2013 年版。

[13]《第一次国内革命战争时期农民运动资料》,人民出版社 1983 年版。

[14]《习近平总书记系列讲话重要读本》,学习出版社、人民出版社 2018 年版。

[15]黄仁宇:《赫逊河畔谈中国历史》,生活·读书·新知三联书店 2004

年版。

[16]雷蒙·阿隆:《阶级斗争》,译林出版社2003年版。

[17]赫伯特·马尔库塞:《苏联的马克思主义》,中国人民大学出版社2012年版。

[18]张荫麟:《中国史纲》,上海世纪出版集团2006年版。

[19]田辰山:《中国辩证法:从〈易经〉到马克思主义》,中国人民大学出版社2008年版。

[20]钱穆:《国史大纲》,商务印书馆1996年版。

[21][法]古斯塔夫·勒庞:《革命心理学》,吉林人民出版社2004年版。

[22]王奇生:《革命与反革命:社会文化视野下的民国政治》,社会科学文献出版社2010年版。

[23]许纪霖:《中国知识分子十论》,复旦大学出版社2003年版。

[24]陈旭麓:《近代中国社会的新陈代谢》,上海人民出版社1992年版。

[25]郭德宏:《中国近现代农民土地问题研究》,青岛出版社1993年版。

[26]《秋收起义》,上海人民出版社1977年版。

[27]孙武霞:《中国革命史》,学林出版社1986年版。

[28]《澎湃传》,北京出版社1984年版。

[29]庄福玲主编:《马克思主义史》,人民出版社1994年版。

[30]奚洁人、俞源培主编:《二十世纪中国社会科学(马克思主义卷)》,上海人民出版社2005年版。

[31]李振伦:《元理论与元哲学》,河北人民出版社2001年版。

[32]王鸿生:《历史的瀑布与峡谷》,中国人民大学出版社2007年版。

[33]祝和军:《读国学　用国学》,新世界出版社2009年版。

[34][美]杰罗姆·格里德尔:《胡适与中国的文艺复兴》,江苏人民出版社1989年版。

[35]冯景源:《唯物史观的形成和发展史纲要》,中央编译出版社2014年版。

[36]高放:《马克思主义与社会主义新论》,黑龙江人民出版社2007年版。

[37]冯天瑜:《中华元典精神》,上海人民出版社 2014 年版。

[38]孙正聿:《哲学通论》,复旦大学出版社 2008 年版。

[39]高清海、胡海波、贺来:《人的类生命与类哲学》,吉林人民出版社 1998 年版。

[40]胡军:《哲学是什么》,北京大学出版社 2008 年版。

[41]北京大学马克思主义学院组编:《马克思主义理论学科学术发展报告(2015)》,中国人民大学出版社 2016 年版。

[42]黄宗良、孔寒冰:《社会主义与资本主义的关系》,北京大学出版社 2004 年版。

[43]魏小萍:《通向〈资本论〉之路:前〈资本论〉时期马克思劳动价值论的探索轨迹及分析:以 MEGA2 为基础的解读》,中国社会科学出版社 2013 年版。

[44]单世联:《中国现代性与德意志文化》,上海人民出版社 2011 年版。

[45]吴森:《比较哲学与文化》,台北东大图书公司 1978 年版。

[46]高文新:《马克思理论基本范畴研究》,吉林大学出版社 2007 年版。

[47]肖殿荒:《〈资本论〉导读》,人民出版社 2009 年版。

[48]奈格里:《〈大纲〉:超越马克思的马克思》,北京师范大学出版社 2011 年版。

[49]李玉山:《人类社会演化发展运动论——人类社会四维空间生命系统》,中国致公出版社 2002 年版。

[50]黎康:《马克思主义中国化的多维审思》,江西人民出版社 2011 年版。

[51]金民卿:《马克思主义中国化的思想逻辑》,社会科学文献出版社 2018 年版。

[52][英]罗素:《逻辑与知识》,苑莉均译,商务印书馆 1996 年版。

[53]金岳霖:《知识论》,中国人民大学出版社 2010 年版。

[54][英]A.C.格雷林:《哲学逻辑引论》,牟博译,中国社会科学出版社 1990 年版。

[55][德]弗雷格:《弗雷格哲学论著选辑》,王路译,商务印书馆 1994

年版。

[56]杨学功:《传统本体论哲学批判》,人民出版社 2011 年版。

[57]刘放桐:《新编现代西方哲学》,人民出版社 2009 年版。

[58]张掌然:《问题的哲学研究》,人民出版社 2006 年版。

[59]李静主编:《中国问题》,中国工人出版社 2002 年版。

[60]《智慧的明灯:回忆马克思恩格斯》,人民出版社 1983 年版。

[61]阿诺德·汤因比:《人类与大地母亲:一部叙事体世界历史》,徐波等译,上海人民出版社 2001 年版。

[62][美]理查德·尼斯贝特:《思维的版图》,中信出版社 2006 年版。

[63]《第一次国内革命战争时期农民运动资料》,人民出版社 1983 年版。

[64]马立诚:《交锋三十年》,江苏人民出版社 2008 年版。

[65][美]斯诺:《斯诺眼中的中国》,中国学术出版社 1982 年版。

[66]张孝芳:《革命与动员》,社会科学文献出版社 2011 年版。

[67][美]亨廷顿:《变化社会中的政治秩序》,三联书店出版社 1996 年版。

[68][美]莫里斯·迈斯纳:《马克思主义、毛泽东主义与乌托邦主义》,中国人民大学出版社 2005 年版。

[69]周晓虹:《现代社会心理学——多维视野中的社会行为研究》,上海人民出版社 1997 年版。

[70]《执政中国(第一编)》,中共党史出版社 2009 年版。

[71]《伟大的历程》,人民出版社 1977 年版。

[72]逄先知、金冲及:《毛泽东传》,中央文献出版社 1996 年版。

[73]《江西苏区妇女运动史料选编》,江西人民出版社 1982 年版。

[74]胡绳武,金冲及:《关于梁启超的评价问题》,《学术月刊》1960 年第 2 期。

[75]郭于华、孙立平:《诉苦:一种农民国家观念的形成机制》,《中国学术》2002 年第 4 期。

[76]叶青:《论学术中国化》,《时代精神》1939 年创刊号。

[77]艾思奇:《抗战以来的几种主要哲学思潮述评》,《中国文化》1941 年

第3卷。

[78]周宪文:《由中国本位文化建设讲到学术中国化问题》,《时代精神》1939年创刊号。

[79]艾思奇:《关于内因论和外因论——答韦尚白君》,《读书生活》1936年第3期。

[80]胡秋原:《所谓学术中国化》,《时代精神》1939年创刊号。

[81]杨松:《关于马列主义中国化的问题》,《中国文化》1940年第1卷第5期。

[82]艾思奇:《论中国的特殊性》,《中国文化》1940年创刊号。

[83]郑太朴:《太仆答存统的信》,《民国日报—副刊觉悟》1921年5月8日。

[84]郑太朴:《中国式的安那其主义答光亮》,《民国日报—副刊觉悟》1921年7月17日。

[85]舒新城:《论道尔顿制精神答余家菊》,《中华教育界》1924年第8期。

[86]陈序经:《教育的中国和现代化》,《独立评论》1933年3月26日。

[87]苏绍智、冯兰瑞:《无产阶级取得政权后的社会发展阶段问题》,《经济研究》1979年第5期。

[88]张盾:《马克思的政治理论及其路径》,《中国社会科学》2006年第5期。

[89]仰海峰:《马克思资本逻辑场域中的主体问题》,《中国社会科学》2016年第3期。

[90]韩庆祥、张艳涛:《马克思哲学的三种形态及其历史命运》,《中国社会科学》2010年第4期。

[91]韩庆祥、邱耕田、王虎学:《论马克思主义的整体性(上)》,《哲学研究》2012年第8期。

[92]孙正聿:《〈资本论〉与马克思主义哲学》,《学习与探索》2014年第1期。

[93]宫敬才:《"两大发现"还是"七大发现"(上)》,《学术月刊》2011年

第10期。

[94]孙熙国:《马克思主义究竟能够带给我们什么?》,《红旗文稿》2016年第4期。

[95]张骥、程新英:《论马克思主义意识形态在我国面临的挑战与回应》,《马克思主义研究》2009年第2期。

[96]路克利:《理论领域马克思主义中国化的最初尝试——试析马克思恩格斯对中国的研究》,《马克思主义研究》2013年第8期。

[97]宋志明:《李大钊对唯物史观的传播与理解》,《中国人民大学学报》2008年第2期。

[98]王刚:《论中国早期知识精英对马克思主义的选择性传播》,《中共党史研究》2009年第8期。

[99]林霞:《论马克思主义在中国早期的选择性传播》,《学术论坛》2010年第10期。

[100]王海军:《试论中国历史语境下早期知识分子对马克思主义的选择性传播》,《教学与研究》2013年第6期。

[101]王南湜:《中西思维方式的差异及其意蕴析论》,《新华文摘》2012年第3期。

[102]张雷声:《〈资本论〉与马克思主义理论的整体性》,《马克思主义研究》2010年第2期。

[103]林剑:《马克思主义究竟是在为谁代言》,《学术月刊》2013年第1期。

[104]张曙光《现代中国语境中的"马克思"与"孔夫子"——兼论传统的人文维度及其意义》,《哲学研究》2010年第2期。

[105]刘桂生:《晚清"墨学复兴"与社会主义学说传入中国》,《教学与研究》1986年第4期。

[106]肖前:《论实践观点是马克思主义哲学首要的和基本的观点》,《教学与研究》1996年第3期。

[107]崔秋锁:《一脉相承的实践思维方式》,《人大复印资料·哲学原理》2000年第12期。

[108]王广:《马克思身份的危机:学者形象对革命家身份的遮蔽》,《马克思主义研究》2015年第11期。

[109]黄苇町:《马克思主义是穷人的真理》,《人民网—理论频道》,2011年6月3日。

[110]余金成:《社会主义改革的实质是重建劳动与资本的关系——写在中国改革40周年》,《中国浦东干部学院学报》2018年第5期。

[111]胡钧:《〈资本论〉在马克思主义理论体系中的核心地位》,《政治经济学评论》2011年第3期。

[112]仰海峰:《马克思资本逻辑场域中的主体问题》,《中国社会科学》2016年第3期。

[113]许恒兵:《马克思与生命政治学的奠基》,《天津社会科学》2019年第3期。

[114]洪银兴:《论〈资本论〉的生命力》,《江苏行政学院学报》2004年第1期。

[115]白刚:《〈资本论〉:"科学"还是"哲学"?》,《社会科学》2019年第2期。

[116]欧阳英:《〈资本论〉在马克思政治哲学思想发展史中的重要地位》,《国外理论动态》2019年第4期。

[117]郑林华:《毛泽东和党的其他早期领导人与墨家思想略论》,《党的文献》2009年第3期。

[118]郑林华:《马克思主义与中国传统文化相融合新论》,《党的文献》2010年第2期。

[119]金观涛,刘青峰:《中国近现代观念起源研究和数据库方法》,《史学月刊》2005年第5期。

[120]吴炜、周全华:《中国人接受马克思主义的文化逻辑》,《淮海工学院学报(人文社会科学版)》2014年第5期。

[121]李里峰:《土地改革与村社话语空间的重塑》,《长白学刊》2007年第4期。

[122]李永进:《〈新民主主义论〉与中国革命话语体系的建构》,《社会主

义研究》2014 年第 3 期。

[123]杨会清:《中国苏维埃运动中的动员模式分析——以查田运动为中心的考察》,《赣南师范学院学报》2007 年第 5 期。

[124]汪晓云:《人文科学发生学:意义、方法与问题》,《光明日报》2005 年 1 月 11 日。

[125]张书琛:《马克思主义哲学与价值发生论》,《内蒙古社会科学》1996 年第 2 期。

[126]金海民:《〈共产党宣言〉中的三个外来语词》,《德语学习》2011 年第 3 期。

[127]林青:《马克思的劳动价值论与自由的实现途径》,《现代哲学》2017 年第 4 期。

[128]王庆丰:《〈资本论〉中的生命政治》,《哲学研究》2018 年第 8 期。

[129]奈格里:《〈大纲〉:超越马克思的马克思》,北京师范大学出版社 2011 年版。

[130]仰海峰:《劳动力成为商品意味着什么——关于〈资本论〉的经济学—哲学研究》,《中国高校社会科学》2015 年第 2 期。

[131]李放春:《苦、革命教化与思想权力——北方土改期间的"翻心"实践》,《开放时代》2011 年第 10 期。

[132]谢智伦、王敏娜:《老将军邹衍回忆:长征路上战友给我一碗青稞面》,《辽宁日报》2016 年 10 月 27 日(发现版)。

[133]赵红志、屈亚:《〈红色中华〉在中央苏区反腐倡廉运动中的具体举措》,《萍乡高等专科学校学报》2013 年第 5 期。

[134]关海庭:《中国共产党的政治动员述论》,《中共党史资料》2009 年第 2 期。

后　　记

呈现在读者面前的这本书,是我的第二本学术专著。第一本《马克思主义的国际主义思想发展与范式转换研究》是在博士论文的基础上稍加修改而成,已于 2015 年在人民出版社出版。该书在国内学术界首次提出了“民族国际主义”这样一个全新的标识性学术概念,并结合中国在大国成长过程中对于推动马克思主义的国际主义思想发展和范式转换作出的重大贡献加以论证,这是我自认为作出的学术贡献。本书先后荣获了 2015 年度山西省社科研究“百部(篇)”优秀成果一等奖和山西省第十次社会科学研究优秀成果二等奖等省级科研奖励。

2011 年博士毕业后,我被引进到山西大学从事马克思主义理论的教学与研究工作。刚进入工作角色伊始,我就着手制定学术发展规划并尽可能早地确定主攻研究方向。由于我在博士期间所学专业是马克思主义基本原理,而当时山西大学马克思主义理论学科的重点建设方向之一就是马克思主义中国化研究,我在综合评估自己的学科背景和单位的学科建设之间关系的基础上,自觉主动地将教学和科研重心转向马克思主义中国化研究,并且初步确定要从马克思主义基本原理的角度切入去进行马克思主义中国化的研究工作。在明确了这样一个学术发展思路之后,我就开始梳理“马克思主义中国化研究”的学术现状,密切跟踪并细致分析研究动态,于是我得出简要的评估结论,尽管今天看起来很不成熟,那就是:当前关于马克思主义中国化的研究在整体上存在着一种“供需错配”的结构性矛盾,即日益增长的“学理性”需求和学术研究难以满足之间的矛盾。如果这个矛盾得不到有效解决,那么会从根本上制约马克思主义中国化研究这个学科的长远发展。这个整体态势不可避免地会造成研究过程中表现出来的一些具体现象，正如我在撰写课题申请书的时候所总结的"几多几少"现象：碎片化地研究现象多而整合性地反思规律少、政治性阐释研究多而学理性论证研究少、直面研究对象多而反思理论前提少、解释描述内容多而科学论证问题少。因此，当前研究亟待实现从碎片化向整体性、从政治性阐释向学理性探究、从直面研究对象向反思理论前提、从解释描述内容向科学论证问题、从单一学科向多学科等全方位综合推进自主创新研究。正是基于这样的学术考量，我就逐步将"元理论视域下马克思主义中国化基本问题研究"确定为自己的主攻学术方向，此后便开始了异常艰难的学术探索之旅。学术研究，有苦有甜，个中滋味，苦乐自知。

客观地讲，我也深知自己才疏学浅，对学科发展和学术研究的整体态势把握不一定精准，即便就是捕捉到了一丁点儿关于学科发展的"刚需"，但是依靠自己的努力也不一定能为学科和学术发展作出点什么贡献。即使就是现在对学科建设和学术研究稍有感触的情况下也是如此，更不用说当初还是一个刚踏上工作岗位的年轻学人了。

功夫不负有心人，2014 年我按照上述思路撰写的一篇学术论文《中国人为什么接受马克思主义：发生学的再思考》在《当代世界与社会主义》发表。论文对"中国人为什么接受马克思主义"这一"旧问题"作出了"新回答"，该文的学术价值，一是贡献了原创性的新观点，二是运用了发生学的新方法。文章发表后，被人大复印资料《马克思列宁主义研究》全文转载，被中国社会科学网、中国干部学习网、华夏网、中国书局·灿然书屋网全文转载，被华夏网和《中共党史研究》栏目重点推荐，该文还荣获山西省第九次社会科学研究优秀成果一等奖，引起了国内学术界的广泛关注，产生了强烈的社会反响。实际上，早在 2011 年我就发表过一篇关于马克思主义中国化研究基础性和理论性都很强的学术论文《马克思主义关联中国问题的三重维度》，还以此作为资格论文应邀参加了北京大学首届"未名论坛"并进行学术交流。

毫无疑问，这些可感知的"学术成就"对年轻学者来说简直就是莫大的鼓舞，于是这就更加坚定了我沿着既定的学术方向前行、继续探索"元理论视域下马克思主义中国化基本问题研究"的信念，从而也就更加增强了我围绕这个主题去申请各级各类科研项目的信心和决心。从那之后，我一直瞄准并锁定这个方向，广泛阅读、深入思考，逐步拟定并完善了今天该书所呈现出来的结构框架和研究内容。实事求是说，从博士毕业以来，我的研究一直都在孜孜以求致力于逐步推进并实现这个虽很枯燥、但自认为饶有兴趣的学术议题，值得欣慰的是，在努力的同时也收获了肯定。我先后获批主持了教育部人文社科基金项目“马克思主义中国化的元问题反思与整体性论证研究”、各类省级科研项目和国家社科基金项目“当代中国马克思主义学术话语创新研究”等 6 项。围绕这个方向、依托这些项目，我在山西大学培养了三届共 7 名马克思主义中国化研究方向的硕士研究生，该书的部分内容就是我和我曾经指导的研究生张倩、刘岚清、王丹、姜娇、贾旭钢、李青青、史雅琴等几位同学共同努力的结果，有的成果也已经公开发表，在此向他们表示感谢。

当前出版的这部专著也可以说是对自己十年学术承诺在某种程度上的兑现。涉及马克思主义中国化的基本问题研究，那一定是基础性和理论性很强的话题，如果是从“元理论”的角度去研究马克思主义中国化的基本问题，那更是一种全新的尝试，难度可想而知。当然了，再难也是值得的。后来，由于 2020 年 9 月我被引进到云南大学马克思主义学院工作，自己的研究方向也要尽可能地适应现工作单位学科建设的需求，于是对前期的研究工作稍作总结，本书的出版即是如此。

本书的顺利出版还得益于帮助过我的各位学界前辈和同仁，如果没有你们的无私帮助，我自己在有些问题上可能还要付出更多努力、探索更长时间，特此表示感谢。尤其要感谢我的博士后合作导师岳谦厚教授，岳老师学养深厚、学术精湛、爱生如子、乐于助人，师母张玮老师宽厚待人、治学严谨，感谢岳老师和张老师对我工作、学习和生活上的帮助，是你们的倾囊相助让我在学术的道路上更快成长。同时，本书在研究过程中也参阅和参考了已经出版的相关文献资料和公开发表的科研成果，在此向大家致以衷心的感谢。本次出版的书中也尽可能地以注释或参考文献的方式对相关资料作出了标注，如有遗漏，敬请谅解。

本书在研究的过程中受到来自教育部人文社科基金项目和山西省人文社科重点基地项目（20190109）等科研经费的资助，同时，本书的出版也受到我现在的供职单位云南大学马克思主义学院学科建设经费的资助,特此感谢。

最后,由于本人学术水平有限,书中的疏漏在所难免,这些疏漏盖由作者本人承担,也敬请学界同仁批评指正。

尹占文

2023年元月于昆明